Studies on Chiang Kai-shek's Dairy

from a Macro-historical View

Ray Huang

黄仁宇全集

第六册

从大历史的角度读蒋介石日记

九州出版社

图书在版编目（CIP）数据

从大历史的角度读蒋介石日记 /
（美）黄仁宇著 . —2 版 . —北京：九州出版社，
2011.11（2022.10重印）
（黄仁宇全集）
ISBN 978-7-5108-1226-2

Ⅰ . ①从… Ⅱ . ①黄… Ⅲ . ①蒋介石（1887 ~ 1975）
– 人物研究 Ⅳ . ① K827=7

中国版本图书馆 CIP 数据核字（2011）第 227896 号

黄仁宇在军队任少校参谋时的证件照

1946 年，黄仁宇在美国堪萨斯州雷温乌兹要塞就读陆军参谋大学时进行地图演练

目 录

* 目录中加"*"号之文系全集第二版增补。

第一篇

黄埔建军、北伐、清党

在刻下中国现代史看来不如人意的时候，将蒋介石的日记公布，可能有匡正的功效。

我所谓不能令人如意，大概由于叙述脱节，评论者没有看清自己的立场。比如有些人所作的蒋介石传记写来唯恭必敬，读来有如新添了一部《二十七史》，内中又来了一篇《太祖本纪》。殊不知他蒋先生易箦之日还以为自己是一个大革命家。还有些人恣意批评，不顾及客观条件及各种背景上之层次。凡是"贪污无能"、"放弃群众，不知改革"和"迷信军事力量"的各色罪名，说时也不费力，即可信口盘出，随手抛来。好像中国人聚全国之精英，经营几十年，连门前一团秽水尚没有看到。倒是外国的一个研究生，作了一篇博士论文便将如此疏忽大意的地方指正过来。

世间无这样的"历史"。以上只代表各人以极窄狭的眼光，面临历史上空前未有的动态，所产生的一种局部反应。

别的不说，这样写下的历史也就平淡无奇，读来索然寡味。中国过去一个世纪的经历，既包含着极大规模的颠簸，也有无数的纵横曲折。不仅人与人之关系间产生了各种惊险离奇的波澜，尚且在各人心目中引起无限块垒之起伏。如果当中激昂忧怨的情节概可以用"善恶"两字形容，也可见得作者并没有将笔下题材通盘掌握。如果中国亘世纪的历史尚是如此的简陋单调，则我们如何可以产生肠断魂回的文艺读物和看来胆战心惊的艺术杰作？

在实用的场合上讲，以上的情形也亟待纠正。如果我们想增进海峡两岸文化上的接触，则先必须对中国现代史之展开，有最基本之共识。再以美国而论：白宫及行政部门与众院参院对中国大陆方面之态度不同，相持业已多年。其间之差异源远流长，也仍是由于对中国历史之看法立场上已有差异。

至此我们也可以问及：要是蒋介石与毛泽东及他们之接班人所走路线全属错误，所做工作又彼此对消，则何以中国尚能生存至今，而且从 1920 年间至 1990 年间尚有显著之差别？难道今昔之不同全是负因素作祟？并且我们如果更正，则尚须将历史向后推七十年，恢复到创立黄埔军校与北伐以前的阶段中去？

倘非如此，则可见得我们过去所写的历史并未将中国长期革命的积极性格全盘托出，更没有将前述三段人物所领导的群众运动之所产生的连贯关系研究得明白。他们在人身关系上或为对头，可是在大范围内却又不经意地彼此支持。有如蒋介石曾在他的日记里写出：

> 凡事有败必有成，亦有成必有败。今日认为恶因者，或适为他日之善果。而今日所获恶果，在昔日反视为善因者。以此证之，无事不在矛盾之中，并无绝对之善果也。（1944 年5 月 31 日）

在这种因果循环的过程中，各种行动在历史上的长久意义，可能与当事人眼中所看出的不同。我一向提倡的"大历史"，也无非将他所说的因果关系，拉长放大，使之超过人身经验。

在这种要求之下将他自己所作日记公布，首先即会大规模地充实了现有的原始资料。他开始作日记于 1915 年，以后即未间断。据说只有最前三年的业已散失，那么自 1918 年至他去世（1975 年）前五十多年的记录都应当存在。无论论他是否中国的领导人，在政治舞台上会否产生作用，仅以此资料之雄伟与完整，已是世间难得，也必致使所有关心中国现代史的人物拭目以待。

可是目下我们尚面临着两重困难：第一，刻下我作此文时尚无从确定此日记现藏何处。第二，他的日记不是我们一般人心目中所想象的日记，只将所面临的人物与情事，并带着个人观感记录下来。这样无主旨之客观不是他立身做事之方案。我可以断言：他在写日记时即存心以笔下之文字作为修养和施政的工具。有时所记不仅是直觉上的个人观感，而强迫地带上了一段"应当如此"的想法。他在 1944 年和蒋经国交换批阅彼此之日记，即在当年元月 2 日写出：

此最有益于伦理与修养也。

即此一点，对未曾受过中国儒教和其实践主义的影响之读者讲，已是"不真"；有些人更因为他引用传统文墨，可能斥之为保守与反动。

以上两种困难都有应付之办法。现在先说我们自己评阅蒋介石言行之前应有的准备。

中国的抗战动员了三百万至五百万的兵力，在统一的军令之下，以全国为战场，和强敌作生死战八年，其情形已是洪荒以来所未有。而紧接着又是毛泽东及中共领导之下的土地革命，其程度与范围亦超过于隋唐之均田。此后自 1949 至 1979 共三十年仍未有定局。当中经过"三面红旗"和"文化大革命"之酝酿，最后才有邓小平所主持的对外开放与经济改革。

除非我们认为历史全无意义，以上的牵扯反复全是愚人蛮汉做坏事之记录，则可以自此看清：以上各节综合起来，已经具备着人类历史里最庞大的一次长期革命之轮廓。纵使当中有局部之重叠反复，大致却仍是呈直线式地展开。亦即次一段之工作，利用前一段之成果。

在这种情形之下，我们治史者不能首先即利用分析法。迎在目前的现象既是庞然大物，超过了以往的历史经验，其组织尚未具定型，那我们如何分析？凡分析先必在此庞大的形象之中割裂一部，和既有的经验对照。所以过去引用西方传统治学办法的，以费正清教授为代表，所得纯系以欧美之寻常标准，衡量中国非常时期之大规模动态。其以小权大不说，尚且忽视两者时间上之差异。这一派人物之指责中国之不彻底改革，有时读来似乎躯壳未备之前，先指责其不注重健康。

既称大历史，则在分析之前必有一段归纳，使治史者自己看清当前问题之全貌。

中国的长期革命，旨在脱离旧式农业管制之方式，进而采取商业原则作为组织结构之根本。传统农业社会各事一成不变，人与人之关系为单元，有如中国传统所标榜之"尊卑、男女、长幼"的秩序。商业着眼于广泛之分配，务必促成社会内各事物概能公平而自由地交换，所以在"权利与义务"之大前提下，人与人之关系为多元，自此也才谈得上自由平等。

可是要将前者蜕变而为后者，有等于脱胎换骨。首先即须创造一个高层机构，次之又要翻转社会之低层机构，以便剔除内部阻碍交换之成分，使各种因素统能接受权利与义务之摊派，然后才能敷设上下之间法制性之联系，构成永久体制。因为牵涉广泛及于全民。干预之程度又深，影响到各人思想、信仰、财产、职位，以及衣食住行，所以每一国家必受有内外至大之压力，才如是黯然改图。在过程中也难免流血暴动，并且旷日持久。举凡英国亘17世纪之动乱，经过内战、弑君与复辟各阶段，最后由光荣革命完成。法国亦经过大革命，又演变而为拿破仑战争，震荡中外数十年，同出于这一范畴。美国将英国业已改造完成之系统加于一个空旷地区之上，好像避免了这段煎逼。只是南部用奴工，违反了公平而自由交换之原则，仍待数十年后因南北战争而改正。

从上述程序看来，蒋介石和国民党因借着北伐与抗战替新中国创造了一个高层机构，使中国能独立自主。毛泽东与中共则利用土地革命剔除了乡绅、地主、保甲在农村里的垄断，使社会上下层因素同有平均发轫之机会（台湾由"耕者有其田"法案及其他政策替代）。今日海峡两岸一体重商，亦即希望在商业条例中觅得上下之联系，使整个组织能依数字管理。即是香港的基本法，也仍着重地提出既有的普通法（原有农业社会里的习惯法）和衡平法（适应商业社会中之需要）除经立法程序修订者外，仍在 1997 年后有效，也仍是继续着英国自光荣革命以来所获成果。

蒋先生与毛先生行动于历史之前端，他们不可能和我们一样站在历史后端综览全部经过。所以他们各对中国有空前的贡献，治史者不能将他们或二者之一的言论与见解全部视作玉音纶典，圣旨成宪。至于以一个经营业已几百年之标准去衡量大规模动荡和改造过程中之事物，只有做得文不对题，前已言之。

我们今日检讨蒋介石日记，也必须具有这样的信念。如是，我岂不是先造成结论，再在原始资料中寻觅支持我见解之证据？这说来也是。本来历史之主要用途，即是阐明已经发生的事情及其原因；并非由作史者凭空制造应当如是之目标（有如大小事项立即符合西方标准），又预作进度表，再抱怨当事人不肖，没有贯彻我之理想（有如上述贪污无能之责谴）。此外读者亦可将上述三段程序作为假说，在原始资料中找到支持或修正之因素。总之，历史研究无非从已知事项扩广而探得未知事项。这 X 殿后或顶前没有基本之差别。只是要在前后之间加入正面、侧面资料，使所叙完整。再举一个隐喻：我建议从大历史之角度读蒋介石日记，希望从中提供资料，促成修订中国现代史，等于先赋予骨骼，次填补之以筋肉，亦即外国人所谓 flesh out。

我第一次知道蒋介石有日记是在"西安事变"后。他的《西安半月记》在我们学生时代曾经广泛地传诵。内中提到张学良读到他的日记被内容感动。这本小册子又提及他批评张为"小事精明"，可见得他日记里也有个人角度的观察，而且涉及机微。1942 年我在重庆卫戍总部工作数月，更体会到他蒋先生对文字档案之重视。这时候他经常向军事机关下手令，手令出于亲笔，但是受令者无从保有，只能阅看抄录，原件仍由传令官携回侍从室归档。后来更获悉侍从室尚保存国民政府及国军各重要官员之自传。自传奉命撰写，其格式一定，所用纸张尚由侍从室发给。再则蒋传见人员之谈话，均有侍从秘书记录。他的演讲稿也保存完好。在这多方面他保持了中国宫廷里重视记录之传统。有朝一日这些文件全部公开，可能使不少学者终生阅读不尽，预卜当中有些将成为"蒋介石专家"。

我既无能力也无此宏愿成为中国现代史专家。此间文字不过指出，如果读者引用"次级资料"（secondary source），则此种资料早已泛滥到无可下手。1945 年，我所在的中国驻印军（时称 X Force）和滇西国军（时称 Y Force）在缅甸南坎附近会师之前夕，曾在新三十师前进指挥所见到艾萨克斯（Harold Issacs），那时他在《新闻周刊》任特派员。因在战斗行军状态，我们都蹲在地上吃饭，晚餐只有米饭及酸白菜。我们既为贴邻，不免打开话匣。他即用中国话和我说起："中国的老百姓好，政府里的人不好！"如此笼统批判，既无逻辑，也不能分辨，我即此已想到他成见日深。前美国驻沈阳总领事克劳浦（Edmund Clubb）后执教于哥伦比亚大学。他的标准教科书里提及 1946 年春国军入长春时云："五月二十五日蒋介石去沈阳，在隔着相当的距离去照顾郑洞国率领国军收复长春。"我那时在郑副司令长官处任低级幕僚，就知道幕后指挥国军进入长春的，实为克劳浦指摘为"无能"的司令长官杜聿明，而非克认为"能干"的郑洞国（因为杜聿明在缅甸时与史迪威冲突，郑则受蒋介石指示，百般迁就）。而且我又在 5 月 30 日在长春大房身飞机场眼见蒋委员长莅临，向高级将领训话，并非"隔着相当的距离"遥制。如是意见及传闻多于事实之资料已不胜枚举。这也就是我们必须借重于原始资料的原因；亦即坚持综合先于分析之用意。

迄至今日，我们尚无从确切证实此日记现存何处，究有多少册，其纸张与装订如何。只能自最熟悉此中人士之口头获悉，见及原件的人员屈指可数，因仍属蒋家私有，唯暂交台北国家安全局保管。至于传闻某人曾见此日记，或谓阅看此日记为现下台湾高级官员的职务之一部，大概所指为抄件。此抄件原属《大溪档案》。档案自大溪迁出后分属"总统府"及国民党党史委员会，但"总统府"资料室仍总揽其成。大概传抄此日记之一部，在蒋生前已开始。现下南京中国第二历史档案馆即藏有《蒋介石日记类抄》。

原件尚未公开，以日记为主体所编修之史料已有数起。在目下情形我们只能倚以代替无从窥见之原件。流传较早者为毛思诚所编《民国十五年以前之蒋介石先生》，共二十册，分为八编。所记至 1926 年年底，蒋三十九岁（足岁，下同）开始北伐时为止，刊印于 1937 年 3 月，可算作抗战之前夕。其《例言》内称，书为"个人纪年史传"，而又"所印极少"。可见得当日仅供内部人士参阅。编者毛思诚为蒋介石中学前之塾师，亦曾于 1925 年任黄埔军校秘书，对蒋之思想教育有相当影响。1935 年蒋曾以军事委员会名义重印明代大学士张居正之文件，称《张江陵全集》，刻下一部藏在密西根大学东亚图书馆。书中蒋出名作序，毛则作"附识"，可见彼此文字之间关系密切。我现用之《蒋介石先生》系香港龙门书局影印本，借自哈佛燕京图书馆。

《蒋介石先生》虽则按日记事，又附有无数书信讲稿之全文，只是叙及某日某夜某时，蒋在何处见何人做何事，极尽其详，显系以日记作主干编成。但大体保持第三人称，引用日记则称"公曰"。然亦有一部分以第一人身称"余"。前哥仑大学韦慕庭教授（C. Martin Wilbur）在《剑桥中国史》内引用此书时即在正式书衔之下加注，"亦称《蒋氏日记》（*Chiang's Diary*）"。

1973年日本《产经新闻》取得台湾当局同意，派编辑古屋奎二等五人往台北编纂《蒋介石秘录》，由台湾当局及党史委员会提供材料达四千万字，包括"蒋'总统'讲稿日记、回忆录等"。《秘录》自称偏重中日关系，实际上亦着重中美关系及国共关系。全文在《产经新闻》连载，开始于1974年8月15日（当时蒋尚在人世）至1976年年底载完。连载时一面即由台北"中央日报社"译为中文（内文件部分即还原），刊刻成书，称《蒋"总统"秘录——中日关系八十年之证言》，共十五册，自1975至1978年全书刊完。《秘录》引用日记部分均明显标明。我所用的中译本由台北时报出版公司供给。此书亦有英文节译。译者张纯明（Chun ming Chang），书称 *Chiang Kai shek: His Life and Times*，由纽约圣约翰大学出版。《秘录》之流传，应已相当普遍。1986年接近蒋百年冥寿时，台北曾举行"蒋中正先生与现代中国学术讨论会"，与会的即有十四人之论文曾引用此书，包括古屋奎二本人。

《"总统"蒋公大事长编初稿》八卷分装十二册，主编秦孝仪，前任国民党党史委员会主任委员，现任台北故宫博物院院长。此书刊印于1978年，去蒋逝世已三年。只是以篇幅之巨，其内容又大抵与前述《秘录》重复，所以其整备似应在蒋生前。此书大致亦采用《民国十五年以前之蒋介石先生》体制，但内容缺乏前书之慷慨直言。

其"编纂例言"称作书时"采编年与纪事本末体例而互用之"。其在时间上与《蒋介石先生》重复之一部，篇幅不及前书十分之一。以后引用文件书稿亦只至1949年。自是至蒋逝世之二十六年间，"惟以史料未备，暂编大事年表，姑相接续耳"。我所用之一部借自主编人。据称"迄今此书尚只在内部流通"。台北之中正纪念堂亦有此书一部，陈列于蒋生前所用衣饰勋章附近，似应属珍品。不过上述1986年之学术讨论会亦有十篇论文在注释之内引用《长编初稿》。此中又一篇称其资料得自《"总统"蒋公大事长编》，无"初稿"字样，其"总编纂"亦为秦孝仪，刊印者则为台北中山图书公司，发行于1968，尚在《初稿》之前十年。这些地方只显示蒋介石日记经过一段审核流传抄写，早已不始自今日。可是以"日记"本身作研究考察之对象的文字，迄今尚未发现。

《大事长编》引用蒋介石日记频繁。一般均在日期之下称"公自记曰"或"自记所感曰"。所以编时以日记为主体，可是读来又像编年纪事而以日记条文列证镶补。一般摘录自日记极为简短，有时其本人所记与侍从所记不可区分。有如开罗会议时，初见英首相，有"公谓初见丘吉尔之印象较之平日所想象者为佳也"（1943年11月21日）。此"公谓"二字，似指随从所记。有时亦将日记体裁改作记事体裁。有如衡阳被围战事紧张时，《大事长编》提及："是夜公前后起床祷告三次，几未入眠也。"（1944年8月7日）又有记事不便，摘录日记一段替代者。例如，"公自记曰：……图谋陷余者已十九年；国外倭寇与我恶战者已有十三年之久，余实已心碎精疲，几不能久持。……"此处六点从原文"而今又遭党内如此之凌辱，与国内如此之讽刺；此种横逆与耻辱之来，实为有生以来未有之窘困。然余于此，如不积极奋斗，将何以对已死之先烈乎？况今日之实力犹远胜于十三年以来任何时期，只要余能自立不撼，当不足为虑也。"（1944年9月30日）

当时湘桂战争挫败，蒋又要求撤换史迪威，构成中美外交危机，此处前有省略部分，后称党内凌辱，国内讽刺，必与此数事有关，记事者又不愿直书，所以用此办法对付。涂克门女士作《史迪威及美国在华经验》（Barbara Tuchman: *Stilwell and American Experience in China, 1911—1945*）一书称上述日记记事三日之后，即10月2日，蒋在国民党中常会之星期一例会曾拍案咆哮，说及史迪威必须撤换，不容姑纵，似更表示党内凌辱实有其事，蒋亦未忍气接受（涂称此消息得自美国驻华大使馆，她怀疑蒋故意将他激怒情形泄露）。

《大事长编》提及蒋不仅作日记，而且日记之中又附有"本月感想"及"一年之所感"。只是不知是否经常如此，曾未间断。书中引摘最长一段为1938年一年之所感。内有蒋对本身工作之评语，又自责"德性进步甚少，修养不足，暴躁未减"，也提及一年读书心得。全长约九百五十字。

如果读者准备一眼从"日记"中看到新鲜而带刺激性之秘闻轶事，必将失望。因为现已发表之日记，企图保全功德无瑕之标准；内中甚多有意义之处，尚须研究琢磨，才可体会看出。但有时亦间有出人意外者，有如："人生实一大冒险，无此冒险性，即无人生矣。"（1938年11月7日）骤看起来，此语应出自毛泽东，而不当出诸蒋介石。抗战刚近周年时，希特勒召回德国军事顾问，蒋一度不许他们离职。日记中写着：

> 余不准德顾问自由离职，是为公也。德如因此束缚纬儿行动，以为报复，则为私也。私而不能害公，吾于纬儿之安危听之而已。（1938年6月17日）

如果军事顾问无心服务，强留之何益？可见得当日撤退之消息仍使蒋相当震撼，才有此强迫留职之举措。此后顾问团离华，蒋纬国在德亦无被扣留情事，直到珍珠港事变之后由德赴美。又在前述湘桂战争期间，蒋除日夜祷告外，尚在日记上发愿：

> 愿主赐我衡阳战事胜利，当在南岳峰顶建立大铁十字架一座，以酬主恩也。（1944 年 7 月 28 日）

似此他的宗教信仰带有极浓厚之原始解释性格，更用不着说当日事态之紧急。

此外日记有无数自我警束及自我策励之词句，不仅单调重复，而且站在今日客观之立场，尚令人怀疑作日记者之矛盾心情。有如抗战初起时：

> 惟信仰可以移山也！（1937 年 8 月 17 日）

三日之后则写着：

> 宁为玉碎，毋为瓦全。存亡盛衰之理，冥冥之中自有主宰，吾何忧惧！（8 月 20 日）

更 8 日之后，再有：

> 近日战局渐趋劣势，人心动摇。此次战争本无幸胜之理，惟冀能坚持到底耳！（8 月 28 日）

蒋给本身以极度纪律之束缚，有人以为其生性缺乏幽默感。亦有西方人士认之为鲁钝者，至此绝对低估此人。他远在 1923 年游俄归国后，即留有下项记录：

> 某日晨醒，自省过去之愆尤，为人鄙薄者乃在戏语太多，为人嫉妒者乃在骄气未除。而其病根，皆起于轻躁二字。此后惟以拘谨自持，谦和接物。宁人笑我迂腐，而不愿人目我狂且也。（未记月日）

又直到他奉令创办黄埔军校后，他写信给胡汉民与汪精卫，犹且自承："五六年前懵懵懂懂不知如何做人"，并且"人人言弟好色，殊不知此为无聊之甚者，至不得已事"（1924年3月25日）。

当时所谓"好色"，加以下文牵入，无非嫖娼宿妓，有朋辈脱拉。这一方面固然证实蒋介石壮年尚蹀躞于上海之十里洋场中，有做游侠浪人之趋向；一方面则显示民国初年旧体制业已崩溃，新体系尚未登场，既无中国本位之新型经济，年轻人除任教于大学或为外人服务外，就业之机会极少，社交生活更受限制。

而且蒋介石最大之困扰则是找不到一个现代型之楷模，适合于当日中国之环境和他预备领导之群众。即以军队而论，其本身即为社会产物。当组织新社会尚未曾着手之际，不能立即期望各人"预度"此新社会内"应有的"行动标准，协同地照此做去，有如汽车尚未发明，即在街中装上红绿灯，期望各人严守交通规则。我在国军内之经验，即不仅部队长之间人身关系浓厚，即我们下级幕僚对部队长亦复如此。总之，权利义务之观念马虎，忠厚诚恳之需要占先。甚至下迄士兵，亦复如此，通常"有面子"与"无面子"的着想超过纪律与阶级服从之习惯。此概为农村社会里诸事尚不能在数目字上管理，人与人之关系单元化之成果。如果此种积习过强，其部队即带军阀性格。可是事势如此，亦非任何批评与指摘即能立即更正。蒋介石为现实主义者，他一面倡言革命，一面又效法于古人。凡此都出于当日社会环境之强迫性，可是侧面看来，他所用之工具及他预期的目的极不调和。

蒋介石写出：他曾希望以太平天国的典章制度做蓝本。可是和他以前的蔡锷一样，寻觅太平天国的资料不得头绪，反而发现中兴名臣之伟大。(1924 年 10 月，未注日)

他之崇拜曾国藩，常赋予攻击他之人士以口实。其实他最景慕于曾氏的，乃是"不为圣贤，便为禽兽；莫问收获，但问耕耘"之蛮劲。至于他之服膺于张居正，并非因张之"去却时代性之拥护君权"，亦不因他"忠鲠过人"，而是因为张之"志趣"与"功业"。此中区别已由《张江陵全集》之序文明白指出。张居正曾表示："仆尝有言，使余为刽子手，吾亦不离法场而证菩提。"所以以上各人之言行，都与蒋本人常在矛盾之中走极端，却又在某些场合之中通融妥协的态度至为接近。再有如他之取法于戚继光，则纯从技术角度着眼。比如，蒋亲撰之《战斗秘诀》(1925 年 3 月 28 日)，即与戚继光在《练兵实记》里的训话极为相似。他颁布的《革命军连坐法》，更是由戚之《申连坐》条文仿效编成。

而最使蒋介石在各人心目之中莫衷一是的，还是他之取法于王阳明。简率说来，蒋介石为操纵人类思潮之大能手，包括他自己的思潮。这给作史者最大的困难乃是"信不信由你"，能理解而无从证实。例如，他在日记里不断地提出：

抗战必胜，建国必成。

如果这信念完全出自客观，有如日在中天，那他何必又如旧式之潜水艇，每隔二三日必须出水发动柴油机，充足电池式地提醒自己？所以从一个不信任的立场上讲，他胸中并无把握，所说纯系自欺欺人。而站在一个同情于他而忠信于他的人看来，这不仅是一种思维的方法，而且全部出诸真理。

　　然而明代思想家王阳明不承认知识出自客观。他的口语为"天下无心外之物"。又说："尔未看花时，此花与尔心同归于寂；尔来看花时，则此花颜色，一时明白起来。"这当中有一点不合逻辑之处：本来王阳明"应当"说出：花之存在与否，不是问题之关键。在我看来，只有我对花之反应才可算数。可是这样一个客观之存在与一个主观之反应打破了他的宇宙一元论，如是他也不考究存在与不存在这一问题，而只囫囵道出，天下无心外之物。陈荣捷教授是当代研究王学之威权。他就说出王阳明的哲学短于逻辑，而长于行事之决断。因为以行动代替知识，可能打开局面，而用不着左右思量，顾虑多端，反而迟疑不决。这种好勇的精神最符合日本人之胃口。东乡平八郎于日俄战争时在对马海峡击灭沙俄舰队，即镌有"一生低首拜阳明"的图章。蒋介石自己说出他十八岁而知有"王学"，以后在日本看到海陆军军官都读王阳明之《传习录》，于是他也仿效。自此他也可以算做一生低首拜阳明的信徒。台北之草山经他住过，即改名为阳明山，也可见得他仰慕之真切。

　　以下一段出自蒋介石日记，内中全未提及王阳明，可是先采取行动，次考虑后果的方针，与日人心目中的王学如出一辙。而且内中的"瞑眩瘳疾"，亦即猛开药方，使受者头晕眼花，典故出自《书经》"药勿瞑眩，厥疾弗瘳"，尤其自认其行动不合逻辑：

　　　　余性行狂直愚拙，故对人对事皆无戒惧，更无疑虑，所谓直道而行者乎？因之此身虽入险境，而不知其为冒险；已当万难，而不知其为犯难。及至险难一一暴露，方知此身已陷重围，乃不得不发奋拼命，恶战苦斗以自救。而自救之道，一则攻坚致强，一则蹈瑕抵隙。至余之处事决策，多用瞑眩瘳疾之方，孤注一掷之举，以为最后之一着。而此最后一着则为起死回生，绝处逢生之机，亦即兵家所谓置之死地，蹈之亡地，而后生后存之道。此余一生之所以不能不茹苦含辛者在此，而无数次之蒙羞忍辱者亦在此。故世人认余必为智勇兼全之人，而余自觉为狂直愚拙，所恃者惟道与义而已；惟能以道与义自恃，乃能蹈瑕抵隙，先声夺人；亦惟狂直愚拙乃能无畏无忌攻坚致强乎？（1944年2月5日）

其实蒋胸有城府并不完全如此段的粗鲁孟浪，以下还要提及。只是他因着王阳明的影响，提倡"艰苦卓绝"，全从主观着眼，以不可能为可能，不承认困难，甚至否定事实，固然使他成大功，有如东江之役、北伐之役与抗战胜利，也使他在无数西洋人面前和受过西方教育的人士前产生深厚之隔膜。即使他与蒋夫人情爱弥笃（有如日记1938年10月23日、1943年10月15日及11月24日各段记载），有时他之执拗仍使蒋宋美龄不能完全信服。

1943年12月16日史迪威在他日记里写出，蒋夫人曾承应设法改变蒋氏，她甚至以美国语气说出："除了谋杀他之外，一切都来！"（此时夫人亦衔蒋命前往说服史迪威，使他向蒋道歉。）多年之后，蒙巴顿爵士接见涂克门女士，他追忆到开罗会议时，曾与蒋商谈，由夫人翻译。及至蒙氏说及雨季之前空运吨数不能如中国要求时引起蒋夫妇之间一段冗长之讨论。后因蒙氏催促，夫人出于无奈，只好说："信不信由你，他不知有雨季！"我想此段并非说蒋氏不知世间有雨季一事，而是他不承认以雨季为借口，延迟军事行动。这一点须与蒋介石所受日本军事教育之经验对照，方可彻底了解。

以传统中国之爱门面，又加以抗战时之百般无奈，总是坏消息多好消息少，更再因王阳明哲学之从主观，任直觉，只有使中国之战时宣传，成为一种不负责任之事业。因之引起西方盟国尤其美国之莫大反感。白修德（Theodore White）原为重庆国际宣传处所聘雇员。

他在回忆录中写出："实际上我被雇去操纵美国舆论。这政府需要生存，一线希望乃在策动美国新闻界，希望得到美国支援，对抗日本。于是必须说谎，必须欺骗，必须采取一切方法，说服美国，未来两国前途端在并肩作战对付日本。"白修德在国民政府里工作了八个月，此后即成了"暴露"后者"黑幕"之"专家"。他的文字曾未申明将"实际如此"与"应当如此"说得扑朔迷离，乃是中国文献之成规。他当然也再未提及王阳明。在他看来，凡称日人为"倭寇"，以退却为"向敌侧翼转进"，公布杀敌掳获"无算"，已都是"管制新闻"，也都带欺骗性质。

此种反应，以及由是产生的中外间之隔阂，至今尚影响到台北主持档案的政策。比如说主持人一方面希望将已编整之蒋日记广为传播，一方面对日记原件之出处又讳莫如深。此中不仅涉及几十年来之故习，也与蒋介石本人之思想信仰有关。可是在我看来，我们今日当急于将他所谓"置之死地"，"孤注一掷"，尤其"瞑眩瘳疾"，"蹈瑕抵隙"，以及"攻坚致强"的原委道出。其目的不在揭穿内幕，也不是替前人洗刷，而是促进一部较完整之中国现代史的出现，以减轻下一代意识形态之负担。

大凡作自传和回忆录的总有替本身辩白、掩非饰过的趋向，所以一般说来此类文字不可尽信。而蒋氏日记却已明白道出，是一种促进修养之工具。再从他保持记录的习惯看来，写日记亦可算做他行政工作之一部分。再加以王阳明之影响，他的日记始终带有信仰的成分。这些因素既可以视作军事思想，或战场心理，亦可视为革命哲学，总之就与一般不同。比如说，这便和史迪威的日记有一日千里的距离。

可是这种哲学也是一种动的哲学，以本人心潮断定花之色彩，不可能始终前后一致。《民国十五年以前之蒋介石先生》提及沙基惨案之后，"自是日记册上公日书仇英标语以自针，至次年秋北伐紧急时乃止"。1925年6月23日广州各界举行援助上海"五卅惨案"游行示威，黄埔军校师生官兵由何应钦率领，于沙基口遭沙面租界之英军射击，死工人民众六十人，党军学生二十三人，伤者五百余人。蒋介石闻讯据说"体发高热"，"几晕倒"，次日卧病于要塞部，这也即是每日写仇英标语之由来。

1925年5月3日，日军阻碍北伐，发生济南惨案。《大事长编》也说及自此之后蒋介石日记每日有"雪耻"一栏，数年之内从未间断。

然则一个国家的内政外交，不能全由感情决定。蒋介石熟读《孙子兵法》，他当然知道"怒可以复喜，愤可以复悦，而亡国不可以复存，死者不可以复生"。他是一个极端感情充沛的人，也是一个极端以纪律约束自己的人。此亦即他注重修养之由来，也是他提倡"忍辱负重"之主因。如是环境的需要，逼迫着使他有经常在矛盾之中走极端的趋势。这种冲突不免在他日记里流露，有时尚且影响到他的视听。

1942年2月蒋介石访印度，曾接到丘吉尔的来电，嘱他不要在甘地和印政府之间产生是非，当时蒋之反应不见于现已发表之日记。可是我们可以想见他对丘无好感。以后丘吉尔邀他赴伦敦参加太平洋战时会议，他当然以元首的资格不愿屈尊下降。可是后来蒋夫人访美，那时候丘吉尔也在美，罗斯福曾提议邀两方在白宫午餐见面，也由蒋夫人谢绝。丘在他的回忆录里写出："夫人认为我应当以朝香的方式去纽约拜访她。"以后蒋夫人遍游美国各处，尚谢绝英王及后之出名邀请游英（1943年3月18日）。所以两方成见已深。直到开罗会议时，环境变更，蒋介石觉得丘吉尔给他的印象较前为佳，实有上述背景。

现已发表之日记，只有当中挑选出来之片段，而且其斟选尚在蒋生前，这当然不是作史者能自信可以全部掌握左右逢源的资料。只是在原件尚未公布之前，以目下已能采用一部所涉及时间之长（约自 1925 年至 1945 年抗战结束，前后二十年）所概括内容之广泛，而作日记者之一般态度又已明悉，所以我们利用此资料，注重作日记者情绪之激变，及其前后观点之不同，再充分引用侧背之证据，不难将蒋介石一生最重要的几个问题，得到初步较合逻辑之解释。

严格说来，蒋一生不用"代写作手"（ghost writer），他亲自执笔的文件已有无数的影印发表。即是由陈布雷和陶希圣代笔的讲稿书稿也经他斟酌审核再三，有时改稿五六次之多，所以已是蒋心血之作。在同样情形下，我们看到"日记"包括所附文件内容有前后不同的地方，可以揣想其修订经过蒋介石本人作主。

刻下我们发现文字之中有重大之不同者为《军校第三期同学录序》（原作于 1925 年 12 月 5 日）。其在《民国十五年以前之蒋介石先生》所转载者，呼吁国共合作，与当日情景符合，亦与此书（指《蒋介石先生》）付印时，即"西安事变"之后抗战开始之前的政治气氛融合。其载在《大事长编》之同序则已将全文大幅修改，当中有一千七百余字之不同。似此全面转向，不可能无蒋本人认可，以下尚有机会道及。此间我们即可暂时放弃考证之立场，将"序"与"同学录"分离，认为两篇文字同出于蒋介石，其内容代表前后政策之不同。

将《大事长编》与《蒋介石秘录》比较，内容亦有不同之处。有如抗战期间，即自 1937 年 7 月 7 日至 1945 年 8 月 15 日，《长编》引用日记七百八十一处，《秘录》则引用二百六十处，内中互相重叠者一百一十九条。可是此一百一十九条中，又只有七十九条文字完全相同。其他四十条或者词句之间稍有不同；或此间多数字，彼处少数字。

例如，开罗会议时，蒋曾分别单独晤见丘吉尔及罗斯福。其见丘时，日记上综合其印象，在《大事长编》有：

　　盖以日来余与丘吉尔相见已有四次，认定其乃为一现实的英国式之老政治家，实不失为盎格鲁撒克逊民族之典型人物。其深谋远虑，老成持重，于现代政治家中实为罕见。（1943年11月24日）

《秘录》则有：

丘氏为英国式之政治家，实不失为盎格鲁撒克逊之典型人物。虽其思想与精神气魄不能与罗斯福同日而语，而其深谋远虑，老成持重，则现代政治家中，实所罕见。

及见罗斯福时，日记在《大事长编》有下列一节：

会谈完时，彼对余慨然曰："现在所最成问题，令人痛苦者，就是丘吉尔的问题。"又曰："英国总不愿中国成为强国。"（1943年11月25日）

其在《秘录》则有：

彼对余慨然叹曰："现在最令人痛苦者，就是丘吉尔的问题。"又称："英国总不愿中国成为强国。"

蒋介石行文迅速，可是他也有给自己文字窜改修饰的习惯。以上之抄件经过他自己订正？还是抄写时的错误？目下无法获知。理论上《蒋介石秘录》又经过两道翻译（不过翻译不能产生上述之参差，有如提出罗斯福之思想气魄），所以更难断定，好在这些小处之不同与我目前准备所作重点上之综合关系不深，只是读者不能不明悉资料之中有此复杂性。

除非特别申明，本文引用日记之处，根据《蒋介石先生》及《大事长编》，不出自《秘录》。

蒋介石生于 1887 年。他的祖父与父亲都是盐商，在中国农村社会中家道可算富庶。他的家世至今还保持着若干神秘性。比如说，他一生对他所受母爱极端的表扬，但是他八岁丧父，他不可能对生父毫无记忆。实际上除了由朱执信所作一篇墓志铭之外，他对此公绝少提及。他的母亲年轻孀居，后改嫁蒋氏。除此之外我们对她所知极微。据他在 1924 年 3 月 25 日致汪精卫和胡汉民的书缄，他母亲的管教至为严格，包括"夏楚"（最少是打手心），而且她在宗教上的信仰与习惯，给他的影响，至为深刻。

在蒋母主持之下，蒋幼年经塾师督促，受过一段传统式的教育，显然地着眼于科举。可是中国的科举停止于 1905 年，蒋则在两年之前改受新式教育。他于 1906 年去日本，希望入士官学校，时年十八岁。只因为中国学生往日学习陆军概由保定军校保送，蒋不得其门而入，却在东京认识了陈英士，从此与革命党人交往。

蒋再度往日本已经过保定保送。按例中国学生须先入振武学堂，此是士官学校之预备教育，为期三年。他在 1910 年毕业时已二十三岁，被分发至高田第十九联队之野炮兵队受入伍教育，任二等兵。多年之后他还叙及当日兵营生活。大凡严冬大雪，士兵以冷水洗脸，又花了一个小时的时间用稻草擦马，务必擦得马血脉流通，全身发热。吃饭则终日不得一饱，二等兵又承受上等兵各项差遣，供其凌虐。他认为这一切都是中国军人应当效法的地方，因为能增强其能力与耐性也。

提及以上各节时，即原始资料中引用年月亦有出入。蒋亦未曾说明他既经过入伍阶段，何以始终未入士官学校。但是辛亥革命时（1911 年）他曾参加陈英士主持之上海独立运动，自任团长。以后陈被袁世凯刺死（1916 年），他又为之发丧致祭。此间前后约十年中，蒋介石翱翔于游侠浪人及革命志士的生活之间，虽专家亦难断定其一时之行止。

直到 1918 年孙总理任陈炯明为援闽粤军总司令，蒋在陈部下初任作战科主任，继充第二支队长，才算重履军旅生涯。自是他的传记才有确实线索可寻。以后他仍有数度离职家居情事，只是时间不长。所以我们可以断说，他在 1918 年加入孙总理军政府之阵容，已开始奠定今后作为中国领导人近半个世纪事业之基础。

蒋家也和当日中国很多人家一样，充满着社会间新旧之矛盾，例如，他幼弟瑞青只三岁而殇，他母亲仍为之配冥妇王氏（人家亡女年龄相仿，配为阴曹夫妇），名义上蒋介石之长子经国曾被指定为此冥夫妇之继子。蒋自己于 1901 年"与毛氏女结婚"，那时他实足年龄不满十四岁。《蒋介石先生》又提及他于 1912 年"回国乡居纳妾姚氏"。实际上蒋结婚四次。宋美龄之前妻室为毛福梅、姚冶诚与陈洁如。陈洁如之照片见于蒋北伐期间。日记之已公开部分，除宋美龄外，不提及其他妻室。她们与他的公众生活关系至浅。只是她们之存在，已为闲话之题材，也在非正式场合之中供评议者用作口实。

例如，最近在台北行销之所谓《陈洁如回忆录》叙及蒋宋联姻，由孔祥熙夫人提出，内中以宋子文任财政部长作为条件之一，时在宁汉分裂之前夕，应为 1927 年。作者尚不知宋子文早已于 1925 年在广州即任国民政府之财政部长，又经过武汉与南京，在蒋宋联姻前后未曾间断，即无提出作为条件之可能及必要。如是最基本之资料作者尚不能掌握，此书之可靠性可想而知。

蒋介石虽被孙总理识见多年，但是直到 1922 年陈炯明叛变时他亲往广州与总理共患难后，才算被"纳入内圈"。只是至此他在国民党内资望仍浅，较他资深的尚有胡汉民、汪精卫、廖仲恺等。而他又恃才傲物，不愿居下。总理倚为将才者前有陈炯明，后有许崇智，因之只能任之为幕僚顾问。此情景可在他 1924 年 3 月 2 日致孙总理书文长三千四百余字中窥见之。

迄至此日他还存怨望，不愿继续筹办军校事务，因不甘心"专心办学，不问军事政治"。也料不到曾几何时，蒋中正以黄埔校长之身份，既过问军事，也干预政治，因之为国民党在广东打开局面。

1924 年蒋介石主持黄埔军校训练期间和他在 1925 年初指挥东征战事期间现存史料不称日记，但是《民国十五年以前之蒋介石先生》将当时之演讲稿、文件书牍收罗得极为详尽，有时所纪事显然据日记抄录。有如初向东江进军一段：

> 晨起准备各事，发令毕，泪涔涔下。火车机坏，煤又不济。闷坐常平站久候。因感吟一绝曰："亲率三千子弟兵，鸱鸮未靖此东征。艰难革命成孤愤，挥剑长空涕泪横。"九时开车，下午一时到塘头厦。（1925 年 2 月 10 日）

此种情景不可能请人代作。所以我们可以将全部文稿包括附件泛称为"日记"。上抄七言绝诗也表现了黄埔初创设时的特殊情形。

军校为中国国民党党立，曾一度称"国民军军官学校"，或"国民革命军官学校"。初期发毕业证书时，径自称为"陆军军官学校"。只因校址在珠江口之黄埔岛，时人称之黄埔，以后也以此在历史上成名。

当 1924 年 5 月 3 日孙总理以大元帅名义任命蒋介石为校长时，第一期学生业已招考完毕，即将入校。考试在上海及广州举行，原则上广泛地多收北方人。据第一期学生徐向前（后为中国人民解放军元帅）称，考试时政治思想占先，其他数学等并不重要。在 6 月 16 日举行开学典礼时有学生四百九十九人。入学不久，所有学生集体加入国民党，连原有共产党员在内（徐即已为共产党）；同年 11

月30日毕业考试时及格者四百五十六人。大概又一年之后此中半数以上死于战场。东征时蒋介石所发表之布告称"校军"，他本人称"本校长"。黄埔军校亦设有参谋长与参谋处（参谋长钱大钧，参谋处长陈焯）。蒋介石于1925年4月23日在《第一期同学录序》内称："第一期随余出征之五百子弟与教导团三千同志之军死伤几达三分之一。"至1926年1月10日他在军校演讲又提及："第一期学生原只有四百六十名，但连第二、三、四期已毕业的、未毕业的，今天共有五千五百四十名学生了。可是第一期学生，而今只存一百四十名了。其余的都是非死即伤。其中派去外省宣传的不过是最少数。"这种种传奇性格显示着后面还有待说明之背景。

当年黄埔教授部主任王柏龄在他的《黄埔军校开创之回忆》说出：军校初筹备时，各人以为训练期间至少一年，蒋介石独称三个月，并且说及若再延迟，中国可在此期间亡国，最后才折中为六个月。原来在广东省境内陈炯明部仍盘踞东江汕头惠州一带。粤军许崇智因循苟且，不足为恃。滇军杨希闵与桂军刘震寰尚且霸占着广州一带财政机构，可能与北方军阀互相联系。所谓"关余"原系广州海关之收入扣除历来向外借款及战败赔偿军费摊付本利之剩余。孙总理希图截获作广州政府之开销，因外强反对，并派军舰在珠江口示威，此计不酬之后，孙才决定全面亲苏。据费正清言迄至1925年，俄顾问之在中国者近千人（中国资料称约一百人），对香港英人产生相当之刺激。从五卅及沙基惨案以来，香港及广州之英行，遇着华人之长期罢工，势成僵局，港督斯塔蒲司（E. R. Stubbs）主张采取武力干涉政策。

孙总理以胡汉民为广东省长，廖仲恺为财政厅长，他自己的公署则称"大本营"。于理他有南来议会之支持，似应统率三军，掌握着广东省全部民政财政，而实际他所领的只是一个空衔，他的机构尚存在于南方军阀呼息之下。军校刚成立，孙又提倡北伐，自往韶关。

此时后方尚有被人席卷之可能。各军阀见蒋办理军校，监视之中不能无敌视态度。

黄埔刚开设时即无军械。只因蒋介石曾在事前去石井兵工厂（1924年2月15日），厂长为国民党员，不久即秘密运来步枪五百支。所以日后蒋介石不仅可以夸言"我个人亲自指导出来的"黄埔一期学生约五百人，而同数的步枪，也是他第一笔本钱，他即以此走上了统一中国大业之道路。

据第一期学生邓文仪称，军校刚成立，即有断炊之虞。王柏龄也说及为了经费，蒋介石常亲身出面向外借钱。有一次借来尚是汪精卫夫人陈璧君之私蓄，日后加倍奉还。

可是黄埔校舍，原为海军学校遗址，岛上亦有长洲要塞。孙总理任蒋为军校校长时，即已派之兼许崇智之参谋长。不久（1924年7月7日）又任之为长洲要塞司令，下辖海军舰艇若干艘。事也凑巧，至此刚一月，即有"商械"事件。

原来当年5月，广州市政厅此时已归国民党掌握，公布拟修筑马路，拟向各商店征资产税为经费，引起全市七十二行店罢市反对，由省政府通令取消原议了事。只是因此市内"商团"已开始与附近县市议立联防章程，作为今后以武力抵制之凭借。8月9日有轮船"哈辅号"由香港开驶广州，挂挪威国旗，上载大批军火。孙总理得悉，令蒋介石对付。蒋即亲率军舰在珠江口将该轮截获解黄埔，卸下步枪、手机关枪、驳壳枪等九千余支，查系商团订购，此轮船仍许其自行开去。

显然，商团除非蓄意反叛，无须此大批军火。所以有人说他们与陈炯明策应，也有人以为他们受英人指使，拟组织商人政府。

商团要求发还军火不得，乃于8月12日准备罢市。长洲要塞恐被袭击，亦开始戒严。黄埔第一期学生分为四队。第三、四两队曾于8月13日由教官率领往"省城维持治安，镇压谣言"。9月12日第一队学生又为孙总理"随驾护卫",亦由教官率领前往韶关,出动达四星期之久。所以第一期学生不仅学程短,而且任外勤时间亦多,表示着黄埔自始即非一般之"学校"。校长蒋介石于1924年9月13日向学生训话即提出:"不要以为求学和打仗是两件事。"

此押扣商团军械一事经过亘长时间的谈判。有提议枪械发还,由商团"捐助"北伐军费五十万元了事;有提议发还一半,以一半武装北伐军;亦有提议每枪标价五十元,等于指令商人赎还。更足以影响决心者乃是10月间有俄舰一艘逃过英人之监视,下碇于黄埔,卸下野炮、山炮、轻重机枪等,又有式样一致之步枪八千支、弹药称是。至此商械已不重要。广州市内尚有亲国民党军政府之"民团"与"工团",可以配给此项武器。

在此谈判期间,孙蒋间往来之文件大致都保存完好。孙望蒋放弃黄埔,将所有弹械全部运往韶关,即以此组成北伐军之基干。蒋则坚持"死守黄埔岛",并且预言"三月之内,必有一支劲旅,可作基干之用,以之扫荡一切残孽,先图巩固革命根据地之广州",若非如此,则"吾党永无立足之地"。倘非他再三坚持,则军校成立不及半年即将脱离黄埔,成为"韶关军校"。

商团在发还军械一部后背信,只能以武力解决。政府军以由韶关调回之湘军三千人为主力,助以民团,黄埔军校第二、三两队学生亦参加战斗。大概作战并不剧烈,文件内无死伤人数,但市内建筑有相当破坏,看来一切行动均在10月16日天未明前。至16日晚间即有商团副团长乞和。两日后广州解严,再一日而黄埔第一期学生学习期满,分发各部队见习,好像以上见习,全不能算数。

蒋介石所谓"三月之内必有劲旅",则是以上情事转变之中,黄埔军校不仅招考第二期学生入校,将其他军事教育机关合并(有些学生亦称第一期或第二期,所以各处所载总人数不同),设立特种兵科,尚且成立"教导团",又于1925年初之后发动两次东征,"循军校全体学生参战要求",使"校本部行营"变为一个野战军司令部外,"黄埔"之本身,已有似于置放溪中之竹篮,只有流水出入其间,曾未间断,难于固定地说出一时之情貌。有时入伍生在战场上护送军用品,有时尚未毕业之学生已被派往北方侦报军情,或送莫斯科留学。第二期学生一面准备毕业试验,一面在黄埔岛上任总预备队。第三期于 1925 年 7 月 1 日举行开学典礼,但是此后立即担任沿海警戒。至同年 11 月 11 日始"调回埔校训练",然则不出两月,即在 1 月 6 日举行毕业试验,17 日举行毕业典礼(亦有三期学生称受训一年者)。第四期学生"及各军官学校并合总计二六七〇余人",补考入伍生即前后支续数月,达七次之多。因为入伍生继续入校,第五期至第六期无法有计划地区分,只好规定凡 1926 年 7 月 31 日以前入伍者概属第五期,8 月 1 日之后则为第六期。黄埔校舍早已无法容纳如是许多之学生,于是扩充至广州城内,亦在各城市设立分校。

在此空前膨胀之过程中,其财政问题如何解决,至今尚无人能确切概述。只从各人回忆录看来,即在开创初期,情形最黯淡之际,廖仲恺为军校党代表,实际责任为募款。虽然他无从筹办巨款解决问题;但从各人称颂中看出,他必是竭尽全力在各处设法接济。韦慕庭主张在研究此段历史时注重俄文资料,因俄人在此期间已资助二百万元也。至于尔后之发展则较明朗。军校第一次东征,打破陈炯明窥粤之企图,回头又解决杨希闵和刘震寰部才能让国民党政府将各财政机构接收到手。自是大本营改组为国民政府(1925 年 7 月 1 日),宋子文为财政部长(9 月 22 日),局面已逐渐打开。

在这一年稍长的时间,黄埔军校本身即为打开局面之工具。值此诸事纷至沓来之际,学生之基本训练并未放松,有如王柏龄之追叙,虽说初期黄埔之教育实际上仍与战场及作战时之后方勤务不可区分。在此期间校长蒋介石日理万机,举凡军服军帽之设计、教官之选用、教程之内容,以及校舍内之经理卫生等,无不有他亲身切眼的参与决定。再从他留下的讲稿看来，校长经常保持与第一期学生之密切接触（以后第一期毕业生多为其他各期学生之长官）。所讲话大自为人宗旨、生活目的，小至外套风帽、痰盂厕所。技术方面的讲到步枪射程，常步速率；侧面的又讲到内外情势，游俄经历。学生逃亡与关禁闭，更是话题。所以一年之后（1926 年 1 月 11 日），蒋提及"第一期学生可说是由我个人亲自指导出来的多"，确是符合情景。

除此之外尚未为一般人注重的：黄埔军校不仅培养军官而且练兵。假使没有教导团，则上述广东被军阀割据情形，政府之承受其呼息，税收无法统一，外强压境，商团谋变的状况无从打破。

募兵开始于 1924 年 7 月，去蒋被任黄埔校长才二月，机构设于上海，由陈果夫主持。此间所募兵多系浙江人（此亦效法曾国藩、戚继光办法），除注重蒋之家乡奉化县外，及于绍兴、金华、台州与处州。再次之则及于江苏与安徽两省。每次募足数十人或数百人，即分批南送。迄今尚无适当的记录统计其总人数及所募兵员日后事业上之发展，我们只知道募兵"耗费甚大"。根据所述情形只能揣想教导第一、二两团总人数约三千中，多数来自长江下游。又从蒋介石书缄及训话中提到士兵寄饷赡家，可想见其为良家子弟，可能多数为农民。因为离家既远，又不通广东方言，亦不易逃亡。此外教导团亦在广州招收学兵，以"年龄在十八岁至二十四岁，身体强壮，粗通文理之有志青年"为对象。所用纯为日后之军士及准尉。湘军所保送之学兵一批人数不多，只六十八人。教导团之特色为一切从头造起，不沾染现有体制之恶习。

及至 1924 年冬季，第一期学生毕业在即，此教导团之募兵亦编组成军。黄埔总教官何应钦为团长，军事教官陈继承、顾祝同均为营长，连长多由前学生总队内之区队长充任，毕业学生则为排长，亦有暂任班长者。教导团仿苏俄党军体制，每一单位均有党代表。

这支军队之人员经过一层甄选，又受过思想及精神训练，在战场上更有"革命军连坐法"之制裁,而且金钱上的策励也并未放弃(攻惠州时"攻城先锋队"每名犒赏金三十元,存候登城后给领),所以战无不胜,同时也死伤惨重。第一次东征开始于一九二五年二月,至四月底回师广州平息杨刘之叛变。东征时教导团任右翼,粤军之一师又一旅为左翼。初时蒋介石以该军参谋长之资格指挥。以后许崇智仍出入战场,现存记录显示他与蒋介石发生人身上之冲突(2月11日,23日,28日,3月8日)。虽则一路功成,而蒋仍有其情绪之低潮,如日记所示:

> 牺牲子弟同志如此其多,又皆为优秀分子,而后退之官长与党代表又须置之于法,是皆一手所陶成,心何以忍,而不杀又坏纪律,左右萦思,诚不愿以带兵杀人为事也。(1925年3月14日)

以上所叙甚可能在专家前发生质疑与争执,而且新证据仍待发现。只是综合看来,又参对这段历史之前情后景,我们可以断言:中国近代史有了1924至1925年广东局势之突破,已展开新的一页。迄至主持黄埔之前,蒋介石未露头角;东征之后,他开始成为家传户晓之人物。军校师生除上段所列诸人外,尚有军事教官陈诚、钱大钧,政治部主任周恩来(第一次东征时军法处长),政治教官聂荣臻,教授部副主任叶剑英(日后此二人同为中国人民解放军元帅)等在中国今后五十年之历史中具有不同之贡献。至于第一期学生在中国军事史上成名者尚不可胜计。

第一次东征只暂时解除陈炯明之威胁,并未消灭其实力。"校军"退后,其部队卷土重来。于是1925年10月又有第二次东征。此次以蒋直辖之第一军(以前校军,后称党军,至此为"国民革命军"第一军)及李济深之第四军(原粤军,以前以省区为名之各军至此已改称为第二至第六军）为骨干，一直攻入福建境内，将陈部彻底解决为止。可是如此之战功不计，蒋介石之建军工作内最有创造性的一段，已早因黄埔之成立教导第一、第二两团而达最高潮。因为以前全系无中生有，以后则团扩为旅，师又成军，无非继续膨胀扩大也。

虽则在此阶段蒋介石得到苏联及中国共产党人之支持，但是新军之全部设计，下至技术中之细节，始终未脱离他之掌握。虽孙总理亦无从改变他之决策，可以从他们彼此缄件中看出。再以他用校长身份与大部黄埔师生保持密切之人身关系，凡此都与他所景慕之曾国藩、戚继光的事业有若干相似之处。

当中最大之不同，即曾、戚建立新军旨在扶持彼此之国家（当日即为朝廷）与现有之社会。蒋介石在1925年所处环境，则国家业已名存而实亡（不然何以两个政府如南北朝之对立），而他身历之社会（产生上述童婚纳妾现象，以嫖妓为名士风流等）亦无可救药，所以他之言革命，有如他在1923年所述"自省过去之愆尤"，不可能为不真。也只有在此情形下，他之创办黄埔，又在校门大书"升官发财请往他处，贪生畏死勿入斯门"，才能使当日有志之士望风从命。

今日读史者尚不能不察：民国初年之军阀割据，实为历史发展之必然后果。旧社会依赖"尊卑、男女、长幼"之秩序，靠昊天诰命的皇权支持。又以科举取士，用诗云子曰不离口的学究作庙堂间与农村中之联系。然则科举已在1905年停止，皇权又被辛亥革命推翻，诗云子曰与尊卑男女尚在五四运动期间被整体批判，那么中国靠什么存在？难道当日国民识字率只百分之五，国库囊空如洗，关税由外人掌握的环境内所颁布的宪法与所组织的议会真能算数？

实际上中国已失去了合理存在之逻辑，不然何以孙总理称中国为"一盘散沙"？此一盘散沙尚未全部被冲刷至太平洋深渊中去者，因尚有私人军事力量在也。此亦即军阀体制存在之总因。

军阀除了目无法纪，鱼肉人民外，靠两个组织原则作主。他们彼此间之联系以传统之忠义标榜。只是假装的多，着实的少，于是才经常有内讧及战场上倒戈情事。次之则他们的经济来源，纯系地方上之税捐，并无系统，由各人自出心裁地榨取。

本来中国为着适应新时代之需要，亟应扩大政府之职权，又需抵御外侮，军备更不可少。照理军人应于此时发生决定性之影响。如在旁的国家，若干军阀甚可因此而革面洗心成为维新志士。只以中国幅员之大，人身关系之道德甚难在三两个省区之外有效，而且旧社会无支持新制度之资源，是以财政困难。地方上之零碎收入则无架构，更难使受其供应之军队行动一致。我们看到蒋介石于1924年3月14日致廖仲恺缄及1925年7月11日致许崇智之密呈，可以体会即在当日之广东引用关余既受阻，只能以鸦片税捐为收入大宗，以商人承包，大概取其缴纳容易。其余丝捐、印花税及火油捐为数少而难能整体化。各军则称不得不"自求生命"。所以他们即纵有心为善，亦无从摆脱此种客观条件；质言之，虽欲避免军阀之行止亦不可得。

此时如要改革，无从由内部整顿，只有与现存体制绝缘，由外输入人员器材经费编制，另制造一种新生力量，蒋介石执行此方案时，即组合各因素，亦绝缘于一座海滨岛上，因之才立即见效。可是如是构成之纯真，亦仅维持于一时。一到部队扩充，核心人员分散，其效率亦因之降低。

而且革命热潮端在一鼓作气。蒋介石非不明悉。他在1925年9月9日对黄埔第二期的毕业生说及："如果对于革命事业起头非常奋发，等到一年不成功，二年不成功便将朝气变为暮气，热血化为冷血，这不但是不革命，而且做了反革命。"

1925年12月24日蒋介石在他的日记中写出：

余迩来行动，已近于军阀，尚能负革命之责耶？惩之！

《民国十五年以前之蒋介石先生》书中解释，乃是当日他因公搭乘由汕头赴潮州的客车，回时令车久候，可能对负责员工及其他乘客之歉疚。尽管表面看来如此，或者日记上下文文意如此，他既说"迩来行动"，则感到歉疚的已非只一端，同时既在军事期间，也不当以此将列车久候之小事记挂心头。看来他需要惩戒自己的已超过书中解释的范围。

自 1925 年 7 月广州的大本营改组而为国民政府，至次年 7 月北伐开始之一年中，据蒋自己说来，他曾遭遇到一连串损害及中伤他的阴谋。可是从留下的记录里看来，他自己在当日广州的权力斗争中也并无回避退让模样，而且采取主动，每次结果都占上风。如果我们自寻常人身关系的角度观测，则当中是非极难判断。况且若干内幕，例如他说及 1926 年 3 月 18 日共产党人企图将他绑架于中山舰，送至海参崴，其实情至今无法断定，可能永为历史之谜。另一方面如从大处着眼，则历史发展之线索，不难一目了然。即以前述他在 1926 年 1 月 10 日的演讲做背景，经他训练已毕业及仍在学的黄埔军官学生既已超过五千五百人，则根据当日实际情形，并臆度蒋介石之志趣与性格，他之掌握广州军政府之领导权已是指顾间事。因经他训练之黄埔学生纵有阵亡，以平均至少每人带兵二十人计，可以供他布置之军队已逾十万人也。

而且此一年内，南方之军政府也已介入一个进退之间的微妙关头。表面看来，广州政局经过过去一段奋斗，已达小康局面。实际上则内部不能协调之因素仍然如故。例如军政、民政与党政之分歧，军费分配之不公平，各军之部落习惯，与新旧之争执等。再加以国民党因亲俄容共政策所引起左右派之倾轧，只因孙中山之突然去世而变本加厉。

1924 年 11 月孙总理因段祺瑞执政之邀而去北京，原希望召开国民大会而促成中国之统一，乃于次年 3 月 12 日病逝。他原已派胡汉民为留守，时人亦称胡为"代帅"。可是 7 月 1 日大元帅府改组为国民政府时，则以汪精卫为主席，因幕后已有俄顾问鲍罗廷主持。国民政府委员十六人，蒋介石亦未入列。胡汉民为外交部长，许崇智为军事部长，廖仲恺则为财政部长。蒋仅为军事委员会八个委员之一，委员长仍由汪精卫兼。

8 月 20 日廖仲恺在广州被刺死，政府由鲍罗廷建议组织特别委员会处理此事，汪精卫、许崇智及蒋介石任委员。鲍罗廷以胡汉民之堂弟胡毅生反共最力嫌疑重大，而且业已在逃。当日汪精卫与廖仲恺称左派，胡汉民则为右派，所以胡本人亦不能辞其咎，调查之后曾被禁押于黄埔，以后特别委员会于 9 月 1 日决定将之"放洋"。

此案发生未满一月，蒋介石又于 9 月 19 日在广州发动政变，由黄埔学生及蒋直辖部队将许崇智之一部粤军监视，对外称许部反革命。其实蒋介石名义上仍兼许之参谋长，两人嫌隙已深。许在广州"狂嫖阔赌"，生活糜烂，而且许军一万五千人，每月饷九十余万元，其他部队则远不及此数。蒋介石将内外部署妥帖，又将许之家属送至海船，才告诉许崇智本人，谓他在广州人事上有问题，请暂去上海休养，"期以三月，师出长江，归还坐镇"。次日由蒋派粤军旅长陈铭枢将之押往上海。许崇智自此终生做寓公，再未过问政治。事后蒋将粤军整个改编，一部编为国民革命军第三师，隶属蒋本人之第一军。同时执行胡汉民之放洋，即予以出使俄国名义，乘俄舰离广东，作短期流放之后将来回国派以次要之任务。此亦在日后成为蒋介石对付其政敌之经常办法。至于宋子文于此时出任财政部长兼广东省财政厅长，则不仅使刻下的财政问题有了着落，而且展开了蒋宋两人长期事业上之合作（蒋宋之联姻则在两年后。至 1940 年间，蒋也有摈斥宋之情事，但已与现下所说无关）。

以上之发展若非由汪精卫主动安排，至少有他的同意与支持。因此时蒋尚兼任广州卫戍司令，事变之前夕曾奉有军事委员会命令："广州卫戍司令全权处理粤局"也。

驱许成功之后，蒋主持第二次东征，其情形已如上述。回师之后，适值国民党在广州于1926年初举行第二次全国代表大会，此时蒋、汪仍有一度合作。蒋介石被推为中央执行委员九个常委之一，此为蒋初次列入党内要津。然其在军中仍只为六个军长之一。只两月之后，即有"中山舰事件"。

对蒋介石言，中山舰不仅对他个人，而且在中国政治史上也是一个重要关键。事出后约一月，他在一次公开谈话里说及：

> 但这要等我死了之后才可以完全发表，因为这种内容太离奇太复杂了。万万想不到的事情，都在这革命史上表现出来。如果我不是当着这件事的人，我亦不相信这件事情。（1926年4月20日）

同时他也说及："你们只看法国大革命史，就可以晓得这回事情。"

可是"中山舰事件"虽然复杂，却没有他说及的这般神秘。蒋介石的军事力量飞速膨胀，已引起各方之反感。当日在广州与香港间，有人散布各种谣言，甚至"倒蒋"之传单已经出现。其传闻常见于报纸。曾任蒋卫士之黄埔第一期学生宓熙之回忆录里也说及：在此期间，蒋遇到好几次谋杀他的企图。有一次他的汽车被打翻，内中乘车卫士二死一伤，恰巧蒋不在车中。

中山舰是国民政府所辖军舰较大之一艘，平日也间供蒋来往黄埔与广州间用。1926年3月18日代理海军局长李之龙将之驶舶黄埔，上载有第二师士兵。李之龙原在芝罘学海军，黄埔第一期毕业，也是共产党员，此时因着海军局的责任已向军事委员会委员长汪精卫直接报告。

在此事发生期间，鲍罗廷已暂时回俄。苏俄顾问团由主任季山嘉（Kissanga，亦即库比雪夫 N. V. Kuybyshev）负责，此人强烈反对北伐。大概此时苏俄认为中共之组织尚未成熟，不愿见到蒋及黄埔之力量继续扩充。黄埔的经费被裁减，第二师的经费增多，可能由俄顾问通过汪精卫决定。第二师也辖蒋之第一军。蒋获得的消息，则是师长王懋功被劝诱倒蒋，成功之后军委会预备将第三师及第二十师编为第七军，军长由王懋功升任。所以蒋介石对外申诉着：有人已预先提出"报酬我部下反叛的代价"。

18 日蒋介石原在黄埔接得密报后乘小艇秘密往广州。他原未令中山舰驶往何处，此时听到李之龙说及开赴黄埔出于他自己的命令，更为诧异。而再增加他怀疑的则是 19 日他在广州，中山舰也驶还广州，据说通宵升火，显有异动。再根据蒋之口语，"有一同志——他的名字不能公布"，前后问他三次今天是否还黄埔。至此蒋已决定此乃一串阴谋，这也是日后他在《苏俄在中国》书里提及企图绑架他赴海参崴的故事之由来。内中所述"有一同志"无疑乃汪精卫。

蒋决定采取行动时，立即在广州戒严，夺取中山舰，拘捕李之龙和各军党代表多人，监视俄顾问，缴其卫队械，并解除广州工会之武装。

此案最近经过蒋永敬之详细研究。他引用大陆发现的一部资料，认为李之龙无绑架企图。只是背后各种令人怀疑之因素确实存在。主要则是汪精卫对蒋介石态度暧昧，他存心令蒋去职，却又不公开执行，只希望蒋因之自去。一部反蒋谣言，尚由国民党右派制造。他们希望离间两人，以便由蒋出面限制俄顾问及共产党人之活动。中山舰之来往，只偶与以上契机巧合，也有人矫传令旨，谎报情况。

作者又认为："这一事件的发生，不过是广州内部紧张情势之突破而已。换言之，即纵无'中山舰事件'的发生，也会有其他类似事件的爆发。"他又提出蒋介石在 3 月 20 日采取行动之前，准备暂时退避至汕头。以下一段也抄自南京档案馆之"蒋介石日记"，此段为现下台湾所公布之文件内所未有：

> 上午准备回汕休养。而乃对方设法陷害，必欲使我无地容身，思之怒发冲冠。下午五时行至半途，自忖何必欲微行？予人以口实，气骨安在？故决回东山，牺牲个人一切以报党国也。否则国魂消尽矣。终夜议事，四时诣经理处，下令镇压中山舰阴谋，以其欲摆布陷害我也。（1926 年 3 月 19 至 20 日）

《民国十五年以前之蒋介石先生》提及此事，书中则有：

> 十九日上午晤汪兆铭，回寓会客。公以共产党挑拨离间，与其买空卖空之卑劣行动，其欲陷害本党篡夺革命之心早已路人皆知。若不于此当机立断，何以救党？何以自救？乃决心牺牲个人，不顾一切，誓报党国。竟夕与各干部密议。至四时诣经理处下定变各令。公曰："权利可以粪土，责任岂可放弃乎？生命可以牺牲，主义岂可以敝屣乎？此时再不决心，更待何时？若不殉党何颜立世？直前奋斗而已！"（1926 年 3 月 19 日）

这两段文字有基本上相似之处，亦有绝对之不同。前段提及此事关键，尚未脱离人身冲突，后段则指出全系公众之利害。在刻下日记原本未出现之前看来，后段似根据前段修饰而作，除非两者均经过修订。

蒋永敬之观察，李之龙被拘禁后即于 4 月 14 日开释，"此亦显示之龙并未犯下严重之罪行"。此人又隔一年余在清党期间，才为李济深所捕杀。

果真如是，则蒋介石误听传言，行动过激，不久已获得真相。可是蒋终生未放弃中山舰绑架他赴海参崴与汪精卫预闻之一说。抗战期间汪精卫降日，蒋在他日记里写出：

> 回忆民国十五年，彼投共卖友，不惜祸党误国，余以至诚待之如总理。而彼为共党所欺，以一时之利害，而放弃公私情义，不惜与苏共协力谋我，……思诱我上中山舰运往海参崴。此种非人所为之事，而彼竟乐于为之，是则何怪其今日通敌固降，以打破我抗战计划，使我不能成功。其不识大体，不顾国家至此，余乃复与之合作，欲使之自拔，岂不拙乎？然而要亦力求余心所安耳！（1938 年 12 月 24 日）

据与汪精卫接近的人士说及，3 月 20 日的事件展开之后，汪非常震怒。他曾说："我是国府主席，又是军事委员会主席，介石这样举动，事前一点也不通知我，这不是造反吗？"又说："我在党有我的地位和历史，并不是蒋介石能反对掉的！"当蒋采取各种行动时，各项记录全未提出对方抵抗模样。《蒋介石先生》据蒋日记写出：

> 下午五时往晤汪兆铭。(3 月 20 日)
> 上午拟致汪缄，未成稿。自谓："既不愿以伪待友，又不能以诚磬我。故苦思难以执笔。"傍晚访汪病，见其怒气犹未息也。(3 月 21 日)

可是中山舰案情之内幕无法彻底澄清，其后果则显而易见。当局势明朗化之后，汪精卫于 5 月 11 日离粤赴法国游历，至次年北伐期间宁汉分裂之际才回国。

事变之后，蒋竭力与其他军长疏通，尤其与谭延闿和朱培德接近（他们任第二、第三两军军长），又有了张静江和宋子文的支持。4月16日中国国民党中央党部与国民政府举行联席会议，通过谭延闿为政治委员会主席，蒋介石为军事委员会主席。6月1日，国民党中央执行委员会任蒋为组织部长。5日，国民政府又任蒋为国民革命军总司令，下辖八个军。29日，中央政治会议通过蒋为国民政府委员。7月5日政治会议归并于中央委员会常务会议，6日决定蒋为主席，只在北伐期间由张静江代理。谭延闿与张静江在国民党内资深，但很少表现个人性格，所以至此蒋介石已集党、政、军大权于一身。

　　第二师及第二十师之师长，早已由他派亲信刘峙与钱大钧接充。他自己原有的第一军军长任务也已交卸由何应钦替代。3月20日事件之后，他又辞退俄顾问季山嘉等十余人，勒令之回国，并且要求中国共产党之党员退出黄埔军校及第一军，另成立特别训练班训练这批人员。又成立国民党与中共之联席会议，以后中共给予他们在国民党内跨党的党员之指示，先要送联席会议备案。共产党人在黄埔所组织之青年军人联合会，同国民党右派与之抗衡之孙文学会，则同时取消。鲍罗廷回粤后与蒋介石会商长久，"多有争执"，只是他也觉得在中共羽翼尚未丰满之关头，不能与国民党决裂，只得妥协将就。而蒋亦不愿走极端，拒绝右派人士联英之建议。此等人士正在提出，如果国民党政府制止香港及广州之罢工，则英人将对政策作大幅度的调整，甚至提供借款。

　　有了今日历史之纵深，我们可以倒看回去。显而易见地，经过上述纠葛与波澜之后，北伐成为蒋介石唯一之出路。1926年之广州，有如汉武帝对卫青所说之情况，"不出师征伐，天下不安"。这也是上文蒋永敬提出尚有其他类是待爆发事件之由来。可是蒋介石无从预知，他之集党政军大权于一身，也只是他为中国制造一个新式高层机构的过程中，先树立初步之间架。即是他终身之"攻坚致强"

和"踦瑕抵隙",也仍不过粗率地挣扎出来一个勉强能独立自主之门面。以中国幅员之大,需要改革程度之深,如要改造低层,势必引用不同的政治思想,发动不同的群众运动。蒋介石因藉着中山舰案件,显示着两种工作尚待分割。此种待分割之性格,终因他所主持之"清党",于次年构成事实。

这一年也是蒋介石取得政权,开始将他的地位整顿巩固的一年。在这一年之前,他态度光明磊落,有话即说,也不较后果,如果与同事意见不合,他也毫不恋栈,说得合则留不合则去,可能立即回浙家居。即对孙总理,他也无忌惮。有如他在1924年3月14日致廖仲恺的长信提及:

> 以孙先生之事业言之,其精神上历史上早已成功,至于事实上时代上欲求成功,其责任在吾辈而非孙先生一人之事也。

这在众人都把孙中山捧为偶像时,他独自倡言,有等于说及至此孙中山仅有虚名,并无实际之功业。他既能以此见诸言辞,也胆敢将之出于纸墨。而且他在同信内责备孙科,责备邹鲁,甚至责备廖仲恺本人,也都说得慷慨淋漓,不留分寸。至于他与许崇智之积不相得,更是毫无掩饰。这种态度已不复见于"中山舰事件"之后。

以后他指责汪精卫,即欲吞不吐。所谓"既不愿以伪待友,又不能以诚馨我",有等于说如不扯谎,全部存真,即可能对他本身不利。

《民国十五年以前之蒋介石先生》尚且在1926年3月21日日程下有下列之记载:"公曰:'军队不出动则已,如一出动,即不能事事拘束,难保无自由及不规则之形态,以后戒之!'又曰:'据属乏才,实无改造一切能力,孤苦伶仃,谁与为助?言之痛心!'又曰:'今日方知孤臣孽子操心之危,处境之苦。若非亲历其境者,决非想象所能及其万一也！'"

如此可见得尚有难言之隐者已是蒋介石自己，而不仅为对方。这一段也承认发动兵变总是过犹不及，他的行动已逾越他本人心目中认为适当之尺度。然则兵变既有如是事实上之成功，为什么他又在埋怨部下属僚，而尤其是文职人员能力之薄弱？是他们没有在各种文件上把他的行动解释得更圆通合理？或是他们没有把指令写得剀切，使事变更贯彻其目标？除非有更实际之证据发现，我们无法全凭自己的想象力替一切问题找到解答。

只是当中之一端则表现得非常明显：蒋介石自称孤苦伶丁，又把自己比拟为孤臣孽子，则表示这次兵变，他有参与之干部，却无身份相埒之同谋。这也与他在事后大权独揽之情景吻合。可是他始终没有以获得名位为荣；反而深切地感到一切经过情非得已。如果我们把蒋介石所目击身受全盘托出，事实上已无从否定他之申叙为真。

读者此时务必想及迄至 1925 年年底，蒋介石仍是经常与黄埔（1926 年后称中央军事政治学校）师生接触。他一向出入战场，也亲对教导团士兵训话。在很多场合中，他一再鼓吹革命军人抱必死之决心。有时亲劝士兵之参加敢死队者将奖金寄汇回家。在多次训话中，他提到历次战役阵亡者姓名。在《军校第三期同学录》的序里他写出："而驱我同志就死难者中正也。"1926 年 1 月 13 日他向中国国民党第二次全国代表大会提出的"改良士兵经济生活案"内有下列文句："当兵者处处皆有死机，非为求生，岂为求死？其所以舍生而求死者，亦即由死而求生也。"更有一次他在日记里写出：

触目非部下棺材，即同志苦状，焉得不为之心摧？（1926年 2 月 5 日）

所以在种种情形之下他对部下学生和所属将士，或死或生，不能全无责任感。

并且他不可能忘记黄埔师生在广州西堤口游行示威，抗议"五卅惨案"，又被英军从沙面以机关枪扫射之沉痛。他也不能放却在红湖战场不得不将后退之部属施以连坐法处死刑之凄惨心情。这一切必与他所说孤臣孽子之境遇有关。所以蒋介石纵参加1926年春季广州之权力斗争，他实有他超过本人人身关系之利害的动机在：他的宗旨必须贯彻。

古今中外之言革命者自武则天至列宁，有一段共通的理解：他们的生命可放弃，名誉可受毁折，但是功业必须完成。自1926年年初，蒋介石已进入这样一个公众道德与私人道德互相冲突的境界。如在西方，此事已毋庸置疑。四百年前马基维利（Machiavelli）早已明白宣告。注重前者，忽视后者，"因为不做坏事，甚难救护国家"。马所著书至今尚为很多美国大学学生所必读。

刻下我人无蒋介石涉猎于马基维利之著作的证据。只是自1925年的冬天，他已阅读到好几本不平常的书籍，包括《政治社会史》、《经济思想史》、《列宁丛书第五种》、《泰戈尔传》、《法国革命史》、《俄国革命史》与《革命心理》（原文未列入编著者姓名、出版地点。又看来此等书籍似有人推荐）。迄至次年北伐开始，蒋之日记不时显现出受有诸书之影响。有如下列各节：

> 今而知革命心理皆由神秘势力与感情作用以成者，而理智实极微弱条件。（1926年3月3日）
> 政治生活全系权谋，至于道义则不可复问矣。（1926年3月26日）
> 恐怖与憎恶二者乃为暴动之动力。感情与神秘之势力在革命心理学中占重要地位，而宗教式的信仰亦为革命心理惟一之要素耳。顺应时势，迎合众心，为革命领袖惟一之要件。

吾何能之？（1926 年 3 月 5 日）

虽然他说到"吾何能之"，仍表现他已相信所说为至理，不然他不可能将乖妄之说抄入日记而不批判。他在公众谈话之中已将他自己三月二十日所临经验与法国大革命相提并论，有如前述。他的日记里尚有以下一则：

俄国革命之方法非其新发明，十有八九皆取法于法国，其经验实可宝贵。（1926 年 6 月 9 日）

法国经验有何值得珍视之处？旧体制崩溃之后，新体制之高层机构实由丹敦而产生。他所创立之公众安全委员会总揽内政外交，又有任命将官之权。但是罗伯斯卑尔将此主政较温和之丹敦送上断头台，又将更激进之赫伯亦送上断头台。最后罗伯斯卑尔本人亦被送上断头台。可是公共安全委员会之大权并未因之而中断。此项权力经过热月反动及五人执政期间，曾由巴拉及西野掌握；他们以之交付予拿破仑。拿破仑更发动并推广对外战争，因此将一部问题外界化（externalize the problem）才算将大革命结束。

蒋介石非拿破仑，汪精卫当然更非罗伯斯卑尔，以上程序只能相对比较。但是蒋氏似已体会革命过程中有非人身因素所主，有如政权由暴力制造，暴力又靠恐怖及憎恶支持，当中之问题尚可外界化等。

即使他彻底了解上述之原则，将之全部付诸实施，他仍有"吾何能之"的感慨。这一方面固然由于他本人过于容易感情激动（他的日记里常有"热泪盈眶"的记述），一方面又因他自幼承受传统人本主义（humanism）之教育，习惯上不易摆脱忠恕之观念而随即揭橥"宁可我负天下人，不可天下人负我"之立场。而尤以国民党名义上仍有五十万党员，虽则广州已习惯于军政府之管制，他之行动无论是否自卫，仍须通过各机构才能合法。所以他在取得领导权之前，经过一段长期之踟蹰。

他心绪不宁的状态开始于1925年之下半年。例如廖仲恺被刺前五日，《民国十五年以前之蒋介石先生》提及："公以近日气暴，思读性理书以养之。"(1925年8月15日)解决许崇智问题之后又有："公起床谓朝旭初升，云呈五色，顿觉神志一轩。又谓：'迩多愤气，几以国人委靡不振，皆为可杀。戒之戒之！'"(1925年10月7日)

及至3月20日处理"中山舰事件"之前后，其衷心矛盾更逾常时。从现有资料看来，此可能为蒋毕生所未有。例如，"闷坐愁城，不如意事连续而至，所谓屋倒适逢连夜雨也。"(1926年2月18日)"政治生活诚非人所过耳。处境若此，万万想不到也。道德云乎哉？感情云乎哉？"(2月22日)"是夜不能安眠，自谓忧患抑郁，莫甚于此者。"(2月25日)"是日神志稍宁，夜始安寐，忽又发生一件不测事无法解决。自谓最后决心，只有强制执行，否则为害于党国，不可名状也。"(2月28日)

即是他之接受法国革命之教训，也并不是前后一致，无所犹豫。"中山舰事件"前约二周，他曾留下如是一段之记录：

> 尽日在校看《革命心理》下卷。因叹法国甲古班党以其信仰之强固嫉妬与残暴专横造成势力，故不可恃耳。(3月4日)

愈接近3月18日，他的心情愈至低潮。有如"单枪匹马，前虎后狼，孤孽颠危，此吾今日之处境也。总理与诸先烈在天有灵，必怜而呵护之，不使我陷于绝地乎？"(3月5日)此后《蒋介石先生》书中，再以第三人称记出：

公为进退问题扼腕终日，夜不成眠。（3月11日）

然后又摘抄日记：

近来所受苦痛至不能说不忍说。且非梦想所能及者。是
何异佛入地狱耶！（3月17日）

及至打击汪精卫成功，他的行动取得合法根据，各种职位在其
掌握，而限制俄顾问及在国民党内之中共党员也依他的方针办理后，
蒋介石显然已增强其本身之自信，他之态度，也趋强硬。从此中国
历史与他的传记同时展开新的一页。1926年7月1日，他以国民革
命军总司令之名义发出北伐军之动员令。同日他记在日记：

国人无心肝，所部无血性，不自求进步，而一般委靡若此，
若非济之以猛与严，何能复兴民族，完成革命？惟雷霆霹雳
之威，足以消散阴霾耳。

即在处置"中山舰事件"后，军校教育长邓演达曾质问蒋，谓
其行动近于反革命。蒋即答复："如他人为之即为反革命，以总理与
余为之，则无论何人，应认为革命应取之态度。"（4月2日）至此他
已看穿，完成中国之革命并非立即制造出来一种理想上完美、合理、
合法之体制，首先应在树立威权。所以有些人士坚持蒋介石亦尚未
脱离军阀色彩。即两年后美军史迪威中校在美军于天津发行的报纸
《哨兵》上作文，虽然说及蒋介石可能将中国整顿得好，仍称之为"一
派系之头脑"。

从文字上的证据看来，蒋介石之反共起先无意识形容的成分在。

他最初尚无意于反共。北伐之前，他仇恨英国，对美国不满，仍希望在联俄容共的政策下找到出路。

他最初采取那样的立场，出于好几个原因。1920 年间的初期，一般人都以为共产主义无乃是一种崇高的理想，只适用于工业先进的国家。蒋介石于 1923 年赴俄考察，固然看出苏联若干缺点，但是在记录里也提及他们的各种长处。（苏联的名词使用于 1922 年，可是中国人仍称之为俄国。）1925 年 10 月 19 日，他仍让蒋经国往莫斯科入孙文大学。蒋介石是现实主义者，他认为主义与事实是两件事。对中国国民党而言，他早就认为，如果只推行主义以求获得政权，需十年二十年。此见解早于 1923 年 1 月 26 日复廖仲恺书中即叙述得明白。再则在他作为中国领导人之前，缺乏现实条件之拘束，蒋介石之政治思想实不如一般人想象之落后保守。他曾在 1926 年 1 月 7 日看过一本题为《军队之根本问题》的小册子后，写下"全民武装与官长公举"之方案。倘使此为原作者之意见，则他并未予以指斥反驳。又在北伐军业已发动之后，他可能因接到留俄黄埔第一期学生邓文仪关于苏联土地国有之报告的影响，也曾亲自考虑到中国的土地问题（1926 年 7 月 31 日）。甚至在 1932 年 12 月 15 日，他在中央政治学校（在南京时代，中央军事政治学校又细分为军官学校及政治学校）演讲，也仍提及"整理土地是我们国计民生一个生死关键"。此时他已奠都于南京四年，而且即将对江西苏维埃区发动第四次围剿矣。

在广州期间，共产党的问题给他两重困难：一是因为联俄容共政策，他不能脱离俄顾问之羁绊（孙总理曾说："我党今后之革命非以俄为师，断无成就。"而且对各种问题，勤辄要蒋询问"鲍顾问"意见）。俄人又经常给蒋在统御总理上发生问题，使他无独立自主之感。二是中共党员加入国民党使他对组织系统无法掌握。

以上叙述中山舰案件时已提及俄顾问问题。至于中共在军中的影响，虽六十年后黄埔第一期学生徐向前犹可作见证。他曾写下："黄埔军校初期所以有这样的革命性、进步性，是与许多共产党员和国民党左派人士努力奋斗分不开的。"

左右派之争并因孙总理逝世而更尖锐化。不久《民国十五年以前之蒋介石先生》即有以下的记载："孙文学会与青年军人联合会左右对峙，公甚忧之。"（1925 年 5 月 19 日）他在汕头市总商会的欢迎会上致辞也不得不分辩国民党非共产党，国民革命军非共产党军。他的演讲词有以下一段：

> 怎样说中国不适宜实行共产呢？因为中国的商家富翁的资产最多的不过几百万，至于过千万的实在是很少。如果与欧洲英美的大资本家比较起来，算不得是一个资本家。至于中等产业只能养活他自己，更说不上是资本家，中国现在是这样情形。怎样能够说共产呢？共产是实行于大资本的国家如英美等国。因为大资本家渐渐发生起来，不只是工农受资本家的压迫，就是小资本家也要被压迫不能生活，大资本家为害如此，所以激成一般主张共产。……（1925 年 11 月 16 日）

这种见解，反映着本世纪初期一般开明的中国人之看法。蒋介石提及此处时也表彰着他是孙总理的忠实信徒。孙在《三民主义》里说起，中国只有"大贫"与"小贫"。所以民生主义是"共将来的产"而不是"共现在的产"。针对着内外的需要，除了平均地权，中国固然在某些方面要"节制私人资本"，可是在另些方面仍要"扶植私人资本"。概括起来，这是一种实事求是，带妥协性的办法，企图实施一种极为温和的社会主义。其精义在建设，也仍有一个创造新体系之大轮廓在后。

从日后的发展看来，这种主张，亦有它不合实际的地方。中国的问题固然是整个体制之全部落伍。在经济较前进的部门，如新式的工商业和交通业等，已是百废待举，扶植犹不及，遑言节制。而落后之部门如农村中，却已面临人口过剩土地不敷分配，贫农在高利贷压迫下达到了无从苟延残喘之尽头。最后"如不输血只有开刀"的情形已不是依据世界标准较量贫富的问题，而是中国本身生死存亡的问题，有如韩丁（William Hinton）在《翻身》一书内所描写。然则这种最后关头之景况，也待八年抗战，再加四年内战，把一切可供救济的资源耗费殆尽，才如是促成，整个暴露。

从本世纪最初的四分之一年代看来，国民党容共之目的无非联俄。中共内之前进人士不妨怀抱着他们大同世界的理想，既已跨党宣誓而入国民党，则首先必须承担国民革命之使命，这有等于不要求回教徒放弃伊斯兰而受洗之为基督徒，于是要保持教堂内之和谐也就费尽气力。可是蒋介石继承着孙总理之政策，亦无从异议，因为他取得国民党领导人之地位，一方面固出于黄埔建军之成就，一方面也因他自称为总理之遗命的执行人。况且此刻苏俄之援助仍不可少（迄至北伐前夕，国民革命军每师只有步枪三千支），更不容他自作主张。

不论他内心观感如何，孙总理逝世之一年内，他仍在呼吁两党之和衷共济。他在《军校第三期同学录》之序，提及先期黄埔师生死难之众，有下列一段：

总理逝矣先烈亡矣，而其神其灵不昧不爽者，惟在其听遗本校后死而未亡一线之命脉耳。吾人之既足告慰先烈者，亦惟此而已。此一线命脉所遗者何是？乃总理一脉相传之国民党内共产非共产二者凝集而成之血统也。吾人至今悔不问明当时先烈之死者为共产乎？抑为非共产而三民乎？中正兹预言以答后吾死者之问曰："吾敢率国民党内共产非共产诸同志集合于国民党青天白日旗下，以实行我总理革命主义而死也。吾愿与党内死者诸同志，同穴安眠于地下。吾愿本党后死诸同志不分畛域，不生裂痕，始终生死，本我亲爱精诚之校训，团结精神，继续我先死者之事业以完成我国民革命之责任，直接以实行我总理三民主义，即间接以实行国际之共产主义也。三民主义之成功与共产主义之发展，实相为用而不相悖者也。吾亦不望后死者入彼出此，亦不愿其较长争胜，冰炭水火，以斩断我辈已死者之命脉。不然生者之是否安心，姑置不问，而我辈死者诚为枉死之冤魂，而不能瞑目于地下矣。"（1925 年 12 月 5 日）

这一段文字，可能给为他写传记的人带来无限之困难（1984 年北京黄埔同学会即将此序全长一千七百余字重印于《黄埔军校建校六十周年纪念册》）。在此序内蒋介石仍认为他自己是阵亡将士之领导人，所以也可以作为他们之发言人。他强调为三民主义而死，即为共产主义而死。如果生者仍以主义相争执，则死者为冤死。如果他不是衷心诚意如是着想，即已冒犯西人所谓"亵渎圣明"（sacrilege）之罪愆。可是要是此段文字确实表示他的心情，那又何至于三个月后，"中山舰事件"发生时，他又留下了一段"……欲陷害本党，篡夺革命之心早已路人皆知"的记录（1926 年 3 月 19 日，详上"中山舰事件"）更有令人难能置信者，则半个世纪之后《大事长编》又将此序在书内排出，却将全文大幅修订，删去文句达一千七百字，包括以上全段及他箴劝国共合各句。

经过一段思量，尤其将蒋之宗教思想、哲学思想与政治思想一体投入计算之后，我觉得除非有其他确凿不移之证据发现，足以使吾人另作论断，我们无从怀疑蒋在 1925 年 12 月作此序时有意欺骗。他甚至可能为不真，而不能为不诚。这也就是说，他因着强迫自己从积极方面想去之习惯，可能口出大言，过度乐观，超过他冷静头脑之判断。本来他大可以用黄埔校长之身份告诫军校师生大敌当前，应当放弃党派之争，即已完成了他在同学录上作序之任务。而他一定要搬出总理与先烈，先死者与未死者，又引用"命脉"与"血统"半实际半抽象之名词，更将"其神其灵，不昧不爽"与"枉死之冤魂"，及"不能瞑目于地下"字句加入，表示他已罄本身之精神与玄学上所能掌握之概念，发出宏愿，愿见国民革命在国共合作之条件下完成（读者注意序内上段"愿"字叠见）。此项思潮，经他笔下渲染，立即化为事实。他自己既能发此愿，也能立即要求黄埔师生视之为先烈遗嘱，遵照施行。

蒋介石一生确有数度大幅度转向之情事。如上文所提及从旧社会家庭习惯蜕变而为新时代人物，又放弃游侠浪人的姿态而为革命志士。在1926年1月7日在广州接见美国新闻记者时曾提及"基督教之虚伪"，可是在1930年10月25日却受洗礼为基督徒；一般人公认此系与宋家联姻之影响，然则其入教去与宋美龄结婚已近三年。所以此等转向一经伊始则终生再未渝变，无投机取巧之形貌，况且他在为第三期同学录作序时如果若能预想三个月后即须修订此呼吁国共合作之立场，再一年之后更须整个地采取相反之宗旨，当初也断不会将此宗旨与立场以重复而带宗教性格之词语斩钉截铁地写出。更只见得其病在估计错误，而非有意蒙骗。

事实上，1925年8月10日蒋之至友戴季陶曾来长缄"痛诋共产党"。12月3日又有军校学生十余人会同第一师政治部主任前来诉状，报告"共产势张，四周都非同志"。当时蒋介石如作若何区处，其行动并不见于现已公布之日记。只有12月2日记事内称：

> 公闻本党捣乱分子在北京希图标异，现因国民军勃兴，不能活动，行将无形取消，悲惧交深。

所谓"捣乱分子",无非国民党之"西山派"。他们在北京首先揭橥反共之旗帜。蒋介石认为他们在"希图标异"。然则其被冯玉祥之国民军监视,不能立足,却又"忧惧"。但是他曾未对西山派表示同情。除以军校校长身份在黄埔第三期同学录坚持国共合作之外,他尚且以东征军总指挥之名义发表《忠告海内外各党部同志书》,指斥西山派之行动"无一不悖于本党之纪律与总理之意旨"。他更着重地说:"中国革命不成,列强敢于侮我,皆国民勇于私斗,党员徒争意气,团体惯于破裂。"(1925 年 12 月 25 日)

当 1925 年蒋介石草拟这些文字时,他已有替新中国创造一个高层机构之趋向,其首部工作便在使国家独立自主。在这种大前提之下,众志成城乃必要之要求。曾国藩曾说:"不为圣贤,便为禽兽。"蒋则仿效着他的语气写出:"不为革命,便为叛徒。"有了这样的决心,他已准备视违反此基本原则之人物为大逆不道。他决未想到以中国幅员之大,内部因素之复杂,即一个形貌上的大统一之局面亦须由内忧外患之锻炼而成。此非一个单纯的道德问题,而是内中牵扯上无数技术问题。然则批评他的人指斥他迷信武力,不在基层解决问题,不争取群众,亦属偏见。以后事实证明:此两种工作分属两种群众运动。蒋介石之方案为先造成一个高层机构,纵缺乏适当之法制之支持,在历史演进的过程中却仍不可少。

北伐与清党在事实上不可分割。1926 年 7 月 1 日北伐军下动员令,至 10 月 10 日攻占武昌,11 月 9 日攻占南昌,至此吴佩孚与孙传芳之主力均被解决。以后肃清江浙地区长江三角洲一带军阀残部不过时间上事,因对方组织已被击溃,其士气已涣散,而且若干将领如未投诚则在准备接洽改变阵容也。1927 年 3 月国民革命军进入京沪地区,而 4 月 12 日即有上海清党事件之展开。

至今叙述此事之次级资料当中之最带普及性者，仍为艾萨克斯的《中国革命之悲剧》(*The Tragedy of the Chinese Revolution*，原作发表于 1938 年，改正本行于 1952 年)。据他的叙述，蒋介石于 3 月杪抵达上海，可是当他尚在长江中游时，上海之青帮领袖黄金荣即前往军前接见，贡献以帮会力量打击工会组织之阴谋。蒋即派亲信杨虎着手计划。蒋到沪之后，首由绅商供给借款三百万元，数日之后又收七百万元。各绅商更承应资助一千五百万，以蒋打击工会及共产党人为条件；同时由黄金荣与杜月笙组织与左派敌对之右派工会。

4 月 12 日之事变虽箭在弦上，但各方仍讳莫如深。所以当时上海工人组织武装纠察队，在敌后解决孙传芳军，欢迎国民革命军之来临，至此全被出卖。4 月 12 日之行动由蒋军司令部于凌晨 4 时以军号发动，由租界内之帮会分子依计划与中国地区内之白崇禧所属部协同攻击各工会组织；在闸北一部尚利用欺骗伎俩。当帮派分子与湖州公会接触开火之际，有北伐军上前声称奉命解决青帮武装，承望工会合作。工会人物信以为真，当其警戒松懈之际，青帮分子三百余人拥入工会之内将所有人员逮捕，包括周恩来在内。只有商务印书馆之一部未为此伎俩所乘，其抗拒之战争支续数小时，迄至正午工人纠察队或战死或弹尽援绝，建筑物才被占领。据上海工部局估计，工人在 4 月 12 日死者近四百人(《纽约时报》称死者在一百人以上)。艾萨克斯更引用《字林西报》称："士兵将共产党人解除武装之后的行动无从知晓，因中国官方不曾做广告将之宣扬也。"

4 月 12 日之事变及以后清党之行动诚有其黑暗之一面，无人能为之洗刷。可是艾氏所著书却漏脱了当中几个重要之环节。《中国革命之悲剧》书内有长篇大论表示著者思想前进，对中国群众同情。然则其所谓群众全凭血气，无组织无步骤，一经投机分子利用，甚可能产生不良后果，有如查登(Donald A.Jardon)教授所述，造成与义和团相似之局面。1927 年初当北伐军进入长江中游之际，即有此等群众在汉口与九江与英人冲突。此两处事件均未产生重要之灾害，经过外长陈友仁之交涉，中国尚能收回两地租界。可是自此之后，外强已决定不再让步。3月24日北伐军入南京，军民攻击外人，即受到江中英美军舰轰击下关报复。此时英国又已增派巡洋舰一整队、陆军一师，只因不愿立即激动中国群众，暂时留置于香港。美国亦由国务卿凯洛格在4月1日发表谈话，申明无意在上海撤侨，今后尚当竭力保护当地美国军民之生命财产，随即有巡洋舰"理芝门"（Richmond）及"玛堡赫德"（Marblehead）之离美来华。日本纵否认有对华动员之准备，但其军事行动及于大连与青岛，已昭然若揭。

与秘密结社之帮会来往为国民党之传统习惯，始自满清年间，至军阀割据时期亦未放弃。青帮领袖黄金荣、杜月笙等在上海中外界具有其特殊之社会地位，至少明暗身份各半，并未如美国新闻界及作家之所指摘，全为犯罪圈内人物。凡此并非吾人有意提倡应当如此，而系数十年前确曾如此。大概租界内外人之组织系统无法控制中国社会，而有赖于青帮，是以彼等亦具有两栖性格。蒋介石与其领导人接触，亦系从未隐瞒之事实。总之革命家为改造社会之工具，但以中国问题之大、程度之深，此项改造工作务须走上纵横曲折之途径，牵连数十载；即任何革命家亦无从立即交出一个新社会。如果历史家不顾及此中情节，立即用道德名义褒贬，只会阻塞从技术角度之检讨。

至于北伐军向刚接收之城市或尚待解放之城市劝募垫借银饷，亦数见不鲜。有如武昌城尚未攻克之际，蒋介石即以总司令名义向湖北总商会接洽。9月12日又电告宋子文（时任财政部长驻广州）拟向汉口商会筹借二百万元。12月27日又批准唐生智向宜昌商会暂借三十万元。此亦当日财政税收尚未组织就绪无可避免的办法。蒋在12月31日与宋子文电内称："各军闹饷，皆系伙食不能发足，欠饷又未发清。兄将上月与本月旧欠伙食概不承认发给，以致各军长为难。"而宋亦有其本身为难之处。再追溯回去,则因中国传统政府只着重维持"尊卑、男女、长幼"之社会秩序,无视于现代组织,其贻误至少已六百年,仓卒之中即夺得政权,亦不能立即另辟途径。从以后发展看来,必须经过抗战阶段,取得独立自主之立场,才谈得上全面改造。

如果将以上客观之背景全部置之度外,只说"中国的老百姓好,政府里的人不好",亦等于继续此样之贻误。看来在北伐之前,即蒋介石本人亦未曾预睹他本身将面临之困难。他在 1926 年除夕书于南昌军中:

> 今日已是十五年最后一天,范围扩大责任加重。党务纠纷说不出记不下的痛苦日多一日,所见闻之革命怪现状至堪悲愕,大海茫茫,何时能达彼岸?总理期我事业,父母生我意义,果为何如?每一念及,惟有莫怠莫荒,不屈不挠,奋斗力前,毋负党国,如是而已矣。

在私人写下的文字中,蒋介石曾未自恃为"强人"。他纵未自承良心有亏,但是他也并未坚持自身所做事,全部合于世俗之伦理与道德。《民国十五年以前之蒋介石先生》于 1926 年 11 月 8 日有下列一段的记载:

> 晚后唏然曰:"三年来酸辛泪时自暗吞。历史无事实;事实决不能记载也。知我者其惟鬼神乎?"

11 月 8 日去上海之清党行动尚约有半年,记述上段心情时,蒋之军事的成功已近于一种澄清阶段。当国民革命军由广东向湖南推进时以唐生智为先锋,长沙可谓不攻而克,以后攻取铁道线上汀泗桥及贺胜桥两处险要，双方死伤均多，然其解决亦迅速。只有进兵至武昌城下时，不意吴佩孚部队决心坚守，北伐军又缺乏攻城炮，以致战局胶着达四十天。蒋虽决心取得此重镇，9月4日至5日攻击准备时尚且扬言"虽至全军覆没，积尸累丘，亦非所恤"；一到死伤狼藉，而对方坚壁如故，也只能下令暂停，而不久江西之军事行动亦陷逆境。

右翼在江西之行动原采取"攻势防御"，预计孙传芳不过指使福建之周荫人威胁赣南，不料孙集团由南京倾巢而出，于是南昌之争夺战亦进入拉锯状态。北伐军两度进入又两次被逐出，攻者处于外线作战之态势，总因地形困难，部队间之协同不易，曾一度陷于危殆。只有武昌攻下之后才整个改变计划：一方面放弃对南昌之围攻，一方面先调集部队，集中行动于南浔铁路上各城市，以断敌归路。新战略至11月上旬而生效。5日占领九江；8日南昌城内残敌只三千余，已接洽开城投降改编。至此北伐开始才满四个月，国民革命军已取得三省省会，吴佩孚与孙传芳两个军阀集团已大致被击破。蒋介石麾下对敌之杀伤掠获不计其数，收编对方部队至少亦在本军两倍以上。既有长江中游之要镇在握，而何应钦部自广东东江进兵福建及浙江，又有敌后之策应，预计东南指日可定。蒋总司令叱咤风云，业已电邀孙总理夫人、孔祥熙夫人携其"三妹"（宋美龄）往南昌"同来一叙"，理应踌躇满志。而他此时反留下一段须鬼神作见证之心情的记录，只表示他曾未左右如意，所行事大致与本心相违。

自蒋介石个人之记录看来，北伐而在1927年春占领京沪地区，并不出自他的初衷。动员之前一年，即1925年7月，他所作《军政意见书》尚且着重建设广东，从基本事业做起，设立制钢厂纺织厂，成立新型海陆空军。其向外发展则于《建议军事委员会六大计划》中提出，应由四川伸展至陕西"使西南与西北衔接一气"；其顾虑为沿江沿海发展，必遭英国干预。他提出此建议时尚引用其他国家之历史作见证："土耳其革命不成于君士坦丁，而成于安哥拉；苏联革命受帝国主义列强封锁，不建都于列宁格勒，而建都于莫斯科。"

韦慕庭教授引用俄文资料，指出北伐之战略计划，草自加伦〔Galen, 亦称白鲁杰（V. K. Blyukher）〕，内中述及占领武汉之后，进取上海不难。当时蒋之观感如何不见于其文件。只是既采取向长江一带进军之计划，蒋介石即坚持做得彻底，此时倒又有加伦之反对。《民国十五年以前之蒋介石先生》称因孙传芳调其精锐主力援赣，"战略亦略有变更"（1926 年 8 月 25 日）。其实此时之战略变更方在伊始。以后之发展，尚有九十度转向之形势。

北伐之前夕，北洋军阀只在多次内战之后保持极不稳定表面上之平衡。直系孙传芳割据京沪，其势力及于江苏、安徽、江西、浙江与福建，自称"五省联帅"。其后则有占领山东之奉系张宗昌。华中则有直系之吴佩孚，其所辖河南与湖北境内有巩县及汉阳两大兵工厂。其西北则为冯玉祥之国民军。更北则为奉系之张作霖，所辖为东北及内蒙古。楔入东北与西北之间者则为阎锡山，所辖为山西及绥远。

北伐军之行动最初即因军阀争权，彼此企图扩充地盘，国民政府亦望从中收渔人之利，1926 年湖南省长赵恒惕企图财政集中，引起湘军第四师师长唐生智叛变。唐将赵驱逐后，吴佩孚以第三师师长叶开鑫为湘军总司令兼湖南省长，开始讨唐。唐生智之辖区在湘南，与广东毗邻，于是向国民政府求援，广西之李宗仁与白崇禧亦恐吴佩孚之势力伸入湘南，才开始与广州全面合作。此时国民政府原已将境内各部队编为六个军。广西部队加入后编为第七军，自后又授唐生智为国民革命军第八军军长。是以用升官办法纠结收买对方将领，为军阀作战时之经常手段，至此亦为革命军采纳。

蒋介石主持是项政策日后最为批评者诟病。蒋就任国民革命军总司令不久，即由国民党中央执行委员会任命为"军人部长"（1926

年 7 月 5 日），有充分之人事权，及于各军长及军中党代表。其所拟对付之军阀可以牵一发而动全身之情形，又可以自上述唐生智、赵恒惕、叶开鑫、吴佩孚及孙传芳诸人之行动，表现无余。所以善为利用此种情形，可以使对方土崩瓦解；如拒而不用，则须与全国为敌。况且唐生智之例一开，亦无从再珍惜名器。

1926 年 8 月 16 日蒋介石发表讨吴宣言，即以传统之"时不可再，曷兴乎来"相号召，并且明白指出："除与本军甘心为敌，冥顽负固者外，如有向义输诚，倒戈来归，不愿供军阀个人牺牲者，或同情于革命，不中帝国主义以华制华自相残杀之毒计者，中正无不视为同志，期共安危"，已发出了来者不拒之诺言。而遣派军阀部队以新任务，使之脱离原有地盘，又不得不付与津贴，因此也不能分划收买与不收买。总之，夺取政权与推行主义改造社会不能并行。

国民革命军于 1926 年 7 月 1 日下动员令，7 月 11 日蒋介石即通知唐生智已任命黔军部队之彭汉章与王天培为第九军及第十军军长，用以增强左翼。8 月 10 日又任命孙传芳部下之师长方本仁为第十一军军长；随即又任命孙部另一师长赖世璜为第十四军军长。9 月又以吴佩孚下辖之师长任应歧、樊钟秀、刘佐龙分别为第十二军、第十三军及第十五军军长。至此军兴不及三月，拥军长衔之将领已倍增。至翌年北伐军进入京沪地区时，已拥有四十个军之名号；至 1928 年 2 月，号称有五十个军。虽说内中亦有各军如在四川者，只占名号，并未实际参预北伐。

如是泛滥之扩充，势必影响到经理与士气。但是当初之八个军虽号称十万人，加伦将军 11 月提出之报告却谓实在兵力不过五万一千人，似专指战斗兵员。《大事长编》可能根据蒋日记或近身文件记载，称"此时国民革命军虽拥有八个军十万人之师，然随征长江者，赏不过五万"（1926 年 7 月 1 日）。而其在江西一役，即死伤一万五千人（韦慕庭教授解释，此系自广东出发之部队之死伤，不包括反正部队）。但北伐军亦俘虏孙传芳部下四万人。所以蒋介石拉拢对方将领，吸收其兵员，事在必然，否则无从与吴佩孚及孙传芳两个集团同时作战，而尚能席卷长江以南也。

郭廷以称，北伐之前在广州筹备军费五百万元，供两个月用，似根据蒋1926年4月3日呈党中央及国民政府之文件所提出。但如以编制十万人，每兵每月薪饷最低限度十元计，而军官薪饷及其他经理装备补充又二倍计，其预算已极窄狭或不敷。况且军兴伊始，兵力又立即扩充一倍，是以蒋立即感到财政困难。8月13日在长沙，蒋介石即请国民政府准许其在军中印行"中央银行兑换券"五百万元，以新占领区域之收入为担保，由现在广州之中央银行承认将来兑现。以后看来此计划虽付诸实施，则已产生无限周折。而广州应付之"五省流通券"及"公债券"，又常缓到；所付"毫洋"钞票又与湖北湖南用"大元"区域之情形更有抵触。再有通货贬值，是以蒋经常为此等事焦虑。

在旁人看来，则蒋介石以总司令名义收买部队，自发津贴，尚且自向军队行经各处之商民"商借"，难能避免破坏财政统一之指摘。其与宋子文之缄电，亦可看出两方时有争执。（日后宋子文参加武汉政府，失望之余才全力支持蒋介石。）

而站在蒋之立场看，则战场上之机缘稍纵即逝，部队欠饷则将士哗变。此时北伐军不仅与对方兵戎相见，而财政上之斗争尤属重要，如国民革命军与军阀均在争取尚存观望心态之海军，事关生死。蒋介石在9月30日曾于南昌前线电谭延闿（国民政府主席）及宋子文称："今日总部（国民革命军总司令部）只存万元，而前方催发伙食，急如星火，窘迫至此，无以为计，中正惟有引咎自裁，以谢将士而已，如何盼复。"

蒋以统帅而用自杀要挟，亦可见得问题之严重。

当日蒋在军中重要文电，大致因《民国十五年以前之蒋介石先生》

而保存完好。内中最重要之特点为人身关系浓厚。例如南昌攻城战之际，第六军曾一度划归第三军军长指挥。如照其他各国习惯，此种临时派遣，以一纸命令行之即可。而蒋致程潜之电报称"程军长颂云兄"。文称："右翼总指挥前令朱军长（第三军军长朱培德）兼任，以彼时第六军（程军）归中央军总预备队也。今贵军加入右翼作战，为求统一指挥起见，在弟未入赣以前，归益之兄指挥，屈尊请谅之。"（1926 年 9 月 2 日）因之军队区分不能脱离私人交谊气息。（军中公文用"字"相称之习惯沿用至抗战之后。1942 年我在重庆卫戍总部任参谋时，即必须牢记总司令刘峙为"经扶"，李宗仁为"德邻"，薛岳为"伯陵"，何应钦为"敬之"，戴笠为"雨农"。1947 年国军仿用美军公文格式，此习惯方被放弃。）

以人身关系作为统御之张本，势必在部下之间分出亲疏。由广东出发时之八个军内，只有第一军可算为蒋之"主军"。蒋最初即将之分割使用：第二十师钱大钧留守广州；军长何应钦率第三及第十四师防卫潮州汕头，日后乘机向福建浙江进展；蒋亲率王柏龄之第一师及刘峙之第二师北上。江西战局展开后即以第一师配属程潜之第六军，第二师则参加武昌之攻城战。至此每一战场及后方重地，均有主帅之亲军。蒋介石曾在军中日记里写出：

> 现局并未大坏，除学生不计外，足有五师之众。如能发愤图强，何事不可为？（1926 年 9 月 13 日）

所谓五师之众即上述第一军建制内之五个师，其将领系蒋亲派，均属前黄埔教职员，当中干部亦多军校毕业生及原教导团干部。此所以总司令认为可以"共生死"者。以后蒋又电告何应钦不能令第一及第二师归还第一军建制之理由：

本拟派第一、第二两师入闽，以对浙问题应速决，而身边亦不可无主军，故暂难派遣也。（1926 年 11 月 8 日）

可是身为总司令之主军，并非必然的一种特权，因蒋介石经常用以担任最艰难之任务，盖非如此即不易策动其他之部队也。前述武昌攻城不下时，他曾亲对刘峙说及："尔等如再不争气，何以立世见人？"他之所谓"虽至全军覆没，积尸累丘，亦非所恤"，亦系在此时提出（1926 年 9 月 4 日），即此亦可窥见：除非先将压力加于亲信将士，他甚难驾驭群下。以后第一师在江西作战又不利，他留下的记录称：

此次始谋不臧，两师分属担任最艰危之任务，使我忠勇将士死亡过半，牺牲程度如此之大，而反受人讥刺，中正之罪尚能自赎乎？（1926 年 9 月 15 日）

可是王柏龄终因南昌之役撤职，其部下一团长枪毙。

所谓讥刺，则表示军中之公众意见，纵用非正式的形式提出，仍足以左右视听，影响统帅之决心。至此也可以看出，传统的"爱面子"，背后确有实际上之要求，非仅装饰求门面。即在武昌攻城战中，刘峙所属第四团一度在敌方射程之内通过前线，为吴佩孚之炮兵轰击，死伤十余人。蒋之日记提及此事"为他军轻侮，愤惜殊甚"（1926 年 9 月 16 日）。是以战术上之错误，酿成灾害，首先即须顾头及"非嫡系"部队之指摘，其羞辱超过实际之痛惜。

1926 年 7 月 7 日，中共中央局书记陈独秀在《向导》杂志第 161 期发表《论国民革命军之北伐》一文，为蒋介石在 8 月 23 日阅及。文内支持广东对军阀之防御战争，但指出刻下革命的力量还没有膨胀向外发展的可能。国民革命军的军费，也无法解决。如果北伐采取攻势行动，"若其中夹杂有投机军人政客个人权位欲的活动，即有相当的成功，也只是军事投机的胜利，而不是革命的胜利"。

在当日，这抗议不是没有相当的理由，也曾使蒋相当震怒。他曾于8月24日致国民党中央执行委员会，要求对中共中央提出交涉，因为《向导》系共产党的机关报纸。

可是蒋介石三年前尚不过孙总理的偏裨顾问。在筹备黄埔时孙最初犹责成他"专心办学而不过问军事政治"。至此刚两年，已统兵十万。他当日鼓吹北伐时尚主张只用军费两个月，占领武汉，"联合孙传芳，使之中立"（1926年4月3日）。在他阅及此文时，则已全面收买对方将领，扩大战事，并且不久之后即要求广州政府续筹军费三个月（9月15日）。所以他即使不全为"个人权位欲的活动"，也很难避免"军事投机"的指责。

然则我人提倡以大历史的眼光重新检讨这些事迹，因着视野之放宽，立论又将不同。陈独秀写下这段论文时墨索里尼已统治意大利，希特勒尚未登场。最为阻碍中国发展者似为英国而非日本。美国尚在提倡"恢复到正常状态里去"（Return to normalcy），以便歌舞升平，保持其孤立之外交政策。史达林刚在权力斗争中占优势，尚未提及集体农场与日后之整肃。

只是三五年后，世界经济不景气传布全球，民主国家及极权国家界线分划分明，如中国尚未因争取主动而保持本身立场，其情形实不堪设想。这样看来，当日之北伐已做到蒋介石所谓"孤注一掷"与"瞑眩瘳疾"的阶段。其整个发展既非蒋介石与陈独秀所可逆睹，我们也因此只能在事后认可其在历史上之长期的合理性。

又，在1926年国民政府能在广东坐待革命力量之成长？有了最近历史学之展开，使我们觉悟到若非当日有决断之行动如北伐者，中国之命运无从革新，革命力量亦断难自然成长。只到最近我们才深切地了解：中国在 20 世纪的社会经济犹受明太祖于 14 世纪末以《大诰》治天下之长远影响。在朱元璋策划之下，土地占有以无数之小自耕农为主体。过去我们尚以为佃农之被压迫为一切问题之渊薮，而忽略土地分割至小，基层生产者收入不足，再受比邻近亲放债收租之盘剥，才造成社会上无可改进之死结。

更须由朱元璋负责者，为明清帝国财政与税收之设施。简言之，即不设中央银柜。户部负责中央集权之监督而不承当各地之执行。全国以无数之税收机关与无数之开销机关对排（如所有之县皆为税收机关，所有之千户所有如现代军队之团部或营部者皆为开销机关）。用桩数极多而每桩数量至少之银物侧面交纳收受，无中层之综合分配，亦不受民间经济之诱导与牵制。因着是项安排，公私财物始终无法集中，带服务性质之事业，包括现代性格之民法无从发展，统计不能着实，具有现代性之大规模商业亦因缺乏支撑不克登场。政府受各种条件限制，也只能维持传统衙门性格。19 世纪虽有改革，也仅能在局部作肤浅之修正，而不及动摇其基层之体制。所以一方面人民收入低薄，一方面整个国家与社会缺乏有效之组织结构。日后毛泽东提出中国之"一穷二白"，实缘于此数百年一息相传之体制。

军队虽为改革社会之工具，然其本身又为社会之产物。除非社会进展到某种程度，无法使军队完全脱离旧体制之形貌。蒋介石所以注重人身关系，一方面系因其缺乏总揽全局，整个的公平分配之资源；一方面亦因其所面临之社会习惯仍是与明清近，与外界之 20 世纪远。其麾下之将领既须顾及各人部下之向背，蒋为统帅，又必考虑到各军师长之行止与反应。归根结底仍是因为中国农村气息浓厚，社会之中层曾未产生一种公平而自由交换之经理体制，此时无从凭空出现支持如是体制之人文因素。北伐军称国民革命军，亦无从摆脱此种习惯与背景。

北伐期间不少重要文件由蒋自拟。例如1926年8月4日其日记有"上午拟电稿训令约六七通"，10月1日"五时起床，拟电稿数通"。北伐开始之作战宣言、讨伐孙传芳之通电、国民革命军口号、新兵问答，以及克复福州后之军事报告，长达数千言，或出自总司令蒋之手笔，或由其口授由秘书录出。他在草拟讨孙通电时久不成稿，当时记下其经验："军事政治之先机，全在小脑作用，几微真理，稍纵即逝。"（1926年9月8日）虽在作战期间，蒋介石仍有一日批答公文百件以上之记录。如11月28日"批阅文书约百数十件"；12月14日又有"办公桌上积牍数百件"，"尽一日批了之"。如即以三分钟处理公文一件，百件公文已是五小时之工作。是以蒋策励自己至迟6时起床，虽病犹挣扎办公见客。

　　各军之津贴犒赏由蒋亲定，在江西前线时，蒋曾电令武汉之财政委员会以后凡与广州中央政府交涉时须预先经过其同意（10月5日）。军饷、枪械、子弹亦须有彼"亲批"二字方可发给（9月30日）。蒋批发之军火，可以少至炮弹一百发。其干预军队区分，不至特种兵之连。人事行政部分涉及黄埔军校者，及于中队长。军校第四期学生毕业，前十名概送蒋之总司令部服务，其他两千余人整队至南昌，经校长蒋介石亲自点名训话后分发各部队。

　　蒋在游俄期间已对空军感觉兴趣，北伐时因鲍罗廷购得飞机六架，雇用驾驶员十人，以后凡各地飞机场之建筑，航空器材之整备，陆空联络信号及飞机之派遣，均经过其亲自指示，南昌作战后，又感到部队外线作战无线电之联络重要，于是由蒋亲令军校教育长方鼎英添购器材，详及其种类数量。又另令陈果夫为之物色主持训练人才；此系因两人均在广州，而陈又代蒋为国民党之组织部长也。

　　蒋不通过幕僚，直接区处统御经理事项，有时系迫于需要。如上提及姓名之军阀部队师长而升军长者，彭汉章及王天培即在任不及一年而撤职，其他也少有善始终，这当然不便事前吩咐提及。北伐军虽与孙传芳部在战场接触，但两方使节络绎来往。有时孙之代表经蒋亲自接见。因事属机微，蒋给广州之报告与予武汉方面之指示亦前后不同。

蒋之日记中有时亦表示对各种纠葛烦厌。例如，"政治梦加乱丝，令人触结心烦。"（1926 年 10 月 1 日）可是我人一再仔细勘察其记录，则又觉得其经常衡量各人之心境与能力（蒋作敌我判断时，不以人数及番号计，而以实计枪数计），对时间之因素特别注意，因之不可能对政治权谋不感到兴趣，以其确实与作战互为表里，彼此都为一种带创意之操作也。贺耀祖原为湘军第一师师长，在唐生智叛变赵恒惕时未投顺广州，理论上亦仍受吴佩孚节制，至国民革命军已夺取湖南后方归正，其部队驻湘西石门。至此已受原黔军之一旅长现为北伐军师长贺龙（后为人民解放军元帅）攻击。两贺原有嫌隙，贺龙之黔军早已改编为国民革命军第九军。贺耀祖部则不仅投顺晚，而且失去上峰支持，而地处偏僻，其人员武器易被并吞。以后唐生智部队向鄂西发展，贺耀祖更感受四面楚歌。但是蒋介石责成贺耀祖将原湘军第一及第二两师合编而为独立第二师，名义上或有贬损，责成其向江西战场效命，贺本人又经蒋亲自召见。其传见之旨意不直接送贺驻地，而由在后方长沙之一"袁宣慰使"转达。以后贺耀祖果然感诚效命，一战而克复九江，开北伐军在江西战胜之门，翌年更为蒋麾下得力之军长之一，在抗战期间曾任蒋之侍从室主任。

从上述各节看来，蒋介石即在北伐初期，已有创造一种新中央体制之动向，如不待力量成熟即企图席卷江西问鼎中原，原则上接受宋子文之中央财政，以军校学生填补各部队之干部，提倡军用航空并初步建造无线电联络网。然则各种企图之后，仍待其人身操作。这一方面固然由于草创伊始，无成例可沿，蒋只能以本身勤奋代替组织制度之不足；一方面则因他不放弃只有自己才能身体力行之优

越感。他因之说及：“凡事非亲办即无着落。”（1926 年 11 月 17 日）

可是人身关系操之过切，亦能产生相反之后果：一方面愈广为招揽，一方面则对所属均难信任。一方面愈以公诚无私之力量感召，一方面则更促成彼此在心理上之计算。其情形有如《蒋介石先生》中一段之所叙：

> 晚，会见各将领去后叹曰：“甚矣，气度宽宏，肝胆忠义之将，实不多见，但有感痛而已。”（1926 年 11 月 9 日）

还有一个现实的例子：蒋初有意拉拢唐生智，从记录看来，他们两人于 1926 年 8 月 12 日在长沙的密谈，至少也经过两三小时，以后蒋也有致唐的亲笔信（谈话及缄件内容已无可考）。蒋离开武昌前线往江西时，即让唐以北伐军前敌总指挥的名义总揽湖北军事，显然地希望用他的力量平衡在武汉俄顾问、共产党员及国民党左派。可是曾几何时，唐生智即利用此种机缘反蒋，成为北伐军中第一个反蒋的将领。

而且蒋介石在人事处理上最大的失败，还出自黄埔校门之内。李济深初为军校教练部部长，后为副校长，北伐时以第四军军长兼任总参谋长驻广州。当蒋介石以军长名义普遍地招揽军阀部队各师长时，李亦要求以所部第十二师师长张发奎升第四军军长，第十师师长陈铭枢另组成军，而李本人则为广东省军事厅长，如是仍继续为粤军各将领之首长。此要求当时即未为蒋容纳。日后粤系将领之反蒋，李亦置身参加，此名位问题已早伏下远因。

邓演达为黄埔创办时七个筹备委员之一，后为教练部副部长，1926 年 1 月为教育长，虽然“中山舰事件”之后与蒋介石有一段争执，北伐时仍被任总政治部主任，蒋离武昌前线时加委邓为总司令驻武汉行营主任，有如其人身代表。从蒋致邓的电信看来，两人关系并非等闲，所以波尔门及何华德（Howard Boorman & Richard Howard）合著之《中国民国时代名人传》（*Biographical Dictionary of Republican China*）即称两人之关系为"友善"（cordial）。可是除思想上之差异外，邓亦不可能甘心受蒋数百里之外遥制，替总司令做军饷弹械上之出纳，已在 1926 年年终之前开始独断地自由行动，经过蒋之指摘。此情况未见改善，只引起翌年邓演达在武汉公开地参加反蒋运动，也成为了他自己三年之后遭杀身之祸的重要关键。

从人本主义的立场看来，1927 年国民党的"清党运动"和以后的残暴行动当然是革命过程中之悲剧。其引起很多家人父子兄弟投奔反蒋的阵营，不下于美国的南北战争。尤特里女士（Freda Utley）可谓对蒋极为同情的作家之一，可是她在所著之《中国最后的机会》（*Last Chance in China*）一书中对清党一事也写出："在那暴怒、复仇、虐刑与死亡的日子，因之丧失生命，成为囚徒，变为玩世不恭，或从此不与闻政治的青年，都是全国的精英。"其于中国人良心和母爱之打击，又何可胜计。

可是今日距这些事迹之发生已逾六十年，即生者亦已将当日之激情降低，我们应注意这些事迹在人身关系以外的意义，这样才算接受历史之仲裁。

1920 年间不容易看出，中国之全面改造，一方面要创造一个新的高层机构，以便杜绝军阀割据，完成中央集权之体制，才能独立自主，收回国权。一方面也要翻转内地之低层机构，使贫农生活均有保障，才能谈得上厘定各人权利义务，具备新社会之基本条件。这两项工作既冲突又重叠，只能事后在历史上看出有互相支撑之功效。

北伐军由广东出发之后，至湖南而以一个 Y 字形的姿态分向湖北与江西展开，自攻克武昌及南昌之后，因地理因素产生的新问题，已使国民党内部之冲突尖锐化。

1926年下半年，蒋介石不时在他的日记里记述他的处境艰难。既提到经费不能维持，也埋怨革命力量消沉，将领胸襟窄狭，不能在长远处着眼。可是最大的问题仍是国内左右派的问题不得解决。

　　在离开广州之前，他还抗议右派人士对他不能谅解。例如七月十日，他仍以西山派在上海的组织为"伪党部"。《蒋介石先生》有下列的记载："公以上海伪党部抨击整理党务案，集矢于己，不胜郁愤。"24日又有长信给张继，内称："本党与共产党合作，为总理在日所确定。"他自称继续与共产党合作之宗旨，决非"卖党"。而指责张继等人"老同志"，"能使本党消灭者，其唯本党同志，自己不革命，而猜忌其他之革命势力。""本党每有一最负责任之同志，不避劳怨，即为一般老同志所不喜"。

　　可是他刚一出广东境，他所抱怨之对象，已为共产党人。陈独秀在《向导》所发表的文字，已令他相当震怒。

　　9月19日又有"内部复杂，变生肘腋"的记载。27日有"本党大会有人捣乱，是非不明"的记载。11月28日有"内部两派意见甚深，不能解除，亦无法消弭，令人痛心"的记载。12月7日蒋在九江接见湖南省党部执行委员，事后有"本党与CP意见冲突，日渐明显，可叹也"的文字出现于纸墨。

　　如果这时候蒋已经有了清党的企图与腹案，则这些筹划不见于现已发表之文件。11月11日他在南昌，接到黄埔军校有推翻校长的建议。同月21日也在南昌，他接获黄埔同学会有修改会章取消集中制的建议。这时候他除了电令广州黄埔同学会不得修改会章，指示第四期毕业学生一律调赴南昌，由他自己点名训话后分发各部队外，没有采取其他的行动。他的记录也一直着重容忍。有如他读《嘉言抄》后引用"知天下之长，而吾所处之短，则横逆困穷之来，当少忍以待其定"的词句约束自己（1926年8月26日）。蒋介石今后还要用

"忍辱负重"的标语在他有生之日督促他自己和他的部下，这四个字已在北伐初期提及（9月30日）。

然则完全站在被动的地位不准备还手也始终不是蒋介石的性格。看样子他于8月底9月初决定离开武昌战场而往江西时即对今后的局势有了整面目的重新打算。虽说我们无法断定何时他对清党一事下有决心，只是这战略的调整只更使清党符合以后历史展开之层次。

其实蒋已在半月之前决心离开湘鄂前线，赴赣指挥。至9月15日之后，则不仅蒋本人离开武汉战场，其"主军"之第二师亦继第一师之后展开于江西战场。

这种部署上的转变与北伐全部之过程甚至整个中国近代史都有深切之关系。表面看来，蒋介石身为主帅，不能活跃于战场而被迫前往主持次要之战场。可是孙传芳之全力增援江西，不久即将此次要之战场提升而为主战场。武汉固为兵家必争之地，至此只剩下武昌之攻城战。城破之后（10月10日）该地则成为一个权力斗争之场所，失去其军事上之吸引力。唐生智部果然与冯玉祥部于翌年6月在河南接触，但从以后之发展看来，其会师并未为唐或冯或武汉或苏俄打开出路。

蒋介石在江西的三个月间仍留下了不少呜呼噫嘻忍气吞声的字眼。但是在此期间除经费困难外他已有充分行动上之自由。他之消灭孙传芳势力，斗力与攻心并用。他一面自忖地写着："此獠思想顽固，行动取巧，败亡时日问题耳！"一面又于同日致电"南京孙馨远先生"，请撤回援赣之江浙各军"则东南和平才有真正之希望"（1926年9月17日）。甚至提出将来和平实现江西仍可"归还五省范围"（9月18日）。所以用兵期间使节络绎道路延至10月杪南浔铁路决战之前夕。从他致前后方的通信看来，蒋介石始终对战局乐观自信。即在南昌攻城战尚待重新布置之际，他已决心进兵浙江，为加伦反对（10月6日）。他之感到胸有成竹，固然由于孙外强中干，企图避免苦战，一方面也因为他蒋能控制何应钦在汕头之部队,而他本人又亲自主持对驻在杭州陈仪的策反,预料沿海之大包抄已实际可能也。至于翌年初又有驻安庆之陈调元的归顺,所以以后之取得京沪,不过在江西将孙部主力囊括之后的军事行动之尾声。因此举蒋介石经历生平第一次之指挥大兵团作战其战果辉煌亦为以后未有。迄至年底前他也仍写下不少自责责人之词句,但是他已不能全部压制自己胸头喜气。他之自负可以从下段看出:

> 遇军事最危急时,即是转胜之机。如一轻举妄动,即足招败亡而贻羞耻。以后不论何事总要熟虑断行,切勿随人主张而转移也。军事第一要贯彻到底,即使错误亦须错误到底,所谓将错就错也。(1926 年 12 月 26 日)

然则军事上之成功只使内部分裂愈为恶化,在这数月内南昌与武昌间政治关系之距离日益辽远。北伐开始时之三个口号依次为"打倒帝国主义","打倒军阀"和"废除不平等条约"。军事行动不久,即发觉照字面做去之不合实际。9 月间美国公使麦加利由香港访问广州,蒋介石即自前方电令所部给予礼遇,开与西方国家接触之门(9 月 23 日)。次日亦由于他的催促,国民政府通令解散广州罢工委员会纠察队,恢复广州香港间的正常交通,自此结束了一年三个月的对英大罢工。此后广州政府宣布征收华盛顿会议授权中国征收之进出口货品物品附加税,也未受到外人阻挠。中英关系继续改善,伦敦授权英国新任公使兰浦生往北京到任之前,于年底先来武汉拜访,作为承认国民政府之先声。这种接触与改向,不免使在武汉之顾问及国民党左派感到彷徨。他们也预料蒋介石向江浙进军,必将对西方各国更为接近而对苏俄更为疏远,因之影响到国民党之整个联俄容共政策。

至于蒋与上海商人接触尚出自军事行动之前。从记录上看来，蒋在出师北伐之前即已在广州招待商界领袖王晓籁等（1926 年 7 月 23 日）。在江西的期间又以他的挚友张群为驻上海之代表，设立自己的通讯机构，呼吁银行界的支援，迄至 12 月，他已能利用上海法国领事所设电台传递密码消息(12 月 13 日)。况且他又亲身接见陈调元、张作霖与阎锡山所派代表。凡此都有将左派人士认为北伐系一种广大之群众运动的概念改变而为一种单纯的军事行动之趋向。

他和邓演达之交往，最能反映南昌与武昌间的内在之冲突。从已公布的蒋之文件看来，他对邓可谓深注信心。他固然经常委托邓执行分发兵器粮饷等琐事，可是也仍在数百里外，让之参预机密，及于敌后状态及干部人选。有次曾提及："将才难得，甚苦！兄能带兵否？然兄须常左右。总政治部有人替代否？"（1926 年 10 月 9 日）显拟授邓师长职，而有意使之脱离总政治部。因邓亦系保定军校毕业曾任团长也。邓演达如何推托，不可得而知。但是他与俄顾问接近，可能已在此时接受俄人军中政治指导员高于部队长之观念。1926 年秋天，他已用总政治部主任之名义指派杂牌部队为"别动队"（9 月 24 日)甚至委任军长(11 月 6 日)。蒋与邓曾在 12 月 2 日于南昌长谈，可是两人间关系未见增进。

翌年初武汉与南昌（1927 年 3 月之后则为另一城市中心——南京）全面决裂。2 月 24 日汉口组织群众大会，参加者五万人，其标语与口号着重党权高于军事权力，反对人身政治与军事独裁，其重点则在反蒋，邓演达曾参加演讲，为大会之主持人物。当南京政府打击沿海一带之左翼工会时，邓演达亦于 7 月在《中央日报》撰文攻击蒋介石。

武汉政府崩溃之后邓化装为工人出走，抵达俄境，又在东西欧游历约三年，于 1930 年 5 月还上海，在租界发行《革命行动》。蒋之国民政府向租界当局要求引渡法办。邓演达以违害民国罪被判死刑,于1931年11月29日执行。以当日情景及蒋介石与他之特殊关系,此事极难如是解决而无蒋之示意或认可。

因为《民国十五年以前之蒋介石先生》记事至1926年12月31日而止。我们只能看到蒋所作"今日已是十五年最后一天……大海茫茫,何时能达到彼岸"之责身自问,而《大事长编》续记清党各事,则以已经发表之各种公告占篇幅,不到1927年10月蒋辞职赴日之后未提引其日记,《蒋总统秘录》也只引用蒋4月18日奠都南京后演讲辞内提及当年1月13日鲍罗廷在汉口欢迎他晚宴时的讲话,内中用无礼的态度警告他:"蒋介石同志,我们三年以来,共事在患难之中,所做的事情应该晓得;如果有压迫农工,反对CP的这种事情,我们无论如何要想法子来打倒的。"此外缺乏蒋亲身切眼的经验,反映到当日实情。

纵算我们过目之资料仍有各种缺陷,我们已可从中看出在1926年夏季至1927年春季的约九个月间蒋介石已充分表现其为人做事之若干特性。远在1923年1月26日他复廖仲恺信里已提及实行主义与获得政权为两件事,此由于党员与政客之性格不同,他甚至讲明国民党如要取得政权,必引用"中国式政治家",既然如此,他也必已预先了解如望以武力统一中国若干军阀行径仍不可少,只因社会环境如斯,革命家纵异军突出亦无从天马行空也。所以他一方面向军校第四期毕业学生训话,承望他们向黄埔第一期同学学习(死去的已五分之三)不要向第二、第三期同学学习(有的已不愿当连长,派赴前方已规避不去)(1926年11月21日),一方面也仍以人身因素拉拢部下,用升官发财为饵培植个人势力。蒋介石军事上之成功,大都得力于此种现实手段。可是此亦为他今后立身做事之羁绊,他纵可能以"我不入地狱谁入地狱"(他从未如此写出,可是在各种场合中所发牢骚近此情调)为自身解脱,他的态度已不能为黄埔近身同事李济深、邓演达所谅解。

蒋之现实主义也使他保持行动上之自由。他只有一个大概的目标，旨在武力统一中国树立国民党政权，而不坚持所采步骤。所以他从放弃整备广东为革命基地的方案而北伐，由内地发展而改为向沿海发展，从亲身督率武昌之攻城战而主持江西战场之部署，从仇英的态度改变而向西方国家谅解示好，这样才能捕捉历史上和战场上的各种机会，而不为既定方针所拘束。（他之所谓将错就错，系指军事上之部署）而最重要的则是蒋介石能着眼于实力之所在，当北伐军席卷中国南北之际，我尚在髫龄于湖南上小学，每日看到军队干部张扬"招募新兵"之三角形小旗，临街招兵。长沙火车站附近空地经常有过境军队操习。当时剩余之失业人口与流通各地之军械可谓俯拾即是，有能力之冒险家如能筹备相当数量之粮食与弹药，不难瞬息成军，此亦军阀逞凶无可遏制之一大主因。费正清教授亦在其标准教科书内提及军阀为一般待开发国家之通常现象，因军事科技容易输入，控制此种力量之政治体系则待长时间之培养方能成熟也。情势如斯而谓蒋介石应绝对杜绝军阀，使部下丝毫不沾染其气息，并且与江浙之商界保持距离，才能保证其运动之纯真，也可谓不识时宜，亦始终不了解革命行动之真谛。

不少历史家在其他方面做文章时忽视了蒋在这个九月间虽然不着重参谋业务（他称参谋为"掾属"，凡非正规之事项即亲自处理），却已充分地表现了他个人之组织能力，他在各部队里成立或不成立补充团及教导团，个别地批准其能否招募新兵，更利用分发军校毕业生及分配俘房的办法，管制其成长。汉阳克复之后他立即注重当地兵工厂之生产（见《蒋介石先生》9月29日、10月22日、25日）。贺耀祖部由湘北行军至九江前线时即因他的手令拨付伙食费五万元及步枪子弹十万发而立即生效（10月5日）。他有意升贺为军长而恐怕唐生智之嫉忌，所以多方疏通，甚至希望唐能出名对贺保举（11

月6日），若非当日中国之特殊情形，此种措施已不符合任何统御及组织之原则。这种举动表面看来，缺乏条理，已有似于戚继光所说"教兵之法，美观则不实用，实用则不美观"。

然则蒋介石之作为，保持着孙子所谓"先为不可胜以待敌之可胜"的宗旨（先使自己立于不败之地，然后寻觅对方可被击败的机会）。江西孙传芳部队肃清之后，他即下令整备湖口与武当的两个要塞，甚至以野炮充实这些地区之防御（12月14日）。这当然也影响到尚在孙传芳阵营内海军炮舰日后之决心。

他在政治上的整备，也采取同一方式，先作守势次取攻势。有了以上背景上的分析，1927年的清党与宁汉分裂不难了解。

1926年12月国民政府及国民党中央党部迁武汉。蒋介石亦在南昌召开军事善后会议，又邀请中央由广州赴武汉之中委先来南昌，由他招待游庐山，在庐山举行会议，有国民政府代理主席谭延闿及中央政治会议主席张静江（当日以党治国，中央政治会议及国民党中央执行委员会之常务委员会，所决策交国民政府施行，只是其成员常兼任党国要职，所以多时系二而一）。只是一部已到武汉之国府委员及中央执行委员却在当地组织"联席会议"，声称在政府未迁来之前执行最高职权。大概蒋介石以为此系临时性质，所处理亦不过一般行政事项，曾表示赞成（12月20日）。即《大事长编》亦曾未称其为不合法。不料此联席会议受鲍罗廷及国民党左派人士把持，准备筹开中央执行委员会全体会议（国民党二届三中全会）以便全面改变政策。于是在江西之中委包括谭延闿及张静江等才宣布国民政府及中央党部暂留南昌。自此中国国民党已有两个中央。在宁汉分裂之前已因湖北及江西间之争执，先已有了"鄂赣分裂"。在武汉之一派包括邓演达在内除对蒋介石大权独揽人身之不满意外，尚反对其进军于江浙，缓和对外关系，以及准备约束工会运动之诸般措施。

蒋介石于1927年1月乘军舰由九江至汉口，有意弥补两方意见，只是显无成效。鲍罗廷之"欢迎词"已形同警告，而蒋一周之后返南昌，两方裂痕更加深巨，南昌致电于第三国际要求撤换鲍罗廷则未获答复。

武汉之二届三中全会于3月开会，到会者三十三人，除三人外，尽系左派及中共党员，其决议可谓推翻自"中山舰事件"发生以来蒋介石在国民党内各项措施，并且通过《国民革命军总司令条例》以削弱蒋之职权，而蒋则执行其向江浙地区之进军。可是4月12日之清党并非如艾萨克斯所说突然展开。即在武汉之联席会议采取各种行动之前，国民党之监察委员会由蔡元培领导已聚集于上海筹商对策。上海总工会组织劳工市政府时，国民党右派亦组织全国工会联合会与之对抗。当北伐军军行所至各地发生排外风潮时，外人在上海已严阵以待准备武装干涉，蒋介石则发表谈话表示尊重外商财产无意在此时以武力收回租界。凡此都使清党无可避免。

4月1日武汉免去蒋介石总司令职务，更使今后冲突逼近一步。其所以未在此时全面决裂者，因此时蒋等期望汪精卫回国后或可吸引国民党左派人士来归。不料汪见蒋后径往汉口参加武汉政府。

4月12日上海事件发生之前，国共之间或国民党左右派之斗争已展开于广州、福州、重庆、杭州、南昌及镇江等地，也及于黄埔军校（时称中央军事政治学校）。1984年黄埔同学会发行《建校六十周年纪念册》时即总结其"大事记"为1927年7月18日军校第五期，三、四、五队学生八百人，在武昌举行毕业典礼，由校常委恽代英致辞，继续讨蒋，8月15日军校第五期，一、二、六队学生共一千四百八十人，在南京举行毕业典礼，由何应钦代蒋介石发毕业证书，宣言反共。

至于清党终在上海展开者，乃因当地总工会组织纠察队五千人，在孙传芳、张宗昌部队退出上海地区时，获得枪械数千支，至此成为严重问题。3月杪蒋介石及白崇禧已发出通令此等半军事机构务必将兵器交出。如谓4月12日事件出于突然，工会人物全无预感，只在懵懂之中被出卖，甚难置信。只是武汉方面不顾蒋介石新胜之余威，尚望千里之外一纸命令即可以将之免职，鲍罗廷未做先说，邓演达不顾中俄革命背景之不同，而蒋反击时则用军事行动之方式，先着重对方弱处，以上海总工会代替武汉联席会议，表示两方做法，具有现实主义者及理想主义者之差异，非尽用左派、右派、前进或保守等名目所能概括者也。

史达林曾谓中国国民党只是一只柠檬，国际共产党人不妨将之一挤再挤，挤干之后则可信手抛去。费正清曾引用此语，但是他随即提及 1927 年之清党，因此他悠闲地写着："看来国民党之右派先挤。"

第二篇

安内与攘外

1927年清党之后，国民政府奠都南京。蒋介石从此在历史上表现了两种奇特的性格。一是在军事上和政坛上反对他的人很多，他们却推举不出来另一个人做他的替身，因之他"无法替代"。他被排挤，曾两次辞职（1927年8月及1931年12月），又两次被邀复职。虽说程序上好像是做作，复职后名位上也有差异，实质上他做党政军的负责人却始终如故。其二，他还自命为革命家，仍企图打破刻下的环境，旁人却已把他当做国家最高主权人，甚至以为他是一个保守主义者，现下的情况由他造成，他也应对现况负责，包括中国的社会经济情况。

在检讨这段历史——尤其抗战之前一段的时候，我们能引用自"日记"的资料非常贫乏。《大事长编》纪事远不如《民国十五年以前之蒋介石先生》之细腻。内中缺乏私人缄电，而代之以公告。而且1927年全年之纪事只引用日记四条，1928年八条，1929年五条，1930年既有对付冯阎之中原大战，东北军入关，张学良就国民革命军副总司令，桂系之李、白及中共彭德怀部相继攻入又退出长沙，国民政府又颁发大赦令，废除厘金，实行关税自主，而《大事长编》

所摘引日记之处也仍只八条。

纵在引用日记之处，一般文字也过于简短，不能看出记事人心情之纵深曲折。有如 1927 年辞职后，"公返抵溪口故里，晚宿乐亭，深夜，忧念国事，自记曰：'如何可使革命根本解决耶？'"（1927 年 8 月 14 日）

即使《蒋介石秘录》应有参对补充的功效，其为用也极微。在数量上讲，以上 1927 至 1930 之四年内引用日记之处亦分别不过六、十八、四和八条。1927 年辞职后，蒋曾一度往日本小住，自 9 月 29 日至 11 月 7 日逗留三十五天。往日本之目的，一是要求宋耀如夫人认可与宋美龄结婚；现已发表的日记对此事全未提及；另一则是与当时日本首相田中义一会见。《大事长编》及《秘录》同摘录日记一段，表示谈话时两方意见互不相牟，进见的目的全部失望。

《秘录》在其他方面引用日记之处表示蒋对当时日本之赞羡，有如：

> 日本进步之速可惊，社会秩序与教育亦均有进步。未至日本以前，以为其物质进步，精神必衰退；今乃知其兴盛犹未艾也。（1927 年 10 月 4 日）

又：

> 日本建设猛进，不知吾国何日乃能臻此耳！（1927 年 10 月 21 日）

在逗留日本期间蒋遍访孙总理故友犬养毅、头山满与梅屋庄吉，以及他自己在高田当上等兵受入伍教育时的师团长长冈外史和联队长飞松宽吾，实业界领袖涩泽荣一、满铁总裁山本条太郎，可是他最重要的访问仍是 11 月 5 日于田中私邸与日本首相的晤谈。

国民党筹谋革命时曾以日本为根据地。再加以蒋介石自己对日本风土习尚的好感，他很可能希望自己的企划得到日本人士之支持，至少亦不受其侵预干涉。即在1926年12月30日他尚在南昌军中，已因大正天皇逝世，嘱部属向九江日本领事馆吊唁，其用意无非在寻常范围之外的睦邻示好。日本在1920年间的初期，因着政党政治之抬头，参加华盛顿会议，确保持着对外和平共存的态度。尤以若槻礼次郎初度组阁，以币原喜重郎掌外交，被胡适称誉为日本之"霸权无害"的时代，蒋介石此时盼望与日本获得谅解，似乎符合内在的及客观的需要。只是事不凑巧，正值中国清党期间，亦即1927年4月，日本政局变化，次任首相田中义一大将代表军部侵略性格，力主向大陆拓土，又自任外相。蒋介石之访见，可谓注定的必然失败。

他与田中的谈话，发表于《大事长编》的似由蒋日记修订而成，因为当日参与会谈的中国方面唯有张群，日本方面则为田中倚为"中国通"之陆军少将佐藤安之助。他们的记录与回忆都与《大事长编》所记有参差的地方。

《大事长编》所记如次：

访日本首相田中义一于其私邸，公告以中日两国将来之关系，可以决定东亚前途之祸福。田中询公此次来日之抱负，公以三事告之。略曰："余之意：第一，中日两国必须精诚合作，以真正平等为基点，方能共存共荣，此则胥视日本以后对华政策之改善。第二，中国国民革命军以后必将继续北伐，完成其革命统一之使命，希望日本政府不加干涉，且有以助之。第三，日本对中国之政策必须放弃武力，而以经济为合作之张本。"又曰："余此次来贵国，对中日两国之政策，甚愿与阁下交换意见，且期获得一结果，希明以教之。"田中则曰："阁下何不以南京为目标，统一长江为宗旨，何以急急北伐为？"

公曰："中国革命志在统一全国，太平天国失败之覆辙，讵可再蹈乎？故非从速完成北伐不可，且中国如不统一，东亚不能安定，此固为中国之大患，而亦非日本之福利也。"田中每当提及统一中国之语，辄为之色变。

公辞出，自记所感曰："综合今日与田中谈话之结果，可断言其毫无诚意，中日亦绝无合作之可能，且知其必不许我革命成功，而其后必将妨碍我革命军此伐之行动，以阻中国之统一，更灼然可见矣。"（1927年11月5日）

《秘录》指出在会见后之九日，即11月14日，日本外务省根据佐藤安之助的记录，将两人谈话分送日本驻华使馆以及上海、汉口、沈阳三总领事馆。内中证实田中曾提及中国亟应"先要使长江以南的基础巩固下来，似可不必急于北伐，而专心于南方统一"。蒋则辩称"如果不继续北伐，则南方反而有祸乱之虞"。此外蒋明白抗议日本之支持张作霖。他说："中国之所以有排日运动，是因为中国国民认为日本援助张作霖。"田中则说："日本没有给张作霖任何援助。"此外双方同意清除共产党。

《秘录》之作者古屋奎二于战后访问张群，证实蒋曾提到张作霖。田中则说他对张非常厌恶，已准备支持他的总参议杨宇霆。

其实日本不甘心中国民族意识之高涨，以及蒋所揭橥之"平等"（蒋此行在有马温泉题字"平等"，现藏该地极乐寺），和废除不平等条约之诸般要求，已成为一种长期及历史上之趋向，并非领袖人物之争辩与折衷所能左右。田中义一固然是传闻之中的"田中密奏"执笔人，态度强硬嚣张。即民政党虽采取和平政策，也还是主张维持现状，断不会放弃日本之既得权利。所以蒋在当日日记所书，"余此行之结果，可于此决其为失败"实属定数。他随又写："余虽不能转移日本侵华之传统政策，然固已窥见其政策之一般，此与吾固无损也。"（1927 年 11 月 5 日，只见《秘录》，不见于《大事长编》）也算得符合情景。翌年蒋继续北伐，果有田中内阁之出兵山东阻挠，酿成济南惨案。北伐军终忍辱负重，退出济南城，不予田中以口实，避免与日本全面冲突，只绕道北进，最后则迫至张作霖放弃平津，退返关外。急进派之日本军官见张不为彼用，阴谋将之炸死，而蒋只诱导张学良在东北易帜。如此一连串之发展始终前后一贯。今日之读史者尚可从中窥见列强自 19 世纪以来在中国划分势力范围圈之真意义。如在本国用兵事前尚需邻国认可，则中国纵有国家最高主权人，亦无从行使最高主权矣。

访日期间蒋尚扬言来日仅是出国之初步，以后更须前往欧美。《秘录》称为期在"一年之间"，《大事长编》则称有"五年考察计划"。侧面看来，此种说法甚难置信。如果他有意长期逗留海外，则何必急于游说日本首相，企图获得谅解，以便持续北伐？又何以见田中后才二日，即决定束装回国？古屋奎二之解释，此时蒋介石已获得汪精卫密电，谓可望复总司令职。然而自宁汉分裂之后，国民党之力量已分置于三处中心：武汉、南京之外，尚有原基地广州，此亦为三个大经济地区。武汉政府不能与第三国际融洽，也已在 1927 年 7 月之后清党，至此已失去当初与南京分裂之逻辑。而且其任命之军事首领唐生智扬言东征，反被在南京之军事集团击溃，在蒋回国之日，局面已见分晓。在南京之何应钦、李宗仁及程潜等虽联合击退孙传芳最后一次之大反攻（龙潭之役，1927 年 8 月）及唐生智之东征，仍缺乏有效之领导力量。胡汉民因不满于"新督军团"而自去，谭延闿可谓忠厚长者而非领袖人才。此时广东亦有新的变化。张发奎在武汉原受汪精卫节制，已在东征途中向南京进军。只是部下叶挺及贺龙在江西参加中共之武装部队，被围攻之后绕道入粤，张发奎亦率部追踪入粤。及至广州，张一面制压受中共影响之工会组织，一面侵蚀在北伐期间始终留守广东之李济深部。此时地域关系亦深具影响。因李济深及所部黄绍竑均为广西人，而张及同事薛岳则为广东人也。汪精卫亦粤人，指望在排斥桂系之名分上可以在广东树立新政权，所以在十月杪离汉口往广州。蒋介石在访日期间得此消息，甚不以为然，曾在日记上写出：

从此党国纷乱更难设想矣。（1927年11月1日）

汪精卫之密电应于此后三数日内抵达蒋跟前。虽说其文字始终未见公布，其内容则已泄露，大致汪掌党政，蒋主持军事。国民党之三个中心既都已标榜反共，而又彼此相持不下，则此方案已具有妥协之基础。蒋既能复总司令职，则继续北伐为逻辑上唯一之出路，所以他接电不久即束装返国。他是否真有游历欧美各国之企图至此已无关紧要，总之即有时此计划已终身放弃。他在第二次大战期间曾往缅甸、印度，开罗会议时亦曾履足非洲，1949年访问南韩及菲律宾，此外终身未离国土。并且他坚持除非中国确实取得独立自主之地位，不愿见羞于外邦。在我们看来，这是他个人人身上的一种牺牲，也是他做国家元首和世界上大政治家的背景上一大损失与缺陷。

1927年的三十五天访日，他已在彼邦留下不少的痕迹。有马大旅社老板的儿子几十年后还记着住客蒋介石付小账之慷慨。梅屋庄吉的女儿则乐于道出乃父以前辈的姿态指斥后辈蒋介石不为国努力而逍遥海外。《秘录》也翻印了好几幅珍贵的影片。内有他与头山满彼此席地而坐的情景。还有在有马庭院中小憩的一幅，右臂倚着庭前栏杆斜坐，右脚不履地，左手抓着右手以保持平衡。日后他注重作中国式元首的雍容庄重，如此潇洒的态度已不复多见。此幅亦为访日期间留下唯一之无须照片。其他摄影则带有日式之短须。本来蒋介石面目适于拍照，此时他已四十岁，所摄照片则面目爽飒如二十余许人。是否他以为蓄须可以增加他的威严姿态？我们只知道他在诸如此类的角度非常考究，却缺乏他在访日期间开始蓄须的解释。此外他既已辞职，实以个人及平民身份访日，但所行仍有卫士二人携带手枪，日夜维护，在今日看来也算奇特。

汪精卫发出密电后，蒋介石即于 11 月 8 日在神户上船回国。汪在此时应当踌躇满志。蒋刚返上海一面准备结婚，一面即电邀汪精卫与李济深同来上海先和他及谭延闿会商。所以国民党第二届第四次中央执行委员会全体会议（四中全会）的预备会议由蒋、谭、汪、李联名发起，预定 12 月在上海举行。

在叙述以后的经过时查登教授写着："十二月内汪精卫重新在政治上显示头角峥嵘的机会好像刚入掌握，而广东的情形终使之事与愿违。"这局势之展开，首先由张发奎发动政变。当汪精卫与李济深应蒋介石之邀刚一离开广东，张发奎部黄琪翔军即将李济深所部缴械，占领广州，并且发出通电，显然地在构成汪精卫之政治地盘，以作国民党集会时及权力分配时之本钱。

因张发奎而汪精卫不能辞其咎。他在过去南京已开始清党时，仍潜往武汉，在武汉一事无成，又经发表谈话自承继续联俄容共为错误，此刻再因他暧昧游离的政治态度或个人权势之野心嫁祸于广州，至是他已成为众矢之的，不待国民党四中全会开幕，即在上海之预备会议已使他无地自容，于是他辞职，于 12 月 17 日宣布再度出国。

汪精卫之失败即系蒋介石之成功。在上海之预备会议即已发表其继续总司令职权。国民党四中全会在 1928 年于南京举行，蒋被推为中央委员会五个常务委员之一，又为国府委员及军事委员会委员长。至此只有谭延闿为国民政府主席，其名目上之地位似高蒋一筹。可是不久蒋又被任为中央政治会议主席及国民党组织部长。北伐于当年 6 月占领北京而完成，10 月国民政府重新改组，蒋为主席兼陆海军总司令，谭延闿为行政院长，胡汉民为立法院长。自此蒋介石最低限度在名义上已为全国党政军政最高负责人。

1929 年 1 月国民政府决定裁军，预定全国军队不得超过六十五师，并特种兵总数不过八十万人，军费总额不逾全国收入百分之四十。此计划始终未能付诸实施。当年年初即有桂系在南北抗命，随后即有蒋与冯玉祥之交恶，彼此公布对方违法之罪行。此时蒋介石之对策主要系收买敌方之部下将领，造成内讧。这种技巧在初期确有实效。1929 年的内战亦牵涉南北，其破坏之程度不深，其解决迅速而带戏剧性。只是构成内乱之原因迄未能遏除，即已绥靖之区域其中动乱之因素亦似能死灰复燃。1930 年之内战由西南（桂系）及西北之将领形成一个反蒋大集团，包括前国民革命军之三个集团军总司令（第二集团军冯玉祥、第三集团军阎锡山、第四集团军李宗仁，其反对者为蒋介石曾以统帅兼第一集团军总司令），至此在名义上都为国民党党员。战事展开时以粤汉、平汉、津浦及陇海四铁路沿线为战场，即胶济铁路亦间接波及。其他凡有铁道之区域（京、沪、杭、江西及山西）若非交战者之后方，即为张学良所控制之东北，而张即在战局胜负将决之际以铁道运兵进入关内。

当中原之战展开时，双方均大规模地使用骑兵及炮兵。据蒋介石报告，当战事最剧烈之际，冯军每日发射炮弹两万余发，此项记录即日后抗战时亦所未有。记事延长五个月（1930 年 5–10 月），蒋自承其部下死三万人，伤六万人，彼估计对方之死伤在十五万人左右。日后中国之读史者阅至此段很少人不愤慨填胸，即历史家面对是项资料也感到难于下笔。

从近视界看来，不仅李、白（白崇禧）、冯、阎祸国殃民，即蒋介石身为统帅亦难避免道义上之谴责。他的日记即可以用以指责他自己。

有如：

> 时局虽有发展，一再离合集散，但策略难定。——联此制彼或联彼制此，皆非正本之道也。（1930年3月5日）

又有：

> 已叛而未归，反复无常者，不必姑息，此辈盖无所谓信义也；无论联甲联乙，与其联人以落边际，不如任其自斗，我则整理内部，充足兵力，或使甲乙皆得归顺而不敢斗也。（1930年3月8日。以上两条均出《秘录》而不见于《大事长编》。）

他所谓联此制彼或联彼制此，无非出钱购买，产生分化作用，他在1929年已数度行之。例如桂系白崇禧有兵五万人，均系唐生智旧部。当白崇禧拟统率之沿津浦线南下，蒋予唐生智一百五十万元，嘱其收回旧部，且夕之间白军尽为唐所有。冯玉祥部集中于河南，可能东取徐州，南窥武汉，蒋策动其部属韩复榘、石友三叛变，使冯前锋尽失，只好狼狈走依阎锡山。可是这样的策划，可一而不可再。阎锡山之部队原与蒋部无直接接触，可是阎亦看透蒋之筹谋迟早必运用于其部队，因此与其坐待其分化，不如先纠集接受其挑战，甚至出面主持反蒋集团。他在1930年2月致蒋电"礼让为国"，"共息仔肩"，彼此同时离职出洋，虽说挖苦尖刻，其讽刺并非无的放矢。如上段蒋提及"非正本之道"，但却未申明放弃不用。既称裁军，而又"整理内部，充足兵力"，亦不能专责对方无信义矣。

他之所谓"非正本之道"，则系其谋略只能延缓问题，不能解决问题。对方既被收买，当然亦知蒋对他们的节操并未重视。所以其交结，亦不过一时之权谋。既然如此，一到局势变化，他们之"叛而未归，反复无常"，彻底表现其军阀性格也只是意料中事。况且蒋所谓"我则整理内部，充足兵力，或使甲乙皆得归顺，而不敢斗"也仍是武装中立的姿态，推广之则利诱不成只有威胁。所以陈志让云，蒋待人办法经常有三个：一是感情上之激劝，一是金钱上之策动，还有一个则是武力上的制压。和蒋本身所记极少出入。

然则若不如此，如何应付北伐成功后之局面？克劳浦在他的《二十世纪中国》书中说出："集权于中央的建议，基本上不是不合逻辑。但是这在党内久已被人反对。他们觉得在过渡期间需要地方上的高度自主。"然则在当日之情形下所谓地方上之高度自主，仍无非军阀割据，亦即是克劳浦自己所说，"继续着自袁世凯去世以来为害于中国的军事老套"，既与国民革命的宗旨相违，看来也难能支持一个过渡时代，因据估计，自北伐以来，中国之军队已由原有之一百四十万人扩充到二百三十万人，军饷已超过国家之全部收入。

在背景上，中国国民党经过中央政治会议而控制国民政府，又在武汉、北平、开封、太原及广州设有政治会议之分会，各在李、白、冯、阎及李济深之掌握中。1929 年内战之展开，即由武汉分会任免湖南省政府主席而肇始。冯玉祥加入时则称中央断绝其经费，使之无法发饷。蒋致冯部下各将领则称："自北伐以来，鲁、豫、陕、甘各自之税款，平汉陇海等路之收入，中央悉听冯氏请求，且每月由中央拨款五十万元。讨逆军兴后，尤特别补助，计 4 月份所拨达一百五十万元，而 5 月 16 日中央尚在沪拨付五十万元。以中央今日财政之支绌，实已竭尽能力。"电内又提及冯"曾由武汉取得一百万元"，自此才参加李宗仁等之军事行动。从两方争执之内容看来，其范围早已超过局部津中或收卖可能解决之程度。

我们有了以后几十年历史之纵深，才可以窥见，当日蒋介石企图树立的新中国高层机构，期望其能干预到现代国民经济，是一个极为宏远的打算，实为中国传统体制所无，尤非当日之财政与税收可能望其项背。在创造期间，只有全国有志之士一体牺牲，并且要前后经营几十年，方见实效。因为全中国历史中缺此成例，其全部程序不能由当时人预度。即蒋本人，也只能暗中摸索，这也可谓其"瞑眩瘳疾"之所自来。

中国在 1920 年代已失去有效之中央政府。当日军阀混战情形，可与东汉灭亡后之分裂局面相似。三国时之人物角逐于中原，彼此都用道德名义矜夸，亦即是失去中枢主宰时各人自圆其说的唯一办法。历史家钱穆即称其道德观念过于窄狭，流弊所及则是虚伪空洞，只能支持地方政权。我们今日读到 1920 年代包括北伐后各将领的通电，也有类似的感触。既然无从在此混乱的局面中以寻常的道德尺度品评人物，我们只能在解释这段历史时，注重其背景上广范围的人身因素及非人身因素。

当日内战之继续连亘不断，主要的原因由于农村经济缺乏出路，过剩之人口，只有当兵为匪。《晋书·食货志》里所说"袁绍军人皆资椹枣，袁术战士取给嬴蒲"，亦即三国时代驱饥民作战以至树上采桑实，田里捉蛤蜊果腹。这样子虽不必在 20 世纪全部照字面上做到，大概的情形已相类似，而且各省财政一般的极端困难也是实情。即在北伐期间，一部军费尚来自鸦片公卖，有蒋介石之文件证实。各军欠饷，士兵哗变，已间常发生。如 1926 年 11 月贺耀祖部补充旅曾在平江抢劫，12 月新收编之黔军在宜昌劫掠。1927 年唐生智往长沙第五陆军医院视察，有伤兵代表进见，请发欠饷。唐当场指责为首之一人军衣上领扣称"风纪扣"者未扣，为目无法律，令卫士就地将之枪决，因此恐吓办法可以对欠饷问题未作答复了事。然则这种高压手段，亦只显示其局势之紧张。

同时各将领之行止，又经常因部下军官之态度而左右。因薪饷低微，上级对中下级军官丧病或家庭变故予以私人津贴之情形，经常有之。于是在指挥系统内产生个人关系。长期休戚相共之后，主官不能坐视部下失业。裁军既影响集体安全，势必遇到全面抵抗。

各省区与地域间亦有其内在的利害冲突。因为方言不同，风俗习惯迥异，这种种因素借着军队之统御经理、人事派遣、财政税收，而产生争执。广西地瘠民贫，桂系将领刻苦自励，不免产生道德上的优越感，即对邻省粤系军人亦不相入，蒋介石又联此制彼，更增加他们彼此间及共同之对蒋猜忌。冯玉祥发动中原战争时，即号召北方人抵制南人。至于思想上及纯粹政策上之差异，不占重要地位。当 1930 年形成反蒋之大集团时，既有汪精卫以国民党左派之姿态加入，亦有西山派以右派之姿态加入。各将领亦曾未对裁军之大方针提出异议。

蒋介石此时不利之处，乃因他所领导的国民革命具有创造性格。五权分立之政府既为传统体制所无，而其职权尚在扩大。其他各系将领既为之"打江山"，北伐胜利后未见"论功行赏"，反要他们裁军，释去兵权，去南京居名誉职位。而且他对旁系将领已有嫌忌，更不得不培养人所谓之"黄埔嫡系"。总之则民智未开，人民亦缺乏社会上及经济上之力量足以控制代议政治，军队则不知本身的职责何在。是保境卫民，维持现状的凭借？还是推翻现状，改造社会之工具？各将领纵有为国为民之共同宗旨，亦有个别的、局部的及附带之意向。北伐完成后，共同的宗旨可以暂时置之度外，于是只见个别的意向抬头。蒋介石此时可自称毫无私心，他于中原之战前在日记上写出：

> 人民贫困至此，而某等尚欲谋乱，必使国亡种灭而后已乎！呜呼，天如有灵，其必不使中华如此长乱也。中正如有自私不公，而所为无益于党国与民众者，则当立殒余身而速其亡也，勿使重苦吾民则幸矣。（1930 年 4 月 11 日）

这样信誓旦旦的态度，不能谓其为不诚，在传统社会里应当接受到广泛的拥戴与支持。可是在新时代里，这几句话即可以用作攻击他之凭借。中文之"吾民"与外文之"my people"不同，有帝王口气。即算蒋介石出口无意，他之以天下为己任，也只是传统道德。其否定各个人之意向，即与西方民主与自由之观念相违。并且有益于党国与否，全凭他一己及宗教上之灵感判断，也潜伏着不顾群众意见及舆论之趋向。所以反对他的集团所发宣言，不责备其违反传统道德，而指斥其"专制独裁，剥夺人民公私权利"。

然则此时人民已受军队劫掠，索饷之士兵则由将官一声叱咤而处死刑，此时此刻公私权利是否存在？若是蒋介石专制独裁，则冯玉祥、阎锡山与唐生智可以算作民主之发言人？所以历史家至此已别无他法，只有如蒋廷黻之相信中国无从避免独裁。蒋介石之作为可以在将来诱导出来一个民主体制，此刻却不能立即成为民主。

英国19世纪哲学家斯图亚特·密尔（John Stuart Mill）所著《论自由》（*On Liberty*）为经典著作，内有一段称："不用多说，此项宗旨（全民自由）只在人类行使之能力已经成熟之后才可实行……迄至人类能用自由平等之谈判增进'他们的生活'之前，自由之原则毫无用场。他们只好不作声响地服从于一个查理曼或一个亚克巴。这是说：要是他们运气好，有这样一个'领导人'的话。"

查理曼与亚克巴之威权树立于战场。蒋介石是否能与他们等品位，仍需在战场判断。所以我们读史至此，不能由我们的好恶先作判语，只能承认1930年之中原大战，有它内在的原因，是几十年内忧外患之后所存积的一个令人窒息的局面企图打开现状的继续表现。

在日记上写下向天发誓后之第二日，蒋介石又写出：

此次讨伐方略，需在战略与政略上配合，而战术则在其

次也。先由襄宛占领荆紫关，以通入陕之道，则战略已大半胜利矣。（1930 年 4 月 12 日）

襄阳与宛城在湖北之西北，他这时候预想沿汉水上流入陕，有出敌不意，离开铁道线，以大包抄的态势，直捣对方巢穴的企图。可是这预想无法实现。桂系与冯、阎已争取主动。4 月底阎锡山夺取天津海关，表示着他反抗中央的行动已无可折返。5 月 1 日蒋介石发布了他讨伐的誓辞，中原大战正式展开。

津浦铁路在徐州与陇海铁路相交，陇海西行至郑州又与平汉铁路相接。这一个大 H 字形上是 1930 年主要的战场。桂系在湖南用兵只有牵制作用。4 月内蒋先在徐州举行军事会议，次在汉口举行军事会议。自 5 月 10 日中央军占领归德之后，此处为蒋经常驻在之所，有时司令部设在铁道车箱内，并且蒋经常乘飞机西至漯河一带巡视。6 月 2 日他飞漯河后，曾低飞郑州上空巡视，当地冯玉祥军配有高射炮，路透社发出消息，称赞蒋行动勇敢。10 日之后即有冯军夜袭归德之举。据说"飞机大部被毁"。只是如此给蒋及时警告。当冯军再袭入火车站时，蒋卫队已有准备。

反蒋军之战略，以阎军自津浦路南下，冯军自陇海路东进，夺取徐州。同时李宗仁向湖南进兵，威胁武汉。6 月初，李连陷衡阳、长沙、岳州。在汉口主持防御之何应钦乃配合在湘江的海军炮艇，调动粤军，给进犯者夹击。桂系南退，7 月又在衡阳挫败。桂军只四万人，从此对战局不发生作用。政府军不能在初期争取主动，主要的由于前锋多过去之杂牌部队。把守济南之韩复榘原为冯部叛将，当阎锡山部南进时，即不战而放弃济南，只向胶济路东撤，脱离战场（日后在抗战时他又如此，被处死刑）。5 月中冯玉祥部东进，在平汉路留置部队极少。蒋曾拟由南向北出击，直捣郑州，并曾在日记写出：

彼以全力东侵，而对平汉线不留部队，是可谓孤注一掷，并非胆大妄为也。果上天厌乱，必可为我一网打尽。（1930 年 5 月 27 日）

其不能捕获此种机宜者，乃因主持漯河、许昌战线为何成浚，所属大部为孙传芳、张宗昌旧部，亦难能督成其冒险进取也。许昌即曾得而复失。

7 月初可谓为反蒋军进展之最高潮。阎部围攻兖州城。中央军企图消灭亳县之冯部突出部分则未能见效，冯之骑兵已出没于微山湖之西北角，有与阎军会合之势，中央军在归德之主力有整个被包围可能。只是冯、阎、李三部时间上之会合，始终未能切凑机微。7 月 11 日蒋部生力军陈诚之十一师投入战场而兖州之围解，阎锡山部自此只有退无进。7 月 15 日冯部不仅在亳县获胜，而且在河南省最东角安徽边境进逼至徐州西南约八十公里处。然此时兖州之围已解，阎部已退，蒋军未致三面被围也。

蒋记当日之情形有云：

当此之时，惟有坚忍镇静，维系军心，以待其定，而期有济，若至万不得已，惟有一死以报党国。（1930 年 7 月 15 日）

可见得其紧迫。此后陇海路及迤南仍经过一场剧战，中央军方能进入亳城，于是安徽无敌踪，蒋之侧翼才算安全。他接续着又于日记中记出：

以后我军后顾无虑，军队运用乃可自如矣，惟成功与失败，常在一间，危险反可为安全之本，可不慎欤。（1930 年 7 月 22 日）

蒋日后衡量将才，注重其雍容持重而不注重其高度敏感，因有他本身经验在：

> 近年所得战报每多危急，如无定力，未有不为所动者。无论接何急报，须休息五分钟，再加审察，则真象渐明，心神亦定，不为所欺矣。（1930 年 8 月 13 日，此节见《蒋介石秘录》而不见《大事长编》）

这种作风是我看到古今中外兵书及将领簿记之所未有，亦与蒋本人之秉性相连；但非如此，则他日后主持抗战必难胜任。

他在亳县胜利后，电报报呈中央，表示本人所在处为归德之西及杞县之东之柳河镇。文内已提及本军番号内之十一个师，看来尚有未提及者。过去鏖战十日之后，歼敌"足在两万人以上"，有功将领六人则升为总指挥。北伐时原已将旧有之师扩充为军，至此中原之战更将军长擢升为各"路"军之总指挥，可见在名位上即已与原有裁军宗旨相违。此次升任总指挥六人中之一人为杨虎城，1936 年 12 月之"西安事变"时为重要角色。在山东战场蒋亦提及十个师和三个旅的指挥官姓名。

8 月中旬中央军大破阎军，于 15 日收复济南。只是当时大雨不已，两方在战场上行动均感困难。在此前后，蒋均利用内线作战之良机，将战略单位超越省区调派，以遂行对敌各个击破，如粤军蒋光鼐、蔡廷楷各师，在击败桂系之后，即役于山东战场。在山东立功之陈诚师，在济南克复后，调往平汉线，用在 H 字形上之西南支角。原在东北支角指挥战事之刘峙，亦用在平汉线上左翼。尚有蒋认为得意之作者，乃是八月初由后方抽出兵力一师，由海运在青岛登陆成功。黄海海岸原受奉系海军监视，迄至此时张学良仍对中原之战武装中立，但是既听任此师登陆，则其中立之态度已不十分严格，蒋因之将此事记在 8 月 3 日之日记，提及："无异奉方已参加中央战线，唯未参加作战。"但他又随即警戒自己："军事瞬息万变，吾唯战战兢兢，以期有济耳。"

蒋及反蒋集团均前后彼此邀约张学良参战，但是张一直待到局势明朗，才于 9 月 18 日发表通电拥护中央，并且派兵入关占领平津，阎锡山残部从此退返山西。中央军亦不彻底尾追，以求扩充战果，看来固然是补给困难，在河南之冯玉祥尚待解决，但是顾及张学良及东北军在南北局势中保持平衡的力量，未尝不为南京决策时考虑条件之一，有如当东北军入关时，立即汇沈阳五百万元，并发表其将领为河北省平津各处地方首长为明证。

冯玉祥部失去各方支援后，仍表现西北军之坚韧性。其在开封、郑州、洛阳暨平汉线以南一个 T 字形地带内，倚工事顽抗，支续至 10 月初。而且战事结束后，其一部仍整师撤退至黄河之北。

中原之战双方动员一百四十万人，其在各省尤以河南之破坏难以胜计。我人读史至此，不免扼腕惆怅：要是此等耗费与牺牲能用以抵御外侮，则他日匡救危难，又何止事半功倍？然则这种想法人情上固不可免，却已忽视历史上各种因素重重相关之性格。中国过去之存在，以文教为团结力量。20 世纪企图组织一个新型的国家，能普遍地施行现代法律，保持地区间经济之联系，不能避免再造一个中枢之威权。所以从技术着眼，中原之战无非继续军阀割据、北伐兴师之后之必要阶段，以促进中国在实质上之统一。倘非如此，则由蒋介石出面代表之中央集权体系尚无眉目。而且此战固为蒋之胜利，其去中央集权之期望仍极遥远，蒋之日记已表示，作战时困难超过于预期。中央军击破冯、阎主力之后，其所能确实控制之地区仍只有黄河以南近于北纬三十五度地带，中央军于 10 月 3 日入开封，6 日入郑州，9 日而克复洛阳，蒋亦于同日飞返南京，表示其无意于向对方扫穴挈庭的清算，也只更表示问题背景之复杂，非尽当日交战者所发通电及公告所能概括。

冯玉祥经此一战之后，终身不再为问鼎中原之因素。然而西北军虽不能保全其整个体系之完整，其部将如宋哲元、张自忠、韩复榘却仍有各自控制省区及地方之力量。即阎锡山、李宗仁等一度被迫脱离根据地，亡命于他方，日后仍能返回省区重理旧业；而且中央之大后方如湖南及广东，也渐落入何键及陈济棠手中，尚且加强地方自主性格。

然以前四个集团军割据一方，可能胁迫中枢，并与东北军同时自办外交之局面，则已借中原之战而打破。此后蒋确保江浙地区，维持约三十个师之"嫡系"部队，次用津贴方式控制一部分外围部队，对更外围部队则只要求名义上对中央之归顺，已造成一种新平衡。此种新平衡，亦在日后经过一段调整，如1935年因日本压迫，将原驻平津之东北军调往陕西剿共，其遗下之河北，则由宋哲元接管。可是从大局上讲，这样的大平衡一直维持到抗战之前夕，抗战开始时即以上三种部队并中共人马一并投入。亦唯因此种数量膨胀，质量马虎之阵容，能配合中国农村社会之背景支续长期战争。

中原之战亦间接增强了南京国民政府的财政地位。中国土地税税额极为低薄，而且零星分割，只能供地方政府经理人员的开销，为中国不能迅速在行政上统一，立即现代化之一大主因。次之则其他税收已尽为19世纪国际战争失败后赔款借款之担保。1927年国民政府迁南京时，首先即整理盐税，并且增加烟酒燃料等捐税，曾遇到上海外商强烈反对（见1927年7月16日上海《字林西报》）。因谓盐税已为1913年向五国银行团善后大借款之担保，不容另作支配也。

1930年之宣布关税自主反而极少阻碍，因中原大战初起时，阎锡山即截留北方盐税，并占据天津税关。天津税务司亦封闭关口，于是进出口均不得通行，曾给上海外商甚大威胁。

当年 5 月，宋子文曾在归德蒋军司令部发露消息，称国民政府军费筹措不易，将进入财政危机。此举出于非常，曾引起世界观感之注意，《纽约时报》即作社论提及。蒋介石在军中预言不久将获胜利，亦与后方财政上之支持相提并论。至此国府奠都南京已三年，在外人眼目中，已成为稳定局势之力量。蒋之军费既大抵由上海等处商界承借或认购公债支付，至此外商亦不愿其缺乏支持。

中美关税条约承认中国关税自主，原在 1928 年 7 月签订，然尚待与其他国家一体施行。1930 年 5 月，国府又与日本签订商约，以承认北京政府之西原借款为代价取得关税自主。于是在 12 月 29 日颁行新税则，元旦即付诸实施，算是水到渠成。蒋亦在 1930 年除夕记出：

虽经历困难艰险，尚足自慰，免除厘金，固为最大成功，此外如今日发布之大赦令，与国民会议代表选举法，及宣告关税自主等，皆为国家之要政，至讨逆军事之胜利，其余事耳。

"厘金"在太平天国起事时创办，原则值两抽厘，只有千分之一的税率，但是关卡林立，小民负米载猪往市里售卖亦被抽及，最妨碍农村商业之展开，而所得菲薄，多时仅够关卡本身之开支，至此通令罢免，而代之以"统税"。后者征收止及于棉纱、水泥、火柴、卷烟及面粉，以上均可驻厂征取，为财政之重要改革。

当蒋介石记下上段年终结语时，他应当觉得得意称心。中国近代史里很少有机缘能使上层人物感到内外乂安，可以与民更始。可是他没有预料到即在此时，局势的变化已将使他临到莫大之打击。实际上 1930 年除夕之前一日，江西的"剿共"已经历到第一次的大惨败：总指挥第十八师师长张辉瓒率部一万四千人向龙冈附近山地前进，尚有五千人与主力隔离，致使其师部并所属九千人被红军四万包围，师长被俘后红军将之斩首。其头颅置放木筏之上，并具标帜，由赣江漂流而至政府军地区。1931年初，蒋才在南京接获失利消息。

当年2月，蒋又与胡汉民冲突。总理遗嘱内原有"最近主张开国民会议及废除不平等条约，尤须于最短期间促其实现"的字句。蒋在河南军中即已提议于国民政府召开国民会议，修订约法，以便结束军政，进入训政时期。只是遇到胡汉民之坚决阻难。此事在旁观者看来颇费理解，蒋既为国府主席又兼陆海空军总司令理应维持现状，以便继续大权独揽，胡则为国民党元老之一，现任立法院长，理应赞成结束军政，以便渐次施行民选民治。而实际上二人之争执，与此背景大相径庭。

至此我人只能想象蒋介石多年军马驰驱，内政与外交均由其一手掔领，深望今后享有国民同意赋予之职权，不尽为党内核心安摆控制，他尚可能觉得如此之名位，足以杜绝军人叛变时动辄声称有民意支持之口实。郭廷以教授提出，当时蒋介石在国民党及政府中竭力培植张学良之地位，被胡汉民反对。而且传闻国民大会将制定总统选举法，胡将与蒋争总统。其实蒋于1930年11月已兼行政院长，以后又反对选举总统，只主张由国民大会支持现有体制。

多年之后我们可以了解，中国最大的问题并非缺乏成文法，而是政府之后无新时代社会之架构，所以此时纵将各人权利与义务在纸面上分划详尽，其执行时仍靠学谊乡谊私人关系为转移。蒋介石与胡汉民从政多年，何以尚有如是之争执？是否彼此都觉得与一生宗旨攸关不容妥协？还是体面所在，争执一经展开，即无法圆转，以致两败俱伤？

结果国民会议于5月5日召开。除通过约法（以后内容如何始终未为人注意）外，又发表《慰勉国民政府蒋主席文》，内中赞扬蒋"振迈古之功勋，慰宇内之祈望"，"居政府则宵旰宣勤，在阵战则躬冒矢石，如此旷古之辛勤，允为史乘所罕见"。可是接受如此之恭维，蒋已将付出至大之代价，当他与胡汉民争执不下时，他一怒而拘禁胡于汤山，国民会议在此情形之下召开。国民党监察委员四人，包括以后被选为国府主席之林森，已提出对蒋之弹劾。粤籍中委在广州召开非常会议，有陈济棠及桂系军人支持。当他们另组政府时，俨然有当年孙中山南来景象，而他们也准备北伐。

这内战再起姿态，不因9月18日日本关东军占领沈阳而改变。蒋恢复胡汉民自由之后，胡即径赴广州，再未北来，仍坚持必须褫夺蒋之职权，开除其党籍，蒋不得已于1931年12月15日离本兼各职。

而且这一年内"剿共"战事也遇到连续的失利。原来自1927年以来，毛泽东建立井冈山之根据地，朱德等人在南昌起义，以及红军成立三个军团，在江西建立苏维埃政府，全在蒋介石之视听集中于他处的时候。现已公布之文件无从窥见蒋已立即发现事态之严重性。直到他离开中原战场之次日，即1930年10月10日，他在南京发表《告全国同胞文》，才指出"肃清匪共"为当前五桩要务之一（其他为整理财政、发展经济、澄清吏治、推进地方自治），并于12月7日往南昌巡视。而且将巡视后，只限期规复被共军占领之地区，不待军事行动之展开即离开江西。

《告全国同胞文》提及"剿共"之方略："一面划定区域，责令分区各负全责，以杜泄沓推诿之风；一面仍定整个会剿计划，务使铲除根株，以绝各自为谋，此剿彼窜之弊。……期以三月，最多半年，限令一律肃清。"所述3月即将于1931年1月10日届满，可见得限期之迫切，而且军事行动，着重保持各地区治安之完整。他又在12月24日发出通令，责成各县长坚守县城。可见得至此他完全忽视对方可能集中全部兵力，取得局部数量上之绝对优势遂行各个击破的可能性。

第一次"围剿"开始于1930年12月27日。两日后张辉瓒即占领龙冈，此为四面环山之洼地，并且时过冬至，晨昏有浓雾。当地的居民则已全部被红军引入山区。次日拂晓之前，张师已被红军重重包围。原来张师由西至东，在国民党军队阵线上突出，其进展时沿途已被红军监视。次日战斗时，其东北西三面遇敌，南方则为高峰。这战役经过在一般军事史内甚为罕见，倒与1619年清太祖努尔哈赤击破明军时先消灭杜松一路极为相似。

张辉瓒兵败被俘之后，国民党其他各师后撤，第一次"围剿"不及一周而结束。郭廷以综合红军胜利原因云："一由于训练有素，官兵一体；二由于民众组织严密，与红军通力合作；三由于国民党部队进剿为红军存亡所系，必须死中求生；四由于战术灵活，处处主动，集中兵力，以众击寡；五由于战场地形复杂，易于掩蔽。"

毛泽东于1936年著《中国革命战争的战略问题》，内中检讨着五次"围剿"与反"围剿"的大概经过。他以战争指导人的地位，表示曾未轻视对方的能力。他写出："须知敌人统帅部，是具有某种战略眼光的，我们只有使自己操练得高人一等，才有战略胜利的可能。"综合第一次"围剿"开始的情形他说："进剿军不过十万人，且均非蒋之嫡系，总的形势不十分严重。"所以他自信红军的四万人足能对付。

他在叙述这次战役时，提及对方的七个师长为罗霖、公秉藩、张辉瓒、谭道源、许克祥、毛炳文和刘和鼎。但是罗霖须防守赣江以西，刘和鼎在福建境内，都不可能产生决定性的作用。唯有张、谭两师是"围剿军"总司令鲁涤平的嫡系，倘使他们与公秉藩三师集中，"不易决胜"。红军"先想打谭道源，仅因敌不脱离源头那个居高临下的阵地。我军两度开进，却两度忍耐撤回，过了几天，找到了好打的张辉瓒"。毛泽东的要诀为"打得赢就打，打不赢就走"。《中国革命战争的战略问题》里面说及："机会总是有的，不可率尔应战。"至此也可看出国民党部队组成复杂，战法不一致，迟早必有一部暴露其弱点。毛泽东的集中于重点则符合他以下所说的"对于人，伤其十指不如断其一指；对于敌，击溃其十个师不如歼灭其一个师。"当张师被歼灭而国民党部队其他各师后撤时，红军又给谭道源师相当的打击。

第一次"围剿"从初战至结束只一星期。第二次"围剿"据国民党部队的记录，自1931年4月1日开始至5月27日结束。可是毛之所谓反"围剿"，始自5月16日，结束于30日，一共十五天。国民党部队十五个师，总数二十万人，以何应钦为总指挥。所部"和第一次'围剿'时一样，全部是蒋之非嫡系部队，以蔡廷锴的第十九路军，孙连仲的第二十六路军，朱绍良的第八路军为最强，其余均较弱。"其实国民党部队之二十万人，由十五个师编成。孙连仲之三个师为冯玉祥旧部，六个月前尚在中原之战与中央军为敌，王金钰之六个师，两个师之主力为孙传芳旧部，另两个师亦最近以北方部队编成，调来不久，其官兵对红军特别畏惧，毛泽东已准备给以最先打击，又此十五个师亦有缺员者，又担任侧翼警戒、后方勤务等，大概只十万人实际参加战斗。毛泽东所谓红军三万人，则加入辅助人员等，必远较此数为多。所以两方人数对比不如所叙之甚，但是红军以少抗多，必须集中兵力，取得战场上局部数量之优势，则无可置疑。

红军根据地为宁都及兴国，两地相距约七十公里，因前面临零山山脉，国民党部队两次展开时均在一个弧线之上，与红军成扇形。第二次"围剿"时国民党部队鉴于第一次之失，采取步步为营之方针。但是红军全部主力集中于兴国之北，始终未为国民党部队发觉。至于两方记录对战役日程有巨大之差异者，乃因红军在静候国民党部队战术上之失策。毛泽东写出"我军进到东固（兴国正北五十公里），仅因等待王金钰脱离其富田（东固西北约二十公里）坚固阵地，宁可冒犯走漏消息的危险，拒绝一切性急快打的建议，迫敌而居，等了二十五天之久，终于达到目的。"

红军于 5 月 16 日开始攻击后，"十五天中走了七百里，打五个仗，缴枪两万余，痛快淋漓地打破了'围剿'"，这所记大致由《大事长编》证实，《大事长编》提到"围剿""失利"的有第五、第八、第二十七、第二十八和第四十三共五个师。第五师师长"受伤殉职"，第二十七师"损失甚重"。至 5 月 27 日，"我军乃撤至进剿前之原阵地，第二次'围剿'遂告中阻"。

红军战略为在王金钰之左翼突破后，以大迂回的姿态，自西至东蛙式跃进，沿途打击国民党部队之素质较低各部队，可是十五天之内经过五次战斗，而仍保持大部队每日进展二十三公里之速率，其必利用集中之兵力的冲击力量，对敌作个别的奇袭。既缴枪两万余，则势必亦因粮于敌。至于依赖俘获之弹药补充，似亦不在话下。大部队"迫敌而居"达二十五天之久始终未走漏消息，也可见得其所能控制之地区管理之严格。《战略问题》所提供最重要的消息，均在不言之中。至此我们无从否定政治工作人员在军中之重要。

关于第三次反"围剿"，毛泽东写着："第一次、第二次、第四次'围剿'的战役，我们都从容不迫地对付敌人。惟独第三次战役，因为敌人经过第二次战役那么惨败之后，新的进攻来得那么快（1931年 5 月 29 日我们结束第二次反'围剿'的作战，7 月 1 日蒋介石就开始了他们的第三次'围剿'），红军仓促地绕道集中，就算得十分疲劳。"

他又提及这次"围剿"蒋自任总司令。"进剿军三十万人，主力军是蒋嫡系之陈诚、罗卓英、赵观涛、卫立煌、蒋鼎文等五个师，每师九团，共约十万人。""进剿战略是长驱直入，大不同于第二次围剿之步步为营，企图压迫红军于赣江而消灭之。"

7 月初攻势展开时，国民党部队之重点在左翼。蒋介石于 7 月 6 日至南城，8 日至南丰，逗留到 12 日。他在日记里写下：

康都下后即攻广昌，广昌下后，即攻宁都、兴国。(1931
年 7 月 12 日)

这时候他表示着充分的乐观与自信。果然不久在 14 日宁都又继
黎川与广昌为占领。他们继续向兴国进逼。迤北的部队又收复黄陂、
沙溪、龙岗、东固。至 8 月 4 日进入兴国时，好像红军根据地都已廓清。
这时候看来的一个可能性，则是对方可能渡赣江而北犯吉安。所以
蒋又于 7 月 27 日亲往吉安，逗留一日。我们再看毛泽东的叙述：

红军苦战后未休息也未补充（三万人左右），又绕道千里
"从第二次围剿时进至的广昌东北以至福建境内"，回到赣南
根据地西部之兴国集中，时敌已分路直迫面前。在上述情况下，
我们决定的第一个方针，是由兴国经万安突破富田一点，然
后由西向东向敌之后方联络线上横扫过去，让敌人主力深入
赣南根据地，置于无用之地，定此为作战之第一阶段。及敌
回头此向必甚疲劳，乘隙打其可打者，为第二阶段。此方针
之中心为避其主力，打其虚弱。但我军向富田开进之际，被
敌发觉。陈诚、罗卓英两师赶至。我不得不改变计划，回到
兴国西北的高兴圩，此时仅剩此一个圩场及其附近地区几十
个方里容许我方集中。集中一天后，乃决计向东面兴国县东
部之莲塘、永丰县南部之良村、宁都县北部之黄陂方向突进。
第一天乘夜通过了蒋鼎文师和蒋、蔡、韩车间四十华里空隙
地带，转到莲塘。第二天（8 月 6 日）和上官云相军（上官指
挥他自己的一个师及郝梦龄师）前哨接触。第三天打上官师
为第一仗，第四天打郝梦龄师为第二仗。而后以三天行程列
黄陂打毛炳文师为第三仗。三战皆胜，缴枪逾万。此时所有

向西向南之敌军主力皆卷旗向东，集中视线于黄陂，猛力并进找我作战，取密集的大包围姿势接近了我军。我军乃于蒋、蔡、韩军之间一个二十华里间隙的大山中偷越过去，由东面西到西面之兴国县境内集中。及至敌发觉西向时，我已休息了半个月，敌则饥疲沮丧，无能为力，下决心退却了。

1931 年 7 月至 9 月间，蒋介石继续奔波于南京、汉口、南昌之间，并于 8 月 18 日在上海参加其岳母宋耀如夫人之丧礼，9 月 14 日在南京接见日本新任公使重光葵。他在当年最后一次往南昌督战，事在 9 月 19 日。抵达南昌后，方悉沈阳事变，即于次日返南京，至此"围剿"计划才算被放弃，但是局部军事行动仍持续至 11 月初。至 12 月 15 日，蒋再度辞职时，江西之军事行动方为停顿。

蒋介石之辞职，原由于国难当头，南京召开第四届中央执行委员会第一次全体会议（四届一中全会），希望粤中代表放弃另组政府，一体出席。但胡汉民等通电，非蒋下野，解除兵权，无妥协之可能。蒋辞职后，四届一中全会如期召开，选举林森为国民政府主席，但又推举蒋及胡汉民、汪精卫为中央政治会议常务委员（均未到任）。日军则于除夕之前准备攻占锦州，完成东三省之占领。

1932 年 1 月 28 日淞沪战事爆发后，中央政治会议又任蒋为军事委员会委员。至是除军政部长（何应钦）及参谋总长（朱培德）外，仍无军事上之领导人。至 3 月 6 日政治会议复推蒋为军事委员会委员长。从此国民党部队不设总司令，蒋以"委员长"名义重掌军权，至抗战之前后亦仍如是。

迄至 1932 年 5 月，蒋介石未预闻剿共军事。

关于第四次"围剿"及反"围剿"，毛泽东所叙非常简短。他说："第四次'围剿'时的情况是：敌分三路向广昌进，主力在东路，西路是暴露于我面前，且迫近我集中地。因此，我得以先打其西路于宜黄南部地区，一举消灭李明、陈时骥两个师。敌从左路分出两个师配合中路再进，我又消灭其一个师于宜黄南部地区。两役缴枪万余，这个围剿就基本打破了。"这段叙述也大致由国民党部队记录证实。国民党部队"失利"的为第五十二师及五十九师，他们于 2 月 27 日至 28 日在宜黄以南"遭匪伏击，伤害重大"，"师长李明殉难"。而且 3 月 21 日，又有第十一师并附第九师及第五十九师之一旅在东陂（宜黄正南四十公里）"剿匪失利"，师长萧乾负伤。可是这也由于日军进占热河，蒋介石于 3 月初北上，他自己也承认"此次剿匪挫失，短期内必难进展。且各将皆屡求北上抗日，故亦无斗志"（1933 年 3 月 23 日）。

出人意外的则是蒋介石遇到国民党内内讧之困难时，毛泽东也遇到共产党内争执的困难。1931 年 11 月，好像与国民党四届全国代表大会对垒，中共也在赤都瑞金召开"赣南会议"。除了 7 日以后的中华苏维埃第一次全国代表大会通过了中华苏维埃共和国宪法，推举毛泽东为中央执行委员会主席外，更重要的乃是 1 至 5 日的中央苏区第一次大会。1981 年出版的《中共党史大事年表》说及此"会议把毛泽东的正确主张指摘为狭隘的经验论、富农路线，和极严重的一贯右倾主义"，强调"集中火力反右倾"。

换言之，自 1927 年在井冈山组织红军部队以来，至此四年余，毛泽东的战胜取攻，也有半个职业军人模样，今后他必预接受党的领导。过去毛之战斗指挥，保持部队间之流动性，不惜在短期间内放弃根据地，在捕捉敌方弱点时空巢来犯，主要的用兵方向，只有一个。可是"打烂坛坛罐罐"并且翻来覆去地只在旧地打转，看来亦无前途。消灭地主残余也不彻底。至此他已受得中共国际派初以周恩来为首，次有秦邦宪、陈绍禹诸人参加的批判。今后红军的策划，"御敌于国门之外"，"两个拳头打人"，希望两头获胜，甚至"六路分兵"，"全线抵御"（引号内词句均出自毛泽东）。

在上项政策实施时，适逢蒋介石于1933年复至南昌。当他发动第五次"围剿"时，注重建筑碉堡，使对方之流动性失其效用，而且可以对苏区实施封锁，断绝其医药及食盐之供给。据毛泽东说，此意见由"国民党反动将军柳维垣"提出，后有戴岳的支持，为蒋介石采纳，在庐山军官训练团宣布施行。

对于第五次"围剿"，毛泽东只有如下的概述："敌以堡垒主义的新战略前进，首先占领了黎川，我却企图恢复黎川，御敌于根据之外，去打黎川以北敌之巩固阵地兼是白区之硝石，一战不利；又打其东南之资溪桥，又不胜；尔后辗转于敌之主力与堡垒之间，完全陷于被动地位。终第五次'围剿'一年之久，绝无自主活跃之概，最后不得不退出江西根据地。"

1934年之春夏，共军与陈诚所指挥之国民党部队部队在黎川、南丰、广昌之间激战，损伤惨重。国民党部队所筑碉堡初以千计，后以万计，"三里五里一进，十里八里一推"（也是毛的辞句），以致苏区根据地日为狭蹙。在突围开始，"二万五千里长征"之前，毛泽东曾提议"红军主力无疑地应该突进到以浙江为中心的苏浙皖赣地区去，纵横驰骋于杭州、苏州、南京、芜湖、南昌、福州之间，将战略防御变为战略进攻，威胁敌之根本重地，向广大无堡垒地带寻求作战"。用不着说，这计划未被中共中央接受。

蒋介石与毛泽东都不失为一代人杰，他们决心献身革命，就各依己见地在特殊环境里获取到领导权，以后即锲而不舍，无论如何困难，总不放弃初衷，在这方面两人有相似之处，第五次围剿的过程中因着毛泽东之叙述，也可以看出蒋介石之行动的梗概。

至于毛泽东所谓驰骋于长江三角洲及闽赣省会之间，是否事实可行，甚成疑问，尤其太湖区域苏杭之间，水道交通便利，共军以山地行军所造成之优势甚难在此际发挥。以当日政工人员之能力，亦至难管制此间之人口。总之毛泽东一手创设之红军有浓厚之农民军性格，见长于内陆腹地，得力于社会情形之均一简单，维持三万至五万之最大数额，可以在战略上取守势，战术上取攻势，全部集中使用以出敌意表。若违反此原则，则其效率降低。这种情形在江西表现，也在豫鄂皖战场表现。至于日后人民解放军之行动，则已情势转移。

可是此时距蒋介石在黄埔开始建军不及十年。一切皆在流动状态之中，只能以战场为实验室。而且这数量多的军队大部仍是过去军阀部队改编而成，后面既无支撑它的社会架构，也缺乏新的军需财政体系，因之也极难维持，经常此服彼叛。蒋介石企望扩充他的人身威权，则反被指斥为独裁者，尚受到党内之弹劾。

远在 1930 年之际，蒋介石即已在日记中写道：

> 无父无母之身，又过一年矣。

这种自我怜惜之态度非常奇特。他这时四十三岁，有妻有子，任国民政府主席，兼陆海空军总司令，刚指挥百万大军在中原之战获胜，不久之后尚且将一位党国元老（胡汉民）监禁，又在他部属处理之下将一个旧日同事（邓演达）判死刑。有了这样生杀予夺之大权，手掌兵符，叱咤风云，为何尚且自伤身世，以孤儿的身份自命？

然而此句之后尚有下文。其全段读来为：

> 无父无母之身，又过一年矣。人只知我体面尊荣，谁知我处境之痛苦乎？若非为国家为民族为主义，则此身可以遂我自由。今不知何日始可以清白之身还诸我生者。诗曰："毋忝尔所生。"我其以此自念哉？（1930 年 12 月 31 日）

全段的意义则是不由自主，他和他最仰慕的张居正一样，只能认定"己身不复为己有"，即做国民政府主席与陆海空军总司令也不过是遂行革命、执行政策的一种工具，与他本来面目的蒋介石不同。他称后者为"清白之身"。只因不能享受此清白之身的自由，才眷恋生他之父母。可是另一方面若是恣意于人身自由，却又辜负了出生的真意义。

蒋介石没有明白道出，他所创造的高层机构，以庞大的军队为主体，因缺乏适当的架构在后支持，他只好以自己的人身抵挡，他所主持的政治大率都是人身政治，于是才有与胡汉民等的各色纠纷。他在军队里的统御经理，也经常带着靠人身关系维持的色彩。例如1933年长城战事吃紧时，他自己秘密北上，即电邀何应钦同行（1933年3月1日），于是他的军政部长日后以军事委员会委员长北平行营主任之名义，甚至以"代委员长"之名义，主持几个省区间之政务。他又责成陈诚在自己不在时，对江西"剿围"的军事负责（3月6日）。如此处理全国军政，有如黄埔之校务。

中原之战后不久，他令宋子文北上与张学良洽商（1931年1月7日）。至12日后，宋南返复命，其间经过详情迄未公布。但是据以后任华北财政特派员之宁恩承之回忆录道出，此职位名属财政部，实由张学良派出，下辖河北、山西、绥远与察哈尔四省之统税、矿税、烟酒税与印花税，并拨发四省之军费与政费。此亦系蒋氏高层机构之一部分，其协定必由张、宋协商而达成。否则张学良主持战后冯阎军之编遣，即不可能如是迅速成功（1931年1月18日）。从各种迹象看来，类是之半公开处理的情事必多。蒋在1931年12月15日因林森、胡汉民等压力，辞去本兼各职时，曾"迭接各军师长电以军费多未领到，膳食无法维持"。他也在日记里提及：

> 财政不充实，何以为国？何以御侮？当力图之。（1932年2月15日）

　　　　黄仁宇全集·从大历史的角度读蒋介石日记

可是军师长因平常军饷之不继，不按程序向军需机构催问，而打扰业已下野之总司令，而此已卸职之总司令也不推说应由继任人负责，而竟承当"当力图之"。可见一切草创伊始，尚无从脱离人身掌握。

事既如此，其经理即无从合法，因合法必有成例可循。因无固定之经费，亦难能合理，蒋介石因此中蹊跷，经常被指责，为排斥异己，牺牲其非嫡系，甚至以毒攻毒，任敌方消灭各杂牌部队。第十九路军出于粤系，在他指挥之下频年转战南北，无役不从，又在淞沪抗战而载誉内外。最后在福建与共军订立协定，成立"人民政府"（1933 年 11 月）。陈铭枢多年为蒋奔走于南京与广州之间，调解南京与粤籍军政领袖间之纠纷，至是亦以第三党名义加入此反蒋运动。

而蒋介石则坚持唯安内始能攘外，并且他自恃唯有他一己才能达成此任务。"九·一八事变"后不久，他即已在日记中写出，着重他个人所可发生的决定性之影响，有"万人皆醉我独醒"之气概，原文如下：

> 此次对日作战，其关系不在战斗之胜负，而在民族精神之消长，与夫国家人格之存亡也。余固深知我国民固有之勇气与决心早已丧失殆尽，徒凭一时之兴奋，不具长期之坚持，非惟于国无益，而且反速其亡。默察熟虑，无可恃也。而余所恃者在我一己之良心与人格，以及革命精神与主义而已。是故余志已决，如果倭寇逼我政府至于绝境，迫我民族至无独立生存之余地，则成败利钝自不暇顾，只有挺然奋起，与之决一死战，恃我一己之牺牲，以表示我国家之人格，以发扬民族之精神。（1931 年 10 月 7 月）

这段文字不能在战前公布。严格说来，他这时候（至少在1931年）对于和日本作战没有必胜的把握，相反地，以他深知两方的实力，如即此仓促应战，只有自取败亡。可是逼不得已又只有一战。其应战之目的已不在求胜，而只在保全国格。这也和他以文天祥、史可法为典范的态度接近。如果我们不计较当日情势，单独地阅读此段文字，很难不对作者生反感。他把整个中国国民说得一无是处，只有他蒋介石一人气概万千。可是另一方面，想到"九·一八事变"之后，北方大学生南下请愿，殴打外交部长，报纸杂志充满着慷慨激昂的文字，动辄称东夷岛寇不足计较。汪精卫因张学良之不抵抗，愤而辞职。及至抗战军兴，遇到困苦艰难之际，汪精卫首先投降。以后各处怨声载道。重庆中央大学学生因公费伙食不好而发生风潮。日后《史迪威文件》公布，内中载有未具姓名之人士在战时向史将军建言，揭发中国政府黑幕者共十五起。此等人士已完全将"军事第一，胜利第一"之信条置诸度外。是则中国人"五分钟之热度"事实有之，则不能责备领导人之预存警惕也。

同时上段文字也表现前后只五年余，蒋介石的思想与观感在广州经历"中山舰事件"时，有了很大的区别。前时他尚在日记中记出：

> 今而知革命心理皆由神秘势力与感情作用以成者，而理智实极微弱条件。（1926年3月3日）

至此虽不能说他已放弃以前之见解，可是他反对"徒凭一时之兴奋"，而着重"长期之坚持"，又将"良心"与"人格"与"革命精神"及"主义"并列，反映着在这五年余时间内，他已从一个夺取地方政权之将领成为一个国家之负责人。蒋介石一生经历与众不同之处，乃是他事业上之发展过速。当他组织部署一个新国家的工作方在伊始之际，他当然尚以革命家自居，而旁人则已视之为国家之负责人。

他不仅要对国事负责，也要对现下之社会状况负责。批评他的人很少想及，他既认识"余固深知我国民固有之勇气与决心早已丧失殆尽"，即不可能对刻下社会满意。

中国旧社会既已崩溃，新社会尚未登场，如是只产生一批"既不能令，又不受命"之人物，而外面又有强邻压境，蒋介石只有两途斗争，又加着两边迁就。他所谓失去人身自由，不能返诸清白之身，至是不难了解。

上面1931年10月7日之日记既已用"此次对日作战"作破题，可见得迟早好坏之间，他仍准备和日本一战。可是对中国讲能愈拖延下去愈好。此方针亦系日后他所标榜"和平未到完全绝望时期，决不放弃和平；牺牲未到最后关头，亦决不轻言牺牲"之宗旨（1935年11月19日五全大会对外关系报告）。

很少人能想及，即使蒋氏自己也可能未曾料及，自"九·一八事变"至卢沟桥抗战开始的五年九个余月的时间，也是他一生对祖国最有贡献的一段时间。其贡献的方式不是战胜取攻，而是忍辱负重。但是此中情形至今尚少为人洞悉。

"九·一八事变"之后，蒋介石于年底之前被迫辞职，他在1932年1月29日，亦即上海战事展开之后，始被任为军事委员会委员，3月6日方为委员长。然而实际上除去约三十日左右他逗留于奉化及杭州之间以外，他对重要国家之决策始终未曾置身事外。举凡东北问题诉诸国际联盟解决；淞沪战起，迁都洛阳；以第八十七师及八十八师编成第五军，增援第十九路军；又准备抽调第一师胡宗南部往江南，作次一步防卫战之部署；此后淞沪停战，由西方国家调停，南京政府接受，但不带政治条件，均由蒋介石主持决策。这一方面固然由于继承人无是经验及气魄担此重任；另一方面实际情形则系南京政府之财政已依靠上海银行界维持，蒋去职，宋子文亦不合作。而且失去蒋之保证，借款尚成问题，又况黄埔军人亦只有蒋能随意摆布调遣。

以上情形都可用作攻击者之口实。一切由于蒋之"军阀体系"及"家天下"之作风构成。但是世界上任何机构，其最基本及最原始之核心组织皆无从脱离人身关系，只能先私而后公。蒋介石之权位由旁人对他之信仰而产生。更甚者，恭维他的人尚可赞扬他在1932年国难当头时，接受群人指责，甘心奉弹劾他的林森为国府主席，多年对头汪精卫为行政院院长，自己首先（1932年1月23日）只以"国难委员"的名义，从旁襄助，可见得他胸襟宽阔，愿意任自己手创之权职公众化。况且经他摆布，他的部下都有做无名英雄之性格。至今多数人已了解第十九路军首先在淞沪挺身抗日，却只有少数人知悉2月中旬之后战局扩大，江湾以北迄吴淞战线全由第五军张治中部承当，一周之内八十八师即死伤两千余人，以后战事后移，第四十七师上官云相部亦在嘉定一带参战。至于后方之部署，不致使日军以四万之众挟新胜之余威进军南京，均由蒋策书，更无人道及。

然当日攻击他的"恐日病"亦非全无根据，只是他所恐惧者为国力及民族意识，而非个人胆力。他首先听到沈阳沦陷时，即在日记上写出：

天灾频仍，匪祸纠缠，国家元气衰敝已极，虽欲强起御侮，其如力不足何！（1931年9月19日）

翌年初他仍无职位期间，听说南京外交部长陈友仁主张对日绝交，他又写出：

内无准备，遽尔绝交，此大危事也。（1932年1月10日）

这种种思潮亦不能在当日公布。

此中更有一层复杂关系，则为日本之态度亦不可捉摸。"九·一八事变"原由于关东军少壮派制造而产生。事变次日，若槻内阁即宣布"不扩大"政策。至9月24日又宣布关东军仅采取"自卫行动"，且即将撤回南满铁道。可是至此军方已完全不受政府控制，若槻内阁本身亦意见分歧，至年底辞职。继若槻礼次郎即于1932年组阁者为犬养毅，此人与蒋旧识，蒋于1927年游日时曾往访。犬养亦希望和平解决，曾派私人代表往谒蒋介石及南京首要。但其内阁本身亦意见分歧，赞成关东军激进政策及主张予以约束者包括首相本人约各相半。经过淞沪战事之后，犬养毅于1932年5月10日被激进派暗杀殒命。所以事变之后，希望日本政府能约束军人，恢复常态，最初并非奢望，事实上似有可能。此旨既存，中国政府当局即不便以剑拔弩张之姿态，更加刺激对方之强硬派，而削弱其温和派希望和平解决之立场。

对国际联盟及九国公约诸签字国干预之期望，亦使蒋介石举棋不定。他在"九·一八事变"后之第三日，在南京接见国联公共卫生处长拉西门即已提及：

> 君须知日军既占沈阳城，必不肯随便退出。余知日人对我东北之心理，宁使其东京或日本三岛全毁，决不愿自动退出东北也。望君牢记余言，切勿轻易视之。(1931年9月21日)

此观察可谓一针见血，以后全部证实。但是国联盟约有调解制裁诸条款，中国为弱国，本身无力收回东三省，又不能不对国际正义有所希冀。所以才两日后蒋介石闻国联议决，中日两国停止军事行动，双方军队退回原防，又不禁将当时感想记在日记中：

此为一外交之转机，亦为我国内统一之转机，如天下亡吾中国，则此次外交或不致失败乎？（1931年9月23日）

　　此段已明白道出如因国际干涉，而使中国死中复生，其机缘已非人谋实为天授。

　　以后国联调查团来华，日人在东北成立"满洲国"，美国提倡对日经济制裁因英国作梗而罢。中国人怀抱着无数次之希望，每次又眼见希望在国际政治之现实场合中幻灭。迄至1933年2月24日国际联盟召开特别大会，决议东北宗主权仍属中国，但地方自治（autonomy），日人在境内扩充其铁道特权。投赞成票者四十二国，反对者唯有日本，弃权者唯有暹罗（今日泰国）。而日本代表团竟在投票后，由松冈洋右率领离开会场，表示日本退盟。况且东北三省纷争未已，日本一面退出国际联盟，一面又进攻热河。此举已非军人逞凶。在动员来犯之前，外相内田康哉在贵族院发表外交方针，阐明热河系满洲国领土之一部分，所以热河问题全系满洲国内部之问题。从战后之资料看来，夺取热河之军事行动经过日皇批准。

　　"热河事件"因一个所谓任"关东军嘱托"的石本权四郎，在由锦州至朝阳间的火车上被中国义勇军拉走而产生，事在1932年7月。迄1932年下半年，日军不断地整备进攻。蒋介石时在江西筹划对军的第四次"围剿"。当日最大困难，即是无从判断对方之目标与最后企图。从过去之经验，小事可以化为大事：下级造成之既成事实，可以据为方针与国策。至年底蒋已回南京，他即在日记中写出：

　　倭寇攻热，必不能免，恐不出三个月之内，甚或进占河北，捧溥仪入关；或另觅汉奸作为傀儡，以伪造华北之独立，使我中华分块离立，不得统一，而统属于倭寇卵翼之下。其

狂枉之欲，且得陇望蜀，不征服我全中国必不休也……（1932年12月23日，见于《秘录》，不见于《大事长编》）

自中原大战之后，张学良即以北平绥靖公署主任之名义坐镇北方。自石本事件之后，蒋介石即令张群转达口信，嘱其派兵入热（1932年8月5日）。但张意态游离，甚可能因部下不愿单独牺牲，亦可能因军费不继。此时曾引起汪精卫致张之公开电讯（1月6日），内称："今兄未闻出一兵，放一矢，乃欲借抵抗之名，以事聚敛。"最后汪自行辞职出国，并嘱张"以辞职谢四万万国人"。张学良果然因之辞职，但是又引起宋哲元诸人反对。最后只能采取妥协办法，将绥靖公署取消，改设军委会北平分会，由蒋介石自任分会委员长，而以张代理，张之东北军亦一部入热，只是如此对方之意向未明，中国方面之企图与弱点全部暴露，及至年底，情况愈为险恶。日军于12月在山海关制造冲突事件，于1933年1月3日占领山海关，9日又在秦皇岛登陆。

新年之前，蒋已准备派国民党中央军北上，以第二、第四、第二十五、第三十二、第五十六及第八十三共六个师运往河北。以杨杰主持国民党中央军参谋团。此即以后日本参谋本部所编《满洲事变史》内提出中央军六师北上之由来。但经文件证实，参与长城战事者为黄杰之第二师、关麟徵之第二十五师及刘戡之八十三师。第四十四师则驻防密云。至以后（5月13日）又抽调第八十七及第八十八两师北上，则已不及参加战事。

蒋介石本人于3月6日由南昌飞汉口，因气候不佳，改乘火车北行，于8日抵石家庄。事前已电嘱军政部长何应钦由南京径往北平。至此热河省会承德业已失守，全国舆论大哗，众称应由张学良负责，南京中央主张查办。蒋于9日至保定，与张成立谅解，准张辞职，以何应钦代。宋子文则以张离职后所部军队处置为难。此日蒋之日记称：

> 此时情形，固使余心难堪，而此后之事又不能直说，更感遗憾。然处此公私得失成败关头，非断然决策不可。利害相权，惟有重公轻私，无愧于心而已。（1933 年 3 月 9 日）

可见得对日战事组织尚无头绪，统帅须先顾虑者为内部人事派系问题。

当蒋尚在南方时，张学良曾计划不仅保卫热河，尚且向义州、黑山、通辽、洮南之线出击（1933 年 2 月 28 日）。及蒋北行前夕（2 月 5 日）尚望反攻凌原、平泉、承德。及蒋抵达河北之翌日（3 月 9 日），战线已退至长城线上。至 5 月底战事结束，长城战事前后亘十星期。是役国军综合东北军、西北军及中央军，西自古北口，东迄滦河以东，约二百公里之人为屏障上鏖战，阎锡山部傅作义等则担任察哈尔东部之警戒，无疑地已为四年后全国抗战之先声。此亦自 15 世纪明季徐达筑"边墙"，16 世纪戚继光建楼以来，首次利用此工事为国防线（清兵曾拆墙而入，未遇明军抵抗）。蒋介石于 3 月 16 日区分指挥系统，于 24 日在北平召开军事会议后，即于 25 日南返。因汪精卫已复职，蒋尚需向国防委员会提出报告，而江西之第四次"围剿"又已惨败也。

蒋介石曾在日记内写出此次应战之必要：

> 非与之一战，对内对外，皆不能解决也。（1933 年 1 月 17 日）

他在北方巡视后南还，又写出：

> 此时以稳定抗日战线，加强北方防御，为目前之急务。（1933 年 4 月 28 日）

可是长城抗战虽持续两月余,结果带灾难性质。长城沿线全系石山,极难构筑掩蔽部,又缺乏林木荫蔽,是以阵地为敌方飞机与火炮之理想目标。参与各军无不死伤惨重,反攻则不见效,只有宋哲元部在喜峰口附近击退日军,并以大刀队夜袭敌营,可勉强称为局部胜利外,战报无喜讯之可言。国民党部队非不英勇,如第二师在古北口南天门之役死伤三千余人,第八十三师当日即死伤一千余人,以后,又称"死伤惨重",第二十五师师长关麟徵负伤。战后蒋在日记中综合当时情形:

> 此次第二、第二十五、第八十三师等师战斗结果,所余官兵不过三分之一,而各团反攻时,有只余六人生还者,其余因伤自戕之官长,不可供仆数。激烈如此,总理之灵,当可慰矣。惟何以慰我阵亡忠勇将士之灵?勉之!(1933年6月29日)

而且不止此也。当日败兵折将之外,日军之占领平津似系指顾间事。冶口于4月11日失守,由山海关西犯之日军随即取得昌黎。国民党部队又于喜峰口及古北口相继撤退后,至5月下旬,日军已占领抚宁、卢龙、滦县、唐山、蓟县、密云,正威胁宁河。正东之敌距北平才五十公里。

蒋介石央请义兄黄郛前往收拾残局。黄氏已隐居莫干山六年,因与蒋有"共尝艰苦"之誓约,勉为其难,以行政院驻平政务整理委员长名义北上,与日人成立日后称"塘沽协定"之方案(因在1933年5月31日在塘沽签字)。仍经蒋介石通过汪精卫、孙科、罗文干、王世杰接受。第二次大战结束后揭晓,日军后撤因在关内作战未经日皇批准,军部受到日皇责问。可是事虽如此,日军在关内活动已数星期。而且塘沽协定之后，日本分裂华北运动迄未终止；全面抗战亦因是展开。

交涉期间，黄郭致蒋介石电报四通，最能表现当日实况。兹照录原文如次：

[一九三三年五月二十二日] 抵平五日，危疑震撼不可言喻。自美国申请书发表后，日方态度骤变，既往工作，尽付流水。赵敬时案，又适逢其会发生。昨晚敬之兄（何应钦）召集军事会议，已决定在白河线作最后抵抗。但平津若动摇，则前在沪所商定之六百万，事实上又成空话。财政如无新途径，以资接济，而维军心，则全部华北情形，将不知纷乱至何程度，应请中央预为注意。郭等进止，尤须请示。北平既入战区范围，政整会自无工作余地，现虽尚未成立，拟至必要时即随军事机关转达，或即南旋面陈经过。如何盼复。

[五月二十三日] 时局至昨日极险，军心不固，士气不振，内幕尤不堪问。日方决定本晨拂晓大举进攻。故一时不得已，预备军政两机关移驻平汉线。兄思平津一失，中央政局亦必动摇；财政无办法，粮饷之源绝。平汉、平绥、北宁、津浦各线之交通枢纽，尽落敌手，国土变色，地方糜烂，溃军且将波及豫鲁。种种不堪设想之后患，均意中事。且昨日已接精卫电略称："只要不涉及承认伪国、割让四省问题，一切条件均可商订。"并称："决不使兄独任其难，弟必挺身而出，共同负责"等语。故于临出发移驻之前，思为最后之努力。于昨午夜十二时赴一私友处，不露声色，与中山代办、永津陆军武官、藤原海军武官，彻夜讨论，天明始归。商定结果已与敬（何应钦字敬之）季（黄绍竑字季宽）两兄联名另电详达。事机迫切，间不容发。未及事前电商，至为惶惧。好

在交涉仅以停战为范围，条文上加意审慎，当不致受大指摘。然而兄（黄郛本人）泪内流，兄胆如裂，想吾弟亦必能想象也。特闻盼复。

[同日与何黄联名电] 关于最近前线军事部署，昨电已详。惟各部队兼月作战，将士伤亡甚多，疲敝之余，战意已不坚决。就昨晚情形观测，方成不战自退之势。经职等再三筹计，若竟任其自行崩溃，华北局面将至不可收拾。当即召集重要将领，多方激励，众人意志稍转坚定，同时日本中山代办及永津武官与郛约定晤谈，结果由日方提出如下之四项条件：(1) 中国军队撤退延庆、昌平、高丽营，顺义、通州、香河、宝坻、林亭口、宁河以南以西，今后不准一切之挑战行为。(2) 日本军亦不越上述之线追击。(3) 何委员长应钦派正式任命之停战全权员往密云，对日本军高级指挥官表示停战之意志。(4) 以上正式约定后，关东局司令官指定之日本军代表与中国方面军事全权代表，定某日某时于北宁线上某地点作关于停战成文之协定。比由职等就此条件详密商议，食以此时前线情形如彼，而日人复以多金资助徐燮元、孙传芳、白坚武等失意军阀，有组织华北联治政府之议。熟权利害轻重，与其放弃平津，使傀儡得资以组织伪政府，陷华北于万劫不复，何若协商停战，保全华北，徐图休养生息，以固党国之根基，较为利多害少。众意既归一致，于是遵照汪院长迭电指示之意旨，由应钦答覆日代办，对其四项条件完全接受，并拟于今日派上校参谋徐燕谋为停战代表，偕同日本武官前赴密云表示停战之意。嗣后进行协议情形，自当一秉钧旨，随时密呈核示。职等为党国为地方人民着想，惟有牺牲个人，以求顾全大局，是非毁誉，听不计也。肃电奉闻，伏乞鉴核。

[五月二十七日] 有申电奉悉。停战协定，岂兄所愿？

因二十一晚开军事会议听各将领所表示，知危机已间不容发。二十二晨日使馆又由津增兵两连，而前线各路急报频来，城内反动团体跃跃欲试，津埠暴动相应而起，一时人心恐慌，秩序大乱，其时环境之险恶，较之当年在济南退城时之程度，有过之无不及。在平同人见大势已去，认弟（蒋介石）所称"最后关头"已至，决定一面收城，一面将军政最高人员暂移驻长辛店。惟犹虑离平以后，华北局面必至不堪设想，故迟迟未发。延至晚间十时得汪院长养电略称："欲谋停战，须向对方问明条件。其可答应与否，弟（汪精卫）以为除签字承认伪国、割让四省之条约外，其他条件皆可答应。且弟决不听兄（黄郛）独任其难，弟必挺身负责。乞速与敬之、季宽、岳军（张群）诸兄切实进行"等语。得电时，敬之兄正与徐军长庭瑶研究城防，岳弟未在侧，乃与季宽兄密商。时已深夜十一时，不容有踌躇之余地。遂决然偕李择一君电约中山代办、永津武官至某私人宅会谈，直至次晨六时始散。彻夜周旋，心酸胆裂。勉强缓和，重留北平。今后谈判进行，自当遵嘱认定以停战条件为范围。伪国承认问题，双方均非疯狂，深信决不至涉及。盖局部军事长官所派代表，其资格并不足以代表国家，何得议此有关领土完整之政治问题？所当注意者，条款文句之间，彼等或用偷关漏税之狡猾手段，插入满洲国境线等之字句，为将来交涉东北问题之伏笔，此则当时时防范耳！总之，弟既强我以肩此重任，弟必给我以同等信用。兄山居六载，虽不敢谓已达悲智双修之域，然自信悲愿决不至卖国，智慧决不至误国。深盼彼此把握住既定之方针，勿为外来蛊惑之词所蒙蔽，更勿为南来不稳之消息所动摇（当时广州倒蒋情绪并未完全放弃，至年底即有福州之人民政府）。盖国际援助一层，以兄平素所具之国际常识判断，敢断其不过一片空言；让百步言之，其实际之援助为时必甚迟缓，远水不救近火，为量必甚微薄，杯水无补车薪者也。至南部情形，彼等早已决策，所谓"你东我西"，无论如何无可避免，惟有用种种方法以图应付。至尊电所谓"应下最高无上之决心，以求得国人之谅解"一语，则兄尤不能不辩。两年以来，国事败坏至此，其原因全在对内专欲求得国人之谅解，对外误信能得国际之援助，如斯而已矣。最高无上之决心，兄在南昌承允北行时早已下定，无待今日。兄至今尚未就职，弟如要兄依旧留平协赞时局者，希望今后彼此负责地遵守"共尝艰苦"之旧约，勿专为表面激励之辞。赤手空拳蹈入危城，内扰外压，感慨万端，神经刺乱，急不择言，唯吾弟其谅之，并盼电覆。（本书发行后见李君山在《历史》月刊文下有"使后世之单阅电文者疑爱国者为弟误国者为兄也"二十一字）

塘沽协定经过蒋、汪同意后，于1933年5月31日签字，内容与5月23日黄、何、黄之联名电所叙相同。唯国民党部队撤退线南端加列渤海滨之芦台，日军有权用飞机侦察保证撤退确如条款执行，日军则撤退至长城线，当中缓冲地带以警察维持治安。

事后蒋介石在日记上表明心迹：

> 我屈则国伸，我伸则国屈。忍辱负重，自强不息，但求于中国有益，于心无愧而已。（1933年6月3日）

塘沽协定自是使全面抗战延缓四年。蒋所谓"我屈"见诸事态，"国伸"则未有痕迹。日方仍继续压迫。黄郛经过是项折冲后南返，翌年其上海住宅被人投掷炸弹，又接到恐吓信。但受到蒋激动之后，仍继续北上交涉，直至1935年年初。此人于1936年12月去世，未及见临抗战之展开。

可是塘沽协定虽有停战之功效，却未能制止日本之继续侵略。当日本对中国之压迫节节加紧之际，以前似为关东军少数干部之擅自行动，自此不乏政府出面支持。1934年，日本外务省发言人天羽英二承外相广田弘毅之命发表声明，称维持东亚之和平及秩序乃日本之使命，中国如有利用他国势力，以图排斥日本之企图与行动，必遭反击；其他各国对中国财政及技术之援助，包括售卖飞机及建造飞机场等，亦为日本反对。现已发表之蒋日记只有在天羽声明之次日寥寥数字：

> 我国宜如何发奋图强，以雪此耻也。（1934年4月18日）

但是他在4月23日在江西抚州"围剿"前线将士训话时，提及十年之后必驱逐日本出境，收回台湾。6月16日又在中央军校举行黄埔创办十周年纪念，说及当初他只有由兵工厂秘密运来的五百条步枪，即可以"奠定今日革命武力的基础"。同日又发表《十年来革命经过之回顾》，内称："世间惟创造艰难者，其植根必深，其绵延必久。"7月13日又在庐山军官团训话，说及"凡我革命军人应有收回失地与巩固生命线之决心与准备"。

在这既不能战又不能和的关头，蒋介石采取了一种非常之步骤：他用"徐道邻"的笔名，于当年12月在《外交评论》发表《敌乎？友乎？》一文，内中指出日本之错误，也指出"中国方面之错误与失计"，例如自信过度，倚赖其他国家，不愿能屈能伸。但是错误更甚的仍是日本。如果日本以美国或苏联为预想敌，则中国为其侧背。除非日本真能在十天之内灭亡中国，要拖上三个月、十个月或半年的时间，"则日本地位甚为危险"。将这些考虑缕列之后，徐道邻更将中国持久抗战的宗旨宣布："中国的武力比不上日本，必将大受牺牲，这是中国人所不容讳言。但日本的困难，亦即在于此，中国正惟因没有力量，即是其不可轻侮的力量所在。战争开始，在势力相等的国家以决战为战争的终结。但是在兵力绝对不相等的国家，如日本同中国作战，即无所谓正式的决战，非至日本能占尽中国每一方里之土地，彻底消灭中国之时，不能作为战事的终结，两国开战之际，本以占领政治中心为要着。对中国作战，如以武力占领了首都，制不了中国的死命。"

不久对方日本即看清此文最低限度为蒋介石授意所作，于是各刊物翻译转载，一时展开了和平谈判的空气。蒋亦在日记上写出：

> ……表明对日外交方针与态度，国民已有谅解，并多赞成，一月之间外交形势大变，欧美亦受影响，自信所谋不误。（1935年3月1日。《蒋介石秘录》则在"方针与态度"之后添入"实为余政治生活之一大重要事项"十四字）

蒋当时提出双方以道义解决僵局，对方外相广田弘毅自称生平嗜读《论语》，理应与此方针接近，中日关系似有改善希望。王宠惠被任为国际法庭法官，在往海牙赴任前，以蒋私人代表身份往访广田，事后发表谈话亦称"结果圆满"。表示双方的趋向接近，即有当年5月两国使节之升格，由公使而为大使。可是即在此时，发生亲日报社社长胡恩溥、白逾桓在天津日租界被暗杀事件，为日本"支那驻屯军"引为借口，发动分化华北运动，已使局势无从改善。而广田亦依存于军人，主持所谓"广田三原则"（日方称为"外陆海三相关于对支政策之谅解"）：一为中国放弃以夷制夷政策，不得借欧美势力牵制日本。从以后侧面之文件看来，尚要中国退出国际联盟。二为承认满洲国，即不公开承认，亦须含默承认；并改善关系，彻底制止排日言论与行动，而进行经济文化合作。三为共同防共，防制"某国"自北南下。换言之，中日缔结防苏军事协定。在北方边境中国受日本节制。此人以后继续为军人支持，于1936年任首相，但终不得急进派之满意而辞职，战后被押为甲级战犯，为东京国际法庭判绞刑。

蒋介石当时之态度可以其在五全大会（1935年11月19日）所提出报告看出。他说："和平未到完全绝望之时期，决不放弃和平；牺牲未到最后关头，亦决不轻言牺牲。以个人之牺牲事小，国家之牺牲事大；个人之生命有限，民族之生命无穷故也。"这政策具体地表现为国民政府6月10日发表"睦邻敦交令"，内称："凡我国民，对于友邦务敦睦谊，不得有排斥及挑拨恶感之言论行为，尤其不得以此目的组织任何团体，以妨国交。"

蒋之日记亦有以下一段：

（一）倭冠要求我河北党部取消，中央军队撤离河北，免冀于（河北省政府主席于学忠）察宋（察哈尔之宋哲元）二主席之职，并派飞机任意侦察监视我军撤退之行动，十八日且飞至济南、徐州纵横盘旋威胁。呜呼！国势至此，何以为人？凡有血气之伦，黄帝子孙，其将何以雪此奇耻？若不图自立，复有何颜立于天地之间？小子志之！

（二）此次事变，实等于九一八之钜祸，而全国智识阶级与军人皆能仰体政府之意，忍辱沉毅，而毫无幼稚蠢动之气，此实四年来国民最大之进步，而其对政府信仰之程度亦可测其大概，此实为复兴之基础，对此不禁兴喜惧之感。以后全在吾人如何振拔而已。小子责任綦重，可不自勉乎？

（三）倭王昭和当蒋作宾大使呈递国书时，特提此次华北事变，表示其抱歉之意，曰："此次华北事变，实对不住；对汪蒋二公之苦心，深表敬佩，烦为转达"等语。此国王面示道歉之例，实所罕见。彼或深愧不能制止军人非法行动。倭政败坏亦可见矣。(1935 年 6 月 30 日。《大事长编》及《秘录》所载字面有出入。此间根据《大事长编》，但最后一段引号内标点含糊，照《秘录》修正)

以上三节均各有其历史上之下文。第一节之要求已成为"何梅协定"及"秦土协定"。虽然所谓"内蒙国"及"华北国"并未出现，但是冀察之特殊体制已成事实，"卢沟桥事变"即从此特殊体制上发生，蒋介石在第二节庆幸他的退让政策为全国人士谅解，未免言之过早，及至当年年底及翌年之初，各地学生发动罢课请愿游行示威情事。国民政府拘捕爱国人士，封闭取缔抗日刊物，亦在此时产生。再至年底则有"西安事变"，是可算作军人之反应。关于第三节，则抗战后蒋委员长在国际场合中，尤以在开罗会议与罗斯福交换意见时，竭力主张天皇制应由日本人民自决，间接亦即对日皇裕仁人身不再过问，以情理论，此不可能与彼十年前接见中国大使时所留印象全无关系。

亲日人员之被杀，日方称"蓝衣社"为之，亦为国民党排日政策之一部。由日本武官高桥坦会见军事委员会北平分会代委员长何应钦，提出质问。此时日军(此为义和团肇事后根据《辛丑条约》在平津之驻军，称"支那驻屯军")已对河北省政府、天津市政府与中国国民党市党部威胁挑衅。5 月 29 日又由高桥会同驻屯军参谋长酒井隆向何应钦提出要求撤退党部、中央军、宪兵、蓝衣社各团体，并对蒋委员长阳称亲善，阴在准备抗日提出警告。迄至 6 月 9 日，何与酒井商谈三次，后者除提出撤退党部及驻军等外，又加入"禁止全国排外排日行为"之条件，限 12 日正午之前答复。何应钦限于中央电令，只称照办，不得书面答复。但蒋在 1936 年 1 月 16 及 16 日接见中等学校校长及学生代表时，曾提及："何部长回一封极简的信答复他说：这些事不待你要求，我们中国已自动办好了。"《蒋"总统"秘录》则称此缄经过汪精卫同意，于1935年7月6日（郭廷以之《中国近代史纲》称7月8日）以下开方式致梅津美治郎。观其语句，日文风味甚于中文：

> 径启者：六月九日酒井参谋长所提各事项，均承诺之，并自主地期其遂行。特其通知。
>   此致
> 梅津司令官阁下
>
> 何应钦

在同一时期察哈尔则发生"张北事件"，有日本特务机关工作人员四人被宋哲元部队拘押，八小时后释放，但亦因此招致日方威胁。由秦德纯于6月27日出具文书致土肥原贤二，承认察境亦撤退驻军，取消反日团体，协助日本在内蒙活动，中国不得对察省移民。

战后土肥原贤二被列为甲级战犯，被东京国际法庭判处绞刑。此人曾为"奉天特务机关长"，曾往来南北，致力于中国之分化，策动关东军之"对支政策"，包括"依据塘沽协定暨附带协议事项伸张日本既得权，导引华北政权绝对服从"；并于华南"秘密给予物资援助，使能与中央对抗"。

酒井隆则在战后为中国逮捕，于1946年5月30日被南京军事法庭判处死刑。据日本资料，1935年日本陆海外三相已订有"北支问题处理要纲"，内中提及各项要求，并附"希望事项"。酒井擅自扩大其范围，并动辄威胁，谓不接受即将采取"自由行动"。何应钦于1970年间对《产经新闻》古屋奎二称："梅津司令官是一个规矩人。但是他下面的参谋们——像酒井隆、高桥坦这些人为求表现，便极尽其为非作歹的能事，而梅津则无法加以抑制；他们瞒着梅津做了许多坏事。"

至于华北"自治运动"至 1935 年 11 月进展到决定的阶段。日本内阁已通过"鼓励华北自治案"。新任驻屯军司令多田骏发表文书，盼华北五省自治，人民自救。在物色傀儡政权之领导人物时，日方曾属意于孙传芳、吴佩孚旧部白坚武，甚至阎锡山。但在各种条件均无法遂行后，决定压迫引诱韩复榘、商震及宋哲元（时已调至河北）。土肥原限宋十天内表明态度，否则日军进攻河北及山东。

在日人压力之下，蒋介石于 11 月 20 日接见日本大使有吉朋。有吉问及蒋对广田三原则之态度，蒋一度称赞同。但事后由外交部长张群否认，谓赞成系赞成自三原则商讨，并非接受三原则本身。北平军事委员会分会于 11 月 26 日撤销。30 日又派何应钦为行政院驻北平办事处长官北上。何氏自 6 月离平后即不愿再往，蒋介石曾请国府主席林森及各院长敦劝，始得成行。但从此何被多数国人认为"亲日派"或患"畏日病"。

最后中日两方协商后，成立冀察政务委员会，以宋哲元为委员长兼河北省政府主席。委员十六人由中日双方拟定，郭廷以之评语云："中国认冀察政务委员会系中央设置的地方机构，日本视之为华北自治行政机构。"

蒋日记有以下一段：

> 倭寇横暴状态，已无和平之望，故毅然断行，一面抗议其倭军在华北之暴行与土肥原之胁迫，一面准备如华北"自治"发表，则明示为倭寇以军力逼成，而规戒华北之主官。筹维再四，另无他道也。（1935 年 11 月 28 日）

在这情形之下，遂有民间游行示威抗议的普遍展开。

自塘沽协定至抗战展开前之四年一个月，中国之内忧外患方殷未已，日本之继续分化华北已如上述，尚且又在南京（副领事藏本英明"失踪"）、成都、北海各地酿造事件，并引用德王占领察哈尔大部，再次西犯绥远。苏联虽与中国复交，仍与盛世才成立片面之协定，负责新疆之秩序与安全，获得采矿筑路权利，控制盛属下之政治军事。1936 年之协定又与日满关系相似。国内之反中央运动既有 1933 年末之福州人民政府，而两广在陈济棠领导下进军湘南，直至 1936 年 9 月方完全解决，实已为抗战之前夕。各省区内之战争，尚有 1933 年二刘（刘湘与刘文辉）之争及 1934 年贵州内黔军之争。

生为当日之中国人，对此局面无不愧恨交并。尤以大敌当前，国运如丝之际，军政领袖仍不能放弃小处嫌隙，至堪扼腕。作为中国领导人之蒋介石瞻望全局，必有满目疮痍之感。而他处置各事之方法与能力，也近于捉襟见肘，他如何能有如此超人之忍耐与毅力，甚可以在其日记中窥见之。

他有时也表现心头之疑惑，有如："倭寇横蛮，人心陷溺至此，岂天果亡我中华乎？"（1935 年 6 月 18 日）甚至嗟伤埋怨。有如："茹苦负屈，含冤忍辱，对外犹可，对内尤难，何党国不幸，使我独当此任也！"（1935 年 11 月 6 日）他间常也为忧虑而失眠。但是这样消极疑虑的情形不多。即是他自己提出以上情绪时，也在短时间用意志力量克服。

当日本军人向何应钦逼迫至极时，他曾写出："倭寇蛮横，非理可喻，未到最后关头，当忍耐之。""本日性燥心急，内忧外患相逼而来，若不静敬知命，何以担当未来重任？"至此他已引用宋儒式之修养保持心境之平衡，有如次一段"静敬澹一之功夫不可须臾离也"（以上均 1935 年 6 月 1 日）。

"澹"为恬静，"一"为视心神与宇宙为一元。凡此均非儒家本来面目，宋儒得自禅宗，西人统称之为"新儒教"（Neo-Confucianism）。（可是西方治汉学重分析而不重综合。研究儒教者不过问近代中国，研究近代史者则不屑过问此"陈旧"之思想。）其旨在心神凝聚之余，"将发未发"之际，有顿悟的解放与超脱，可以体会，无从理解，蒋介石好游历，喜山居。他游峨眉山时曾作占：

> 云海云山云顶寺，道天道地道中人。

这种天人合一之观感，可以消除尘世之欲念，也能解除身心之负担。当日（1935 年 7 月 27 日）他又作五言绝句：

> 朝霞映旭日，梵呗伴清风，雪山千古冷，独照峨眉峰。

诗中所称梵呗应指寺庙内之讽颂，与朝霞、旭日、清风同为写实。然则此诗精义则在"雪山千古"四字，象征着宇宙的奥妙与永恒，接近西人所谓"超验哲学"（transcendentalism）之情趣。

可是这种接近佛教与道教的趋向，又常为基督教之人身的神替代。蒋介石之顿悟亦在此时代之以基督徒之虔诚，有如他闻报日军占领平津车站，而朱德及徐向前部亦逼近成都之西南时，曾在日记中写出：

> 每遭非常祸患，应以泰然自处，凡事皆主于上帝，由我信心而生耐心，由耐心而获成全也。（1935 年 11 月 28 日）

所以要分析蒋介石之宗教思想至为不易，不如综合。大概他保持着中国传统习惯"诸说混合"（syncretism）的办法，更因他一直被环境逼迫，也带着"折衷主义"（eclecticism）的成分。

以后在抗战期间，有一日史迪威被蒋邀晚餐，主人迟到。史在日记里留下："蒋介石来迟。他在晚祷。这晚祷不由任何事而中断。这是一个新的角度。他虔诚与否不说，总之他即郑重其事。或者他以为与主神交而增强他的直觉。他大体上依赖他所谓对心理上之了解（中国心理）。如何策动这样的一个人？他能用他的'直觉'超越逻辑与理性。他不顾业经证明之原则与方法而坚持中国人之心理不同。他直接下结论而强以某种以前想象之中的相同为经验。他的顽强拒绝讨论。"（1942年8月4日。以上括号及心理一词之重复均依原著）

　　这一段牵涉了很多个性与习惯的问题，可是也始终与思想相关联。蒋介石缺乏应付事态之资源。他的高层机构尚在草创，不仅缺乏适当的社会条件在后支持，而且本身尚是牵扯凑合。有如他的军队即经过下列三段程序组成：在黄埔时责成部下以革命精神树立基础，北伐时收买对方将领而扩张数目，中原之战后接受军阀部队之归顺而建立内圈与外围之新平衡。因为如此，他的组合即不能构成一个大一统之系统。他之处理人事，也只能依赖农业社会内人与人之交往乃重"双边关系"（bilateral）之办法，而不能进入商业及现代社会内"多边式"（multi lateral）的体系。因为他之部下对他的服从与信仰的程度不同，他自己也不具备将军需物资均平分配之能力。他部下之部下亦复如此，总之则新社会尚未组成，无从责成各按此理想社会"应有的"习惯态度办事。因此，蒋介石之接对部下不能脱离"中国心理"。

　　在以上各段我们已经叙述到他对汪精卫、胡汉民不同的办法。他之引用黄郛，更不在首领与僚属的范围。他之指示陈诚及何应钦等人，亦逾越通常组织之原则。1934年7月监察院弹劾铁道部长顾梦余，因顾为汪精卫旧属，而此时他蒋介石又倚赖汪精卫之合作才能对日交涉，所以他又不得不径电监察院长于右任请撤销此案。

1935 年 9 月日本提倡华北自治时，他已在日记内留下：

> 鲁韩（山东主席韩复榘）态度可虑耳。（9 月 29 日）。

此因韩为冯玉祥旧部，态度游离。他对宋哲元及其将领秦德纯、冯治安、张自忠及刘汝明，则已于 7 月颁发青天白日勋章，此举当然有浓厚之政治意义。但随后他仍顾虑宋哲元"来电有动摇之意"（1935 年 11 月 29 日）。他对有吉朋提及接受广田三原则，出自此情势瞬息变化一周间，显有缓兵用意。

诸如此类之发展，使蒋介石无从掌握主动。虽说他坚持由信心而生耐心，他经常之工作仍是随机应变，以权谋为利器，无论敌友都要窥测他们的长处与弱点，以期捕捉战机。如此将千丝万缕之人身关系集于一身，必给他心胸无限困压。所以他定下了早晚祷告的习惯，决心以不变应万变，听随上帝作主。可是另一方面他仍经常感到"危险未过，困难更多"（此句摘自 1936 年 4 月 1 日日记，当时日本少壮派军人已发动"二·二六事变"）之煎逼，如果有一日或半日闲，他又在寻求暂时之解放与超脱。此时之救主已非人身之神，因为他蒋介石自己亦复成了一个"身外之人"，此种境界可以描写而无从分析，因为其着眼在乎美感，不沾染逻辑。

在这情形之下，史迪威不能质问他祈祷的虔诚，而大可怀疑他因祈祷而增强了他处事时依赖直觉之习惯。我们也很难分辨此是宗教上的信心暨哲理之觉悟助长了他蒋介石应付艰难局面的能力，抑或是环境之困苦使他有各种牵扯牵错，因之构成了他的复杂心情。

在 20 世纪 30 年代，蒋也从未忘却对部属精神训练及提倡国民道德的重要。这种精神动员在 1932 年淞沪战后开始树立定型，至 1933 年塘沽协定之后而加紧。当年即成立庐山军官训练团，次年又发起新生活运动，1935 年复成立峨眉军官训练团。《大事长编》提出即在 1934 年一年之内，蒋在各地演讲四十一次，尚有若千并未列入，如前述当年 4 月 23 日在抚州军前之训话，他在南昌时曾召集中学校长与学生（1934 年 6 月 7 日）。即短期休假家居，犹且对奉化县保卫团及武岭学校生员训话（7 月 3 日及 4 月又 12 月 25 日），演讲内容除偶一提及实事，如黄埔军校成立十周年纪念时（6 月 16 日）提及当日筹谋经理的困难外，几全部为精神伦理与道德，他的态度不能谓之为不虔诚。他曾与黄郛谈"对日计划"（1934 年 10 月 31 日），其结论则是"先立其本，以人格与精神树信于国民"。这种出发点不可能临时凭空制造，也不可能为矫揉造作，用以蒙蔽他的盟兄与挚友。

他所谓人格与精神，集中于"礼义廉耻"四字，这春秋时代管仲所标榜的"四维"，经过他的提倡，成为了国民党的座右铭，出现于治下的各建筑物。可是他蒋介石也不时穿插出入于这四字标语之内外，有如表扬"忠孝廉节"（1932 年 10 月 31 日），提倡"礼乐"（1934 年 3 月 5 日），揭橥"智信仁勇严"（7 月 25 日）、"智仁勇"（9 月 18 日）、"质朴诚信"（1935 年 3 月 3 日）、"拙诚公劳俭严"（6 月 2 日），与"公诚朴拙"（6 月 3 日）。有时四维也与八德并列，只是变动了传统的序次，读如"礼义廉耻孝悌忠信"，礼义廉耻在先（1934 年 7 月 16 日）；有时则代之以"忠孝仁爱信义和平"（1932 年 3 月 12 日），后者出自《三民主义》。

这些出入并不表现思想上有何重要改变；无非他经常席不暇暖，讲稿信手呵成，有时尚无讲稿，只是引用传统之文句。这下足以修正蒋介石之宗旨：他一生做事集中于三民主义内民族主义里的恢复固有的道德一项。对他说来，这是他的目的，亦成为了他做事之工具。这些道德实以礼义廉耻领先，尤以"耻"字开道。以下还要提及。

然而我们仍不能忽视：蒋在修辞的错综重复之中，也确有主意上矛盾之处。例如 1934 年 9 月 24 日他在庐山军官训练团说及"战争为生存之本能，与促进人类文明之动力"，已有歌颂战争的趋向。接着他又说及："宇宙万物皆为战争而生，从事战争必利用宇宙万物。"1935 年 7 月 8 日他又鼓励成都大学的学生去"冒险"，要他们"宰制宇宙，征服自然，创造文化"。这更带着社会达尔文主义之色彩。同年 9 月 8 日他又在峨眉军官训练团提到"军国民教育"，其内涵为"铁与血的精神和武德与武艺"。可是他前在 1934 年 7 月 10 日却在庐山军官团说道："要以中国固有的武德来抵抗日本的武士道，要拿我们和平的三民主义来抵抗侵略的帝国主义。"这样一来，就难判断和平与战争究竟以何者占先了。

把"拙"当做一种德行，也与他要求部下"迅速确实"的旨意相违。如果"拙"代表传统社会里的"大智若愚"之世故，又难避免"不诚"之指责，至少也与新时代之习惯不合符节。

可是我们在揭发这些矛盾之处时，仍不得不重新考虑：蒋介石之目的和他可能采取之手段本来就难以调和。他于 1934 年 7 月 13 日在庐山军官团的演讲辞，以后题为《抵御外侮与复兴民族》，抗战开始后全面公开传布，成为重要文献之一。今日我们有了更多历史之纵深，才可以看出他所谓"复兴民族"，牵涉到将一个旧式农业社会改造而为一个新型商业社会的艰巨工作，即在工商业先进的国家，也要流血牺牲前后奋斗几十年，才有成果。蒋自己所领导的工作，不过在这蜕变的当中创造一个新的高层机构，亦即构成一个形式上统一的政府，得到外强的承认，组织一支受中枢军令指挥的军队，使中国能在 20 世纪里立足。这种工作大部由对日战争完成，此即是他所谓之"抵御外侮"。

所以在他看来，抵御外侮与复兴民族互为表里。然则执行起来，前者不过是后者的一阶段。复兴民族需要全部改造，不得不大规模地去旧从新。抵御外侮则是千钧一发的危机中救亡图存，只能在团结对外的号召之下接受现实。很多人没有想到：中国要动员数百万的兵力，以全国为战场，在统一的军令之下，和强敌作八年生死之战，是可谓洪荒之未有。当日蒋介石所能引用的工具，最初只有各地的散兵游勇，次之则省区间的军阀部队。他所能支配的资源，最初只有统税特货，以后才能发行公债，伸手于盐税关税。此中前后不过十年。

《抵御外侮与复兴民族》里面有以下之一段：

> 现在中国军队练不好，要给外国人欺侮，不当做我们中国的军队是一个军队是什么道理？就是因为我们一般军人，有一个最坏的习惯，以为外国什么东西都是宝贝，我们中国什么都是废物没有用的，以致自己固有的什么东西既〔概〕视之如敝屣，同时外国的东西也只学得一点皮毛。大多数的军人都不三不四，不文不武，外国人不当做我们是一个军人，而我们现在用的武器和战术也是不新不旧，不中不西。说他完全是照中国旧的道理办吗？他又不是；说他完全是照外国新的办法吗？也不是。

听到这里，我们都希望他提出一个整体化和全面化的改革方案。可是蒋介石没有提及。紧随着这一段他只说起："鉴于以往的失败，我们应当觉悟，以后再不要有新旧和中西的成见，只应选择合乎中国国情和需要的办法来做。"

军队为推进社会之工具，但本身又为社会产物。除非社会已进化到某种程度，军队无从全部放弃现有之生活习惯，使用战术武器如此，处理人事亦如此，蒋介石虽责成部下研究，其融合中西新旧的程度仍有限制。抗战前夕，国民党部队仍是不新不旧不中不西，甚至非中央军也非地方军。其指挥系统无从全部正直无私；但是也不全然依存于私人关系。

一个旧式农业社会要蜕变而为新型商业社会，政府之权力只能扩大。在这过渡期间必有侵蚀人身自由之事，而且从事改造的人物也必具有牺牲精神。蒋本来可用"革命"号召，可是黄埔建军至此已十年。当日之"子弟兵"，今多高官厚禄，国民党不仅在朝，而且专政。他蒋介石尚且说及自身"体面尊荣"（摘自1930年12月31日日记）。刻下他只企望推进三民主义中之民族主义，犹感力之不逮，则不便将革命二字使用于日用辞汇中矣。

　　要是蒋不顾利害，他甚至可以用抗日作为团结人心的凭借。可是即在淞沪喋血、热河事变、塘沽协定之过程中，他亲自部署与日军交锋，又主持和议，犹且要避免张扬，使不得为内外借口。以后他尚要解散爱国团体，禁止排日运动，以作华北缓兵之计。以徐道邻为笔名发表之《敌乎？友乎？》更直接干脆承认他自己"所标榜的一面交涉一面抵抗的政策，实在只表示当局的无办法"。这样看来，弱国不仅无外交，尚且要放弃对内宣传之利器。

　　1930年间南京聘用德国陆军顾问，购买德国器材；且一度对意大利感兴趣，曾派遣军官学生往意留学，并与意国签订合同，筹建飞机工厂。此气氛可能助成法西斯军国主义之成长。1932年军校毕业生组织"三民主义力行社"，亦称"蓝衣社"，即有此征象〔但据我个人所知，即与易劳逸（Lloyd Eastman）教授笔下所述有重大之出入。易大概将一时之冲动视作业已展开之运动〕。而蒋片面之接受，亦可视作承认此趋象之表现。此期间他准许以他的小像作为军校学生外出服之第一纽扣，任人称之为"领袖"，均有模仿德意之色彩。抗战开始之后，尚有军校师生组织"正统派"。西班牙之佛兰哥进军马德里，中国报纸承政府指示，均称之为"国民军"，以后方始称之为"叛军"。但此种之接近法西斯之趋向，均无实质，也均只昙花一现。国民党固非左派或自由人士组织之政党，但其构成复杂，亦断不容倡导军事独裁之右派小团体垄断也。蒋介石过去曾被迫辞职两次，每次压力均来自党内。1931 年提出弹劾之监委之一人，日后尚取得蒋之地位为国府主席，此即林森。所以坚持蒋介石被法西斯成分所支配之人物，可谓尚未明晰当日之背景，亦可谓已高度简化蒋所面临之问题。

中国在此期间所缺乏者为宗教思想。专制时代皇帝为天子，所颁"圣旨"有如天命，民间亦供奉"天地君亲师之神位"，于是熔合宗教思想、政治体系、伦理教育与社会习惯为一炉。所以其衙门结构简单，其向心力仍能凝聚。民国肇造后，旧思想既已与旧体制一并推翻，新人物复视所有宗教均属迷信。［崇拜西方者不可不察：今日美国重要官员就职均须手按《圣经》宣誓，国会开幕即有牧师祷告，所有软硬币均镌有"我们对上帝存信心"（In God We Trust）之一贯字样。］相形之下，中国缺乏宗教上之向心力，亦为当日企图率领全国之人士所感重大困难之一。冯玉祥被称为"基督将军"，亲用水龙头为部下行浸礼；唐生智军中拜佛，以"大悲大慈，救人救世"为号召，即是针对此缺陷之补救办法。

蒋介石较此二人含蓄。他虽于 1930 年受洗为基督徒，但在 1934年 2 月 11 日之日记仍写出：

> 余之赞美耶稣者五：一曰牺牲精神，二曰忍耐精神，三曰奋斗精神，四曰纯一精神，五曰博爱精神。

这样看来，他所崇仰的仍是耶稣之人身属性（human attributes），而非接受三位一体（trinity）之神学。再加以我们知道他对王阳明之崇拜，所以敢于说蒋之宗教思想已具有深厚之人生哲学成分。

他在孙中山逝世后不久，即在黄埔举行纪念周（实为周纪念）。其仪式包括向总理遗像及党国旗行三鞠躬礼、静默及宣读总理遗嘱。

凡此已有浓厚宗教色彩。1935 年 11 月又在举行仪式时加入宣读"党员守则"十二条，1936 年 3 月更加入"军人读训"十条。守则及读训各有其序文。守则称"务期父以教子，师以教弟，长官以教僚属，将帅以教士兵"。所标榜已有恢复传统"尊卑长幼"社会秩序之用意。读训更包括下列之询问："如何而后可以保我祖先遗留之广大土地？如何而后可以保我繁衍绵延生生不息后代之子孙？如何而后可以保我国家独立自主之国权？"此种问题不仅具有教义问答（catechism）之模式，并且希望透过政党及军队组织，强调中国人在血缘关系中求永存（不孝有三，无后为大）之传统观念，次一步才推广至保全领土及主权之完整。

　　这样不算，蒋又经常向他的部下灌输他的人生观。远在 1924 年年底他在广州时，即作下一副对联："生活之目的在增进人类全体之生活；生命之意义在创造宇宙继起之生命。"（蒋是作对联之能手）虽然至今吾人尚不能决定证实其作对联时思潮之线索，但可猜度其可能受有佛教影响。华严宗提倡"一即一切，一切即一"。西方学者间已有人认为此种思想有助于隋唐帝国之统一。冯友兰解释此教义："现象世界中每一事物皆是真心全体所现。真心包罗一切事物：故现象世界中每一事物，亦包罗一切事物。"蒋介石亦甚为崇拜陆象山（1934 年 6 月 7 日对南昌中学生提及）。冯阐释象山哲学，则说："吾人之心本是宇宙全体，但普通人则常有所蔽。"这种思想固然伟大，也可能危险，即可能以个人意志当做宇宙之执行。本文上节即提及唐生智之厮杀以"大慈大悲，救人救世"之名分为之，第四篇尚有机缘提及。此间所叙只说明蒋之宗教思想及哲学思想来自多处。

　　他于 1934 年 9 月 11 日在庐山军官训练团讲到"穷理于事物始生之处，研几于心意初动之时"，则更见得他受到新儒教的影响。此中要义即信仰（faith）不必从神秘主义（mysticism）产生，亦可得自直觉。只要在"将发未发"之际接受了某种灵感，以后则只要"择善固执"，即可以用意志力克服一切困难。

宗教思想与人生哲学过于辽远，在提供日用的场合上他仍借力于"礼义廉耻"。管仲提倡四维时，以内政寓军令，本来有全国皆兵的姿态，又开始将西周以来在各地区保持平衡的国家赋予活力，推进而为东周时代带竞争性的国家。他也主张尊王攘夷，这标语成为了日本明治维新时的口号。本来这些成分都可以作蒋介石团结人心，扩张本身权力之基础。但是他到底不能在 20 世纪利用法家与霸道去宣扬一个二千六百年来的复古运动。经过他解释："礼是规规矩矩的态度，义是正正当当的行为，廉是清清白白的辨别，耻是切切实实的觉悟。"（1934 年 5 月 15 日）这样看来礼义廉耻没有固定的内涵，视时代与环境而定。

然则 1930 年间中国是复兴民族的时代，也面临着抵御外侮的环境，于是蒋介石才能因着这些条件充分发挥。在他伦理体系之内，四维以"耻"为先。对他讲来，"五卅惨案"首为深耻（自是在日记内每日写下仇英字句，持续一年余），次之"济南惨案"也是奇耻（自是之后，日记内添"雪耻"一栏，前后数十年）。"九·一八事变"后日本占领东北，在他看来也还是"济南惨案"之国耻未雪，而沈阳惨痛之国仇又来（1931 年 9 月 29 日日记）。在这情形下，知耻者必雪耻。所以他所说规规矩矩正正当当，决非消极在旁应付日常的生活，而是通过严肃的纪律参加他领导的群众运动。

在重整道德的要求之下，蒋介石作为领导人也不能规避。他在日记里写出：

> 以本人生命与主义合而为一，预备牺牲一切，为其多数人受苦，就是完全人格的表现。（1936 年 11 月 8 日）

两天之后他又写下：

从前只以豪杰自居，不愿以圣贤自待，今日颇欲以圣贤自责，不复以豪杰自居矣。（11月10日）

此间应注意者，"自责"与"自居"不同，亦与"自待"有别。蒋介石从未自承已为圣贤，并且年近五十尚一直不愿做圣贤。所以自责者出诸外界要求。以上两条均写在日记之"雪耻"栏内。所以雪耻运动纵由蒋介石发起，他自身亦感到所造成气氛之压迫。

古今中外革命家甚难成为圣贤。革命家志在改造社会。当旧道德业已崩坏，新道德标准尚未树立之际，他们着眼于集体之成功，即不能以个人名节自矜，并且此时私人道德亦与公众道德冲突。至此我们只能直接指出："行一不义杀一不辜而得天下皆不为也"不是蒋介石之行径，更不可能为毛泽东之行径。日后主持抗战，蒋尚要在长沙大火，黄河决堤，并于河南产生饥馑之情形下求得胜利，他更不可能受着传统道德之束缚，倒与"一即一切，一切即一"之思潮接近。

在他写下前面两段时，距"西安事变"只一个月又两三天。从一个历史学者的立场看来，这不可能再是蒋重新立志的时候。两段文字只表现时间紧迫，和作日记者所感到的责无旁贷。

蒋介石之精神教育到底有何成效？

这个问题不能得到一个公平而确切的答复。抗战逾四年后即有太平洋战争，中美并肩作战，以后又有内战展开。凡与蒋军事政治意见不合之人物，包括本文业已提及之史迪威、白修德诸人以及不少受过西方教育之人士，尚未阅及蒋之文字，已认定此人陈旧呆板，看错了时代，误解了他本人在历史上之任务。即使是很多不愿公开批评他的人士亦以为他不注重实际问题，在百忙之中仿效宋儒，图解《大学》，殊堪遗憾。尤以在此方面影响他至深之戴季陶及陈布雷，又均在大陆解放之前自杀，可见得他们都以一死卸责，表示他们生前提倡忠孝观念及哲理已使蒋误入歧途。反面则与蒋接近之人士认为整个问题不容辩论，不仅蒋所颁传之一字一句皆为真理，而且在他受顿挫之后横生议论均属"无耻"。

即使数十年后我们从历史之角度分析亦感困难。首先即无从找到一个足以比较之凭借。当日中国缺乏合乎时代之社会架构，一般人民知识未开，高级人士则议论多于实际贡献，军人亦受地域观念及将领之人身关系束缚，一般离心力强，向心力薄弱，倘非蒋在此时以神学与哲学、道德与纪律拳拳规劝，其结局如何无法臆度。

中国知识分子惯以本身之观感视作全国民意之向背。但蒋介石之精神教育不仅利用多方面之文教因素，其旨意亦对社会各阶层放送，有如在庐山军官团鼓励青年军人与自然接触，曾以《日光空气水》为题（1933 年 7 月 21 日）。不久之后即有人作为军歌：

> 起得早，睡得早，
> 日光空气水，
> 蒋委员长说他是三宝！

这对不识字之农民士兵产生如何印象始终无人注意，遑论及衡量其影响。

管仲提倡礼义廉耻旨在富国强兵。蒋介石提出精神与人格，其着眼在对付日本，此已在与黄郛谈论时道及。我们仔细阅读他当日之演讲辞，即可窥见他企图与部下成立协议（covenant）：如果你们绝对服从我，我可以保证你们打败日本。《抵御外侮与复兴民族》有下面一段：

我们有一个革命的领袖，一定有抵抗外侮复兴民族之革命战略和战术。只要大家能绝对服从革命的统帅，在一个最高命令之下，要我们守就守，要我们攻就攻，要我们退就退，要我们进就进，要我们生就生，要我们死就死，如果能够如此共同一致，服从命令的话，一定可以有革命的战术战略，可以战胜一切，达到我们最后的目的。

以下又有一段，更将第三人称的"革命的领袖（统帅）"换为第一人称的"我"：

我可以相信，如果有六十万以上真正革命军，能够绝对地服从我的命令，指挥统一，我一定有高明的策略可以打败这小小的倭寇。老实讲，他们那一般骄妄愚蠢的军人，完全不在我的眼中，我一定有办法可以战胜他们。而最要的条件，就是要指挥统一。

我们无从否定如此之训示与抗战初期中国士气的旺盛有绝大的关系，甚至怀疑以当日的情形而论，若非有此精神上之激励，中国是否敢于与日本作战，又开战后不出六个月而平津京沪相继失守，此战局是否可以继续维持。但是即在提议作以上口头协议时，蒋并无充分把握。他在讲后数日即在日记中写出：

御侮抗日，决非以武力可与之竞胜，亦非以外力可以牵制，此时惟有在内政、社会、教育制度中，即在国民军事教育与团练保甲之中，积极努力，行之五年，由小而大，则或有万一之效也。（1933 年 7 月 27 日）

"卢沟桥事变"即在此段写出后四年尚欠二十天内爆发。

即是在讲述《抵御外侮与复兴民族》时，他已暗示外援的需要。下列一段出现于上抄两段之间：

> 虽然绪战失败，我相信到最后必能得到一战成功。因为用这种革命战术（拿我们的血肉来抵抗敌人的枪炮），他们占领我们一省，至少时间就说是一个月。如其统计起来，他们要占我们十八省，至少要费十八月。这十八月时间，**那国际形势的变化还了得**？何况他一个月必不能占领我们一省呢？（文中黑体字出自本文作者）

他在长城抗战期间，也曾在一次军事会议里提及："……长期的抗战越能持久越是有利，若能抵抗三年五年，我预料国际上总有新的发展……"（1933 年 4 月 12 日）

中国之弱点不一定是蒋介石个人的弱点，可是身为统帅，蒋委员长却要对这些弱点负责，中国之抗战不能不依赖外界之干预及援助，虽说太平洋战事展开之前，国民党军队单独支撑了四年五个月，已算是创造了奇迹。而蒋不能最后一战成功，已使他的胜利无光失色。再接着又有美国舆论之指责和一般中国人之怨声载道，更使蒋之长处看来不如他的短处。

原来蒋之精神训练在内容上确有虚浮而不相衔接的地方。有如宗教与哲理甚难今日讲说，明日付诸实施。过度地依赖心学的理想主义与意志力，也难持久。即算蒋介石能用纪律约束自己，他贴身的部下也不见得能如是。所以他主持的精神训练造成了一种对他人身崇拜之气氛，而用以作为一般人之伦理道德标准则为效甚微。因为如此，他的标语与口号不免被传统的官僚主义之作风笼罩。承认它们为现实，有等于继续专制时代真理自上而下的习惯。一到战后，不少的人索性以为他的节目全属本末颠倒，无一是处，而他所标榜的道德也可以用作口实，对他反唇相讥了。

然则这样的发展并不是 1930 年间的情况。在抗战展开之前五年内，蒋介石引用德国顾问，将陆军之典范令修订公布；任用俞大维使步兵兵器标准化；设立军用化学工厂，使最基本之军械弹药自足；空军扩充至飞机六百架（虽则实际能对日作战的只二百二十架）。南京政府又积极在各省督导修建公路，粤汉及浙赣两铁路也在这时期完成。1935 年红军开始长征之后，中央军亦因"追剿"，将力量推广至云南、四川、贵州三省，此后此地区即与陕西同为抗战后期之大后方。这种种措施构成了对日战争最低度之准备。此外币制改革，法币用纸，白银国有；公布兵役法，开始征兵，才使全面抗战可能。而蒋又令宋子文、孔祥熙、蒋廷黻诸人游说美、英、苏联各国，以争取外交主动。大概愈近 1937 年 7 月 7 日，以上准备愈为明显，蒋介石之声望愈为提高。1935 年蒋曾亲赴太原及泰山，面邀阎锡山、冯玉祥来南京。当年 8 月胡适曾说及："蒋先生成为全国公认的领袖，是一个事实，因为更没有别人能和他竞争这领袖的地位。"1936 年粤桂称兵不成之后，李宗仁来广州，蒋先往拜见。

蒋自述他在这段期间之所谓"埋头苦干"，曾在日记内写出：

> 以和日掩护外交，以交通掩护军事，以实业掩护经济，以教育掩护国防,韬光养晦乃为国家惟一自处之要道乎。（1933年 7 月 14 日）

他无力打败日本，却对日本之必败深信不疑。他的日记内对彼邦有以下之一段：

（一）对中国思不战而屈。（二）对华只能威胁分化，制造土匪汉奸，使之扰乱，而不能真用武力，以征服中国。（三）最后用兵进攻。（四）中国抵抗。（五）受国际干涉引起世界大战。（六）倭国内乱革命。（七）倭寇失败当在十年之内。（1935 年 8 月 21 日）

此节所叙与《敌乎？友乎？》里面的设想符合。内中除第（六）节未成为事实外，其他均切合日后事实之发展。

但是直到"西安事变"之前夕，他仍希望将全面抗战之展开延迟。有如下段日记所述：

三年之内，倭寇不能灭亡中国，则我何患其强迫，但此时尚不可不隐忍耳。（1936 年 9 月 26 日）

他在观察空军表演轰炸战术之后又记下：

空军成绩渐著，以三年之精神与夫人之协助（当时蒋宋美龄任航空委员会秘书长），而得有今日之成绩。五年之内期赶上倭国空军，则可以保我国家安全矣。（1936 年 10 月 12 日）

实际上则他没有三年五年的时间，写下上段之后不出九个月，即有"卢沟桥事变"之爆发。

第三篇

不畏鲸吞，而怕蚕食

"卢沟桥事变"发生在深夜，蒋介石之反应见于次日日记，现已公布部分，只有以下两段，显见当中文句有被剪截或遗漏之处：

> 倭寇已在卢沟桥挑衅矣。彼将乘我准备未完之时使我屈服乎？或故与宋哲元为难使华北独立乎？
> 倭已挑战，决心应战此其时乎？（1937 年 7 月 8 日。《大事长编》与《秘录》所摘全部相同）

既然两段都以疑问号终，只有此中省略的或未写下的文句才能表示他实切的反应。当日他的为难可想而知。如果环境容许，他当然希望将对日战事拖延下去。自 1935 年以来在中日冲突中时间愈见得对中国有利。1936 年两广称兵失败后全国之统一达到前所未有之程度。而蒋之空军扩展计划尚需一段时间完成。蒋在 1937 年 2 月 5 日接见《大公报》之张季鸾及《申报》之陈景韩亦提及整理军政，延揽各省人才，由近及远，尚需三年至五年。但即在此时期，民间要求对日作战之情绪已如火如荼，如果政府再有任何忍让或即缺乏积极的行动，必为民意所不容。

国共两党之谈判已开始于"西安事变"之前。1936年5月5日周恩来及潘汉年曾与代表南京之张冲在上海接触。潘随即赴南京与陈立夫谈判。当年8月25日中共又致书国民党称"贵党"，呼蒋为"委员长"，谓彼在中央执行委员会所作外交报告内称"假如有人强迫我们欲订承认伪国等损害领土主权的时候就是我们不能容忍的时候，就是我们最后牺牲的时候"为共产党所欢迎，可以作为重新合作的基础，可是未见下文。

关于"西安事变"已有蒋之《西安半月记》及蒋夫人之《"西安事变"回忆录》。历史家获得共识，蒋在被释前口头承允停止内战、释放爱国人士、与共产党谈判等要求。现尚为专家所争执者，为该等要求是否曾由宋子文及蒋宋美龄签字担保。但从大历史角度看来，蒋在1937年2月向国民党五届三中全会提出报告时列举张学良等八项主张，即等于承诺，以后并付诸实施。签字与否之细节已无关重要。总之自此蒋已不能继续其剿共军事。1987年出版之《中共党史大事年表》并指出：

[一九三七年]二月至六月中旬，中国共产党代表周恩来、叶剑英、林伯渠等同国民党代表顾祝同、张冲、贺衷寒、蒋介石等，先后在西安、杭州、庐山进行了多次关于国共两党合作抗日的谈判。在谈判中，周恩来多次重申中共中央向国民党三中会所提出的五项要求和四项保证，并提出中国共产党草拟的国共两党合作抗日的共同纲领，蒋介石等虽然多方延宕刁难，企图限制中国共产党和红军革命根据地的发展，以达到其"溶共"的目的，但也不能不在原则上承认国共合作抗日，并同意红军编为三个师四万五千余人。

这种谈判业经国民党文件证实。《大事长编》即有："电西安顾祝同主任，指示与共产党周恩来谈判要点。最要注意之一点不在形式之统一，一国之中不能有性质与精神不同之军队。简言之，要其共同实行三民主义，不作赤化宣传工作，若此点同意，其他皆可商量。"（1937年2月8日）

在此之前蒋已于1月31日指令发给八路军津贴每月十万元至三十万元，《大事长编》更叙及蒋于3月26日在杭州及6月8日、10日在庐山三次接见周恩来证实他自己参与两党谈判，所以联合战线已在"卢沟桥事变"之前粗具规模。其唯一逻辑上之用场即在对付日本，因此永定河畔之午夜枪声不论，蒋介石已接受到"西安事变"之前之后的压力，除非他出面主持对日作战，他在内外领导的力量都会成为问题。

"卢沟桥事变"由于日本驻屯军在夜间演习时一名士兵失踪而产生。要是过去类似情事重见叠出均被日人用以称兵而作为提出要求之借口，则此次事件更为特色。1937年7月7日夜10时30分演习时据称有人向日军实弹射击，中队长立即停止演习集队点名，此时发觉一名兵士失踪。虽即据日方记录此兵士志村菊太郎已于二十分钟后归队，但只因此事已向上级报告，于是上下混同，无人认错，立意要追究实弹射击之由来。全大队已得有联队长之许可开始向永定河岸中国军之阵地攻击，企图捕俘作证，以作交涉之借口，并于天明前要求入宛平检查。战后在东京国际军事法庭之被告证人则称向日军射击者为"学生"、"第三者"、"共产党人"。

蒋介石在7月19日发表他的"四点最低立场"时即已提及："这次'卢沟桥事变'发生以后，或有人以为是偶然发生的，但一月以来对方舆论或外交上直接间接的表示，都使我们觉到事变的征兆。而且在事变发生的前后还是传播着种种的新闻，说是什么要扩大塘沽协定的范围，要扩大冀东伪组织，要驱逐第二十九军，要逼迫宋哲元离开，诸如此类的传闻不胜枚举，可想见这一次事件，并不是偶然，从这次事变的经过，知道人家处心积虑谋我之亟和平已非轻易可以求得。眼前如果求平安无事，只有让人家军队无限制地出入于我们的国土，而我们本国军队反要忍受限制，不能在本国土地内自由驻扎，或是人家向中国军队开枪，而我们不能还枪。换言之，就是人为刀俎我为鱼肉。我们已快要临到这极人世悲惨之境地，这在世界上稍有人格的民族都无法忍受的。"

既然如此，为什么在他7月8日的日记蒋仍用三个疑问号质询自己？

日记分两段。第一段又提出敌方行动包含两种可能性：一是敌军全面进犯，消灭南京政府之一切军事配备，席卷大陆。一是扩大塘沽协定的范围，增强驻屯军在华北的地位。在他看来，由日方主动而采取第一路线的公算不高。日方之着眼在不战而屈人之兵。当1936年夏日本借成都事件与北海事件要挟时，曾由驻华大使川越茂向蒋提及如此类案件不得完满解决，日本将占领青岛及海南岛。蒋即在当日日记里写出：

> 倭寇威胁间接甚于直接。若无卓识能力，鲜不为其所撼也。（1936年9月17日）

数日之后他与吴鼎昌、王世杰论外交，又留下以下之记录：

> 余始终认定倭寇此时尚不敢与我正式战争，不久彼必觅一回转之途径也。不过我早准备整个之计划，如战事一开，决为长期战争，以期最后胜利耳。（1936年9月25日）

日方之企图似在巩固华北之地位。蒋介石在《敌乎？友乎？》

（1934年12月）文中推测日本之真正敌人为苏联。其所以在华北孜孜经营者，旨在保持侧背之安全。而蒋亦无意为俄打先锋，而希望在日俄冲突之过程中发展中国之实力。在这大前提之下，只要对方不强迫其承认满洲国，彼亦愿意将此东北问题搁置不谈，但须日本保证不再侵犯中国之领土与主权，并取消塘沽协定，此亦即他与川越谈判之基本条件。一年之前他曾写出：

> 在中立原则上而不妨碍倭之抗俄程度以内与之谈判。
> （1936年3月3日）

"西安事变"之后此情形已不可复再，但他仍提醒自己："而最要者，在使共党明了中国抗日须以中国为本，而非为其他国家抗日也。"（1937年6月1日）直到"卢沟桥事变"之前夕他仍未放弃"全师为上"之宗旨。他的日记里有此一段：

> 中国应具必战之决心而后可以免战，必如是乃得达成不战而收复失地之目的。（1937年7月1日）

至此距事变只六天。以后看来，无论对内对外，此种公算均极渺茫。只有7月8日日记之最后一句"决心应战此其时乎"才切合事实。所以写下这段之次日即7月9日，他命令孙连仲等所属之四个师开往华北，向保定等处集中。

第二次世界大战之中的中日战争包含着不少的特殊情节。中国最高统帅在日本受过入伍生的训练，在其部队里当过兵。他的助手像何应钦、黄郛、张群、熊式辉和蒋作宾等，均对日本有深切之了解。对方日本无此现象。中国为被侵略者，内部组织松懈不全，但反有一个主帅从前至后主持，日方缺乏同样之对手。而且日本之注意力完全着重短期间之优势。蒋介石虽说在局部的争执中经常对日容忍退让，他在公私场合中却又一再提出：他要和日本交手的话，必为长期间大规模的战争。可是这立场从未为日人重视。远在 1933 年 4 月 12 日在南昌主持军事整理会议时，蒋即已提出：

> 所以我们如果采取一线配备与之一次决战的抗战计划，就是所谓孤注一掷，一败之后将永无复兴之望了。因此我们现在对于日本只有一个法子，就是作长期不断的抵抗。他把我们第一线部队打败之后，我们再有第二第三等线的部队去补充；把我们第一线阵地突破之后，我们还有第二第三各线阵地来抵抗。这样一步复一步的兵力，一线复一线的阵地，不断地步步抵抗，时时不懈，这样长期的抗战越能持久越是有利。若是能抵抗三年五年，我预料国际上总有新的发展，敌人自己国内也一定有新的变化，这样我们的国家和民族，才有死中求生的一线希望。

这话讲在"卢沟桥事变"之前四年，虽说蒋在开战时尚无从完成他理想上的准备，以上要领却已构成八年抗战之决策，包括迎候国际环境之变化。日方缺乏如是一个全盘作战之概念。即以智囊见称之东条英机，在 1937 年 6 月 9 日犹在参谋本部建议："以支那民族性而论，日本方面如对国民政府进而谋求亲善，则只会增长其排日侮日态度；反之，却宜有给予之一击的必要。"所述口头亲善必更引起中国人之反感，反足以鼓励排日运动，非不真切。此段言论之弱点在其忽视问题之严重性，亦即未曾看透"一击"可能产生之后果。

林三郎大佐曾在 1940 年间任日本大本营内之苏联课长，后又主持动员。他所著书称《太平洋战争陆战外史》（此间根据英译称《皇军》，即 Kōgun），内中说及"卢沟桥事变"前日军计划注重对苏联作战，虽然向苏进攻时须同时应付中国，但参谋本部并未准备实际与中国军作战，不过预定以两个至三个师团兵力占领平津一带，一个至两个师团占领上海及其周围，另一师团占领厦门、福州、汕头。以上最多不过六个师团。（战事结束时，在中国战区之日军包括越南北部共三十六个师团又四十一个旅团）1936 年由参谋本部作战课长石原莞尔所拟对天津驻屯军之训令，犹嘱其训练官兵时应以苏联为对象。及至战局展开，参谋本部仍以永定河为进兵之限度。淞沪战事展开之后，大本营（成立于 1937 年 11 月 17 日）则以南京为最后之目标。直至次年徐州会战之后，方始放弃所有局部化及不扩大之政策。

当卢沟桥之消息传至东京时，首相近卫文麿、海相米内光政、次官山本五十六与外相广田弘毅均以为此事系陆军制造。近卫组阁至此才一月。当初他确有和平为怀之趋向，也称不扩大、就地解决，但已无从掌握全部局势。林三郎书中提及："这不扩大的政策亦不彻底，日本政府、军部、及驻屯军内各有强硬派。他们坚决的相信，日本应利用这机会给中国以打击。"军部之扩大派在事件消息传来时即在草拟增兵计划。7 月 11 日驻屯军已与第二十九军（宋哲元）成立协议，但同日获得孙连仲部北上消息，东京之五相会议（首、陆、海、外、藏）仍发表向华北增兵之公告。至 7 月 27 日指令出动之军队有关东军两个旅团、朝鲜一个师团、日本本土之三个师团。这样的兵力不仅远逾条约之范围（义和团肇事后，各国协议日本得在平津及秦皇岛间驻兵二千六百人；1936 年日本擅将之扩充至六千人，此次增兵已近十万），尤与驻屯军保侨自卫之宗旨全不相侔，于是大规模的战争已不能避免。

近卫为日本贵族，年轻时提倡个人主义及社会主义，主张国际间之正义及和平，虽在"九·一八事变"之后开始与右派政客接近，至此犹负有"新人近卫"之名。及至派兵往中国，战局展开后，则数度发言"膺惩暴戾支那",打至其"屈膝"为止。战后被盟军列为战犯,在将被逮捕之前举枪自杀。

7月16日蒋介石在庐山召集全国知名之士一百五十八人举行谈话会,次日又有中共代表周恩来、秦邦宪与林伯渠的参加。蒋发表的谈话以后见诸文字,内有:

> 战事一起,则地无分东西南北,人无分男女老幼,均应抱定为国奋斗之决心,与敌作殊死战。如有中途妥协与丧失尺寸土地者,即为中华民族历史上之罪人。军人守土有责,虽战至一兵一枪,亦必与敌抗战到底。

18日他提出对日交涉之四个条件为:
（一）任何解决不能侵害中国主权与领土之完整。
（二）冀察行政组织不容任何不合法之改变。
（三）中央政府所派地方官吏,如冀察政务委员会委员长宋哲元等,不能任人要求撤换。
（四）第二十九军现在所驻地区不能受任何约束。
前面一段读来如誓辞,后面四条有如"反最后通牒",亦即不待敌方提出,先已将其想见之要求代为列举,并以四个"ない"斩钉截铁地拒绝。7月19日再将这些文件全部公布。
中国被逼而应战,但是这一纸文书却与宣战相去不远。蒋介石作此宣言,当然也知道对方极难含默承受。其症结不在文中之是非曲直与国际法,而在东京之政治气候。1930年间,日本已被陆军中激进少壮派及右翼团体包围威胁,举凡主张公平持重之政治家、坚持稳健保守之理财者、约束军纪之将领均经先后被刺杀,其压力及于文化界教育家及实业家,舆论亦只能支持急进政策,所以也缺乏转圜余地。近卫之以强硬言辞鼓励对华军事行动，广田之标榜三原则，日后使两人同以战犯之名目殒身，山本五十六反对对华战事不得，成为珍珠港奇袭之策划者，终至"机上战死"，都只表示当日日本国策已被实力把持，不容刹车。

蒋如果此时对对方政府负责人具有同情，则不见于当日之文墨。只是"卢沟桥事变"扩大后双方不宣而战，又五个月后南京弃守，与蒋接近之《大公报》主笔张季鸾在上海租界内邂逅日本驻华大使川越茂。川越对张言及要救日本即救不得中国。张以此口语传告蒋，给蒋印象至深。又五年余，他在日记中犹提及此语，有云：

> 在我军由南京转进后，季鸾在沪遇倭驻华大使，彼语季鸾曰："今日欲救日本，即不能救中国。"其意此时若放松中国就不能救日本。当时吾闻之悲惨无已，终身莫忘，可知倭国文武皆以为非灭亡中国决不能求生存，其愚昧至此，乃有今日之遭遇。故倭之亡国，咎由自取，要无足惜。然吾人不能以此为恨。吾人心志与怀念，实苦无法挽救今日倭国之危亡也。无如若欲救日必先自救。自救即所以救彼乎？思之怅然！（1943 年 9 月 24 日）

此已是抗战后期事。在他发表庐山谈话时，只加入这样一段："这四点立场是弱国外交最低限度，如果对方犹能设身处地为东方民族作一个远大的打算，不想促成两国关系达于最后关头，不愿造成中日两国世代永远的仇恨，对于我们这最低限度之立场应该不至于漠视。"

当日之日记则有：

> 政府对和谈表示决心，此其时矣。人以为危，我以为安。

不畏鲸吞，而怕蚕食

立意既定，无论安危成败，在所不计。对倭最后方剂，惟此一著耳。（1937 年 7 月 19 日）

从这几句话里看来，他并未认为和平的希望已完全断绝。此际他所发的仍是"和谈决心"，而不是宣战宗旨。他所谓最后方剂，也仍是引用《书经》里所谓"药勿瞑眩，厥疾弗瘳"的解释，亦仍望在不择手段之余有起死回生之功效。

然则这也不过是寄希望于万一。写下上段之后，他又接续地记出：

谈话稿既发表，只有一意应战，不再作回旋之想矣！（同上，1937 年 7 月 19 日）

他所谓不再作回旋之想，乃是策励自己不要再作回旋之想，并非早已不作回旋之想。抗战关系国家之生死存亡，他自称中国为弱国，早已洞悉两方力量之悬殊，即是应战此决心亦不容易遽下。

一周之后他又再度写出：

自昨夜至今晨九时，倭向廊房我三十八师攻击，申刻又在北平广安门挑战，是倭必欲解决冀察与宋哲元部也……（以上代字号照《大事长编》原文）兹既遭此必不能免之战祸，自当一意作战，勿再作避战之想矣！（1937 年 7 月 26 日）

在这一周之内，他已经过看来好像是再三反复的阶段。派往华北的军队亦只驻在保定与沧州，再未前进。这一方面固然由于他希望获得国际同情，不愿主动地扩大纠纷。他在 7 月 16 日尚且邀请英国驻华大使许阁生（Sir Hughes Knatchbull-Hugessen）出面调停，提议彼此停止增兵，但无效果。另一方面则由于宋哲元部态度不明。

宋哲元为冯玉祥旧部，虽在中原之战后归顺中央，并参加1933年之长城战役，但在军令军政各方面始终保持半独立之姿态。"卢沟桥事变"发生后，蒋曾三次电令宋哲元移驻保定，宋均未遵行。蒋所获得前方消息，全系戴笠（军委会调查统计局科长）之密报。宋在7月24日由熊斌（参谋次长）带回之书呈尚称："刻下拟请钧座千忍万忍，暂时委曲求全，将北上各部队稍为后退，以便和缓目前，俾得完成准备。"三日之后局势不可收拾，他才电请中央军"星夜兼程北进"。而同时期内，蒋予第二十九军之训示亦有前后矛盾之处。迄至7月26日蒋写下"勿作避战之想矣"时，日军已完成准备，决定于次日拂晓前发动总攻击，先占领北平次及于天津。

所以七七抗战之决心包含着许多复杂因素，牵涉内外远近。表面看来全由蒋介石一人作主，其实不然。而且蒋所表现之矛盾牵涉到不能由他全部控制之因素。

自卢案发生，至日军于7月28日向南宛发动总攻击，当中约二十日。这二十天内蒋之态度可谓极端坚决，又仍离不开内在之犹豫。除因身不自主之外，此间出入也不可能与蒋介石本人之情绪无关。自"九·一八事变"之后，他一直称日本为"倭国"；在被日人一再凌辱时，他曾产生对彼等深恶痛绝的态度。可是他又始终保持个人对日本精神之敬佩及与若干日本国民人身上之好感。抗战后期，1944年1月10日，他在重庆对青年军第一团从军学生训话，讲到1901年他在本州北部新泻县为入伍生时，时值地冻天寒，但所有的士兵仍要在清晨到马厩里以稻草擦马，一直擦到马的血脉流通，而擦马的人自己身体也发热出汗。接着说："这是我生平最大的学业，到如今还觉得以苦为乐不惧艰险的精神，自认完全得力于此。"

对这种经验的感激与留恋，不足以改变或束缚对日抗战之决心。可是以最高统帅的身份对这样的一个国家同形宣战，则免不了胸中的块垒起伏。我们知道蒋介石虽极端以纪律约束自己，也仍是一个极易情绪激动的人。从上面张季鸾与川越茂的故事看来，我们知道他情绪之起伏足以影响到他写日记时之态度。

另一方面他对史达林一直不存信心。对日抗战则必联俄。当时苏联提出签订互不侵犯条约。蒋在其日记里写出：

> 苏俄之外交诡诈无比。如苏俄先与我订立互不侵犯条约，借以威胁倭寇，亦要求倭寇订立互不侵犯条约，而作固守中立之计，此亦不可注意也。(1937年8月1日)

蒋介石原望日俄开战，中国中立（详1936年3月3日日记）；现在的局势则是中国与日本进入长期的战争，苏联中立，史达林观望。蒋介石对这事态的发展也不能无介于怀。

在7月8日卢沟桥的消息传来时，蒋介石立即感觉到他自己仅有可能的行动及其长期之后果，总之就无可规避。但是在决策的当头仍有很多侧后之顾虑及牵挂，这也怪不得当时的日记引用了很多肯定的语气，却又穿拖出来不少的疑问号。

白修德在抗战期间初为中国雇员，在重庆国际宣传处工作八个月，尔后继为《时代》周刊之客串记者，终为特派员。他的报道，常将中国在世界潮流中落后，希图赶上的过程中，各种因素脱节而不能协定的窘态，视作各个人有心之过失或道德上之亏损；也常将旧社会之习惯解释而为现代中国人之人身性格。所以他把抗战期间很多不如人意的地方，归咎于蒋委员长。除此之外，他提供的事实却也表现他身入其境，观察犀利。他对蒋在7月初至8月中旬的决策有下面一段综合的叙述：

> 蒋注视着日人初期在华北之活动，不能下决心。在这一

个月内，他出入于两端：还是决心作战，还是承认中国之积弱不如人。可是主意既决，他着意抗战时，他采取了一项办法，将日人野心所构成的圆滑军事政治体系拖垮。日人满望在北方打，到南方来谈判。蒋选择了一个全民抗战的办法，引导敌人到长江下游他自己方寸之地应战。这区域接近他的内部基地，他的部队已在此集中待命。

此即是"八·一三"上海战役之背景。触发战役之事件至今尚不能全部解释。8月9日，有日本海军陆战队中尉大山勇夫与一等兵斋藤要藏二人驾驶黑色汽车往沪西虹桥飞行场侦察，与该处中国保安队冲突。大山杀死保安队员一人，保安队亦将大山与斋藤射杀。

在1932年"一·二八"事件之后，日方即在公共租界北四川路底建有防御性之"大日本海军特别陆战队"营房，以钢骨水泥构成，下有地道，俨如要塞。11日后，即有日军舰十余艘泊吴淞口外及黄浦江内，陆战队之三千余人亦增至七千余人，但日方仍称事件将不扩大。

但如日本海军企图制造事件，扼守控制中国海港，则中国方面已采取主动。当8月13日战事开始时，蒋立即指令第五军之三个师向日驻军攻击，内第八十七及八十八两师曾在一·二八战役与对方交锋。显然中国之采攻势出于敌方意外。8月14日之《纽约时报》载有如下8月13日之东京通讯：

> 上海局势之展开，将强迫日本政府考虑在中国两个前线作战。虽说大山勇夫中尉之被杀，有如"卢沟桥事变"，事前无法逆睹，此事却给中国政府一个机会去搅乱日本在华北的战略。

蒋日记内无对兵力部署之详细记载，但恰当此时提出："对倭作战，应以战术补武器之不足，以战略弥武器之缺点，使敌处处陷于被动地位。"（1937 年 8 月 13 日）此段可以证实《时报》及白修德所云蒋在上海采取主动，使对方无法避免大规模的战事即迅速达成在华北作战之目的。

《纽约时报》并且说起上海有日侨五千人无法将之弃置不顾，日本从华北抽兵亦不可能，增兵上海则其兵力必相当得大，方能应付蒋所部受过德式训练之精锐。当日东京的电讯并已包括下列之揣测：

> 此间极端的猜疑南京政府已决计将日本卷入华中战事之中，以分散其兵力，并增加其对各国产生纠纷之可能。中央军已有三师在上海，其他部队原以为拟调华北者亦在上海移动中。此间猜测中国迁都武汉之行动业已早在进行之中。满载文书档案之轮船数艘业已离京，现在扬子江之途中。

蒋介石选择在淞沪地区作决定性的战斗，基于数个不同的原因。当五年前一·二八战役展开时，他名虽下野，实际仍在幕后调度主持。自此他深以为利用当地河流湾汊中国方面之劣势部队可以抵挡装备优势之敌人。淞沪战役一开，增援部队调自广东、广西、湖南、四川、江西、浙江各地比较适用于江南，而淞沪地区也得有后勤的便利，尤接近他自己的空军基地。上海是一座国际都市，他希望将中国抗战精神影响到国际视听。但是除了这一切之外，他最重要的目的还是要强迫日本和中国全面作战，不给予东条英机所谓"一击"之便宜，亦即否定日人以短时间局部优势所获得战胜之成果。

这种战略上之用心已由他在"七七事变"之前之后不断地说出。其提到中国则"所畏不在鲸吞而在蚕食"（1937 年 12 月 16 日《南京撤退后告全国国民书》，以后在八·一三周年纪念《告战地民众书》

又再度提出），对日本说则"常备兵总额十七个师团全部调来尚且不敷……至此必征调及后备役与预备役，如此则日本就是与中国正式作战。与中国正式作战，就不是我上面说过仅仅控制中国北方范围以内的事……"（1934 年 12 月，《友乎？敌乎？》）

说来也难能相信，他所说在本国及日本印象浅，倒影响到海外传媒。美国《时代》周刊在八·一三后专辟一栏上载中国领土四百余万方英里之数下载本周之前被日本占领若干方英里，本周又续占领如是若干方英里，以托出蚕食与鲸吞之意义。

战后蒋纬国著文称，抗战初起时乃父顾虑日军立即沿平汉路南下，所以一面在北方给敌侧后威胁以分散其兵力，一面将本军主力集中于华东地区强迫对方将主攻方面由南北轴心改为东西轴心。

淞沪地区之攻防战，国军不能算是尽到战术上之至善。最初一星期，蒋使用三师兵力企图在敌陆军增援之前歼灭其海军陆战队，并占领其在闸北之据点。战事开始第一日即有第八十八师旅长黄梅兴阵亡，可见得战况激烈。攻者虽占领敌外围阵地，并一度迫近其要点汇山码头，终因火力不如人而攻击顿挫。战后日海军陆战队营房为第三方面军接收，此建筑物上凡经枪炮损伤之处，虽经日方修葺，但其弹痕仍特别留出标示，以作历史例证。观者可以看出，命中之处虽多，而所用非重兵器，不能尽摧毁歼灭之效也。此亦为今后八年国军作战之最大弱点。

第二星期，敌第三及第十一师团已在沪北吴淞一带登陆，国军亦增援四个师，仍企图争取主动，于 8 月 24 日发动总攻击，旨在消灭敌桥头堡阵地，亦未能见效，以后攻击只能采取夜袭方式。

淞沪战役历时约三个月，正面敌军有六个师团及附属部队，亦曾发动总攻击四次，阵线移动一般在五公里之内，所以寸土必争，双方死伤惨重，国军所受损害又远逾于对方。此为八年抗战中唯一一次之大规模的阵地战，今后再无类似大部队集中于一个小地区作战之事例。

在此期间，蒋介石虽亦顾及华北战事，但其主要注视力则集中于淞沪战场。自 8 月 20 日之后即自兼第三战区司令长官，下辖江浙，并曾四次往前线视察。

据参与战役之官兵云，此期间最令人恐惧者为敌炮弹。国军阵地几全在敌海军炮射程之内，敌之野战炮即可以全部支援步兵。9 月之后，国军空军即因损失惨重，只能在夜间出现。德顾问法肯豪森（Alexander Von Falkenhausen）8 月 29 日之报告已谓战地制空权全在对方之手，所以日炮兵观测员可以用气球鸟瞰国军阵地，国军之整个部队牺牲者，有 9 月 7 日宝山失守时之姚子香全营六百余人，9 月 18 日又有秦庆武之全团殉难，其他部队之死伤一般均在一半左右。

战后何应钦称："此一时期淞沪会战国军表现最为特出。日军先后使用兵力达二十万人，持续进攻历时约十周之久。国军以劣势装备凭血肉之躯拼死抵抗，每天都要增援一两个师补充伤亡。十周之内我军消耗竟达八十五师之众，伤亡官兵三十三万三千五百余人。"

从现已公布之蒋日记看来，淞沪地区作战无全盘计划。最初蒋希望以优势兵力消灭敌之据点，此计未酬，他即下令严守 1932 年第五军及第十九路军在一·二八战役之防线，逼近黄浦江西岸，此阵线被突破，他再扼守罗店、大场、蕰藻滨之线，距原阵地仍不过五至十公里。凡此在精神上不与不放弃"寸土尺地"之原则背离，他从未作敌方可能使用之兵力及进攻目标之判断，本军防守期间之预计，全面反攻计划，次一步之战略防御，和总预备队之区处与控制。从日记文字看去，这一切均未经考虑。

有如：

自二十三日倭寇在狮子林、小川沙镇与张华滨各处强袭登陆以后，我六十七师进攻川沙不利，罗店为敌占领，吴淞

　　　　　　　黄仁宇全集·从大历史的角度读蒋介石日记

线又被突破，我军遂转入被动地位矣。（1937 年 8 月 31 日）

日记内无争取主动之表现。

及至左翼胡宗南之阵地被突破，他又写下：

我抗战决策既定，沪战虽稍有不利而心神仍泰然也。（1937年 9 月 8 日）

也仍缺乏次一步之打算。

即使阵地被突破他也只能施行局部之逆袭，谈不上反攻。如是坚持近三个月，终有 11 月 5 日对方新组成之第十军下辖三个师团在杭州湾登陆成功。此举显然出蒋意外。前述德顾问 8 月 29 日报告，尚主张"长期抵抗宜永久依托上海"，并指称日军企图在江浙各处登陆，不过佯动性质，其目的在"转移我视线，使我向各该处分遣兵力"。而蒋自己更沉湎于敌方"常备兵总额十七个师团全部调来尚且不敷"之一观念，不料日本动员立即及于预备役，在江浙地区可能使用之兵力达三十万人，凡第一〇一师团及第一一四师团之番号均为常备役之所无。所以蒋介石在上海地区集结兵力迎战，可能出敌不意，而敌之对策亦出蒋之不意。

敌方在金山卫登陆之后，蒋之反应见于次日日记，有云：

保持战斗力持久抗战与消失战斗力维持一时体面两相比较，当以前者为重也。（1937 年 11 月 7 日）

这一段更暴露他缺乏预筹战略上第二线防御之计划。如有此计划，此间之体面问题根本不应考虑，撤退已毋庸踌躇。

日记更有一段：

苏州河南岸以兵力使用殆尽，不能不令撤退，但并非为金山卫登陆之敌所牵动。惟借此战略关系，使敌知我非为力竭而退，不敢前进，此乃于将来战局有利也。（1937 年 11 月 8 日）

源于他自己所谓积极想法，蒋介石经常在失意时安慰自己，有时不免在日记中自圆其说。此时他希望对方将他的总退却看做侧翼行动之后果，而并非正面实力不支。其实此间区别，亦甚难蒙哄熟练之军事家。倒是今日我们看来，更可以窥见当时主帅蒋介石未及考虑情况尚在彼掌握时自动后移进入第二线阵地，利用有利地形及生力军抵抗，而必候至山穷水尽时被迫后撤。

总退却令于 11 月 9 日下达，此时敌军已迫近淞江，于是国军整个崩坏。《李宗仁回忆录》有云："各军仓皇后撤，加以敌机日夜轰炸，人马践踏，秩序大乱，大军数十万竟越过钢筋水泥所建的苏嘉国防线阵地而不能停足。阵地上虽有坚固的堡垒，退兵因一时找不到钥匙，不得其门而入，竟一一放弃，溃退之惨一言难尽。"

其实"找不到钥匙"亦不过是奔溃时官兵支吾之辞。大兵团在敌前退却，为军事上最高度及最难能的技术。即是训练成熟之部队，素质一致，彼此有信心，也须绵密地部署，经过演习，方能希望行动不脱节，维持必要之秩序，断无在不执行伴动，不指定掩护阵地，不派遣收容部队，不部署通信联络，和不预筹兵站补给之情形下达成期望。从蒋介石日记及其他有关文件看来，以上各种举措可能全未施行，即有执行亦不过挂一漏万。

日军登陆后施行大小迂回，占领嘉兴、淞江，又以汽艇横渡太湖，直逼溧阳，更以一部兵力出安徽，经由广德、宣城及芜湖完成其对南京之大包围，蒋对此出奇制胜之策划不表示惊羡，反以轻蔑态度在日记中写出：

倭军所惯用者为奇袭与包抄而已！（1937 年 12 月 6 日）

这种矜持的态度也只表示其缺乏对策。

日记表示蒋个人倔犟不服输之个性，但不能表示其思想绵密与逻辑上之前后一致。日空军曾以飞机九十四架分五批轰炸南京。蒋当日日记云：

敌寇以为反覆轰炸，可以逼我迁都或屈眼，其实惟有增强我抵抗之决心而已。（1937 年 9 月 25 日）

然则不出两月国民政府即于 11 月 20 日正式宣告迁都。

蒋于 11 月 24 日委任唐生智为南京卫戍司令长官，此时即已准备离京。他又于 26 日谒辞总理陵寝及阵亡将士公墓，当日全未向外宣布，只在日记内写出：

南京孤城不能守，然不能不守，对国对民殊难为怀也。（1937 年 11 月 26 日）

翌日又更加上一节：

对上对下，对生对死，对艰难缔造之首都实不忍一日舍弃，依依之心不胜言矣！（1937 年 11 月 27 日）

这些情绪彰显着蒋介石是一个宗教性格浓厚的人物，可是另一方面也证明他的作战计划缺乏纵深。李宗仁说及唐生智受命之前，蒋曾召集高级将领及德顾问讨论南京应防守或放弃。如果在淞沪地区作战近三个月，而对南京的防守与否全未作过实切的计较，即不能说是顾及周详。推而论之，我们可以想见其未预料敌侧翼行动，无打算在苏嘉国防线的抵抗，以及过度重视淞沪地区守土的重要，前后如出一辙。

写过以上各段之后，蒋介石又并未即离南京。他的解释为："余能多留京一日，则国家与人民及前方军队，则多得一日之益，总理与阵亡将士，亦多得一日之安。"（亦 1937 年 11 月 27 日）此后又逗留十日。12 月 5 日，他尚且往南京正东二十公里之汤山对守城部队训话。当时正面敌军业已逼近。至 7 日清晨他始乘飞机离南京，驻节庐山。南京于 12 月 13 日弃守，蒋于次日抵汉口，此时他曾体发高热。

南京之弃守，距淞沪战役之展开刚四个月。唐生智就任南京卫戍司令长官时，即对外国记者宣布与南京共存亡。但在日军合围即将完成之际，已准备火车一列在浦口待命，准备向徐州出走。他在 12 月 12 日午后 5 时集合各军长宣布"突围"，当夜与司令部人员五百余人弃军渡江。至次日日军入城时，附廓各部队均不知都城失陷，犹在零星抵抗。国军之机密档案称："我军除一部击破敌之抵抗突出重围外余皆壮烈牺牲。"

当日属于卫戍司令长官之部队有十三个师之番号，虽各师缺员，再加教导总队、宪兵、警察及特种兵等应有十五万人左右。所谓突围大都均未成功。只有第六十六军之两个师向东出走，反能逃避日军监视，以后辗转进入江西、浙江边界。

唐生智逃脱后，呈蒋报告，归咎于蒋"嫡系"之第八十八师，谓该师溃兵于 12 日由城南向北之江滨出走时，局面即不可收拾。实际该师自沪战以来已死伤过半，12 月 12 日城南雨花台战役，第八十八师之旅长二人又先后阵亡，师长孙元良以后化装为平民方始得脱。

从唐生智之报告看来，他部署未定即仓卒应敌。卫戍司令未能控制总预备队，少数敌兵入城内时无反攻计划，尤无撤退及突围区划。他所谓部下补充新兵，兵员过多，以致官不知兵，无从掌握，想亦是实情。

据经历当日情况人员之回忆：及至13日黎明，南京江滨下关一带已挤满散兵及难民，秩序紊乱。以后只有各人寻觅门板木片水桶各物浮游过江，水中淹死复不知凡几，在城内外被日军俘获即惨遭屠杀。与平民同遭罹害者始终无确切统计。一般估计在十万以上，有称多至三十万人者。各部队官兵能得生还者亦无从查考，数月内后方各大城市之报纸仍有刊载之广告，指示各部队官兵归队之出处与办法。

南京之灾害摆在淞沪战役大规模之牺牲，及沿京沪路仓卒撤退之后，国军所受损害极端严重。有德式装备之部队八万人，经过淞沪战役即损伤五分之三，下级军官死伤超过一万人。若干炮兵及工兵器材以后始终无法全部补充。南京撤退时金陵兵工厂全部资敌，所有铁道车辆器材亦未及破坏。以后执行焦土政策，将长沙之木质民房扫数烧光，但南京失守时，各官厅之堂皇建筑则全部为对方利用，如外交部之高楼作为敌军总司令部前后八年。纵然当时此等等事迹已尽量弥盖，但其内容仍不断泄露。淞沪之攻防战损害过重，非中国可能担负，南京应早放弃，而不应作装饰门面之防守，此等错误日后为政敌用以攻击蒋介石之口实。史迪威及李宗仁均以此等等差池与过失，作为蒋介石不知兵之明证。

即是同情于蒋氏之读者，至此亦难为之解说，他不是已经说过对付日本不能孤注一掷，应当有第二线及第三线等阵地？他不是已经说过长期抗战越久越是有利？何以他自己不顾前言，作不较利害的牺牲，招致无从整补的损失，并且以"维持一时体面"构成作战之用意之一，因不避虚名而就实害？

没有人能替蒋介石一一解说，而且蒋介石是一个历史人物，他也用不着后人为之解脱。况且以上之缕述，有些确是蒋氏过失，由他自己承认。比如说淞沪之战约一年后，他在南岳军事会议即提出：

> 上海开战以后我忠勇将士在淞沪阵地正与敌人以绝大打击的时候，敌人以计不得逞，遂乘虚在杭州湾金山卫登陆，这是由我们对侧背的疏忽，且太轻视敌军，所以将该布防部队，全部抽调到正面来，以致整个计划受了打击，将士受了莫大的牺牲，国家受了无上的损失！实在对不起国家！（1938 年11 月 28 日）

其实所述错误不止于战场上之部署，而且及于对敌方可能采用之行动估计过低，他于 8 月 23 日将龙华及松江的部队抽调至沪西，此兵力亦不足抵御敌方以海空支援构成三个师团之强行登陆，看来他的错误仍是未曾预期敌方立即动员及于预备役，即德顾问法肯豪森亦陷于同样的错误，以为侧翼登陆无非佯动前已言之。

有时对方之企图亦无从全部判明。日方资料称，杭州湾登陆时仍只准备进展至苏州、嘉兴以东之线。但 12 月 1 日参谋本部发下"敌国首都南京攻略"之命令，引起近卫（首相）及米内（海相）之愤慨。其实日本部队已在发令前向南京进发，战后近卫文麿称其本人仅能在阅报时获悉日军出处。所以蒋介石未能预筹对策亦不足为异。李宗仁云，他在第一次在南京谒蒋，时在 10 月 13 日，蒋精神饱满，时作豪语，声称"要把敌人赶下黄浦江去！"当系对方尚未将事件高度扩大时之姿态。

当日蒋所仓皇集结之中国部队，亦不能由他一己作战略上及战术上至当之区处。我们如果先以为所谓国军在开战时，即为军令与军政整齐划一之兵团与部队，实为莫大之错误。我们从现实的眼光看去，只能认清先有抗战然后有国军，并非先组成国军然后抗战，将此关键前后倒置，我们才可以看出抗战实为历史上必要之阶段，通过此阶段中国才能真切地统一。

当时蒋介石日记即已隐若地说出此情节，有如淞沪抗战将近尾声时，日记中有此段：

> 此次抗战成败得失固难逆料，但统一局面必可因益见巩固。（1937 年 10 月 31 日）

此与我们所说，因着抗战蒋介石替新中国制造一个高层机构之说法，至为接近。

用此眼光倒看回去，我们可以认清 1937 年之所谓国军，非似其他国家之陆军，亦不似于对方日本之陆军内中常备役、后备役、预备役之人员器材全可以互相对调。此时之国军实为三个五个或更多国家仓卒组成之同盟军。李宗仁在他的《回忆录》里亦已说起，当卢案发生时，他奉蒋电邀往南京协商，此后李任第五战区司令长官，白崇禧为副参谋总长。然则彼等成行之前，仍有四川之刘湘及云南之龙云劝阻，他们以为蒋介石必乘抗战之名拘留李白，攫得广西，并及川滇。可见得内部缺乏团结及统一之情形由来已久。本文前提及明清帝国崩溃之后，实质上中国已不成为一个国家，最初只有军阀割据，蒋因北伐而消除若干军阀势力，因中原大战而构成中央与地方力量之大平衡，因"剿共"军事而更将中央力量渐推及于西南。此后因抗战而完成中国之统一。但蒋为盟主，其所代表者为中国人之一般利害（general interests），此与各人代表各地区之特殊利害（particular interests）者迥不相同（所以才称"不畏鲸吞而怕蚕食"）。但各人对蒋之猜忌，由于下层各种因素不易互相更换对调，亦为超过人身关系之产物。

　　蒋介石如何能诱致各地方领袖参加他主持的抗战？日记内无确切之说明。但其行动则极显然，最先只有将"嫡系"部队不惜牺牲地投入战场。蒋之嫡系外人称为"Chiang's Own"（此因英国国王王后有所谓"King's Own"及"Queen's Own"之部队而仿称），包括德式装备各师及机械化部队已是如此，此外教导总队原为筹备新军而设，数千人全部新式装备，而且其人员经过极严格之遴选，所有士兵身材限于一定之长度，全总队经过严格训练，以便为示范及储备为下士官之用，并为来日各军师标准化之基础。此时亦毫无留恋，立即耗用于淞沪及南京战场，以后始终无法恢复。我曾在各地说及，蒋之主持抗战，"空城计"之姿态有之，"苦肉计"之姿态有之，用语粗俗，但接近于事实。

　　日记不及之处，我们亦可参见当日来往文书。七七之后蒋致宋哲元各电，只表示彼此企图不明，不能互信。其原因则是冀察财政依然独立，宋等不尽受中央节制。及至平津失守，宋哲元等移退保定，蒋方于7月29日"兹特先汇伙食费五十万元以资接济"。因至此未突然失去其财政税收来源，中枢不得不立即照顾也。

　　即在淞沪战事吃紧之际，蒋致电余汉谋电讯一则，最能表现中央与地方之实际关系，全文如次：

　　　　广州余主任勋鉴：此次抗战凡参战部队死伤皆在半数以上，我六十六军以奋勇挺战牺牲甚大。中央同人同声奖赞。已调至后方整理修养，但兵员缺额太多，远道补充不易，中意由粤再调三师来京增援，请兄准在后方加练补充师两师，其经费可由中央担任。中央同人以兄部精强，急望多派部队参战，为我党国争光，而中盼望之切固不待言矣。立复！中正手启（1937年9月25日）

刻下无从查悉接电人之反应，但总之事关军令与动员无适当之程序可以遵循，甚至尚无省区间之协议，只得由最高统帅以私人名义央请。如此调来之部队，无法全盘计划使用，而且师与师之间编制装备训练亦不尽相同，其战法与素质亦可发生至大之差异。所以，集中使用于一个狭小地区，并非全无理由。如果遂行战术上之至当，应以各省杂牌部队吸收敌之火力，控制中央军之精锐为机动部队，候敌攻击顿挫，或其能突破我第一线防御时，从侧翼投入（此亦为半年后李宗仁在台儿庄取胜之秘诀）。但蒋介石无从采用。

初期抗战无争胜之可能，但对于鼓舞人心则收效极大。过去日本军人与浪人在各地制造事件，动辄责成中国当局不得有排日拒日之言辞与态度，此项压迫庐山谈话而被否定，由淞沪喋血而整个被推翻，郭廷以摘录国民政府迁都宣言文句，"各地将士，闻义赴难，朝命夕至，其在前线，以血肉之躯，筑成壕堑，有死无退"等语（1937年11月20日）为"所说毫不夸张"。这种精神不因南京失陷而灭杀。明年台儿庄战役（1938年4月）的过程中，云南部队蜂拥上前，企图以密集队形捕捉敌军战车，四川部队因军纪不佳而两个战区拒绝收纳，自惭形秽。这情景已与当初刘湘与龙云企图劝阻李白的疑忌，有了一日千里的距离。

因为中国无法凭本身的力量取胜，只有更希望获得友邦同情。当国军由上海以北向苏州河南撤退时，有所谓"八百壮士"，原为第八十八师五二四团之一营，由团副谢晋元率领占领四行仓库，表示死战到底，结果在敌后单独作战四日后，奉蒋命令退入租界。蒋当时日记云：

> 我军留守闸北之谢晋元团孤军奋斗，中外人士均受感动，且表示崇高之敬意，此与敌军野蛮残忍受世人之唾弃，两相

比较则不啻有霄壤之别，此战虽退，犹有荣焉。(1937 年 10 月 27 日)

直到不久之前各人之回忆录问世，读者方获悉此"孤军"系蒋亲自指派，其目的在将中国抗战精神表扬于国外，并在九国公约签字国集会于比利时布鲁塞尔时，引起国际注意。初拟留置闸北者，尚不止此一营，而为第八十八师全师，只因师长孙元良反对作此无益牺牲而罢。谢营作战四日后死三十七人，蒋亦改变心肠，命令其缴械退入租界。当时记入日记：

为主帅者，爱惜所部与牺牲所部皆有一定限度，今谢晋元团死守闸北一隅任务与目的已达，故令其为荣誉之撤退，不必再作无谓之牺牲矣。(1937 年 10 月 30 日)

此语证实各人回忆录之所述。

蒋及国民党之宣传政策过度炫耀，尤至抗战后期所说不能兑现，仍以一己之设想与希望，当做业已构成之事实，曾引起外界极端反感，我们以后当再提及。可是在 1930 年间，此同一政策却曾产生实际效果。涂克门书中称上海战役为"自一九一八年突破兴登堡防线之后全世界经历到最易目见，最经过宣扬，而且最为重要的一场战斗"。她又叙述说：

上海的防御战使全世界意识到中国［之存在］。一幅最富于人性的战场图片乃是一条无人的街道经过爆炸之后一个婴孩坐在［电车］轨道之间哭泣。新闻记者麇集在这戏剧之前。一天两次又有中国政府举行的新闻报道讲出许多英勇流血与惨痛的故事。中国被视为为民主而作战，其代表人物则为意志坚决的委员长和他出奇漂亮毫不畏惧受过美国教育的夫人。美国认为中国意志坚决,众志成城。这印象一经接受就已固定,不受从上海撤退时军事失策的影响,也不受空军犯大错的影响(此指企图炸日军舰时弹落租界死伤平民多人)……

此文结尾处带讽刺性质,已意味到美国人日后认为被骗之由来。但全段则表示,绪战时蒋确已在世人心目中造成良好印象。当日美国民意测验,同情中国者占百分之七十四,同情日本者只百分之二。涂文中提及各人印象初入为主,事诚有之,中国纵有差失亦能掩饰带过,但在背景上国军之表现慷慨激昂,具有实质。此初期印象,不足以立即改变各国对华政策或对日政策。只是有此印象,在日后改变政策方为可能。

国民党党史委员会所编《对日抗战时期重要史料》,容纳了淞沪战事期间蒋介石所亲拟的缄电,并附有经过他过目的报告等共七十三件。这批文书,补日记之不足,可以看出蒋主持战事之真情实况。它们证实蒋经常干预机微,甚至积参谋业务之文牍于统帅几案之上。其流弊所及,不仅可以使下属职责不明,而且足因衙门机关官僚习惯偾事。例如从这些文件看出:日军可能登陆于浙东海岸,太湖内之舟艇可能对作战有用,均曾一度在事前提及,但以后即无下文,终至纸上文章轻轻带过,日后战场上之将士即须付出代价,接受疏忽之后果。

可是如此互不衔接之事重见叠出,则又使我们猛省,此中弊病可能尚不只蒋之个人作风。如果国军并未构成一个军令统一之有机体,中国则不能在战前,即有一个类似于对方日本之大本营及参谋本部型之机构,如即有,亦不过装饰门面,纵或在"七七事变"后,仓卒凑合如是一个机构,亦难能具备掌握局面之功能与实力,推而广之，其缺陷尚不只在军中，而是国家与社会尚未具备对外全面作战之技术能力，亦无从动员。

蒋在各省抽调部队，以个人磋商激劝之方式行之，已如上述。其所发津贴各处不同，各部队到沪日期及沿途所需交通工具，则按路途远近及与中央之关系，分别责成交通部（俞飞鹏）、军事委员会第一部（黄绍竑）及侍从室第一处（钱大钧）就地办理。因皆临时到达，亦无从全盘计划，只能在到达后，由统帅指令分属于战斗序列。补充兵之征集，除由蒋介石以行政院长之身份手令各省主席在保安团队中每省抽调五千人外，又责成军政部长何应钦在大城市招募。特种兵之训练，在战前即由各特种兵学校如工兵学校、炮兵学校、交辎学校主持。蒋则兼任所有各该学校校长。至此由他手令各校教育长遣派所属。刚作战不久，从德国购得一部器材开始到达，有如口径二公分之高射炮六十门，已由蒋手令区处。此外电话线之架设、预备阵地之构筑、得力官兵之犒赏奖勉、尸体之掩埋，均由统帅亲自指示。

九国公约签字国在北京集会时，中国代表团之发言态度由蒋授意，此不仅因蒋介石兼行政院长，而且和战之关键又尽在其掌握也。沪战刚开火，有英军一营从海外开来，拟进入公共租界，亦须候蒋批可。

淞沪战事紧张之际，蒋曾手书宋子文以麻袋"交南市朱逸民五万只，南翔第六师转陈辞修五万只，其余三十万只皆运苏州交顾墨三兄可也。"（1937年9月24日）如是许多麻袋有何用场？视其下令日期及指定之交纳地点，似为准备填塞泥沙作为巷战之用，然则此项外置，不由军需军械人员筹办，亦不经参谋设计分配，即由统帅决定，麻袋又不在后方购买向前输送，而在租界内采办，似此种种举措均超过常情。主要原因为缺乏经费预算及交通工具，而此时宋子文则为资源委员会之副委员长，而又以中国银行董事长之身份，在上海外滩置有写字间，所购麻袋可以朝发夕至也。

又在沪战期间，国军发觉探照灯之重要，于是由蒋电令另一姻兄孔祥熙购买。此时孔正以庆祝英王加冕特使之名义，游说于欧洲各国，筹商借款，此项器材不难迅速取得。

只是类似公事私办之方式可以了无止境。以后在武汉作战期间，蒋又发出以下一电：

> 香港。中央银行孔秘书令侃：昭转三姨母，兄今到洛阳，约下星期二回汉。现在急需步枪三十万杆，每杆配弹一千发；自来得手枪三万杆，每杆配弹一千发；重机枪二万挺，每挺配弹一万发；法国迫击炮五百门，每炮配炮弹二千发；三生的七口径战车防御炮五百门，每门配弹一千发。请在港设法购办为盼。兄中正。寒午机洛。(1938 年 1 月 14 日)

此电已同样地发至孔祥熙。孔令侃之三姨母，即蒋宋美龄，时以养伤名义在港。值得注意的，采购单所列军火，非万吨莫办。须火车数十列载运，值价数千万元。在当日均为令人咋舌之事，而蒋以乡人进城托买衣饰鞋袜之姿态，通过家人行之。除非此电有意将内情外泄对敌威吓，应由历史家查考所需是否购得、如何付款交货。我们可以推断者，则历史家发现德国档案中有孔祥熙谀颂纳粹缄件，涂克门谓大宗中国政府公款转入孔令侃私人账户，似皆与采购军火有关。其症结则是，统帅权由蒋人身掌握，人身财政与人身外交与之配合亦事势必然。

上文说及蒋介石在南京谒辞总理陵寝之后，并未立即离京，又逗留十日。此中之一个关键，则是德国驻华大使陶德曼（Oskar Trautmann）调停和议。当蒋约见德使时，曾在日记内记出：

为缓兵计，不得不如此耳。（1937 年 11 月 29 日）

似对议和未具有任何希望，不过借谈判争取时间防卫首都。但既经与陶使接谈，态度已有相当改变。当日日记云：

联俄本为威胁倭寇，如倭果有所觉悟则济矣。（1937 年 12 月 2 日）

《中苏互不侵犯条约》原已在 8 月 21 日在南京签字，条约无联盟之实质，但有联盟之声势。而德意日则于 11 月 6 日在罗马签订 "反共公约"。迄至此时中德关系良好。纳粹德国立场，当然希望中苏关系瓦解，日本对华停战，以保持反共实力。从蒋日记看来，此项提议未尝不可考虑。他虽未言明互不侵犯条约可以取消，但如中日和议有进展，中苏关系转向，从以上日记言外之意看来，已是指望中事。

12 月 2 日，他曾向德使要求停战，并保证国民政府在华北之主权。在他看来此要求并不过分。日本侵华战事虽节节胜利，但亦已付出相当代价。陆军省军事课长田中新一战后发表之《支那事变记录》，述及至 9 月底上海方面之日军即已死伤逾一万二千人。中国军之战斗力及战斗意识已 "推翻了三宅坂（日本陆军省官衙所在）一向的判断"。蒋介石深知日本如预期对苏作战，不应亦不能持续在中国之消耗。

在离开南京前一日，蒋再记下：

倭寇对德大使所提调停办法，以我不能屈服，彼已决绝乎？（1937 年 12 月 6 日）

至此敌军已兵临城下，日记也不免带失望情调。

日方原望德国斡旋人向蒋提出对其承诺成立内蒙自治政府，在平津一带构成非武装地带，将 1932 年所订上海之停战地区扩大，使中国在此地区不设防驻兵，中国更停止一切抗日行动，共同防共，降低日货入口关税。此等等条件尚未获得正面答复，德使已传达蒋之反面要求，恢复华北主权，实质上需要取消塘沽协定。于是近卫阁议认为此不过"战败者无礼之言辞"，因之在坚持前项要求外，又加入正式承认满洲国，凡日军所至地区均属非武装地带，中国对日赔款三项附加条件。

此新要求由德国驻日大使转陶德曼，陶送中国外交部长王宠惠，由王转呈蒋，时为 1938 年 1 月 2 日，南京早已弃守，蒋驻节汉口。他的反应见于辞语："日方所提条件等于征服与灭亡我国，与其屈服而亡，不如战败而亡之为愈。"但为保持德使体面起见，外交部之答复仍非一口拒绝，只谓条款过于广泛，希望日方更详细而具体的解释。于是东京认为蒋无诚意议和，今后不以国民政府为交涉对手。

蒋日记中提及对日关系，续有：

> 此一星期中，自敌人借口于所谓宣战，否认国民政府，继续军事行动等等观之，对我威胁逼迫，可云极矣。顾以余视之，觉不值一笑。固无论其出如何举动，皆不能动摇我抗战之决心及胜利之信念。彼本未停止军事何谓继续。本未受有约束，何谓自由行动，此种外强中干，求和不得进退维谷之丑态，日益毕露，盍不早日觉悟，明言撤兵为计也。（1938年 1 月 15 日）

此一段有自圆其说、凭空辩论之姿态，也暴露出来东方人爱以道德解释一切事故的趋向，然则这也反映着蒋以写日记作为一种修养与施政之工具之实际表现。原来写此段时中国已面临极大的困窘。郭廷以提及，在此期间中国曾数度向苏联提议结盟或成立互助协定，均被史达林拒绝。《大事长编》除记载"中俄军事航空协定"于1938年2月7日签字，又蒋在3月9日接见苏联大使外，凡此期间对莫斯科之央请，均未提及。

蒋对苏联态度始终未脱离"苏俄之外交，诡诈无比"之一概念（1937年8月1日）。与日本比较，则"俄狡而倭暴，吾中华实处其中"。（1937年9月30日）即向史达林求援之际，蒋仍记出：

> 尤以对俄问题处理为难，盖国之祸患有隐有急。倭患急而易防，俄患隐而巨测也。（1938年1月1日）

自淞沪作战至南京的大屠杀之后，蒋介石所受到的羞辱与挫折，可以使多数的人肝胆俱裂，而且痛不欲生。开战未逾六个月，敌方已占领上海、南京、杭州、北平、天津、包头、太原、济南、青岛，看来打通津浦路已是指顾间事，而且国军从南京至汉口兵力不足，部署未定，白修德事后说来："要是日本人立即向内地进军的话，他们可能遇到最了不得的阻碍，恐怕也无逾于丛山与丘陵。"史迪威当时任驻华武官，他当日即写下："蒋介石不能放手。他呼吁全国，全国响应，现在他只能继续下去。"美国驻华大使詹森（Nelson T. Johnson）则在他的报告里提出："现下之中国政府无法媾和也无从坚决地作战。"

初期作战，没有蒋介石希望的打得漂亮，而国际间的反应更足令人寒心，向国际联盟的呼吁没有效果，九国公约签字国的会议，只有八国参加，日本只要拒绝出席，即可以推卸一切责任，使会议流产。日本飞机击伤英国大使，不足以产生事故，炸沉美舰也不足以构成事故。苏联之援助限于志愿空军及少量军火，仍须中国物资偿值，两方尚在猜忌之中。

蒋介石于1938年1月30日致罗斯福缄，缕列历史上美国主持正义的事迹，及中国感激受惠之处，希望美国物质上的援助，由驻美大使王正廷面递。而此时美国孤立主义的呼声正高，去信只赢得一个在"继续注意与考虑中"的空泛回答。德意两国已在京沪战役期间与日本成立防共协定，又先后承认满洲国。陶德曼调解不成之后，希特勒已准备禁运往华军火，召回驻华大使，并要求蒋介石之德顾问解约。

当时对中国局势悲观者，除汪精卫外，尚有陶德曼大使及史迪威上校。冯玉祥与法肯豪森可谓为乐观派，他们的乐观，亦不过相信中国仍能继续单独作战六个月。胡适认为中国是"一个中世纪的国家"，如此对一个现代国家全面作战发生怀疑。他主张保持对日接触的门径。

蒋介石写下"固无论其出如何举动，皆不能动摇我抗战之决心及胜利之信念"，今日读来平淡无奇，好像不过自言自语，要摆在上述环境之艰危的状况里去，才能使读者体会他在督促自己的心境。同样地漠不经心读去，我们也不能对他所说"盍不早日觉悟，明言撤兵为计也"感到有任何奇特之处，看来也仍是他个人的想法，与"战败者无礼之言辞"相去不远，直到再发觉以后日本因迫蒋介石讲和不得，确曾一度计划准备单方撤兵，才能了解此种顽健态度一方面出自蒋介石的天性，他能虽败而不服输，一方面也仍由于他确有一个对事的长远看法。

到武汉后，蒋介石的工作急切得有如主持军事会报，封锁马当，布置江防。从长远打算的有如改组军事委员会，他自己仍只称委员长而有大元帅之实，军委员亦只称军委会而渐有大本营之实。又重订战斗序列，计六个战区，内中司令长官三人代表原中央系统，三人代表省区军事领袖，下辖二十五个集团军及称前敌总司令部之部队。内总司令六人代表中央军，十八人代表各省区或出自原军阀部队，其他一人则为朱德，下辖中共部队称第十八集团军。此时由前方调至后方整训部队尚有二十六个师。1938 年 1 月之后，才明定"统一兵员征募及补充方案"，在九个省份内成立军管区，厉行征兵。一部杂色部队，如原属财政部之税警总团及各地之保安团队，亦升级为正规之步兵师。3 月 4 日，又决定再编练新军二十个师。一般人尚未看清：至此中国方谈得上初步的动员。以前纯不过纠集已有之部队仓促应敌。驻武汉又三个月后，蒋介石在他日记里写出："今我军事上整理渐有头绪，再经两月之补充，当足以应战无虞。"（1938 年 3 月 13 日）

从各种资料看来，蒋介石之能在此黯淡期间发挥其长处，端在其有气魄能将京沪地区之失败一笔勾销，决心重新做起。他在南京退出前已有各种伤感情调，有如上述，但也曾记出：

成败利钝，非所逆料，鞠躬尽瘁，死而后已。（1937 年 11 月 26 日）

又有：

今后当如何整饬军纪，整顿部队，补充实力，振作精神，此全为余一人之责任，顶天立地，旋乾转坤之事业，此其时矣。（1937 年 11 月 27 日）

唐生智在南京失守之后不久，报告称："比以待罪之身来鄂晋谒，反承温慰，并觉惶悚。"（1937 年 12 月 26 日）这几句话也表现蒋介石之大度。《大事长编》提及他于 12 月 30 日接见捍卫首都撤退来汉之军师长，询问当时作战情形，并未有任何追悔震怒埋怨责备之事。蒋又于1938年1月11日在归德召集团长以上军官训话，此当系李宗仁在《回忆录》里提及"共到师长以上军官八十余人"的会议。蒋当场讲出："尤其我做全军统帅第一个有罪过，我们对不起已死的官兵和同胞，对不起国家，尤其对不起自己的良心。"有了这样的决心与自责，他才不会被阴沉的气氛缠绵而不能自拔。

2月5日，他又将以前的《抵御外侮与复兴民族》的讲稿在后方各报纸发表。这是1934年7月在庐山军官团的训话，里面早已提及"古人所谓深沟高垒，虽不能守到两三年，至少也要固守一两个月，不能守一两个月，至少总要死守一个星期。我们虽无十分战胜的把握，然而一定要使他受到最大的牺牲。"其目的不是将对方打败，而是将之拖垮。这种战术被史迪威称为"待得久的得胜"（winning by outlasting），日后成为蒋史间人身冲突主要原因之一。不过在长远的眼光看来，确有实效。而且三年半以前所下决心，至此符合情景，所以蒋在其日记中又加一段：

抵御外侮与复兴民族讲辞发表后敌必对我恨入骨髓。彼梦想我屈膝之意可以休乎？（1938年2月6日）

《抵御外侮与复兴民族》尚有一段前已提及："如此虽然绪战失败我相信到最后必能得到一战成功，因为用这种革命战术，他要占领我们一省，至少时间就说是一个月，如其统计起来，他们要占我们十八省，至少要费十八个月，这十八个月时间，那国际形势的变化还了得？"至此他虽不时提醒自己不要依人成事，有如日记在1938年1月1日及1月3日所叙，但并未放弃对国际情势变化之期望。日记内不久即有此段：

只要我能抗战到底，则国际情势终必演变而日本终归失败也！（1938 年 1 月 12 日）

敌方未能保持以每月侵占一省的速率进攻，但是也确保持三四个月沦陷一省的态势。蒋于敌沿长江进攻汉口时曾写出：

今日长江之敌已入挂形（易攻难退之地）与险形之地矣！不知地形之不可以战，此倭寇之必败也。（1938 年 8 月 31 日，只见于《秘录》，不见于《大事长编》）

次日他再写出：

《孙子》作战篇云："胜则顿兵挫锐，攻城则力屈，久暴师则国用不足。夫顿兵挫锐，屈力殚货，则诸侯乘其弊而起，虽有智者不能善其后矣"，此倭寇之谓乎。（1938 年 9 月 1 日）

再隔一日所记则为：

《孙子》谋攻篇曰"敌则能战之，小则能逃［守？］之，不若则能避之。故小敌之坚大敌之擒也。"（兵力相当则与之对阵，占劣势则取守势，再不如则退却。能在弱小敌前逞强的兵力只会被强大的敌部队所俘获。）今敌既不能胜我（不战而屈人之兵），此其谋攻之失败，我为长期应战，度势量力，不与硬拼，敌终必为我擒矣！（1938 年 9 月 2 日）

当中第二段说到持久战对经济的损害。然则既能挫折日本，难道就不会拖垮中国？答复这问题，我们只得再度参考蒋在战前以笔名徐道邻发表的《敌乎？友乎？》一文。作者坦白指出，中国尚是一个在革命阶段组织未就遂的国家。其他国家有"土地、人民与主权"，中国则只有"主义、群众与领袖"。所以"占领了中国首都，不能制中国的死命"。甚至在"中国重要都市与海港全被占领时，在中国诚然将陷于极度的困苦与牺牲"，可是中国依然存在。

综合上述，我们可以断言蒋介石对日作战无全盘计划，只有一般概念。看来全面抗战不能避免，他立即对来日战场画下一个大轮廓。日记中有：

> 抗战最后地区与基本战线，将在粤汉、平汉两铁路以西。
（1937 年 11 月 13 日）

可是不能预作防御及全面反攻计划。实际上他在对三种趋势赌博：

一是因为中国之落后，可以无视于现代之经济原则，甚至可以不顾法制。纵使有形的条件被摧毁，仍有一个无形的中国在，所以比日本耐久。

二是以人口与土地论，日本数目字上的劣势。这种劣势之影响只有愈来愈明显。

三是日本侵略中国招惹了一个大规模的国际战争，打破了战前国际间的平衡，迟早会引起第三者干涉。

从以后的发展看来他的三项赌博，项项成功，但无一爽快利落地兑现，而是在纵横曲折之中通过无从预料的局面，多时凶多吉少，才突然柳暗花明。这种赌博，今日半个世纪之后我们看来犹有余悸。所以当时只能以意志力作主，不能按手头之资源计较，这也就是蒋介行所谓"瞑眩瘳疾"与"孤注一掷"之由来。

中国虽占数量上之优势，内中人力物力的资源不能互相交换，因之无法构成体系，不能在数目字上管理，无从预作计划使用。这种情形开始于战前。

1926 年全国人士发起"捐机祝寿"运动，以建设空军为蒋生辰贺礼。据当年 10 月 24 日航空委员会的报告，收款约得六百万元，再由航委会补助二百八十七万元，可筹办飞机发动机工厂一所，预计于 1938 年 3 月可以开始出品，以后每年生产飞机发动机九十六架。此案经过蒋亲自批准，设厂于湖南湘潭。可是原料如何供应，技工如何征集，制成发动机如何装配成为飞机，用何设计，以后经费如何维持，均未见提及，尤未考虑到此项企业如能成功，必与其他兄弟姐妹工业联系，如制成飞机而不能上装机枪，有机身而无轮胎，亦无益于事。抗战后期中国所用空投炸弹犹须自外输入，缺乏飞机零件时，只能截彼补此，将数机拼作一机。我们只能想见在类似情形之下，国军内外必有无数不相衔接的地方，也曾多次尝试着执行不能连构的设计与方案。

日后涂克门女士提及中国向美索要租借法案之军备时，列入的战车炮架超过道路桥梁之支重。她没有想及，中国人之观念是先有战车炮架后有道路桥梁，并非先解决交通问题次觅取新式装备。

可是集数个不同世纪的品物于一堂，极难协同地发挥功效，而往往是最先进的部门被落后的部门牵累。抗战初期的超级空军英雄刘粹刚与高志航均未殒身于空战：刘因无夜航设备而触城楼以致机毁殉难，高因警报传递过迟而被炸毙。高志航殉国之日蒋为之悲悼，只因不愿引用哀伤消极文字，仅在日记中书"忧患生忍耐，忍耐生智慧"数字纪念此事（1937 年 11 月 28 日）。而其实类是令人扼腕长叹之事迹又何可胜数。

南京战役前江阴要塞的过早失守，使日舰立即威胁国都附近，是为影响士气人心因素之一。以后大武汉的保卫战，又因马当要塞之失陷，门户洞开，再蹈覆辙，经过蒋在南岳会议的痛责。两处要塞均不因正面新设备被摧毁而放弃，而由于敌登陆部队迂回至侧后，击破支援之步兵，使要塞陷于无用武之地。马当失守后，战区司令顾祝同报告提及奉命增援之第一六七师"曾经德顾问检查，机枪迫炮全系废铁，步枪堪用者不及半数"。另担任湖口江防之第二十六师则完全新兵，武器又劣，重机枪全无，轻机枪仅及半数。至于要塞内之炮位则"对江面设置，对野战军作战完全不能支援"（1938 年 7 月 17 日）。我方既有此参差不齐之缺点，对方当然先集中击断链条中最弱之一环。

因此之故，日军可以长驱直入。九江失陷之日，蒋日记有云：

> 观测敌势，在直接溯江而上，仅占要塞据点而不作野战，以期先占武汉为其惟一目的。余对防守武汉，决不作无谓之牺牲，应保持相当兵力，待机运用，以作最后胜利之基础。（1938 年 7 月 26 日）

亦即有准备放弃之打算。

但是如此不利消息不断传来，亦足以令人胆寒。次日蒋日记有：

> 未知上帝何日拯救我人民于水火也。（1938 年 7 月 27 日）

虽未表示焦悴怨憾，然则失望的心情已见于言表。

现已发表之蒋日记，未对任何战役详细分析检讨，通常对每一战役只提及一二句。所记以南方诸战役较北方为多，其亲自督导之战役较常提及。又通常忧虑之情形见诸纸间，反面则虽经宣传机关高度渲染之胜利，在日记中无惊喜情调。例如日军攻略河北时，《大事长编》引用第三人称："沧县保定告急，华北大战又起。公以部队复杂指挥困难，至为焦灼，旋自记："惟有坚守城堡各据点待机出击，方可致胜。"晚间公觉心境一舒又自记曰："此殆为乐从忧生之兆乎！'"（1937年9月22日）如是战局影响他的情绪是为常态。

第三次长沙会战，国军发表"歼敌五万六千人"（日军只承认死一千四百六十二人，伤四千零二十九人），蒋日记只有"此次长沙胜利实为七七以来最确实而得意之作"（1942年1月11日，见于《秘录》而不见于《大事长编》），未再加详尽阐解或润饰。

1938年4月李宗仁所指导的台儿庄大捷，蒋以低调处理。当各地鸣鞭庆祝时，蒋以统帅所发的公告称："此乃初步之胜利，不过聊慰八个月来全国之期望，稍弭我民族所受之忧患与痛苦，不足以言庆祝，来日方长，艰难未已，我同胞应力戒矜夸，时加警惕，惟能闻胜而不骄，始能遇挫而不馁，忍劳耐苦，奋斗到底。"（1938年4月7日）日记之提及台儿庄只出现于当年四月之"本月工作检讨"，内称："台儿庄胜利不仅关系战局之成败，实使民心士气为之一振。"（1938年4月30日）至此不出20日（5月19日），徐州弃守，蒋介石虽未明言，但已在日记里对李宗仁切责。

台儿庄战役一般公认为初期战事中之最大胜利，有些人甚至认之为八年抗战中唯一一次可称为无条件的胜利。日本资料自承死二千三百余人，西方资料称日军死伤一万六千人，丧失战车四十辆，装甲车七十辆，华军死伤数大致相埒。涂克门称"自日本建立陆军以来第一次显要的战败"。中国政府宣传机构称："歼敌三万余众。"

有了蒋李间人身上的龃龉与竞争，蒋介石对于这次战役的看法，免不得要受"忌才"的批判。可是我们检阅这段史料，可以相信从统帅部的角度看来，这战役的评价实在值得再检讨，就此也可以窥见蒋任统帅所面临指挥系统内若干问题。

李宗仁在淞沪战事期间，受命为第五战区司令长官，经过南京战役之后，第五战区南部已在淮河遇敌，而北部的韩复榘又不战而走，将部队撤至鲁西，使津浦路门户大开，李已经两端被夹击，而所部八万人又代表东北军西北军，江苏保安队以及李氏在广西亲自训练的第三十一军，居然也能南北应敌。台儿庄之战役则以孙连仲之第二集团军（原西北军根底，但至此早已中央化）为守，汤恩伯之第二十军团（中央军）迂回侧翼，才发挥了4月7日之功效。这样的利用机动战术，为抗战以来之所未有。史迪威一向为中国悲观，经此一战后，已认为中国可能取得最后之胜利。至于徐州之放弃，则因日军效法南京的大包围又将完成，所有的交通线都已或快要截断，如不及时退走势成捉鳖。在李宗仁指挥之下，所有的大兵团无大损害地撤出。李云："敌方不特没有击溃我军的主力，甚至连我方一个上尉也没有捉到。"蒋介石应当对这一串事实有较积极的看法。

蒋介石从未与李争辩，但是他所见必与李不同。李所谓杂牌部队七八万人，此是抗战刚开始时部署战区的情形，只经历到一个极短的时期，及至1938年初划分战斗序列时，其所辖已有二十七个步兵师三个独立旅并特种部队。及至孙连仲与汤恩伯部队之到达，第五战区之人数已逾四十万，李又兼安徽省政府主席，有他自己财政税收的来源，可见得中枢所付与他的，非只一个独当一面的野战军。至若将台儿庄战役之后派往增援的部队加入计算，即据李宗仁自己所说，又有八个军和一个师，总数已扩充至六十万人，即自淞沪战争以来无此集中的兵力，与敌军相较至少也有二比一之优势，以后国军也再无法凑集如此数量及质量的兵员与器材于一个战场。

蒋介石于1938年1月11日往开封召集第一、第五两战区团长以上军官训话时，最基本的一个要求即是"提起攻击精神来转移战斗心理"，并且又提出"服从命令，严守纪律"。训话完毕当场逮捕韩复榘。及至此时韩尚为第五战区副司令长官，不久之后（1月24日）即以"失地误国"的罪名将之在汉口枪决。即李宗仁本人亦在他的《回忆录》里承认"此事确使抗战阵营中精神为之一振"。所以随后在 3 月 17 日，即有隶属第五战区的四川部队之一二二师师长王铭章在滕县殉国。以后 5 月 14 日日军攻陷菏泽时，第一战区派往支援之第二十三师师长李必蕃引咎自杀，也可谓出于同样的压力。徐州会战之前后，将士用命有了这样的背景。李宗仁亦说及台儿庄战役的过程中，他曾向孙连仲及汤恩伯提到若有差池"军法从事"。这样看来他之主持第五战区，并非完全自己独当一面，而实有统帅部的密切支持。

李宗仁将兵力南北抽调，争取了内线作战的便宜，又让部队避免与敌军正面冲突，只暂时向铁道线两侧趋避，候敌主力通过后再度合围，截断其交通线，诚然已表现其指挥大兵团之能力与胆识。可是他从不归功于人。其实蒋介石于一月后，又在台儿庄决战之前夕往郑州、徐州、洛阳各地巡视，以协定各战区之作战，又留白崇禧（副参谋总长）及林蔚（军令部次长）于徐州（3 月 23 日至 28 日）作为中央临时参谋团，而且德顾问法肯豪森之建议也当有决定性之影响。李宗仁在他的《回忆录》里，对此类事或轻轻提及或毫不过问。

台儿庄胜利尚有意外之原因在，日军有了过去八个月在华北及华中战胜取攻的经验过度自信，当国军在台儿庄合围之际，日方机械化部队之汽油用尽，而板垣之第五师团之一部与汤恩伯军团平行行军三日彼此均未发觉。再则汤部配属德制一五五榴弹重炮至此初次使用，孙连仲部配属有战车防御炮，亦均足以影响战局。

李宗仁在战场上最大失策为在台儿庄胜利后仅清扫战场，未作任何有意义之追击。据说法肯豪森急得把他自己的"头发也扯下来"，以国军任千载机缘从手指缝中逸失也。此时蒋介石已急调增援部队于徐州，李亦未用以扩张战果，其在《回忆录》之解释为到达过迟。实际汤恩伯部损害轻微，亦未用作追击。以后第七十五军及九十二军于四月上旬及中旬到达，板垣及矶谷部队尚在向西集结等候援军，李仍未下令反攻。第五战区之部署，只将防线向东延伸，有似第一次大战时之"延翼战",所恐惧者为敌侧翼行动也。4月20日又有第四十六军及六十军之到达,此时也只用在"运河两岸加强这方面的防御兵力"。

所以对国军而言,"徐州会战"无会战之实质,除台儿庄一役外,始终采取被动,逸失将敌各个击破之良机。一到日军合围将近完成,只有下令突围。

日军虽由津浦铁路南北进攻,又在连云港登陆,但其主攻采取钳形方式。一面从西北角菏泽以东渡过黄河,一面在西南亳县、宿县间北进,以截断砀山至黄口之陇海铁路。李宗仁人身上之勇气无可置疑。但是他何以始终未采取攻势,他至少应可能在其选择之地区,集中绝对优势之兵力,消灭对方之触角?看来他仍被南京作战之经验震慑,此时"全师为上"的观念使他不计及其他。李之《回忆录》内说及,他在徐州退出后与汤恩伯狭道相遇,汤建议并自告奋勇地向宿县日军攻击,亦未被李采纳。

只是李值得称羡之处,乃是一经决心撤退即毫不犹豫,并指令一部部队由徐州向东南退往苏北湖沼地区,以后再设法通过敌军防线向西集结,因之损害低过于全面溃退。李本人绕过县之东南始由友军接应。其撤退命令下达于5月15日,5月17日执行,李于21日脱险。

据日方资料,徐州会战在华北部分之日军于4月下旬发动,华中部分于5月上旬发动,均于5月中旬开始总攻击,虽然包围歼灭之计未酬,但亦给华军"一割"(即十分之一)之损害。六十万人之一割为六万,四十五万之一割为四万五千人,所以国军之损害亦不如李宗仁所称之轻微。李5月24日致蒋介石之无线电报告,即自称其司令部除高级干部外,马匹及通信人员均被敌冲散,所部器材之损失尤不可胜计,以铁道上之机车为著。孙连仲以后之"口述历史",亦称其本人"收容近万士兵",他自己及参谋长奉命筑临时飞机场,由中枢派飞机接出，可见得实情不如当日宣传机构所公布之简单。合众社记者白尔登（Jack Belden）随军中政工人员退出，他事后所著书称，突围时实属万幸，因最危险时间有晨雾掩盖，且撤退人员在徐州之南由东向西行，而日方部队各奉有攻击目标，蓄意由南向北急进，不计其他，如是才能两方错过。

从李宗仁之电文看来，徐州会战误在整个敌情估计错误。4月7日战胜之后，国军之部署仍偏重于台儿庄至临沂方向，而敌之南北钳形攻势，则着重微山湖以西陇海线上。李与副司令长官李品仙6月2日之"丧师失地请议处电"原文如次：

> 为职等措置无方丧师失地请予议处由。职等于去冬奉命北上督师，进驻徐郡。拟遵照钧座意誓以两淮为根据，捍卫齐鲁，屏障武汉。台庄一役虽获小胜，卒以指挥失当未竟全功。钧座以最大之决心，转用他战区大部兵力，亦以未能窥破敌之诡计，致被牵制于鲁南（此指台儿庄临沂方面），鲁西淮北之敌两方包围之势已成（此即微山湖西陇海铁路方面），虽抽调鲁南之兵，卒以敌机妨碍，运输迟钝，应付不及。现主力虽已突围而出，但徐宿失之过早，有一部被阻于苏皖之处，敌打通津浦之目的已达，且威胁我汴郑，又劳我友军致最大之努力，此皆职等措置无方，丧师失地责无旁贷，追悔无及，忧心如焚，应请钧座从严议处，以明赏罚，而肃纪纲，待罪行间，听候钧裁，不胜惶恐待命之至。（1938年6月2日）

此电不离官僚主义之作风，名为请罪，实图卸责。蒋介石只能以官僚主义办法批"慰勉"。李宗仁之《回忆录》除不提敌情估计错误抽兵应付不及外，尚云及桂系第一七一师师长杨俊昌过早放弃宿县，受十年监禁，"多少有点冤枉"。可是从记录看来，他自己于6

月4日呈报此次会战功过人员，计有功者军长一人（刘汝明）、师长七人，有过者师长二人，当中一人即杨俊昌，其罪名在"作战不力未能与宿县共存亡"，李又提议对他的处分"经撤职扣留解军法执行总监部讯办"。此呈全部经林蔚签"拟照准"，统帅蒋批"如拟"。

从其他的文件看来，在李宗仁放弃徐州之前夕，蒋介石央请（电文无命令语气）李由东向西进攻，并且即由汤恩伯部抽调三四师执行此计划，蒋自己亦准备督导第一战区，以两军的兵力由西向东进攻，互为策应。电文又说及敌军虽取钳形攻势，但其后方亦不安全，并且其冒险深入，"此为歼敌惟一之良机"（1938年5月14日）。三日之后只接得李宗仁回电，谓已离开徐州，由孙连仲断后（5月17日）。蒋不得已，只能派部队收容接应突围部队，并派员赴涡阳一带访寻李之下落，因李已与汤孙各部均失去联络也（5月24日）。

蒋不能因此放弃李宗仁。徐州会战之后，国军等于失去整个战区。以后第五战区开府于湖北樊城，仍以李宗仁为司令长官，但已西退六百公里，如在欧洲必为另一个国家。蒋不能公开表示对李之不快，但他可以在日记里发泄他的情绪。徐州失守之日他的日记里有以下一段：

> 不能料敌增援黄口，致徐州被陷，深用惶愧，而知人不明，用将不察，尤当引以为戒。（1938年5月19日）

然则写至此处他亦仍无可如何。

从大历史的角度看去，我们的重点不在各人之贤愚得失，而在缔造新中国的高层机构之艰难。采取如是之立场，我们首先从历史倒看回去，可以想见孙中山所谓中国乃是"一盘散沙"的真情，与蒋介石在广州所说夺取政权与实行主义是两回事的实际意义。抗战之前，蒋看来已经夺取政权，但其背景仍是一盘散沙。实际上，中国在组织上讲，有如胡适所说仍是一个中世纪的国家，而蒋介石也仍与前美军驻天津之第十五步兵团内的史迪威中校所云"一派系之头脑"，相去未远。其所以如此，乃是社会组织尚未进化到现代之阶段。

李宗仁说及他组织第五战区时，所部庞炳勋称第三军团，其实则只有五个步兵团，其中尚有一个系特务团，看来也只是庞拱卫本身之用，不预备参与第一线之战斗，所以中央指令其裁撤。庞为人"圆滑"，内战期间总是避重就轻，有"不倒翁"之名。四川部队则所用之枪"半系土造极为窳劣"。经李呈请每军拨给新枪二百五十支，已各认为恩遇。张自忠则在北平与日方交涉被人指摘为汉奸，私人则与庞炳勋为宿仇，凡此李均为之包容收罗，使之不生嫌隙。只有第三十一军"究系我所直接领导的，指挥起来可以得心应手"。

如果只考虑到军队组织之实效，则抗战本来即是一座大熔炉。凡有防碍军令统一，色彩复杂，倾向可疑，效率过低之部队，当即投入而"灭度之"。岂有烽火漫天，杀人盈野，山河变色，将国运作孤注一掷之余，其目的尚在一切保全原状？谁还记挂着庞炳勋之年资，与川军每军分得步枪二百五十支之公平合理与否？

费正清教授说及军阀之产生为一般待开发国家之通常现象，因为军事科技输入容易，不如管制军事力量的社会组织之衍进需要长久时间。我们看来，中国需要利用前者之力量，抵挡住外强之干预，才能掩护后者之滋长。蒋介石之组织不能脱离此中复杂情形，亦无从全部合理合法。他之引用李宗仁，亦无非利用他为蒋自己所代表的一般利害，与各省区私人集团所代表的特殊利害之中的经纪人。

蒋介石尚有一层困难。以组织装备补给训练全不如人之部队与敌军作战，有赖各人之牺牲精神。我曾在沪战期间访问过教导总队的士兵，他们即说起，蒋曾在他们开赴前方时训话称："你们赶快地去死！"以后我自己在成都中央军校时，亲自听到校长蒋介石大声疾呼地鼓励我们，也是"你们赶快地去死"！可是他自己的全盘战略，则是"待得久的得胜",则已有一个"全军为上"的打算。《抵御外侮与复与民族》也说到不期望各地死守三两年,即守至一星期也算达成任务,则谁愿意作此超过限度的牺牲?

美国自我教练出来的群众心理学家哈化(Eric Hoffer)所著书称《真实信徒》(*The True Believer*),内中说及,在黯淡绝望之期间作烈士易,因为人人都愿"抛弃一个不如意之自己"。反过面来说,既然"抗战必胜建国必成"则每一个人都希望能生存下去,眼见富强康乐之国家情景。蒋自己也曾写出:"为主帅者爱惜所部与牺牲所部皆有一定限度。"已经充分表现中国人之人本主义,不能容纳日本神风突击队的有死无生之做法。

以上种种均影响到蒋与李之和衷共济与实际之貌合神离。李宗仁提及徐州附近全系平原,为敌军飞机战车活动之理想场所,国军勉强与之作生死战,很难避免淞沪南京之覆辙。他提及统帅,则"蒋先生个性倔犟",一定要做不可能之事,并非全无根据,至于两方都以传统官僚主义之办法对付责任问题,则只是社会尚未进化到各人权力职责皆可以明确交代之境界的明证。

所以我们虽叙述事故,不能忘记背景上有一个时间之因素在。即评议蒋之专制独裁,不能不关怀以下之背景:蒋所希望的成就,远逾于当日社会之功能。在多种情形下,他发觉无理可违,无法可守。上文已提及虽购麻袋之琐事他亦为之,凭他自己的信用购买足供五十个师所用军火他亦为之,总之凡力之所及他即已做去。

在这关头我们可以注意:国民党中常会授权蒋组织大本营准备赋予大元帅名号时(1937 年 8 月 27 日)他毫无动静,因为大元帅与否,不能脱离李宗仁、庞炳勋之现实。倒是临时全国代表大会推举他为总裁,他倒慎重其事,当日日记有云:

> 为党国奋斗三十年,至今方得全党之认识,本党动摇已

十有五年，至今方得稳定，其为不幸中之幸乎！然余之责任愈益艰巨矣。勉之哉！勉之哉！（1938 年 4 月 3 日）

总裁名号亦不足在事实上扩大蒋行动之范围，却可以保障他所行之事为合法，可以杜绝党内各派别，尤其特别人物如汪精卫之公开异议。注意日记提出可供庆幸之事为"稳定"，可能排斥者为"动摇"。蒋介石是一个注重现实的政治家。

1938 年初至 10 月，是为抗战过程中的"武汉时代"，当时的士气人心仍保持在最高度。蒋在年前进驻武汉，全国文化界领袖即发表"我们只有一个信仰，一个政府，一个领袖"。蒋被推为国民党总裁已在上段提及，汪精卫则为副总裁。蒋已辞去行政院长兼职，但仍掌握着军政大权。例如任各战区司令长官兼所在各省主席，由归德军事会议宣布后，以中枢命令执行。

另一方面国民政府也确实作了不少延揽人心的表示，有如设立国民参政会，以共产党人七人包括毛泽东为会员，任命周恩来为军事委员会政治部副主任。授权《新华日报》在大后方发行，聘郭沫若、田汉等任职于政治部。

大历史采用长远之历史眼光，也免不了引进新的历史思想，所以纵叙述事实经过，极难避免更变时间上之层次。可是惟其如此，才不敢将历史割断。

徐州由李宗仁下令撤退而弃守，武汉亦因外围据点尽失而无法支持，于 1938 年 10 月 25 日自动放弃。先此四日，日军已入广州城。至此可以视作抗战前期战事的结束。中共亦称之为自"战略防御转入战略相持阶段"。

在这一转变期间，蒋介石借黄河决堤、长沙大火的办法迟滞敌军的行动。

现已发表之蒋日记不提及黄河决堤,《大事长编》只有"河南省花园口黄河南堤决口,黄河泛滥成灾"的一段简短的记载,事在1938年6月8日。当时徐州已入敌手,日军且沿陇海路西进,立即有夺取郑州直趋武汉之可能。花园口决堤由蒋指令施行。合众社记者白尔登时在当地,他的报道提及蒋亲自电话商震,催促商依计实施。当时黄河水量不多,决堤后泛区流速只每小时三公里,水深处约一公尺。但是四千个村镇处在洪水泛滥之中,二百万人户无家可归,洪水所过之处,耕作物荡然无存,抗战后三年黄河才恢复故道。

长沙大火似未经蒋亲自指示,时在1938年11月12日晚间,但是以"焦土抗战"方略对付日军,经过湖南省政府主席张治中之策划,并且将士兵三人组成一个纵火小队,均已布置就绪。此事甚难使蒋介石毫不知情,因蒋于11月3日抵长沙,居留十日,并在当地主持军事会议指示机宜,即于12日离开,而大火则发生于当晚也。只因纵火过早,日军即停在岳州未即南侵,于是湘人抱怨,蒋乃问罪于长沙警备司令酆悌及警备第二团团长徐昆与警察局长文重孚,三人均处死刑。所谓"高等军法会审"如曾确切举行,恐亦不过徒具形式,因蒋于16日返长沙,死刑已于18日定狱,蒋于22日电行政院长孔祥熙,谓业已执行也。

应付此等事,蒋必有难言之隐痛,他的日记里已暴露痕迹。有如:

> 上星期处理广州失守重案之后不料又有长沙失火重案之处理……南北奔走,难关重重,何日得已!但只要所发生不测之困难皆能为我所克服,则胜利更近矣! (1938年11月20日,见于《秘录》而不见于《大事长编》,删节处如原文)

如果纵火之罪确在此三人,或者所判死刑又系经过军事法庭凭公定识，又问至使最高统帅感到难关重重？所谓不测之困难为他自己所克复，表示他曾以本人人身力量干预各事，并以非常手段执行。

此事蒋必有"非如此不可"之理由，但很少的人对他同情。李宗仁评他心狠。陈铭枢后在重庆告尤特里，他依然敬慕蒋，但对蒋不经开庭审判处人死刑，始终无法接受。我们将各事提出旨在保全当日实况。

长沙大火案了结后不久，时值"西安事变"二周年纪念。蒋日记云：

> 今日之处境虽在倭寇多方困迫之中，然较之西安遇难之危急状态则胜千万矣。上帝既能拯救余出此万恶绝险之境，自能拯救余四万万生灵于涂炭之中也。惟祈上帝能早日赦免余之罪恶，而使余国家民族即脱离压迫实现独立耳。(1938 年12 月 12 日)

虽以蒋介石之宗教性格，他仍一向保持中国人之立场，很少提及本身罪愆，此处情形特殊。

汪精卫之出走，使蒋介石相当震惊。从记录看来，蒋与汪曾在 1938 年 12 月 9 日在重庆会商，到有孔祥熙、张群、王宠惠诸人，此似为汪最后主持之国防最高会议。《大事长编》所载无会议记录，只有蒋坚持不与日本言和之主张。

蒋于 20 日由重庆飞西安主持军事会议，21 日接得汪精卫由昆明至河内之消息，当日日记云：

> 当此党国空前未有之危局，彼竟不顾一切，借口不愿与共党合作，拂袖私行，置党国于不顾，此岂吾革命党员所应有之行动乎？不胜痛惜之至！惟仍望其能自觉回头

耳。（1938 年 12 月 21 日）

汪精卫对战事悲观已始自开战时，李宗仁说及当他自己奉蒋邀往南京之次日，汪即已向他表示战局无望。郭廷以称汪曾目睹伤兵无医药，当时已说："此仗如何能打下去！"郭又说及汪在出走之前，曾于 12 月 16 日访蒋，蒋不待汪开口，即拒绝讨论与日和谈，似此证实李宗仁之观察：蒋不把汪放在眼里。

汪既出走，蒋即认为此系企图给他自己以打击的举动。日记接续的有此表示：

> 不料精卫之糊涂卑劣乃至于此，诚无可救药矣。党国不幸，竟有此类寡廉鲜耻之徒，无论任何待之以诚心义胆，而终不能邀其一顾，此诚奸伪之尤者也。（1938 年 12 月 22 日）

至此他全未考虑到汪出走有一个和战关键在，他仍认为问题全在汪和他自己的人身关系。

又有：

> 彼虽蓄意加害于余，而余仍应以善意救彼，对于此种愚诈之徒，只有可怜可痛而已。（1938 年 12 月 24 日）

其重点亦仍在"彼"与"余"之关系。
再有：

> 回忆民国十五年，……，以一时之利害，而放弃公私情谊，不惜与苏共协力谋我，思诱我上中山舰运往海参崴，此种非人所为之事，而彼竟乐于为之，是则何怪其今日通敌图降，

以打破我抗战计划，使我不能成功，其不识大体，不顾国家至此，余乃复与之合作，尚欲使之自拔，岂不拙乎？然而要亦力求余心之所安耳！（1938 年 12 月 24 日）

至此他更强调抗战乃一己之事业。

《大事长编》所载蒋在 1938 年年底前，曾想用各种办法使汪不致投敌，如央请与汪交好之彭学沛劝汪赴欧，又与驻英大使郭泰祺交换电讯作同样安排，再嘱香港《大公报》主笔张季鸾在言论上对汪暂留余地。日记有云：

以德报怨固非人情之常，但救人即所以自救，忠恕待人，宁人负我，我决不负人，惟求心之所安而已。（1938 年 12 月 27 日）

但恐怕去此不久，即已派遣刺客谋杀汪。

刺客在翌年 3 月 21 日在河内误杀汪之秘书曾仲鸣，汪既已发出通电，至此除投敌外更无他法。古屋奎二指出刺客名为王鲁翘，后往台北任台北警察局长。

在对付汪精卫时，蒋介石表现其最大长处和人身上极大弱点。当汪精卫发出“艳电”时，我刚在四川铜梁接受军校入伍生之预备教育。凡我之所接触，举凡军界民间上下左右曾无一人考虑到与日本议和之可能及必要。校长蒋公之抗战决策既有“西安事变”作导引，又有庐山会议谈话之根据，他又经国民党推举为总裁，并经中共及其他党派拥护，则在战事展开一年半，全国军民已付出极大牺牲之后，他认为和战之决策早定，不容再提出讨论，不是没有公意之支持，而这种公意亦出自一种信念。蒋在当年 12 月 9 日对汪等说起：“只要我政府不与日本言和，则日本无法亡我”，与他过去所说不畏鲸吞而怕蚕食，都已深入人心。在提出这些主见之后而能对之负责，正是蒋介石伟大之处。

可是事后从历史的角度看来，以上信念仍不过一种信念，要是我们把当日交战国两方实况拿出作客观的分析，汪精卫所说"此仗如何能打下去"并非绝无理由，而且除了以后不能预料之情事叠次发生，影响到历史之过程外，汪之现实看法可能较我们的信念为切实，纵然过去汪精卫再三反复，有主张而无决心，好标异而不能负责，但是他为国民党之副总裁，国防最高会议之主席，蒋亦不当在他于公私场合中提出意见时，将之封杀。蒋介石不可能对此事全无悔恨，不然他不会与龙云缄电辩论，并引入上述彭学沛、张季鸾等人关注，他又于日记内写至1938年之年终检讨时提及：

> 就余个人而言，德性进步甚少，修养不足，暴燥未减。(1938年12月31日)

然则再说回头，"抗战必胜"只是一种主见，与他以前日记所述"惟信仰可以移山也"(1937年8月17日)以及"宁为玉碎，毋为瓦全。存亡盛衰之理，冥冥中自有上宰，吾何忧何惧！"(1937年8月20日)同有宗教上之力量，只能意会无法理解。更追溯回去，我们尚可以在日记中看出"今而知革命心理皆由神秘势力与感情作用以成者，而理智实极微弱条件。"既然如此，那又如何能拿出分析解剖？

汪精卫最大的危险不仅因为他是副总裁获悉国家机密，而是因为他所说"此仗如何能打下去"一经传播，可能影响到士气人心。在1938年底和1939年初，接着失陷徐州、开封、广州、武汉四大重镇之后，汪之说法实已成为敌方宣传之利器。这种危险尚有动摇蒋本人信心之迹象。《大事长编》用第三人身称："公审察最近心理，常有悲时忧世之感，因深自检束。"当日之日记则云：

此一病由乃以人情世态之变异靡常，致有以转移我之忧乐耳，以后应特别矫正。凡事只问我心之公私是非，而不必竞竞于恩怨利害。只要我能积极于今日之进取，则明日与将来之祸福成败更不必作杞人之忧，但须时时谨慎，处处戒惧，事事有备而已。尤须切戒暴戾愤怒，勿使自弃自馁，务以养心修身，不亏抗战建国之任务自勉之也。（1939 年 1 月 31 日）

注意此段写在汪发出艳电后只一个月零两天，亦在王鲁翘河内行刺之前不久。

以后汪在蒋日记内由"精卫"而"汪兆铭"，终成"汪逆"（1939年 4 月 7 日）。此时最大之顾虑在他可能影响龙云及粤籍将领。汪投日后曾往广州以粤语广播"如何能实现和平"，事后经张发奎、余汉谋及李汉魂之辩斥。蒋日记称：

张等对汪逆痛愤之切情见乎辞。因此其买空卖空之举，将更为敌人所轻蔑与唾弃矣！（1939 年 8 月 18 日）

此后蒋虽在日记中间常提及汪精卫，但汪既不能发挥如日方期望之力量，他在蒋心目中的地位亦逐渐散失。只在抗战后期汪之南京国民政府资敌动员，以"伪军"出现于战场，复经蒋在日记中痛斥。

1939 年双十节，蒋莅临成都，我们军校学生第一次得瞻"校长"风采。我们心目中的蒋介石得自黄埔建军和北伐期间的印象，想望着必是一个英风爽飒的人物。及至近眼看去，才觉得与想象完全不符。他雍容持重则有之，却不像一个步伐轻快、气势夺人的百战英雄。这一次他与孙夫人、蒋夫人与孔祥熙夫人同来。及至在阅兵台上就位，他坚持孙夫人以总理夫人的资格为阅兵官。宋庆龄坚持不就，于是他也不居正位，最后宋氏三姐妹在一边，他自己在另一边，当中留下一个空位置，我们才在军乐之中以正步步伐通过阅兵台。及至读"党员守则"和"军人读训"，他以浓厚的浙江口音说："我读的时候，你们不要读，等我读完一段你们才跟着复诵"，更带着塾师之情调。

直到最近我看到《大事长编》，才发觉五十多年前的那天，他的日记里带着忧郁情调：

> 际此双十国庆，适值湘赣告捷，宜乎欢欣鼓舞之情，无逾于此者，然而余内心之痛苦，实非笔墨所能言喻，十五年以来，部下学生之死伤积累日增，不知凡几，缅怀革命先烈之创造民国与总理付托之重任，以及抗战前途之艰巨，与遗族之待哺育，究不知此身将置于何处，若不努力尽忠，或稍不自爱将何以对总理以及为革命而死难先烈在天之灵乎！
> （1939年10月10日）

然而抗战至此阶段，国军中之派系依然存在，而人员武器装备则有急剧地退化，宣传机构所报的捷信，一般甚少实质。更大的困难则是后方社会的情景。如果抗战初期，国军所在的沿海地带社会情形有如晚清，则内地情况大似于明朝。除了物质环境的困难外，社会上缺乏适当的架构去支持数百万大军及应有的文官组织。蒋实在是以一己填补此中罅隙。白修德书中写着：

> 有一次新闻局的局长穿着长袍去谒见他。蒋告诉他，他年纪尚轻，不应着长袍应着西装。蒋决定谁可以去美国，谁不当去。他决定政府公办的新闻学院研究生谁可以留美。国立中央大学的学生抗议［政府供应的］伙食不好，蒋委员长

亲自到该大学吃一餐饭，他结论饭菜并不差。

传统社会里人与人之关系单元，各在小圈圆谨守"尊卑、男女、长幼"的序次。新社会尚未形成，亦无法令各人根据"应有的"权利与义务行事，于是蒋只有自行牵拉拖派。他原已兼各军官学校校长，以后又兼中央大学校长。

1939年的双十节他来成都，其主要目的不是校阅我们军校学生总队，而是就兼职为四川省主席。四川因承受行在政府的新负担，更触发省区人物内在之争执。省主席王缵绪几与川康绥靖公署副主任潘文华兵戎相见。蒋日记曾有云：

> 寇患日深，尚有何权利可争，川事实极严重，上帝佑华必能使之化险为夷也。（1939年8月11日）

经过调停之后，决定令王缵绪率部赴前方抗日，川省主席由蒋自兼。潘文华之权责如何整饬，未见提出，想另有区处。蒋对各情当必一览无余，我们已读过十五年前他在广州处理此等事之经过。至此大凡涉及财政之事，无不有蒋参与。他既为农民银行之理事长，又系中央、中国、交通、农民四家银行联合办事处主席。兼职既多，他必背独裁之名。其实他如果有独裁实力，则不妨督成各省主席及军政财政部长照己意去做。其必各处兼职，只暴露中层以下互不相提派，各自为政，亦即未经过长期间之成长与磋磨。各银行既无证券交易在后支持，亦无公家户头抵押贷借款办法，尚不知本身业务志在营利，抑或仅供各级衙门开销，只能由委员长每事临时决定。

当日我们看到校长缺乏拿破仑之英爽，而有塾师之啰嗦，他却早已几度沧桑，嘴里说："你们赶快地去死"，内心则又记挂"驱我同志就死难者中正也"（《军校第三期同学录》序）。见及成都军校学生，

黄仁宇全集·从大历史的角度读蒋介石日记

想及当年黄埔建军，触景生情，才写下忧郁徘徊的一段。

既重纪律又富情感，蒋介石不能避免在矛盾中两方走极端，所以也有人认之为伪君子。他曾有以下一段之自白："本日在国民参政会致闭会辞中谈《诗经·鸱鸮》四章，不觉泪珠盈眶，自信闻吾言而不受感动者必无心肝之人也。"（1939 年 2 月 21 日）

《鸱鸮》原文如此：

> 鸱鸮鸱鸮，既取我子，无毁我室，恩斯勤斯，鬻子之闵斯，迨天之未阴雨，彻彼桑土，绸缪牖户，今汝下民，或敢侮予。予手拮据，予所采荼，予所蓄租，予口卒瘏。曰余未有室家，予羽谯谯，予尾翛翛，予室翘翘，风雨所飘摇，予唯音哓哓。

专家指出，此诗作自周公以贻成王，表示他尽力于王事之艰难，以鸟语道出。读至此处，我们也领悟当日校长虽百战英雄而风采减色之原委，借"鸱鸮"道出，他已羽毛疲敝，叫声凄楚，因为整个巢穴危殆。可是其精义则他仍在奋斗，并未放松责任的惨淡经营。这样看来，主持抗战仅有气魄胆识仍是不够，还要有超人的忍耐与坚毅。蒋介石在此方面表现特长，得力于古典教育。

经过武汉阶段之后，抗日战争进入长期的僵持局面（stalemate）。国军无力作有决定性的反攻，日军亦因占地过广，将可能使用之兵力，用至最大限度，一直至 1944 年发动"一号作战"（Operation Ichigo）之前，未曾使作战地图产生剧烈之改观。白修德凭他实地采访的经验写出：

> 我所看到的无非散兵坑里一群一堆的士兵守着生锈的机关枪或者擦拭着陈旧的步枪。中国兵之前哨总是二三十人一

处，以传令兵向营部联络，营部用电话线向师部联络。日本部队则在村庄里二百人至三百人一处，有轻炮兵支援。你可以从山上下瞰日军，远至千里，任何一处中国兵比日本军为五比一。可是日军全有重机关枪及野炮。任何中国武装士兵想要通过开阔地一两英里的地方接近日军总会被敌方火力击倒，［这火力］此方无从制压。

他所叙战争之僵局当中生意往来：日方与中国投机商人勾结，汽油、汽车、轮胎、医药为中国抗战所不可少，由沿海区域运至内地；中国所产之锑、钨、锡为日本兵工业之必需，亦由内地走私进入沦陷区，战线则长期胶着。所以这是一种"奇怪的战争"（a curious war）。

现有美国写中国近代史的著作，根据上述印象，即称中国之抗战有名无实。费正清教授之遗著《中国新史》（China: A New History）内中也对八年抗战之军事行动全部一字不提。他的理由为："历史家总是着眼于因果关系之嬗递。中国之前途出自延安，是以日军及以后国民党军之战败，少有人研究，相形之下比不上中共之勃兴。成功带创造性，具有趣味；失败则悲惨而沉闷，谁爱理它？"

这种看法不仅排斥我的大历史观的全部观念，而且忽视了中国对日抗战在世界历史里独树一帜的奇特性格。中国诚然是一个大国，却也是一个弱国，战前战后最高统帅即已明白道出，中国无力在军事上单独取胜。唯一的办法则是长期不承认失败，一心要将对方拖垮，而且要静候国际情势的变化。八年之后，这全部方略一句一字地做到，这已算是离奇。而当中经过，更有不少惊险之处。而整个战争的长远意义，有如表现于军事委员会委员长兼四川省主席兼国立中央大学校长兼中中交农四行常务理事——进行创造国家高层机构，以原始而粗率之方式立时交出——要到事后几十年才可看清。倘将此八年历史之积极性格一笔勾销，则所写历史难能避免去精华而留糠渣。

白修德所谓中国兵人数比日军为五比一仍不能取胜，经蒋日记证实。日记有云：

> 我之兵员数量大过于敌。我军各期作战之初，约以三师人数抵敌一师。若就全局而言，我军几以八师或十余师人数与敌军一师对战，然尚不能战胜敌军者，以我守一线，且取守势，故敌军用锥形战术，突破我正面之一点，即可动摇我阵地，此我军不敢攻势之误也。以后应以我之大单位六师或九师兵力，取广正面攻击战术，尤应注重侧背包围，与袭击其弱点及空隙，并在绪战时即用优势兵力取攻势，则不难致胜也。（1938年11月10日）

但中国军缺乏战斗力，不尽如蒋所云只是战术错误。日军一师团通常有兵力一万六千人至一万七千人，配属特种兵后，可能接近二万人。中国一师通常编制一万人，但除抗战前期外，一般缺员，以每师六千人至七千人为常态，双方火力之差异尤无法简概地形容：国军不仅兵器落后，而且弹药补充不继，各战斗单位素质不齐，亦不易协定，各部队均对友军行动视作一个未知数。日军谓我军对侧后感受性强，他们用小部队或中央突破或侧翼包围能使前方国军敏感，可能开始溃退。反之日军在敌国作战无法逃遁。

在僵持之局面中，战线无重大之变化，但并非战场常久沉寂，林三郎书中说起："他们（国军）经常地将兵力转移，利用游击战术，既进且退，使日军疲于奔命。因为中国之持久战术，日军之歼灭战大多失效，只能攫得一段狭窄的土地。"

而且国军亦非仅守不攻。1939年的"冬季攻势"，即发动全国整个的九个战区。1940年中共部队施行的"百团大战"，也牵动了一个广泛的地区，吸引了大部日军伪军，共方发表包括"大小战斗一千八百二十余次"。此外值得称为会战的战役约十至十二次。不过除最后一阶段外，很少的战役足以视为全部战史中值得注意之焦点，有如前述之淞沪、南京、徐州诸役。本文除再次编叙及后期之鄂西、常德、衡阳诸战役外，此间只概述战事一般状态。

林三郎书中续云：徐州会战为战争中之一个重要转捩点。迄至此时大本营仍企图控制二十个师团兵力，备而不用，所以仍以苏联为假想敌，以后进攻徐州，才将此二十个师团之一部投入，自是之后侵华战事了无限制。从此关系看出：台儿庄之胜利，可能较战场上所见为深远。蒋介石之全般战略以"不畏鲸吞而怕蚕食"作基础，所以虽节节战败，仍在整个战争中保取主动。若对方拒绝深入，则他反而失去掌握。

1939年国军的冬季攻势，曾在南北攻克日军占领的崇阳、通山、昆仑关、包头、信阳、沁阳。翌年又克花县、合肥、五原。以上只算得二等三等城市，但为日军的防御态势之不可少。只是到底国军之战斗力有限，主要的攻击目标全未得手，截断日军在长江内交通之计划也无从实现，而且以上各城市也都得而复失，然则如此年春季入唐河、新野、襄阳、枣阳、黄陂、开封、商丘、诸暨、龙州。1941年秋天又再攻入福州、郑州与宜昌。以上都只占领到一个短时间而放弃。

我们不要忘记：蒋介石被迫与日本作战，并无决战计划，从战前以笔名发表的《敌乎？友乎？》和开战后方始公布的《抵御外侮与复兴民族》，都只仅保证诱敌深入，长期作战。前者指出："如日本同中国作战，即无所谓正式的决战，非至日本能尽占中国每一方里的土地，不能作为战事的终结。"后文更坦白表示："他要占我们十八省至少要费十八个月，这十八个月时间，那国际变化还了得？"这三两句话已包括他一切的必胜秘诀。

对日本人讲，蒋介石败而不降的办法给他们无限烦恼。迄至

1939 年日本之"直接军事费"已超过六十四亿日元，为 1937 年之两倍，占全国岁出百分之五十二点九。并且尚不知作战目的（war aim）何在。与蒋介石之叠次和谈接触均未得要领，纳降汪精卫又未收到预期之效果，遂有自动撤兵之企图。

种村佐孝大佐任日本大本营战争指导班班长多年。他所著书称《大本营机密日志》直至战后方将当日秘幕揭穿。撤兵计划在 1939 年年末由陆军省提出预算时肇其端倪，至 1940 年 3 月由陆军省首脑及参谋本部决定。预定自 1941 年开始由中国内地撤退，但至 1943 年仍须确保长江三角洲及华北内蒙之各一部，只是此计划刚一经各方同意，即有欧洲局势之直转急下。1940 年德军在西线突破，6 月法军退出战争，日本军部亦再度转向，认为机会突然出现可以"乘坐巴士"（不费力而凭空达到目的地）。于是将整个撤兵计划放在脑后，代之以南进政策。情报部设立南方班搜集东南亚之兵要地志，参谋本部及军令部考虑对英美作战、菲律宾登陆，又任命西原一策为"佛印派遣监视委员长"，准备进军越南。预计截断越南及缅甸之援蒋路线，支那事变将不解自决或不决自解。

此与蒋所述"那国际形势的变化还了得"相呼应，他的赌博也一步逼一步，接近结束的阶段。

不过自希特勒之突破马奇诺防线至山本五十六之突袭珍珠港，当中有一年七个月，此中仍有不少纵横曲折。在当日蒋介石的角度看来，一切发展不见得对中国有利。

况且敌方自动撤兵，也与他的期望相违。占领上海及长江三角洲、河北及察哈尔之一部，正是日本开战时之目的，也是近卫通过德使陶德曼之和平条件之主体，与蒋介石之要求一切恢复到卢沟桥以前状态去，并撤销塘沽协定，相去至远至巨。如果敌方竟贯彻其做法，今后可以节省兵力，更有系统地搜括占领区资源，将开战以来之"临时军事费"自每年之五十五亿元，降低至每年二十五亿元，可以长期立于不败之地，并非中国之福。

其实在敌方陆军省提出撤兵计划之前，日军在战场上已表现企图节省兵力、缩短防线之征象。以下之观察见于蒋介石日记：

> 敌正式军队似有撤退趋向，以后其必尽力封锁海口以图断绝我之对外交通，而一面则在我内地固守据点，以维持其重要交通线，我应及早确定对策以破之也。（1939 年 7 月 14 日）

这样看来，当年发动冬季攻势，以及次年在各地的反攻，虽未归复城池夺还失土，至少已尽牵制之效。敌人攻入固然要节节抗抵，希望寸土不失，他企图退出，又要设法阻拦不能令之自去。蒋介石所谓"磁铁战术"，并非虚枉。

《大事长编》提及 1941 年 10 月之第二次长沙战役时称："歼敌四万余，死伤枕藉，并俘敌二百六十九名，掳获战利品甚夥。"但最高统帅在第三次南岳军事会议却于训话时提及："像这次长沙会战，我们有这样雄厚的兵力，有这样良好的态势，我们一定可以打败敌人，一定可以俘虏敌人很多的官兵，一定可以缴获敌人无数的军械！即使没有一万俘虏，也总应该有一千！一千没有，总要有一百！一百没有，少而言之也应该有十人，但是现在你们连十个俘虏都没有！如何对得起自己的职守？"（1941 年 10 月 20 日）

虚报战功及夸张战果，为古今中外交战国常有现象，即以对方日本为例：他们所公布杀伤国军数，通常无例外地在他们自己损害数二十倍以上，以后苏联在第二次大战将终结前，对日作战一周所公布之死伤，又如以前日方之所发表同样人多己少，超过常情地不成比例。中途岛海战，日本航空部队可谓全军覆没，但大本营仍称击沉美国母舰二艘，日本只损失一艘，击落美机一百二十架，日本只损失三十五架。即美国第十四航空队所报击沉日本船舰吨位，亦经常有超过日后能证实之四倍以上之趋象。但是纵如是，其虚报与夸张，以败作胜，以敌方自动后撤为"大捷"未有如国军之经常一贯。而尤以国军之兵员素质、装备训练、补充后勤均不如人之情形下，所虚张声势甚难令人置信。上述蒋介石之训话，即在战区司令长官及第九战区高级将领之前讲出。

战报之不可靠，有多数背景上之原因：中国历来重文轻武，文官集团又不对外负责，所以以文章辞藻粉饰战功，由来已久。鸦片战争时，清军拟反攻宁波之前十日，扬威将军奕经令幕僚作文字竞赛，预草战胜之露布，及于冲锋陷阵之详情。如此伪饰矜夸，已成文敦上之习惯，社会上期望如此，倘再低调更在绝望时摇动人心。军中一部如此，其他部队即不得不效尤，虽最高统帅洞悉详情亦无从矫正。

在考订历史时，前项作风产生两种附带问题。一则夸张战功，强称力之所不及，同时自圆其说又必掩非饰过，甚至将环境背景情形一体包瞒修订，殊不知如此只有使功过倒置。中国之抗战成为奇迹，原系客观条件下容许，有如胡适所说，中国是一个"中世纪的国家"，与汪精卫所说"此仗如何能打下去"，如将种种逆势一概不提，则虽战胜亦不足为奇。伪饰则易被识破，实质上既无所夸说之成就，弱点暴露，更易为人认作贪污无能。二则各人功过不说，此项误解亦足以用之错评历史。费正清教授即已提议将八年抗战之详情全部剔去，而立即迎候"中国之前途出自延安"，则又必对毛泽东及中共亦生误解，如此辗转因循，读史者对本人今日之立足点亦茫然无所凭借。因之，此非仅对蒋介石及国民党之褒贬问题，亦为治史者所临的一个基本问题。作者与读者是否能对中国近代史存信心，可能关键在此。

刻下有系统而带善意地铺陈抗战时社会背景方在伊始（所以我于1992年在台北研究院近代史研究所报告时亦呼吁及早加紧此方面工作）。有时我们尚只能引用自己人身经验。蒋介石之日记以策励他本人向乐观方向着想为主旨，虽有时偶一说及中国弱点，此种出处不多。但是他在南北各地军事会议之训辞保全良好，内中所述确切剀实，可补日记之不足。

经过武汉之阶段后，国军被驱入内地。本来中国工业已经落后，而内地所在区域之工厂数只有全国百分之六，发电量只全国百分之四。迄至 1939 年，内地各省年只产铜铁一千二百吨，以后经过资源委员会之经营，此渺小的生产量增进十倍，但至 1944 年仍只有一万余吨。此与当日各工业先进国家每年生产数千万吨及今日中国每年所用钢材近九千万吨无从比较。最近西方一篇叙中国战时经济的文字说起："很显然的，除了几座微暗着照明的都市和几百个政府经营的小型工厂，发动力不足之外，自由中国乃是一片幽暗，这是一个全然未工业化的区域。"

白修德书中说及，国军兵工厂最多每月生产步枪子弹一千五百万发，平均每兵只分得四发。"在储备量这样渺小的情况下，没有神志清爽的指挥官敢于去作攻击计划，军队的攻击精神也逐渐消失。"

交通工具之短缺，尚且更使有限之资源分配为难。抗战后期残破之铁道线几全在最前方，后方之机械化运输，多赖汽车。据估计滇缅公路通车时中国有汽车一万五千辆，三年之后缺乏保养，仅有五千辆依旧行驶。重庆、贵阳、昆明、柳州间各有未铺沥青之碎石公路一条。1941 年 7 月我往部队报到时，旅行于贵阳昆明间，途中南盘江上唯一桥梁被日机炸毁。两岸高山上壅集新来后到之军用民用卡车共约一千辆。当日临时的救急办法，乃是在河床上架设浮桥。但仍怕敌机来袭，只能在日没后燃煤气灯架桥，工作数小时后桥成，两岸卡车蠕蠕而行下山过渡，两方循序对开渡过卡车约二百辆，天已黎明，浮桥拆去，所用船舶木板分往上下游树丛处觅得荫蔽，所以待渡历时三日。又一般车辆经行上述各城市间，每日极难超过一百五十公里。1943 年此中干线平均每日只有各色车辆一百二十三辆在途。蒋介石曾于训说时提及："虽然我们现在对外还有飞机和汽车可以运输，但一架飞机能载重多少？普通一架飞机最多只能载重两吨。一架空中堡垒亦至多只能载重四五吨，而从前一个很小的轮船至少能载三千吨，现在一百架最大的飞机，它一天最大地只能运输三百吨，还要经过辽远的航程。至于汽车的运输又是怎样呢？从前一列火车可以载重五百吨，现在一辆汽车只能载两吨，最多三吨。这就是说，现在二百辆汽车，还抵不过从前一个火车头所拉的吨数。"（1942 年 9 月 6 日）因之即是交通运输，已使国军之战斗力大为减损。注意上述轮船火车大部在对方日军掌握之中。

当时中国人由沿海至内地之大迁徙，称为一时佳话。但迁入者大都系公务人员、军队学生，亦即消费者多于生产者。郭廷以称上海之五千余家工厂，并江南各地迁入内地者不过二百余家，由武汉迁入者约一百五十家，广州工厂全未迁移。至 1940 年内迁工厂不过四百五十家，器材物资只十万吨上下。此等工厂能使各大城市内市场上之消费品不缺，但对战事之贡献至微。

军中物资缺乏情形，甚少为外间详悉。我当少尉排长时，士兵无牙刷、肥皂、毛巾。全排用一块粗布洗脸，以致一个士兵眼睛发炎，次日十人发炎。士兵入厕时以竹片瓦片作手纸。又无鞋袜，草鞋各兵自织。辎重部队用油桶取出汽油，以橡皮管作虹吸管，驾驶兵深呼吸将油吸出，到嘴时尽快地吐去。汽车下山时概用空挡以节省汽油，极易出事，并滥用刹车。因缺乏滑润油，兵器不能有效地保养。第十四师为国军劲旅，可是 1941 年有一段时间士兵无换洗衣服，只能在晴天时整队往河中沐浴，就便将身上制服洗濯，在树枝上晾干。此与苏联实行战时共产主义时，将全部烟草，大部肉食，以及一半以上之皮靴交付与红军有了绝大的区别。也与各工业先进国家之战时动员，民间日用品缺乏，军中供应不断无从比较，因中国尚为农业国家也。

当部下报告补给经理情形困难时，蒋指示他们只有咬紧牙关硬拼。如果没有骡马，则炮兵部队的官兵要依自己的臂力肩力抬炮。如果制服没有发给，则只有将破旧的制服缝补，一套制服要着用三四年。吃饭只能吃够，不当吃饱。士兵患眼病，则可以用土法用棉花蘸红茶治疗。部队里本来弹药不够，蒋的办法则是子弹只一百发时，宁可再用六十发作实弹教练之用，则其他四十发可望在作战时百发百中。同样的剩至手榴弹两颗时，也仍可以将一颗爆破以获取经验。次一步则是"前方补给"，希望夺取掳获敌军兵器弹药。

说及以上情形时，蒋介石没有顾及弹药将用尽时的士气与人心。他也没有想到部队扛机关枪爬山越岭、长途行军之景况。此时今日不顾来日，只要军械弹药无缺，部队长已不能过度督责部下。军毯可撕作绑腿，装具也可能抛弃。蒋说及军服应着三年，言之成理，他未计及无换洗时的情形，而且士兵死病逃亡相继也难得在同一部队里共生死三四年，使经理人员能负责前后对数。蒋根据北伐时经验，革命军可望掳获敌方弹械。他没有注意前述白修德的报道：此时日军驻扎于村庄内，凡开阔地均用火力封锁，无法接近。

当蒋用各辞推诿，不实际去替部属解决问题时，他的答复引用了传统官僚主义的办法：真理与权威同时由上至下，不由分辩。而下级也用传统办法阳奉阴违，人人如是，最高统帅亦无可何如。

难道蒋介石真是被蒙蔽，不知实情？从下面尚将叙及的训话辞看来，他洞悉各种情弊，而是实际上无办法。本来抗战就是以一个落伍的国家，接受超过时代的任务，孤注一掷地企图打开出路，此时只能鼓舞各人之牺牲精神，在无办法之当头，合理地与不合逻辑地想方设计。若能人人如此，才能不畏鲸吞，也才能将历史的发展缩短数百年，否则只有接受现实，随着汪精卫去投降。

以下数段，揭发国军在抗战后期经理之实况，见于蒋介石向高级军官训话时之讲辞及致各战区之通令。蒋日记无类似地记载：

> 本来我提倡军队设立合作社的原因，为改良官兵生活，这种良法美意应该推行尽利，但天下事有一利必有一弊，现在我们车队当中竟有借口合作社名义来经营商业，反作为营私舞弊的渊薮，尤以沿江沿海附近一带交通重要的驻军为甚。（1942年9月9日）

> 现在军人经商的流弊恐各战区都不可免，希望各位司令长官与总司令严切取缔与禁绝，如有经营商业贩卖仇货的，一律视作通敌论罪。（1942年9月9日）

> 我前方部队兵额之空虚，已为全国皆知之缺点。各级层层欺蒙不一而足，至有一师之中缺额至三千人以上者亦相率视为故常。平时领一师之饷，临时不能作半师之用，及至事后申报战役经过则又任意浮报，动称一师死伤五六千人。（1941年12月9日）

从用辞的语气看来，以上情弊不仅普遍，而且有不能阻遏的趋势。如果统帅不能坚持"禁绝"，而只"希望"各司令长官与总司令如此如此，已征示着虽"营私舞弊"，所列举的不法举措有社会力量的背景在。纵以蒋介石的威权，他无从因着"一言九鼎"的力量拨开云雾。

以上不正规之经营纵属可怕可耻，足以危害整个的抗战大业，但我们仅斥之为"贪污腐化"，仍不能深切地透解历史，腐化出于一个原来健全的有机体，受外界污染，浸淫日久，减色变质，终至内部结构崩坏。我们目下讨论的现象，则是组织尚未就遂，经不起外间压力，内中各单位各自作生存的打算。有了这样混淆的局面作掩盖，所谓贪污才能为所欲为。

追溯回去我们可以将病源归咎到明清帝国的财政税收（我所著的《十六世纪中国明代的财政与税收》即从此着眼）。当日全国以小自耕农为主体，纳税人付税力歉薄，政府财政支配的力量极为有限，政权靠仪节及文教的力量维持，于是对内不设防，亦无中央银柜，因循到20世纪。本文已提及，虽北伐前后，军费仍靠鸦片税捐支持的情形。

南京政府时代各事有显著的增进。1931年后关税自主，又加以食盐公卖，废除厘金，改向新型轻工业征收"统税"，并发行公债，已造成一个小康的局面。蒋介石的德式军备靠这财政基础支持。

但直至抗战军兴之前一年，国民政府之预算仍只十二亿元。以当日的汇率三比一计算，是为美金四亿。即算货币购买力今昔不同，亦无从以此款维持陆海空军，供应全部政府机关学校，并兴办公用事业。看来即在战前已有预算未曾覆盖部分，在各地不正规地挪取拖欠。地方军队之费用，更未列入上述预算之内。

抗战军兴才一年，以上所叙南京时代之收入，几乎全部脱离掌握，各交通孔道重要城市又尽落入敌军手中，而军队数额尚不断膨胀，自此地方部队之供应亦渐由中央负担，蒋介石之困厄可想而知，当时政府应付办法除多发通货之外，很少其他出路。

在背景上，蒋和他的理财者尚经过一道好运：1935年11月，即距抗战开始前一年余，国民政府宣布白银国有，以后公私付款概用法币。原来前数年因世界白银价格剧烈地波动，中国硬币已有大量向海外流出，造成国内通货紧缩。此时代之以纸币填补此空隙，利多害少。抗战之第一年承接此趋势，法币因军兴逐渐流入内地及乡村，使物价波动甚微。再两年通货膨胀之程度仍不过剧。及至1941年，即太平洋战事爆发之一年，物价突破十倍大关（专家估计1941年物价指数为战前之十九点七七倍），以后方成螺线式的陡长。

回忆此时我为少尉排长，月薪四十二元，制服自备。但在云南驻地村镇街头吃一碗面即法币三元，是以军中待遇已与无给制相去不远。当地土匪出价收买我们的轻机关枪，每挺七千元，是为我们一个上等兵四十年之薪饷。若干部队长晚间将枪械加链条锁在枪架上，以防士兵携械潜逃。此时军政部发下士兵夏季制服一套，另一套即付代金由师长购办，但发下的钱即已不够，而云南马关县三百里内外亦非产布区域，只得由师长指派军需扮作商人，往日军占领之越南买得大批白布，回时以土法蘸染为黄绿色，就地缝制，衣料不够，则剪制为短袖短膝无领之衣裤，有似于运动员服装。

如此军需之供应，已逐渐采取承包制，部队经商，亦只为情理上之次一步。蒋介石既已说及成立合作社的主旨，在"改良官兵生活"，已在暗示之中承认官兵待遇低于合理的标准。他又说及："所以一切补给问题，总要以就地解决为主。"（1942 年 9 月 6 日）即此更难区分合法与不合法。

蒋要求其将领取缔的不外"吃缺"与"走私"。

逾越常规情事以吃缺最为普遍。原来军中若干业务无预定款项支付，如补修装具，而部下家人贫病特殊情形，亦赖部队长解囊周济。一般办法，为由上级默许各部队虚报兵额若干，通常连长得报二人，以上营团长递加。各部队军官出缺亦可按情缓报一二月，其薪饷即由主官截留。再超过此范围方始由上级问罪。如此截留之薪给，有如明清衙门之"陋规"，虽不合法已在暗中被承认。我曾见邻部饷册有"中尉排长魏德仁"一款，我常出入该部而未见此人，后经询问，方始知实情司书取巧以谐音影射"未得人"，他已认为吃缺为公开秘密，无用隐讳。这种作风何时创始，我尚未查悉，但我怀疑已始自战前。

蒋介石称虚报名额以千计，当系每次战役前后人员损补有大幅度变动之情景，亦反映军中经理愈近包办。蒋既已揭发其滥枉而不能指名问罪，则不仅显示弊端已广泛展开，而中枢亦不能辞其咎，症结在本身未能对野战军作适当之供应。大概抗战后期，每师人数以六千至七千为常态。所以战役前虚报三四千将近足额。战役损失二千人左右，则可并以前缺额报称死伤五六千人也。此等情事似由师长作主，因师为经理单位，但甚难无战区司令长官支持。因人数相去数千，至难在现地蒙哄也。

部队经商在抗战后期为普遍情形，但其机缘视驻地而定。通常各部队在大城市设有"通讯处"及"办事处"，以军需主持，即大致为分店或堆站。各城市之卫戍司令部及防守司令部，亦间常查勘取缔此等半官半商之机构，但无实效。昆明防守司令部之兵站组织，本身即具浓厚商业性质。当法币快速贬值时，"工不如商，商不如屯"，军政部既常以现金代实物，各部队长亦发觉除抢购物资屯储价值之外，别无他法。因之亦不能查禁。战事愈至后期，军队依赖经营之情形亦愈深。

高级军官经商扣饷，可保持其战前生活程度，多时亦为维持各人家庭关系之必需。如重庆召开军事会议时，所到皆私人汽车，早在正常薪给所能支付之范围。但除战区司令长官兼各省主席可以自行抽税外，军人甚难因非正常收入而致富，首则其收入仍须支付军中开销，分润同僚，二则至难掌握大批交通工具，而内地经济落后区域走私市场亦有限度。中下级军官擅自营私非不可能，但极危险。我军驻云南时，第五十四军军长黄维即下令枪决上尉军需一人，初以为此人营私至巨，事后查觉为数甚微。

我们再度仔细阅读蒋训辞时，即可想见他所关注已非普通日常不正规之处，而系大宗巨案，涉及前线敌我贸易，有如白修德述及"奇怪的战争"中之情节。

恰巧我也与此等事有一段接触。1941年10月，我得第十四师师长许可，往日据老街视察，在红河北岸河口时，发觉国际走私贸易情形输出以桐油、水银及矿砂为主，进口则为香烟、鸦片。运输队常用骡马数十头，不可能无前线驻军协同勾通。除提出向师长报告外，我又于翌年以"黄禾"之笔名作中篇报道，将实情刊载于重庆《新华日报》。当日少年气盛，我甚以为冒险揭露黑幕于国事有益，不知此间情节早经中枢洞悉。不久之前陈诚遗稿在《传记文学》发表，即说及他自己为远征军司令长官时，云南各驻军不仅经商走私，尚且聚赌，吸食鸦片，盗卖军械。看来以他的高风亮节，尚且无可如何。

至此，我才想见蒋介石训话时的真实心情。前已说及，他日记里避免此类事。但有以下一段："所部不切实，不努力，不奉命，私心自用，恶习难改，每念国人之欺伪蒙蔽，而不肯切实研究与准备，实为心寒，而此身几为此愚妄之流所葬送矣。"（1940 年 3 月 13 日）但是他未想及，此等情形已受非人身因素支配。

林三郎书中又根据日本大本营的判断，中国军队经过初期抗战，亦即徐州、武汉、广州弃守迄 1938 年底时，总人数曾一度低至九十万人。此后经过归队补充又及三百万，此亦即太平洋战事爆发时之总兵力，但至此中国方面装备及人力资源（human resources）均极差。

我不知道他凭何标准称国军人数曾低至九十万，但他所说装备及人力极度低下，则极为中肯，切符当日情形。

关于人力资源贫乏的程度，目前研究方在展开，有如"中研"张瑞德的工作。在此资料尚未搜集充分之前，我们也只能再度在叙述时掺入当时的人生经验。

我在军校毕业后，分发至第十四师，亦原属蒋之德式装备部队。及至 1941 年，不仅全师大量缺员，而且大部所补充新兵在体力与智力讲，不堪教练。其原因不难想象：国民政府之兵役法在抗战之前一年公布，抗战之后才仓促付诸实施。征兵既有免役代役各项规定，其征集之对象自始即摆在农村社会之最下层。征兵之机构，即无非地方上之保甲，传统上是承奉官衙旨意、了却地方责任之基层组织。所以征兵之程序亦无非从上向下加压力。至于"师管区"与"团管区"全系纸上文章，最多亦不过以官僚主义之方式，将军政部颁下的数额由上至下摊派。及至实际施行，则由接兵单位，至此为驻防云南之第十四师派遣官兵组成之"接兵队"，前往后方之师管区，至此则为湘西各县。到头免不了由保长甲长领导，以枪兵按户搜索，多时被征派之人户亦即无力抗拒此上层压力之人户，征兵效率既低，亦无从作智力及体格之甄别，只有来者不拒。于是出钱买替身也尽量收买价廉质劣的人身商品顶数。

战后我在美国陆军参谋大学上学，讲授人事及动员之教官提及美国在第二次世界大战时陆军动员八百万人，已接近于"搜刮人力桶子之底层"（scratching the bottom of the manpower barrel）。此语给我印象至深。1987年，我在哈尔滨第二届国际明史研讨会提及抗战期间国军征兵及于"人类之渣滓"，用词不当，曾被抨击。其实我无意把人不当人，而是无法不加重语气地表现当日困窘。如以"军事人力"（military manpower）当做流质，以桶盛装，则国军确已扱出当中混杂沉淀。

蒋介石训辞中曾有一段提及："我们一般高级将领平时既不考核研究，不知军队自身缺点所在，而完全归咎于兵役机关。"（1942年9月9日）虽然他仍叮嘱各人引咎自责，但已暴露征兵情形恶劣，众人嗟怨。

第十四师及邻师对付人员不合格的办法，乃是组织"突击队"，只挑选各单位堪训练之士兵集中训练。其余留在各营连，专重管教，以维持军纪而节省弹药。表面看来这办法反应着传统"军无选锋则亡"的原则，其实"选锋"及"突击队"原应有超越之技能，我军之选锋则只能保持寻常尺度，原属寻常的又更低下。这样的部队可以在每一处较日军为多，可是攻击时不免蜂屯蚁附死伤惨重。战败退却则又各自逃命，作鸟兽散。

又不论新兵老兵，旧社会习惯无法革除，各人"有面子"和"无面子"的观念随时都可以现实化，"权利与义务"只在虚无缥缈之中。上级与下级之间和下级军官与士兵之间，人身恩怨甚过于阶级服从之纪律习惯。一个军官赢得士兵爱戴，端在他表现自己是一个粗线条的英雄好汉。这些条件可以使指挥系统紊乱，也可以使执行命令的程度打折扣。在如此情形下，我们不能确定我们是在领导列兵，还是受他们群众心理支配。我们在军校所学大抵无用。因为即是"协同动作"和"发扬团体精神"等简单的抽象观念，也要从幼入小学时，从基本教育实地体会做起，又经过竞技与体育比赛等，成为一种纪律与风尚。这些观念与习俗，甚难在五十年前凭空地灌入全不识字的农民头脑中去。

下级情形如此，团营以上的协同动作更难，因为很多条件足以使侧后友军的行动成为一个未知数。我后来任参谋时，看到不少带兵将官将所有军语，摈弃不要，也不说"搜索前进"，只对部下发令"看到敌人就打"。其他"主攻"，"侧翼威胁"，"火力网"，"佯动"与"逆袭"等，更不在话下，即在图上表示攻击腹案时也只说："敌人从那边出来我们就朝这边打"。如此粗陋做法，与日军全部照典范令行事，考究到每一兵器每一小单位，每一兵种都能发挥战术上之至当，有了霄壤之别。

全局如是，此时各个人之人身勇气很难发生功效。易劳逸教授引用一个美军观察员的报告，内中提到国军攻击时，近距离不匍匐爬行，而挺腰直进，有些排长近接到日军胸墙之前一两公尺处被打死。

这些情形蒋介石并非毫不知悉。他在军事会报时，经常讲到战术与参谋业务，又经常督促各将领研究学习，不时又提及日军之长处。他没有讲到的，则是一个农村社会很难产生一支新型现代化的军队。装备火力后勤之外，人力资源有决定性的影响。蒋所讲到的，却很露骨。有如他有一次在西安军事会报述及接送新兵的情形：

比方我们部队驻老河口要派官长到四川去接兵，接兵官在四川并不领到足额新兵，沿途更放任新兵随便逃跑，或遇途中士兵发生疾病，更是任意丢弃不顾。如此即可以省出火食费用归入他接兵官的私囊。等到行抵驻地老河口附近，为要归队复命起见，就拼命在其附近捉拉民众充数。以致发生张冠李戴，冒名顶替之事亦是不少，更有新兵既系临时牵拉而来，为要防其逃走，乃用绳索串缚，视同罪囚，这种现象到处沿途可以看到。

以上情事诚然是中国历史中的一个污点，也是中国人之羞辱。史景迁教授所著中国近代史教科书即有插图一幅，题为"农民被征兵为国民党部队牵去"。内有赤足而着军服之士兵多人被绳索缚束，马后步行。从牵引者之钢盔、军刀、军便帽及弹药盒看来，则系日军，图为处置中国俘虏情况，为史误植。但国军视新兵如罪囚，早已传播遐迩。注意上段蒋已说及："这种现象到处沿途可以看到。"

然则纵如此，我们不能因之过度简化历史，称此等事为蒋人身上之罪愆或筹划失策，其背景决无如是单纯。

在追究责任时，我们仍须看清蒋介石及国民党之筹划经营，只及于新体系之高层机构。日后史迪威与蒋冲突曾写下：

中国人首先安置屋顶，只赋予必要及极少的基础与支持。既然谁也看不透地下的情形，又何苦为它操心？我们［因此倒只好］苦干，尽力于低层及地下的工作，使［这］房屋站得住脚。(1943年1月24日)

其实史迪威也低估了中国在历史中空前转变的程度与范围，他以为自己已提供一个解决全部问题之方案。这一误解，构成他在个性之外不能与蒋共事之一大主因，第四篇将有机会详及。

上面各节我们已提及蒋介石制造新高层机构之困难情形：如在国防最高会议即与汪精卫发生和战决策之冲突，组织战区即有唐生智、李宗仁等不能真切用命；控制四川省政府则须放逐王缵绪；整备财政则须自兼四行联合办事处主席；为防制大学生及教授被敌对人拉拢，尚要自兼中央大学校长。至于他禁止新闻局长着长袍，则又系引用传统之"尊卑长幼"标准，因为新时代以"权利义务"作准绳之原则，至此仍不过一个笼统观念，缺乏实效。

及至征兵，则须通过社会之基层组织，自乡、镇、保、甲而达至各人户。我们从包大可教授及 Martin C. Yang 诸人之著作看来，可以想见终国民党执政期间，此中甚少有有意义之改革。其所以如此，乃是土地之占有未曾因政府之干预而更变。

这样一来，上端结构草创伊始，最多亦不过代表新时代之理想。下端则依然故我，与现代社会有了亘世纪的距离。上下之间亦无从产生有法制精神之联系。现有之联系则不能脱离传统方式之威权。要使上下之间以权利与义务互相连锁，互相约束，互相支持，互相保证尚是几十年后之事。

此种社会结构，无支持现代军队能力。加以财政上无出路，自四川至老河口缺乏带服务性质之机构，如公共食堂、宿舍、医疗所、娱乐场与现代交通工具。于是只能采取承包办法，由接兵官一手包办。此时发下来的钱亦不够，何以接兵任务尚有人角逐？因当中仍有利可图也。因可以用权威代替责任也。所以买放之事有之，绑架作数亦有之。蒋介石明知此中情形，在军中提出时，他无力解决背景后之问题，只得责成前方部队长作面目上的纠正。

如果蒋介石真有决心，他是否可以在抗战前后执行他自己的社会改革？这问题曾使我苦思多年，但是最后仍只能接受历史之启示。中国社会基层之改革，不能在短时间局部见效。以中共的经验而论：有意义之改革只能首先对外隔绝，从内陆腹地农村文化水准最低处着手，而且要不计公平，不顾利害，将现有文物制度全部放弃，重新再来。背景上，多数地区之田赋，尚用明代底账。土地占有情形之复杂，又加以比邻近亲放债收租之参差，至于不可爬梳。即主持人亦须身入其境，方能逐渐了解问题之实况。此时即希望保障最低人户之生存权利，亦必视他们为主体，而不能以他们为附带条件。不仅以自由主义者身份参加此社会革命之人物日后均受检举，即中共内部之理论家已难幸免，可见得问题范围之大与解决方案之不容妥协。经过几度反复之后，中共发觉不如将一切土地收为国有，又经过近三十年之集体劳作，才积集得一段国家资本（专家估计约六千亿元，1970 年间价值）作为邓小平经济改革之本钱。所以中国的长期革命，规模宏大，段落分明，因抗战而创设新国家之高层架构，因内战而再造基层组织，因对外开放一体通商，而重订上下之间法制性之联系。凡此都表现新旧之间距离之大，无从再从中躐等。

读史至此，我们只能想见抗战为历史赋予中国之第一个考验：这国家能否独立自主，由八年苦斗而决定。在此八年苦斗之过程中，其组织上不合现代生存条件之处，无不经过彻底暴露。蒋介石虽预度前途荆棘，从他的文字看来，他未曾在抗战之前猜及日后艰难困苦之程度。他的日记里也不时表现忧郁情调，如前述《鸱鸮》诗篇及在成都阅兵后之观感，可是这种悲观及自怜的心境如汐如潮，只在短时间来去。他经常祈祷，每日静默，不断地用意志力紧束自己，也表现于日记各款。以下一段表示他拼死不服输之气概。注意他写此段时，正准备通令各战区发动冬季攻势，但正在此时，南方战线则日军攻陷昆仑关：北方战线则有中共之薄一波策动山西新练成之

"决死团"十余团一体投共。日记文云：

> 决大难，定大计，理人事，了琐细，动心忍性，益我不能。处此时代，瞬息万变，不可捉摸，殊非常人之所能堪，苦则苦矣，然余生丁其间，适逢其会，转觉幸事，故不仅不悲，而且饶有兴趣也。(1939 年 12 月 8 日)

以史迪威对国军无情之批评，他的文件里也仍留下了一段 1938年他任驻华武官时，在江西德安亲眼见及一个"王上校"的作战记录。此王团长只有轻机关枪四挺（应有百挺以上），每挺配子弹二百发（可能在数分钟内耗用完毕）。史迪威与他接近时，王团已死伤过半，但是当晚仍在德安街头夜袭，由团长王上校亲自指挥。一座日军重机关枪阻塞去路，中国军从侧面潜行至敌后，以手榴弹将此机关枪巢消灭。当晚及至次日，双方仍在鏖战中，相去只数码。史迪威写着："没有汽车也没有电话，躺在稻草上。"至黄昏才有师长之传令兵至，令该团后撤。原来之一千五百人，至此只剩四百人。死伤之一千一百人内，有六百人阵亡。

1942 年年底，蒋介石命令以阵亡之集团军总司令张自忠等三十八人祀忠烈祠，内中有师长十六人。此后，据我所知，即在1944 年尚有暂五师师长彭七量，一五〇师师长许国璋，及预备第十师师长孙明瑾在常德殉职。新二十九师师长吕公良死于洛阳。一三一师师长阚维雍死于桂林，九一师师长金瑛在禹县失踪。再有防线被突破时，举枪自杀之第二十三师师长李必蕃均未列入此十六人之内。前后由蒋手令枪决者更有第八十八师师长龙慕韩，第五十八师师长廖龄奇与第九十七师师长傅维藩。自此看来，国军冒险犯难非不壮烈。

从所有记录看来，无人置疑于统帅蒋介石人身之勇气。李宗仁在北伐期间早已指出蒋氏在敌弹横飞之际不失其镇定，"颇具主帅风度"。抗战初期，李也曾陪同蒋往苏州巡视，李之回忆录里更强调是晚敌机轰炸之危险。蒋于1937年12月7日飞离南京，当时日军已逼近城郊。汉口于1938年10月25日放弃，他于即日凌晨才飞离武昌。即在当日烽火连天，而飞机之整备及地上设置均极简陋之际，经常飞行已具有相当冒险性格。

蒋介石在日机威胁之下几陷于危，也业有多次。例如1938年8月12日驻在武昌，省政府官邸四周均被炸毁，死卫士二十余。1939年6月11日于重庆黄山官邸附近曾中弹，蒋在三楼。1940年2月22日驻节于柳州羊角山，行营所在地被炸伤卫士十二人。1941年8月30日重庆黄山官邸又被炸，死卫士二人伤四人。1942年1月7日，在缅甸美苗有一弹坠落于他所在五十码处，但未爆炸。

他记在柳州遇空袭之情形云：

> "午睡初醒，二时十五分闻机声，命卫士审其方向，旋忽警觉敌机必来炸余，乃急披衣整装外出，其匆促之情殆不啻于'西安事变'之初焉。"

> "当余外出时，侍卫长王世和称：'敌机已由头上飞过，似不紧要。'余知敌机如来炸柳州，其目标必在余，乃急入后山之上层防空洞，少顷敌机二十余架齐向洞上投弹……旋又来袭低空俯冲投弹……弹皆着洞上右方五十米突至一百米突至山巅，计伤卫士十二人……"（1940年2月23日，见于《秘录》，略出字如原文。此段日记不见于《大事长编》，但《长编》记此事载在2月22日，称"敌机三十余架"。）

此外，日机于1939年12月11日炸溪口蒋宅，大概蒋毛福梅是役殉难，日军占领溪口后据说曾于1941年掘蒋祖坟，曾记在蒋日记

（1941年9月20日）。1943年元旦日空军炸赣州，似以蒋经国为目标，其专员公署被毁。蒋介石日记称：

> 呜呼，倭寇必欲毁灭我全家与绝灭我子孙者，乃如此之毒也。（1943年1月2日）

以后日机再炸蒋经国住宅，经国之子孝文头上负伤（1943年9月26日）。此一串行动果出自全般计谋如蒋猜测，则日人似与蒋作神经战，立意动摇其心境之平衡。

又真系如此，蒋对家人庇荫亦深具理由。他在武汉即已在日记内写出：

> 目观近日敌机轰炸武昌与汉阳之凄惨，以及人民与士兵死伤之悲痛实不忍心之至！战例：凡最高统帅必在后方者，不令其见闻军民在战场之惨景俾专心主持最高之战务，而无所动其心也。今余既任最高统帅而此身又不能不在前方指挥镇摄，且事必躬亲，此余处境之不同，不得已而为之耳。惟甚恐以理繁治剧之故而贻忽重要战务戒之勉之。（1938年8月13日）

蒋介石本能上是一个非常容易情绪激动的人，我们已读及他日记里自述"泪潸潸下"（1925年2月10日）和"泪珠盈眶"（1939年2月21日）之情节。他不时在军事行动之中杂以人身之反应。1938年徐州失陷之前，日机曾集中轰炸城内第四号行辕，是为他经常驻节之处。其实当日他在郑州，但闻讯仍在日记写出：

> 敌必杀余而甘心乎？似此残暴凶横实古今所未有，若不

于以消灭，何以维持人道？上帝有灵，当必有以惩除此一恶贯满盈之衣冠畜类也。（1938 年 5 月 13 日）

1939 年 11 月至 1940 年 1 月，日军第五师团与国军十余师，激战于广西南宁以东北之高地。昆仑关之敌军全数消灭后，国军始获得此要隘。但次一阵地九塘，则由日军放弃。而且撤出之前其指挥官尚从容捧灵牌作招魂祭，退走之后又留下一种布告，称"璧还九塘于蒋军"，内中称赞此次作战"蒋军比任何方面空前的英勇"，值得钦佩。但是公告的主旨，则是自夸以寡敌众杀伤过当；并且"粉碎蒋军的目的已达"。蒋读罢引为奇耻。除在军事会议一字一句朗诵此文外，又即宣布桂林行营主任白崇禧及政治部部长陈诚均降级，两个集团军及三个军之番号撤销，各主官查问。第九师师长已阵亡，该师官兵未能营救，改称"无名师"，"以明廉耻"。

蒋介石处理大事时能沉潜而有气魄，大概他有意志力及哲学宗教思想从长对付。及予以短距离及近身之刺激，他反易产生冲动性之反应，是为其终身弱点。

蒋以革命军人自居，又叮咛部下"你们赶快的去死"，则他的自责也应当超过旁人对他的责备。但他认为他全家都已暴露于敌方陷害阴谋之下，业已付出充分代价。自此他更可循战例，避免直系亲属卷入战火之中。蒋纬国往德国习军事，一年半而抗战爆发，蒋切诚其不得提前回国。纬国于 1940 年回国后，蒋亦不令之获军功升迁。当经国与纬国联袂赴重庆谒父时，蒋介石在当日日记写出：

诗云"妻子好合，如鼓琴瑟，兄弟既翕，和乐且眈，宜尔室家，乐尔妻孥。"子曰："父母其顺矣乎！"此为余今日家庭融融之写照也。若非上帝眷佑，曷能至此哉。（1940 年

11 月 1 日）

其后未一年，则有第二次长沙战役，第五十八师师长廖龄奇以临阵脱逃罪名，由蒋在军事会议场中宣布处死刑。廖临死前留下遗书三封，一呈其母处理家事，一致其表弟嘱代算结师部账目，一嘱其妻改嫁。又嘱执行死刑之宪兵团长将各缄抄件送蒋阅（1941 年 10 月 21 日）。蒋是否阅及反应如何，不见于现已公布之文件，但宪兵第十八团团长之报告述及各节，则存在档案，此与上称"乐尔妻孥"之融融写照成为一个尖刻之对比。

蒋宋美龄在蒋心目中占极重要地位，日记不时提及，有如：

> 夫妻相爱之切诚能消愁去忧，在苦痛患难中，惟此足以自慰耳。（1938 年 10 月 23 日）

可是在重庆时他们也常口角。蒋自奉淡薄能与部下共甘苦，虽政敌李宗仁亦不能否定。但蒋夫人、孙夫人及孔祥熙夫人相遇时三姐妹在曾家岩官邸以扑克牌消遣，坐侍从室汽车出外兜风。报载香港吃紧时，政府派飞机往接在港人士，但通过孔家，产生"飞机载运洋狗"之新闻，引起西南联大学生抗议。蒋刚责问，蒋宋美龄则在一怒之下出走，避居黄山，数日之后蒋往解谢了事。

蒋夫人也数度以养伤名义出国（她在上海战役期间，所乘汽车在京沪国道受日机攻击，车覆受伤）。先往香港，后去巴西。最后一次在 1944 年 7 月出国，至抗战胜利之后始归。当她滞留海外时，谣传蒋宋婚姻发生问题，甚至蒋纳藏情妇，经蒋召集茶话会否认，事载白修德、涂克门各人书中。

难道大历史不能脱离私人生活之细节，及于风闻谣传？又有如何之大人物全无私人生活之疵瑕？

正因为本文宗旨在缕述蒋中正字介石在旧体制业已崩溃新体制尚未登场前，补苴罅漏地制造一个新国家的高层组织，他已遇到无数技术上的困难。如果在道德上呼吁，可以作为他达到目的的一种手段，则我们务要指出：树立一个完美的私人道德标准，不是历史赋予他的任务。因为两种事业都是惊天撼地的工作，决不可由一人兼容并包。新中国的道德标准，还待在传统价值与新经济生活切磋之中树立。过去所写历史，凡一提到蒋介石这样的一个题材，作者或引用狭义之道德否定他一切作为；或以道德作为屏风，遮盖规避事实，造成一种令人不能置信的地步。这也即是本书第一编第一节第一句所提出希图避免的局面。我们搬出当中琐闻细节，纵无法完全避免"褒贬"之指责，却立意不在褒贬。但既有可靠消息则诸事无用隐避。本文希望辅助历史研究之展开，不以小节封杀历史。

从蒋介石的日记看来，他希望留下一个模范家庭之典型，是则在他看来仍是筹备一个新国家高层机构之一部，而实际上大抵无效或者结果相反。有如蒋宋美龄当初向外游说，造成超过事实之美好现象，日后一被攻击指摘，外间之公众意见亦作一百八十度之转向。美国《新闻记者》杂志（*Reporter*）曾将孔宋家利用权势炒买外汇支持"中国说客团"（China Lobby）各节尽量张扬，至今在国外人士心目中构成深刻印象。亚尔索浦（Joseph Alsop）为罗斯福之堂表陈纳德之随从副官，在蒋介石与史迪威冲突时，竭力支持蒋氏。他的自传题为《我曾见此中妙处》（*I've Seen The Best of It*），在身后出版，内中述及蒋"有伟大之本质"，但是却也有"超过平均限度之与伟大相冲突的地方"。

曾任蒋随从秘书的曹圣芬，在《怀恩感旧录》里叙及他的居停主人"宅心却极为仁厚"。与蒋数度作对的李宗仁，却强调他为人心"狠"。我认为两种观察都有着用的地方；并且非如此，蒋不能继续保持为中国政坛台柱数十年。

当抗战将要结束，战后外交形势转趋重要时，蒋介石曾对当前国际形势作过一段分析，全长一千五百字，是他日记里最长之数段中之一（1945年7月28日）。内中提及中国需要利用美苏间矛盾及他们彼此对中国之需要与顾虑而划策。"北疆与俄合作"，"内地与美合作"。似此不能脱离"以夷制夷"之窠臼，然则全文却又重视"个人人格与国际之地位"及"中国民族性之坚忍与守信重义之道德"。至于不得不暂时放弃道德而就权宜，乃因"今日国际交涉无所谓公理与感情，只有实力与利害关系，更无是非可言"。因之只能以"正确之政策为之连用指导以补实力之不足"，而最后目的"乃在求得独立与解放"。

这段文字构造了一种"正义—权宜—正义"的曲线蓝图。也有"理想—现实—理想"之构思。再参对他以前所记，则六年之前他也曾写下极为相似之一段。当时所记如次：

> 国际形势瞬息万变，吾人惟有紧握机纽，操之在我。在我之道，以正义真理为主，而以策略与权宜为辅。若至策略无效，则纯以正义处之，此所谓以不变御至变者也……（1939年8月25日，后文重复之处由我略去。）

其实蒋介石不仅处理外交如此，在对付内部问题时他亦表现一种"正—奇—正"之倾向，因之亦带有"仁厚—狠—仁厚"之双重性格。他将一己与中国人之"一般利害"视作一体由来远久，对他讲来公众道德与私人道德已至难区分。前面之一段已提到黄河决堤与长沙大火的情形；他一方面想到遗族之待哺育，一方面又在制造遗族。

他看到重庆附近人民生活的情形，曾在日记里写出：

川民最痛苦而其工作最残忍者二事即背长纤上滩与提大锥凿石，令人目睹耳闻悲伤难忍……（1943 年 8 月 27 日，以下数句由我略去。）

　　看到劳工与苦力以血汗营生尚不能忍，又如何能主持造成九千余万之难民的战争？当中必有一个"见牛未见羊"的关键。只有如是一个任直觉的主帅蒋介石，才要叮咛自己，不要看到前方惨况，而松懈战意。而对方日本，似已看透他的弱点，偏要在人身角度去激刺他。

　　前述廖龄奇的死刑由统帅在南岳军事会议宣布，翌日执行。第九十七师师长傅维藩"作战不力，自动后退"，则仅凭胡宗南来自西安的报告，由蒋批示指令"就地枪决"，这样的行动没有人世间的威权能对之宽恕，而蒋亦已于祈祷时承望上帝赦免他的罪恶。既然如此亦无庸我们置喙。

　　但是宽恕不论，作史者仍应在背景上加以阐释。如果当日类似案件一概凭众公开处理，其结果甚可能超出一般意想之外。本来抗战即是纠集不合格的兵员器材，缺乏后勤组织，与强敌长期拼死活，有些场面上伏有高度必死公算。"把我们的血肉筑成我们新的长城"并非虚语，应从字面上领略，每一战役成功的机会这样的渺小，而对方日军又并非等闲的战士，则每人和每一部队应尽力的程度至难客观地决定。况且一兵一将的松懈，至可影响到友军之安全。这种种因素都加重了上级与统帅督促的责任。

　　蒋介石所订的连坐法，抄袭自明将戚继光，本来带有中世纪色彩，但是国军在多方面也确是中世纪之产物。外人很少谈及：当时严厉的军法并非仅间常施于高级将领，而经常地而相当普遍地施于一般士兵。荣誉第一师（所有士兵均曾负伤一次）克服昆仑关之日，第一线战斗兵已少至一千人左右，但仍即时检举，一次在战场上枪毙后退之上兵十余人。我自己无道义上之勇气参与执行此种严酷军法，亦无力疵议具有此粗硬性格之同僚与长官。因为我知道国军无此军法难于生存。

以国军之编组复杂，如公开审讯将领，究及各级职责，极易牵涉上政治问题。从上文我们已经看到李宗仁自身检举第一七一师师长杨俊昌犹谓其判罪不公平。当蒋于1938年放弃武汉之前六日，余汉谋亦不战而弃广州。不久之后蒋日记有：

> 上星期处理广州失守重案之后，不料又有长沙失火重案之处理。(1938年11月20日)

可见得两案均涉及政治因素，处置棘手。

抗战期间经蒋指令枪决之将领除韩复榘、李服膺、石友三原出自军阀部队亦无后台外，尚有数人实为其亲信。本文前已提及因长沙失火案获咎之鄂悌。以后蒋又于重庆近郊目击新兵用绳索束缚来去，于是问罪于兵役署长程泽润，不久程亦处死（1945年7月6日）。1944年常德战役后蒋又扬言将亲自审问第五十八师师长余程万。此三人均经蒋识青，在广州时代即被派有重要任务。即因长沙弃守而获罪之第四军军长张德能，亦曾受统帅蒋赏识。张曾以第五十九师师长资格出席第一次南岳会议，其所作报告被蒋称赞"最为扼要得体"（1938年11月26日），以后不仅以战功升军长，并于第二次长沙战役后获最高荣誉之青天白日勋章（1941年10月21日），最后亦遭枪决。张之案情如果穷究，可能牵涉至战区司令长官薛岳。

因着诸人之受刑，统帅部继续将压力加于野战军之上，同时亦增加蒋个人威势。对外，则此等案件只维持官僚主义之逻辑：凡事既有差错，总有待罪之人塞责。此种传统做法行之于20世纪，与保障各人人身上之公平的一观念大相径庭。统帅蒋介石既不能沿用后者，只得迁就于前者。所以他是否"狠"不说，他所拼组的高层机构仍未能具现代性格。除了在边缘上涉及鄂悌等人之事前已提及外，蒋日记不提以上不幸之诸将领。

1941年初，中国对日战事已进展三年半，与日军僵持亦逾两年，以上所叙诸般艰难错综复杂之情景均已在位。除极少例外，此种种条件将与今后抗战之全程共始终。

欧洲战事爆发时最初蒋无法权衡其对中国之影响。当时日记云：

> 我国抗战两年期待国际变化，今果已至矣。国际情势虽甚险恶，如我择善固执谨慎运用，余深信必能使我国家从此复兴也。（1939年9月5日）

前句带机会主义情调。但随即以现实之眼光煞住，下文虽仍保持作日记者一贯之乐观，已具有怀疑与保守之成分。

果然翌年5月德军突破马奇诺防线，日本立即威胁越南，封闭滇越铁路，封锁香港，英国迅速与日成立协定，交出中国存天津之白银，承允封锁滇缅路3个月，俾日本觅得"光荣之和平"，日军则发动枣宜战役，攻占枣阳、宜昌。自5月开始，经常以飞机一百架以上轰炸重庆。至8月19日出动一百九十余架，使市区广泛地燃烧数小时。

蒋在陈英士殉国之日写出：

> 英兄殉国至今二十五年矣。如其尚健在，余当不致劳苦至此也。（1940年5月18日）

至此有疲惫而希望息肩之表现。

但经过日机"疲劳轰炸"之后，他反而气象万千，以不服输之态度写出：

> 徒凭满腔热忱与血肉，而与倭寇高度之爆炸弹与炮火相周旋于今三年，若非中华民族，其谁能之。（1940年8月21日）

在此两者之间，他尚留下一段叙当日重庆市民：

> 其扶老携幼，负重行远之情状，见之心酸，下代国民应知今日其父母挈其避难之苦痛，为空前史所未有，为国为家，更应特尽忠孝之道，庶不愧为中华民国之子孙也。（1940年5月29日）

迄至年底，日本并未觅得和平，重庆主持抗战如故，滇缅路亦在被封锁之三个月后重开。1941年为世界近代史剧烈变化之一年，但初时并未即有此征象。对中国及蒋介石而言，与日军对阵情形大致如前，此时有两种趋势可以改变局势形貌，一为国共冲突已开始表面化，进展而为新四军事件，一为美国在日本对西欧各国采取行动后，扩大对日禁运终导引至珍珠港事件。以下虽仍据蒋介石日记作起点，在叙述各事时则尽量注入外间资料，以期接近于今日之历史观。

在记述八年抗战时，《大事长编》摘录蒋介石日记之七百八十一则中，有六十七条提及中共。内中无一例外总出入于中国共产党之坏性格，其记载亦与日俱增。例如1937年不过三条，1938年二条，至1943年骤增至十七条，1944年二十三条。此种趋向表示中共问题及于作日记者之压力逐渐增高。

本文前已提及蒋介石之反共，初时无意识形态之成分在。多年之后，此态度已有相当改变。不少人士业已提及，蒋介石为军人可是他的政治头脑强于军事，不易为人发觉的则是他之过问于外交尚且超过对内政之注意。此亦不足为怪，本来军事即是政治之延长。蒋介石主持抗战，又尚包含一个将中日间之军事冲突升级而为国际间共同的冲突之方略。在这方面，他的成功可谓在世界近代史中无出其右，然则如此，他自己也仍要在人身上付出至大之代价。

在主持外交时虽有专家供咨询，但大小决心无不由他亲自筹划。现存档案内，有无数文件曾往来于蒋氏及中国驻外使节之间，若干尚出自蒋之亲笔。当第二次世界大战在欧洲爆发，罗斯福准备竞选第三任总统之际，蒋曾在日记中写出：

> 于溽暑中，手拟致英美两大使长电，执笔深思，虽觉疲困，然我外交前途实决于此故不能不审慎将事也。（1939 年 9 月 12 日）

因当时盛传英法有意与日本妥协，罗斯福又将出面斡旋中日间之冲突，此皆与中国长期抗战之宗旨相违。蒋虽在国防最高会议研讨情势，最后致郭泰祺（驻英大使）及顾维钧（驻美大使）电仍亲自拟稿称郭、顾为"兄"，自署为"弟"。电内有"且其（日本之）海军实力在中日战争（抗战）中毫无损失，故日本以后尤在欧战中，将取北守南进政策为无疑义"之文句，在权威语气之中，甚具煽动力量。

虽主持瞬息万变之外交，蒋不能摈弃对各国、尤其对各民族之刻板印象。论及日本则"倭人气量短窄，事尚彻底，非生即死，决无对弱者中途妥协与让步之理。"（1938 年 11 月 11 日）是以他在战时经常不放弃与对方接触之机会，但对作城下之盟又始终不具信心，苏联则"损人利己"为其"一贯惯计"（节自1941年4月13日日记）。西方一般人观念蒋介石崇拜德国，但蒋日记内有"德人只知武力不懂政治亦殊可怜也"之观察（1940年10月11日）。从我已阅及之日记看来，蒋始终未忘记英国为西方帝国主义之台柱。他在1942年访问印度，日后看来并未因此使他在印人心目中增进好感，倒引起他与丘吉尔即时之嫌隙。日记内有一节称："英国丘吉尔首相致余之缄，表示其对印度政策之决心，而且带有威胁性之辞意，并以印度问题，比之我国共党问题，拟于不伦，只有置之一笑而已。"（1942年9月14日）

蒋介石对美国抱有长久之好感与期望。当罗斯福当选第三任总统时，蒋记出：

> 此虽为美国内政，然有关于世界安危与人心振靡者极大，美国之民主令人羡慕不置，特电罗斯福总统祝其成功。此乃出于余之至诚，非可以普通应酬之电文视之也。（1940年11月6日。见于《秘录》而不见于《大事长编》）

以后他又解释他对美国曲意将就。

> ……美国之传统政策，固为扶植与解放弱小民族，万不可以其一时之态度更我之基本政策也。（1942年9月12日。以上百余字由我略去。）

法国在马奇诺防线被突破后，国际地位一落千丈，蒋介石提醒自己："法大使乃国破家亡失意之人，宜特别礼遇之。"（1940年10月26日）意大利乘人之危参战，则在蒋介石心目中产生极不良印象。

他的日记述及：

此时英法处境固更艰难，但欧战胜败谁属，则未可逆料，独以义国败因为最多。故义之参战，未必于德国有利也。（1940年6月7日。原文作"意大利"。）

他的外交姿态有其缺点，蒋亦自承其过失："外交不可太直太切，尤其不宜太实太轻。应以沉重静敬为主。余对外交之失败，乃在太过与不及，而轻易直率毫无隐曲之态度尤非对外之所宜。盖余以为至诚，而人反以为轻矣，以后事事应以中正沉静处之，其庶几乎？"（1942年9月22日）此段似与前述之"道义—权宜—道义"之宗旨相冲突。但如以以前两段言着眼构思，此刻所叙为态度辞令亦无不可。值得注意之处乃是蒋介石拟以一人总揽全局。他不能任职业性之外交家作主，乃因"实以军事与外交，在在堪虞，稍一失着，则崩溃乃可立至。"（1941年10月10日）

蒋之档案中尚有一节秘闻，刻下与本文关系不深，但可供专家参考。古屋奎二在《秘录》中提及南京失陷后史达林曾对中国驻苏大使杨杰说及，希望他转告蒋委员长，如要消除人民对中国政府不忠行为，蒋应枪杀四百五十万人。所谓四百五十万，似为当日估计之全人民中之百分之一。但此说未见于《大事长编》。见于后者，则有史达林对蒋经国之谈话，谓他自己对蒋介石研究至详，前已提及。

蒋对日军奇袭珍珠港，事前无截获任何消息之痕迹。但在德军奇袭苏联之前则似有所预闻。1941年5月12日蒋曾电罗斯福之行政助理居里（Lauchlin Currie），其转告罗："六月中如美德关系不加恶化则德国决于一个半月内对俄发动战事。"尔后德军果于6月22日凌晨侵入苏境。蒋接得居里25日来电称："苏联之被侵使敝总统深感阁下情报之精确。倘阁下能将日本可能之动向或其他重要急切之发展等项惠予见示，当尤为敝总统所欢迎也。"

不止此也，6月18日德国与土耳其签订友好条约。蒋闻讯在日记中写出："德之攻俄，必不出数日矣。"实际距战事之发动只四天。但重庆方面始终未有向莫斯科提出警告之迹象。唯在24日，即德已侵苏四十八小时后，蒋接见美国驻华大使高斯（Clarence Causs），谓美国如欲避免战争应迅速发表援苏声明，以防苏日谅解，因此谅解可鼓励日本南侵。似此蒋之外交手段并非如其自评之欠灵活。

如果盟国之中对珍珠港战事之展开有何征兆，则系由美国通告中国，非由重庆警告华盛顿。蒋日记称：

> 美国陆海两长皆告我谓至十二月十日远东备战即可完成，届时对日当做强硬表示。而其陆长史汀生则更有滇缅路为中国惟一生命线，岂可不加维持之语。由是足见美确有协助我保卫滇省之决心，甚至于十二月中旬或有参战可能，亦未可料。尤其菲岛防务已秘密完成十分之九，是为远东制日最大根据地。以此推测，美似有先制日而后对德之决策也。（1941年11月9日）

此段表示蒋未能掌握美国政府及官僚机构作和战决心之程序，但其预度美国参战日期则至为接近，此段写出距珍珠港事变才二十八日。

又不止此也。12月7日午后12时30分（华盛顿时间）罗斯福接见中国大使胡适。蒋记录称罗曾告胡："昨致日皇电乃为和平最后之努力，惟不见乐观恐四十八小时内日本海陆军即将闻衅。此为人类之一大悲剧，但为中国计，亦可谓大转机也。"

西方记录称胡适在1时10分钟告辞，距日机投弹于珍珠港只九分钟。

珍珠港诚为抗战期间中国之一大转机，但并未轻易获得。即在最后两星期，蒋介石仍在焦虑与悬望之中，在他看来美日似可中途妥协，蒋曾谓此两星期之经验为"绝处逢生"，非深入其境无从体领此中滋味。

美日关系进入危机，始自德军西线突破之后。1940 年 9 月，日本与德、意成立三国军事同盟，内称结盟国受除现在欧洲之外及中日战争之外任何国家攻击时，其他两国应以军事、政治、经济方法援助，虽其辞意含混，实以美国为主要对象。日本又于法国战败后进据越南。1940 年 9 月占据北部，1941 年 7 月复在西贡登陆占领南部。美国报复时于 1941 年 7 月 25 日冻结日本在美资金，8 月 1 日禁止石油输日。至于日美间之友好商务通航条约，则已于 1939 年宣布废止半年后生效，所属范围及于机器废铁，但仍不足致日方死命。及石油之禁运，则直接影响日陆海空军作战能力。美国禁运，英荷亦禁运（荷属东印度为主要出产地），当日已无其他供应者。日本估计存储只够两年之用，因此愈迁延，日后处境愈危殆。另一方面既侵占越南，逻辑上次一步之动作为继续向东南亚伸展，包括菲律宾、荷印、新加坡各处。事实上囊括此区域不如想象上之困难，因须消除者为西方各国准备未充分之据点，不致惹起似中国之全面抗战。当时德军攻苏尚所向披靡，更增加日本军人之自信，所以 1941 年之御前会议即已通过向英美开战之决策，不过军事冲突之前仍展开外交谈判。

野村吉三郎为退役海军大将，前任外相，于当年 2 月衔命向华盛顿呈递国书，成为此非常时期驻美大使。此人有亲英美之名，其获得西方谅解之宏愿非不真切，然和战之枢纽在东京，尤被陆军之激进派操纵，非驻外使节所能左右。上述德军攻苏，西贡登陆，石油禁运均在野村为大使任内产生。而且此期间近卫文麿已取得第三次组阁大命（1941 年 7 月），又匆匆辞职（10 月）。近卫尚有意与罗斯福高峰会商，继任者东条英机则为"日美开战论"之倡导者。但蒋介石重洋注视，仍不得不存戒心，尤以罗斯福公开称野村为其"好友"，深恐其人身外交，可能改换局面也。

日人外交密码之译法早经美国技术人员识破，有了此项绰号"魔术"（Magic）之技术情报，华盛顿已能阅及野村与东京间之无线电文牍。既已窥见其外表词句与实在企图互不相符，美京对谈判更乏信心。罗斯福原有意与近卫文麿高峰会谈，则为僚属劝阻，盖因近卫无实力，不足以左右和战决心，与之促膝商谈徒增误会，以后无从解释。似此诸细节又非中国所能洞悉。

野村任大使之十个月间，尚曾与国务卿赫尔（Cordell Hull）经常接触，其谈判经过无数纵横曲折，亦在美国内部留下积箱满箧之幕后资料。牵涉之所及，有总统与国务卿间之差距，各人个性，海陆军及财长专家意见，各次长顾问之建议，甚至海外传教士之进言。最初之腹案，搬出世界各国彼此公平合作之理想，甚至由美向日贷款（1930 年间之经济恐慌波及日本为促成日本军国主义膨胀之一大主因）购买其商船，保证其需要之物资，只要日本全面自华撤兵，恢复 1937 年以前之姿态（不提及东北与台湾），取消三国同盟。以后继续交换意见，方始涉及近身事项及比较合实际之方案。在交涉过程中，罗斯福与丘吉尔保持密切联系，在 8 月中尚与之在纽芬兰面商，发表《大西洋宪章》。赫尔亦与英国大使接近，及至最后阶段咨询方及于中国、荷兰、澳洲之大使。罗斯福深恐行动过激，不能为国民谅解，陆海军首长则希望谈判多迁延一日，军事方面多赢得一日之准备，及至情势无望时彼等亦不愿作开衅之罪人，而只得坐待对方先下手，此所以内容至为复杂。

至今处理此间过程之权威，仍为前国务院顾问费易士（Herbert Feis）所作《走上珍珠港的道路》（The Road to Pearl Harbor）（1950）。只因第二次世界大战之后，东京国际军事法庭之审判记录及"魔术"

之档案逐渐为各学者采用，又有以上提及各关系人之回忆录问世，是以在同一大标题之下，已出现大批书刊。但各人之争辩集中于当事人之功过，珍珠港事件是否可以避免，其损害可否减低，与我们之着眼无重大关系。

从基本文件看来，当日美国最大顾虑为东南亚之安全。因不仅菲律宾仍为美属，而且美国亦不能容忍日本囊括东南亚之资源，使其本身备战困难。次之，则美国参与欧洲战事之需要日益迫切，不愿两面作战，深望日本退出三国同盟。甚至因为苏联已吸收德军大部，不愿见日本威胁其侧背。美国对中国之考虑不能超过以上诸要求。是以蒋介石于 10 月 28 日及 11 月 5 日间迭次呼吁美国，嘱其警告日本不得由第三国攻入云南，否则美国出面干涉，迟至 11 月 14 日始接得国务院之答复，其要求未被接受。然则吾人亦不能对罗斯福指责谓其对中国漠不关心。蒋之电文已交海陆军首脑研究，均谓空头警告无实力支撑，于事无补，可能发生与期望相反之功用。此时唯一援助中国之方案为增强陈纳德之飞虎队。

并且将中国列为争端之一者实为日本而非美国。罗斯福原望宣告越南与暹罗（今日之泰国）为中立国，由英美中日共同担保。日方则称原则接受，但自越南撤兵须俟中日冲突结束。罗斯福尚未要求日本自中国撤兵，日本已提出对策：撤兵在签订和约两年内履行。但仍须留置一部于华北蒙疆及海南岛，以二十五年为期，似此厮杀已逾四年，尚无从强迫蒋介石接受之条件转而承望罗斯福一手交出，况且华盛顿尚要保证日本获得荷印之物资，美国尚要恢复资金冻结前之商务状态，供给日本石油。至于美德交战，日本如何解释三国公约则由日本作主，此种种要求无异武装威胁，日本未对美国作任何让步。除非美国屈服，则只有日本之自由行动。

蒋介石所谓"忧愤交集"以后又"绝处逢生"，发生于 1941 年

11月23日至27日间（重庆时间，与华盛顿有十一小时之差距）。此时幕后尚有一段奇特之外交史：

罗斯福于11月21日左右（原件无日期，国务院档案注称"11月20日稍后"）交下与赫尔国务卿便笺一纸，颇似手令，文句尚不完整。中文直译如次：

六个月

1. 美国恢复商业关系——目下若干限量之油与米，以后增加。

2. 日本不向越南及满洲边境及南方任何处（荷英暹）增兵运兵。

3. 日本承诺即美国参与欧洲战事亦不采用三国同盟条款。

4. 美国促成日人与中国会谈，但不与闻其谈判。

以后成立太平洋协议。

根据总统指示又针对日本使节之提议，国务院更与财部磋商草拟备忘录一件，在发送之前，赫尔召集英澳荷使节及中国大使胡适传示此草稿，各使节可以抄录要点询问本国意见，下文系根据罗斯福致丘吉尔之副本译出。想与中国大使胡适11月22日在国务卿办公室内所见相同。

本政府即此通知日本政府认为日方之提议与两国政府决心解决问题之原则有不调和之处。此再提议另一妥协方案足以容纳彼此决心和平之宗旨，又彼此保证不向亚洲东北部，太平洋北部，东南亚，及南太平洋区域内增兵，并由日本自越南南部撤退，不［用其他部队］替代，限定在越南北部之部队如1941年7月26日之数额，其总数不得超逾二万五千人，又不派遣其他部队入越南。本政府当改变冻结［商业］之条款准许每月最高额六十万元之船舶煤库需要，食物及有条件医药品暨棉花自美输日，石油则按民间需要按月计算，美国候与英荷政府磋商后决定其输出量，美国原则上允许进口，但生丝量至少为输入三分之二，输入价款可以抵付输出并偿还在美［借贷］之本息。本政府当向英荷澳政府接洽采取相似之经济行动。本条款有效期间三个月，一方提出认为对太平洋全面和平有助益值得延伸时，双方得会商延伸此方案。

此条款未提及美国促成中日谈判及日本承允不使用三国同盟之条款，但因提议本身系和平解决问题之初步，不排除以后更接近之步骤，所以算是将上开总统便笺上之手令具体化之表现。

当赫尔传阅此稿时，美方记录称胡适当场问及，备忘录是否制止日本进攻云南，赫尔答称无此效用。

22日为星期六，至星期一亦即24日所谓 ABCD 四国（澳、英、中、荷）大使再度集会于国务卿前时，只有荷兰大使表示赞同，其他使节尚未接得本国训令。此时重庆已在极度震撼之中，蒋介石称，其忧愤及于他的"家人及僚属"。

直到战后历史家方能拼合各方情形，使读者了解当中之纵横曲折。

东条英机于10月组阁后，奉天皇意旨对和战问题再度检讨，曾于10月下旬召开大本营及内阁之连席会议，集会重要阁僚、企划院、陆军参谋本部、海军军令部意见，仍认为"打开僵局"与"自存自卫"应与英美荷兰作战，并于11月2日构成"帝国国策遂行纲领"，预定开战在12月初，因之尚有一个月左右时间，与美国交涉。如在12月1日午前零时以前达成协议，则停止军事行动。所以以后外相东乡茂德致野村吉三郎之指示，经"魔术"截获，限定协议如成功，签约务在 11 月 25 日以前，及至最后又延伸至 11 月 29 日，逾期则各事将"自动地"展开。

日方交涉方案称为甲乙二案。大概甲案有如和约具长远性质。提及商务时，只称"通商无差别全世界实用"，即已自动地包括解禁。驻越南日军待中日和议之后撤离，及日军在华北蒙疆及海南岛驻屯二十五年，均由甲案提出，美国应强迫中国接受。中国如拒绝，美国即停止援蒋。此案于 11 月 7 日夜间由野村提出。

但即筹议此方案时，日人亦猜测被接受之机会至微，是以又立乙案，乙案则注重刻下利害，有如停战协定。内称除已在越南之日军外，双方停止在东南亚一切军事行动，在越南南部之日军转移至越南北部，双方协同取用荷印物资，美国对日商务解禁，供给日本需要之石油，并且不阻碍日本与中国间趋向和平之行动。此方案由野村偕同其助手来栖三郎于 11 月 20 日递交赫尔。

此甲乙二案均以中国为问题的中心。"魔术"曾截获东乡致野村电讯多节，嘱其注意中国。11 月 24 日电称："杜绝援蒋为我方主要要求之一。"

当提出甲案时，日方使节尚只有野村。11 月 17 日后则有来栖之登场，此人以特使名义襄助大使。虽然野村英语欠佳，曾电东京派遣如是职业性之外交家，但来栖三郎过去以驻德大使身份曾主持三国联盟，自罗斯福以下美方人员对之感觉怀疑，历史家亦在猜测此人必预知开战前日军行动状态，只无从断定其知悉之程度。以后看来来栖三郎确善用外交手段，成为"临时妥协办法"（modusvivendi）之提案人，几曾以此影响大局。

英国方面之消息来源称：来栖曾提问，要是希望日本在越南撤兵，美国是否也可能作一点善意之表现，譬如稍微放松禁运，输出极少量之石油与稻米，即算远低于日本之需要？如可能时日本当保证不将之配给陆海军，只用之以缓和一般日人对美敌视态度。此提议比停战协定又更实际，为初步之初步，不费力而讨好，是以来栖提案受得欢迎。以后在调查珍珠港事变时，赫尔作证称当时政策在竭力避战，不愿在日人面前说"不"字。赫尔本人与罗斯福既对甲乙两案均不能接受，正感困窘，深觉得临时妥协办法有其妙处。赫尔又在其证人席上称："在 11 月 21、22、23、24 和 25 日我们在拼命在想办法阻止日本海陆军，就是几天也好，几星期也好，只要有可能公算的话。"

摆在上述背景里，才有总统之一张简纸，以及经过国务卿传示 ABCD 四国使节对日备忘录之草稿，美方如是迁就旨在争取时间。从"魔术"截获消息，已知对方之军事行动正如箭在弦上。海上情报传来，又谓日运输舰三十艘至五十艘之间正循中国海岸南行，11 月 25 日其先头已过台湾海峡，当时西方军事专家深以为将远程轰炸机 B—17 及 B—24 配置于菲律宾，又将英舰"却敌号"（Repulse）及"威尔士亲王号"（Prince of Wales）调新加坡必可阻吓日本。

蒋介石不能详悉这一切，即能他亦不能全部置信。当他继续接得胡适及宋子文自美京来电，获悉美国已将承认日本在越南驻兵，并提议将西贡附近之日军亦调至云南边境，又将对商务开禁，并给予战略物资，其忧愤交集乃意中事。总之自己的命运操纵在他人手中。中国人拼命四年余，其所牺牲之成果，甚可能经友邦在一纸文书上签字而断送。

美方称其技术情报为魔术，但是国务院整 11 月份之工作亦为魔术。

上述日方提出甲乙二案，罗斯福之手令，国务院已起草传阅尚未发出之备忘录，及临时妥协办法这一观念，由来栖三郎发起，显然已经美方考虑。既已震撼中外，则 11 月 26 日星期三午后 5 时，野村吉三郎及来栖三郎于赫尔之办公室谒见国务卿时，后者交授一纸文书，称"基本整体提议"（Comprehensive Basic Proposal）上注有"暂时性质，绝对机密，不牵涉任何义务"，使此使节二人受惊之程度又远甚之。丘吉尔日后在其回忆录里述及两人"不知所措在最极度的苦恼中退出"。他们既提出甲乙二案，预料对方必将讨价还价，即纵不接受，亦将以外交辞令拖延。但"基本整体提议"与上述四种提议与办法毫无相似之处，内分十款，其中两款如下：

> 日本政府须自中国及越南撤退所有陆海空军及警察部队。
> 美国政府及日本政府不在政治经济军事上支持中华民国国民政府以外之中国政府及政权，国民政府刻下暂驻重庆。

费易士叙述此文件时，称只有醉心于"死硬细节"之学究才须推敲其全文。意即其立场显然，不仅强硬且不妥协。他又说及"基本整体提议"等于使九国公约复活。

次日，即11月27日，华盛顿向夏威夷及菲律宾发出战事即将来临之警报。何以此警报未能生效，何以长程轰炸机均在地面被炸毁，而"却敌号"及"威尔士亲王号"均无空卫而被日机炸沉，不在本文论叙范围之内，但检讨此段历史时我们即可大致看出：当日若未获悉对日交涉之详情，甚难揣测最后关头之严重情形，即在宣战后而未实际交锋时，亦不能确信敌方已经整备之程度。因此我们必须追叙11月21日至26日5日间，美国作一百八十度转向的由来。

接悉美国将向日本提出临时妥协办法之备忘录，蒋介石由蒋宋美龄协助曾遍向美国政府各首长呼吁。胡适即于11月25日面谒赫尔，宋子文亦与华盛顿之陆海财部接洽，在重庆则有经罗斯福荐介之美顾问拉体摩尔（Owen Lattimore）出面，电总统行政助理居里，嘱将委员长对此提案之强烈反应告罗斯福，蒋并将此反应电丘吉尔。《大事长编》摘录此电要旨有"如果在中国侵略之日军撤退问题没有得到根本解决之前，而美国对日经济封锁政策有一点放松或改变，则中国抗战必见崩溃。以后美国即使对华有任何之援助皆属虚枉，中国亦决不能再望友邦之协助，从此国际信义与人类道德，亦不可复闻矣。"文中虽未明言对美绝交对日妥协，有此要挟之功效。

西方文件只称蒋极度困扰，认为如美国对日解禁，中国士气人心即将崩溃。但罗斯福总统及赫尔国务卿均谓蒋之反应"愚蠢的过激与不公平"。所谓不公平即错中猜测美国心肠，控诉其出卖中国。胡适于 25 日谒见赫尔时曾备受教训。

可是英国对临时妥协办法亦是表面赞同，实际反对。外相艾登之回电，首称英国政府对赫尔处理此事有完全信心。如果国务卿觉得如是，英国自当全力支持他。只是应付对方日本，"要价应高，还价要低"（Our demands should be pitched high and our prices low）。日本应自越南全部退出并且停止继续向中国进犯，而且对石油输日一节表示怀疑。

这还不算。丘吉尔给罗斯福 11 月 26 日的复电有以下之一段："当然得处理此事，全部在你，我们当然不需要再增加一桩战事。只有一点使我感到不安。其如蒋介石何？他不是已饥不果腹了吗？（Is he not having a very thin diet？）我们的忧虑在于中国。假使他们垮台，你我之间的危机将大为增高。"

战后丘吉尔在他的回忆录里说起他自己处理此事不得不存敏感。他恐怕美国人说"英国人将我们拖入战争"之中。所以他"把这问题放在它应当存放的地方，换言之，〔美国〕大总统手中"。这样看来，他好像替蒋介石与中国撑腰，却处处不离开给自己的打算，亦仍不离古今中外之外交的不二法门。

对赫尔讲，还有日本运输舰通过台湾海峡的消息，还有政府内之首长如财长摩根索（Henry Mogenthau, Jr.）的反对妥协，还有向公众意见交代之顾虑，况且又已说及临时妥协办法原不过缓兵之计。所以至此，这辛苦写成之文件也曾向大西洋及太平洋两途传送？却始终未向野村、来栖提出。如是美国外交，也拟采用"道义—权宜—道义"之路线，只因为权宜未成，则只有道义到底，对赫尔报告"基本整体"时，罗斯福立予同意，注意丘吉尔上述给罗斯福的电报也发于11月26日，即赫尔向野村、来栖面递"基本整体提议"之日，只是英美之间也有一段时差，丘吉尔惯于午夜至凌晨工作，国务卿接见日本使节则在日无暇暑的时刻。

检阅过以上国际外交之变化，我们回头看蒋日记，才能体会当中文句的意义，也表现其特殊观点。日记内有：

> 美国对日经济封锁有放松之意，余乃要求美国立即宣布对日不妥协之态度，此种智慧与真机，非至危急时不易表露，更觉忧患乃人生之良药也。绝处逢生之妙机当在此时矣。岂仅忧患不足畏惧而已哉。(1941年11月25日。此日期可能错误，亦可因以后补记所致。蒋日记间有事后补记情事。)

> 美国对日所提议之内容，盖完全依照余之所要求者而提出，较之昨日以前之妥协态度则根本改变矣。昨夜当余家人与僚属正忧愤交集之时，余曾谓外交形势变化靡常，今日之不好消息，焉知不可变为明日之好消息？今果应验，此乃穷理尽性之效也。(1941年11月27日)

《大事长编》在同日载出当日罗斯福接见野村吉三郎。美国资料罗斯福于11月28日（华盛顿时间）最后见野村及来栖，声称："既为友邦，即无最后之诤言。"蒋日记又再有：

> 此次美国对日态度之转趋强硬，当在余态度之坚决与决心之坚强，而又不稍迁延时间，乃得于千钧一发之时，旋转于瞬刻也。(1941年11月28日)

倭派专使来栖三郎赴美交涉。彼仍抄袭甲午之战迁就于列强，惟独胁迫中国之故智以售其狡计。果尔美国务院几乎为其所算，且其势已成百分之九十八，只差其妥协条件尚未提交来栖而已，幸赖上帝眷佑得运用全神，卒能在最后五分钟当千钧一发之际转败为胜，内助之力实非鲜也。（1941 年 11 月 30 日。见于《秘录》，不见于《大事长编》，应摘自日记内之"本月感想"。）

　　至此只一星期而有珍珠港事变，蒋闻讯未作任何矜夸及先见之明的表示。只记出："抗战政略之成就，本日达于极点。物极必反，能不戒惧？"（1942 年 12 月 8 日）

　　　　　　　　　　黄仁宇全集·从大历史的角度读蒋介石日记

第四篇

"四强之一"及其负担

蒋介石所谓物极必反，经过后来历史的证明。抗战在 1941 年12 月 7 日达到了最高之成就，也影响到他个人之声望。在此之前他受到中外的崇拜，即是处理新四军事件，他也无须对外负责。今后虽然有了英美参战，抗战必胜等于有了担保，又于 1942 年取消不平等条约，使列强放弃治外法权，1943 年出席开罗会议，对收回东三省、台湾与澎湖得到公认，可是这些成就不过步过去四年半单独抗战之后尘，自此他免不了因人成事，因此一举一动难于逃避外间的批评与指责，他自己也从被人钦仰的对象，逐渐变为被人轻视的对象。

就此，我们不妨检讨大历史与一般历史著作不同的地方：

我们虽说放宽历史的视界，并不完全放弃细节，不过有些历史家注重细节，只为了它们本身之兴趣。我们注重细节却是从小处着眼大处着想。譬如说 12 月 7 日，当南云忠一中将所指挥的机群快要到达珍珠港之际，罗斯福偏在邀胡适一字一句诵读他给日本天皇之最后呼吁。罗斯福夫人打断谈话进来告诉他家人已群集，星期天的午餐已经整顿就备，胡适起身准备告辞，罗还是要他坐下听他对自己文书的解释。自此我们也可以想见他要在中国人的面前强调自己为和平与正义奋斗的着眼，间接也在澄清外间对他原来采取妥协方案的误解，即此表彰自己的道义。赫尔国务卿却对这事一直没有原谅蒋介石和丘吉尔。他批评蒋："发出无数歇斯底里的电信送达内阁及政府首长，不经过国务院，有时甚至不顾总统，不明了实情，而干预于一段机微而严重的事势。"其实两人意见相同，只是一阴一阳。

前后看去，12 月 7 日蒋所谓"政略之成就"得益于长期苦斗，非仅一时之智慧与真机。

远溯回去，我们可以看出抗战之前四年，1933 年 4 月 12 日在南昌军事整理会议蒋介石曾说，"若是能抵抗三年五年我预料国际上总有新的发展，敌人自己国内也一定有新的变化"，南京失守后不久他又在日记里写出：

> 只要我能抗战到底，则国际情势终必演变而日本终归失败也。（1938 年 1 月 12 日）

至此都已实现。

他承认中国军备不如人，抗战在保持中国人的精神与人格，初听迂阔，至此回味却有长远意义。为什么甲午之战时没有外强的干涉？他们认为中国要保持对朝鲜的宗主权，本来就有怀疑。为什么凡尔赛会议会将山东的权利转让日本？因为中国人没有表现一个独立自主国家之姿态。1941 年年底则已是今昔不同。这样看来不仅初期空战的胜利与台儿庄的胜利更换了国际的视听，即淞沪南京惨败的牺牲与重庆挨疲劳轰炸的牺牲，也没有白牺牲。根据克劳塞维兹《战争论》，战争是政治的延长。只要战略能支持国策，虽败犹胜；反之如日本之失去外交之主动，只能铤而走险，却是虽胜犹败。有了过去四年半的抗战，虽友邦拟作局部上外交上的妥协与退却，只要有了出卖中国的嫌疑，已难避免内外舆论之指责。即算蒋介石要挟，他也能以单独拖上百万日军的实力要挟。我们不要忘记在邓克尔克撤退之后，丘吉尔曾提醒罗斯福，万一英国不能得到美援，他和德国谈判的本钱，只有海军舰队。

及至 1941 年 12 月 7 日，蒋介石的三种赌博都已结彩。他曾预计中国能耐久，日本不能遮盖数字上的劣势，不到决战之前会有第三国的干涉。在这三方面讲他都是赢家。

他的弱点亦即是中国的弱点，乃在不能即此收拾筹码退场。他虽然没有把美国直接拖入战争，人家也不能如是指摘，可是心里却不难如是着想。我们只要再读丘吉尔及赫尔的回忆录，次及于罗斯福与胡适谈话之记录，就知道美国未负中国，今后中国如不争气，即是贻害盟邦，非仅面子问题：自此我们再向远景看去，日后史迪威之强硬态度，马歇尔及杜鲁门之对中国放手的政策，都不能说是与此时美国未负中国的立足点无关。换言之 1941 年 12 月 7 日，蒋介石已将以前存储国际间之好意全部支出，尚且大为透支，才替中国赚取了一个他所谓绝处逢生之妙机。

除了"能不戒惧"的警惕外，蒋在日本奇袭成功之后又在日记里提起：

> 日美开战之初，日本不宣而战，偷袭珍珠港，使美国遭受重大之损失，观其行动之速是其早有充分准备，即使美对日提出临时妥协办法，牺牲我中国，日本亦不能接受。故由于我国之反对，美乃提强硬原则，要不失为大国之风，而保全其立国之荣誉。然美英荷在太平洋上早已成立共同作战计划而始终不通知中国，徒利用我消耗日本之实力，今日之闪击英美，我国对之亦更无所歉然也。（1941 年 12 月 11 日）

难道真的他毫不感到歉然？那他又何必在日记里和自己辩白？

要是罗斯福始终未曾觉得对日本供给石油，在越北留置二万五千日军不限制其行动实为牺牲中国，又何必在改换政策时对中国大使称此为中国之"大转机"？

国际间不时有此等事，非我负人即人负我。

要友邦主持公道是一件事，要他们参战、令子弟暴尸异域又是另一事。

凡盟国作战彼此龃龉情形乃意中事。在中美关系上讲，美国加入战争时已有了前述纠纷，再因为中国之生活程度与社会习惯和西方的长远距离，更加以军备与组织未能赶上时代，其不能和衷共济已是不言自喻了。

蒋与史迪威的冲突可谓开始于刚接触，亦即在1942年的第一次缅甸战役。

在这一年内中国经历到第三次长沙战役（1941年年底及1942年1月）与浙赣之役（4月），蒋介石访问印度，希望在甘地、尼赫鲁等与印度政府间斡旋（2月），并得英美同意废除不平等条约（10月）。

虽说日军在第三次长沙战役的目的在牵制国军，以便其攻占香港，但在战斗角度上讲仍属国军胜利。此役日军未能攻入长沙，在撤退时被截击只得化整为零。为追击部队困扰，充分表现已失去主动。蒋在日记里提及：

> 此次长沙胜利，实为七七以来最确实而得意之作。（1942年1月13日，见于《秘录》，而不见于《大事长编》）

唯战报称"歼敌五万六千余众"，则显有逾恒的夸大。

浙东战役由于杜立德空袭东京之后日军着手毁坏华东机场。闪已牵涉到蒋与史迪威之争执，容在下段追叙之。

蒋介石对印度之关注，日后未能获得尼赫鲁任何善意之回馈，只赢得刻下丘吉尔之高度反感。甚至美行政助理居里对之明言："罗斯福总统因不欲刺激英国，故不拟采任何措施，避免影响联合国合作。"亦不能使蒋氏改变态度。他尚且在日记内箴勉自己：

> 决定以印度独立与亚洲各民族一律平等为对英美外交方针之基础。(1942年9月15日)

可是他也批评自己："对印度驻华专员萨福莱临别赠言，为英印关系既表示英国不智之意太切，似又陷于诚实太过之病矣。但余并无他意，且属满腔热忱，英国之愿与不愿则不计也。"(1942年9月25日) 自是读者亦可对蒋为人多一重了解。

废除不平等条约对蒋介石为一生大事。虽然当时日本对汪精卫放弃治外法权，英美不得不仿效，并且英国仍保留九龙之主权，但此已为当日蒋氏交涉成果之最大限度。他除对宋子文表示来日必取得香港与九龙 (1942年12月31日) 外，此时只在日记写出：

> 此乃总理革命奋斗最大之目的，而今竟将由我手中达成，中心快慰无言以喻。(1942年10月9日)

翌日为国庆日，他往重庆较场口宣布。恰巧当时我和弟妹蹀躞街头，忽见蒋乘敞篷车至，车行极缓。虽有宪兵指挥群众清道，但无特别戒备，车行所至，两侧群众自动鼓掌，至今已逾半个世纪矣。

史迪威事件亦距今约半个世纪，第一次缅甸战役即系1942年事。我自己于重庆街头蹀躞后不久，即于1943年2月调为新一军上尉参谋，于役于印度比哈尔（Bihar）之蓝伽（Ramgarh），对当日之中美关系有了一段亲身切眼观察之机会。因为所见为原始资料之所无，在叙述之层次上不妨先为提出：

第一次缅甸战役时蒋委员长派史迪威为远征军总指挥，又派罗卓英为司令长官，并且直接指挥各军师，史认为"被骗"，并且认为指挥权分散，为战败之一大主因，所以在蓝伽成立中国驻印军时，在组织上有彻底之改正。

新一军下属三个步兵师，除新二十二师（廖耀湘）及新三十八师（孙立人）共有九千人从缅甸退出外，1942年10月开始，又从国内空运补充兵，1943年更将重庆附近之第二十五补充兵训练处改编为新三十师（胡素），于是完成新一军一军三师之战斗序列，除新一军外，驻印军尚有炮兵三团，工兵二团，汽车一团，装甲兵六营，并且蓝伽训练处又抽调驻云南各军师干部前往接受美械训练。大概蓝伽中国军人数最高时，营房内外共达四万余人。所有军械车辆全由美方供应，成为日后租借法案内美国援华之账目中之一大部分。官兵之被服装具给养汽油等则由英国（印度）政府筹办交美方。中国官方责任，纯在管理及维持军纪（administration and discipline）。

新一军军长郑洞国原任第八军军长，黄埔第一期毕业，曾参加长城抗日，保定、徐州、昆仑关诸战役，为人含默不爱争执，在国军中素有忠厚之称。蒋置遗之任职史迪威麾下，并使新一军另起炉灶，各师脱离以前建制，即有息事宁人自兹更始之意。

1943年3月，郑及史迪威尚在重庆，新一军司令部在蓝伽组织伊始，有如先遣支队，受参谋长舒适存指挥，即因事与美方龃龉。

史迪威在蓝伽之办公室称指挥部（Chih Hui Pu），因史系中国驻印军总指挥，但史又为美军之中缅印战区（CBI）之总司令，在德里设有司令部，在蓝伽之指挥部亦为此美军司令部之前进指挥所。两种职务下之参谋长均为柏德诺准将（Brigadier General Haydon Boatner），柏亦如史迪威及马歇尔，曾服务于驻天津之美陆军步兵十五团，通晓华语，其为中国驻印军总指挥之参谋长已经中国政府委派。在史迪威不在蓝伽时则为美方对华之负责人，但其阶级职位又比新一军军长及各师师长为低。

我等刚履足蓝伽不久，即获悉柏德诺责备新一军司令部组织过于庞大，因中美间成立协定在比哈尔练军时载明华方只负责管理及维持军纪。经过柏德诺之解释，则新一军司令部无指导战争、派遣部队、搜集情报之任务。凡重庆派往指挥部之华员，只有官无职，以后此等人员除自动参加翻译工作获得美方顾及外，只得搜集整备各项统计资料向国内报告。指挥部职掌尽落入美国军官手中，柏亦以史迪威总指挥名义，遍任美国战区司令部人员为中国驻印军指挥部人员，亦不问此等校尉官能否通华语，是否到过中国。唯兼职而不兼薪。所有命令通告及备忘录亦皆以英文为正本，美军又在各部队遍派联络官。换言之，此项组织及实用程序已使驻印军与殖民地军队无异。事实上我曾遇见印度军士询及中国军是否美军之附属部队，因自彼看来，我等受美国军官层层节制，即如印度军受英人节制，而所有参谋业务亦由英人掌握实大同小异也。

当我等抵达驻地后约一周，柏德诺拨给新一军司令部橄榄色军用轿车一辆，谓供新军长使用。并由新二十二师派来驾驶兵一人。翌日，此司机在司令部前撑开引擎上车盖检视油料，引起军部官兵多人之好奇心，因各人均不知汽化器为何物，亦未悉水箱由风扇转动可以使引擎冷却也，司机则卖弄不久前学得之技能。柏参谋长每晨在营房内散步，见及群人麋集，司机则拆卸轿车零件，但未提出质问。

次日舒参谋长乘坐此轿车拜访柏参谋长，会见亦无非礼貌上之周旋。当舒起身告辞时，发现乘车已不在停车处。此时柏德诺正告舒适存此车已由指挥部收回，不久当有备忘录说明原委。舒无奈只得步行返军部。

翌日，总指挥部之公文到，内称总指挥为对新军长表示善意起见，将蓝伽训练中心唯一仅存之轿车拨归其使用，但新一军人员对此珍贵器材不知爱惜，任意处理，现指挥部决心将之收回，仍交汽车调派室保管。此备忘录由柏德诺签名，我亲眼见过。事后舒因恐新军长尚未到任之前已生嫌隙，只得开具当初司机检视机油水料情形，辩说并非拆玩，此轿车亦由指挥部再度拨给军部。但经过此段羞辱后，舒适存向军部人员训话，叮嘱必要时立志效法田横之五百壮士。

新一军军部人员未致迫作五百壮士，在郑任内亦始终未取得指挥权（1944年攻克密支那后孙立人升军长方有权指挥所属三个师，但仍受指挥部严格管制）。当1943年12月驻印军发动第二次缅甸战役时，事前曾得重庆最高当局许可，但军部迄未接得任何方面通知。指挥部之作战命令，最初称目的在掩护新平洋机场之建筑，直接下达于执行命令之营长，经过部队向上呈报，军部方略知行动状况。以后战局逐渐展开，作战命令仍用英文写出，方始由各团营长而及于孙廖两师长，军部仍只能由各师部之报告见及。军部派往之前线观察员，亦因无从取得指挥部之通行令，只能用各种名义混参入战斗部队之内。

郑军长提出抗议无数次，又在回重庆述职时，一再向蒋委员长辞职请另派遣，甚至向蒋要赖，如蒋不任彼解职，彼亦不回印度（我在事后由郑夫人处得知）。但终由蒋说服返任。史迪威最擅权时，曾将指挥部副参谋长温鸣剑改任高级参谋，又在1944年8月克复密支那后，撤新三十师师长胡素及所辖第八十八团团长杨毅及第八十九团团长王公略职，均限于二十四小时内离开印缅战场。

在叙述史迪威事件时，史之个性，不可忽视。当史迪威将军在1945年9月以第十军军长资格参加米苏里军舰上日本投降仪式时，曾将当时所见缄告其夫人，后经涂克门女士摘录其大意为：

英国人是一只红色的肥饺子，澳洲人是一条香肠，加拿大人是一个调戏女人靠女子倒贴的男人，法国人颇为雅致，可是他的两个随员像巴黎来的一对流氓。荷兰人又肥又秃，新西兰人看来像个外行。在日本人眼里看来这是如何一堆在漫书里凑集的脚色，全人类没有找到合适的代表。

固然这是他的私人缄件，而且写此段时他已经历到被蒋介石斥退的羞辱，他自己也深知一生抱负无从兑现，可能在这时候已患肝病，接近他生命最后一年。可是他的尖酸刻薄，称蒋委员长为"花生米"，曾被马歇尔指摘，又称罗斯福为"橡皮脚"，可谓始终前后一致。（罗斯福患脊髓灰质炎，终身瘫痪。为尊重他的权威起见，所有人在他有生之日不提。）

我们习写历史，警惕着自己不要被感情支配，但是这种趋向极难避免，即我自己的文字在内。有时纵不加评论，在材料取舍之间已使读者思潮起伏。我还记着约半个世纪之前，指挥部所油印的每日新闻摘要有一天头号标题为"Uncle Joe Got His Fourth Star"（约瑟夫叔升四星上将）。因为史迪威在第一次缅甸战役在瑞波附近决心撤退时原可乘飞机脱出而决心与司令部人员步行，于是被美国军士誉为英雄，加以亲昵称呼，其他将领无此情景。其升官则因罗斯福、马歇尔要求任命其指挥所有中国陆军，而不出三个月后此油印报纸又在头条新闻标出："Our Joe Relieved on Chiang's Demand"（我们的约瑟夫被蒋要求丢官）。前后只六个字，已对公众心理有充分之煽动力量。

至今，在美国叙述史迪威与蒋介石冲突之畅销书，仍为涂克门之《史迪威及美国在华经验》。此书初发行于 1971 年，刻下仍可在各大小书店随时购得。涂克门曾在史夫人处翻阅史迪威所留文件，也曾广泛地引用西方资料。虽说书中也对美国外交政策屡有指摘，例如"离不开白种人之优越感"，罗斯福 1944 年 9 月 18 日致蒋介石之电文则"很可怀疑的会送至欧洲任何国家的负责人［之跟前］"。作者也指出，美国与中国的政策根本互不相牟，"美国之目的不是中国之目的"，但是她所引用原始资料，仍包含着很多对蒋介石及中国之谴责与谩骂。作者行文极为流畅，因为每章每页都有激情之资料在后支持，所以能如长江大川，一发而不可遏止。何应钦与陈诚如是之不同，作者曾未考究何以蒋对彼此同时信任。她也相信中国人坚持美援成批总数的拨给，势必有贪污舞弊不可告人之处，却曾未考虑是否受援者亦望保持其自尊心，不愿一桩一件一吨一元尽受拘束。即将物资囤集，是否亦有不得已的打算。所以，在这些方面，涂克门未能完全脱离当日激情之影响。

站在相反的方面，梁敬𬭩在台北出版之《史迪威事件》与《美国在华经验》同年发行，其激情论调则又远过之。史迪威"跋扈阴谋"，他背诺凌人不算，还有意阻碍空运。作者却未顾及史迪威所提理由：如果美方承受中国之要求，每月空运物资五千吨，则必先在印度及云南各建大型飞机场五处，每处能接受运输机五十架，尚不论及其他条件。至于史迪威企图获得对华军之指挥权则幕后有美军部主持，亦仅非个人之阴谋。

这也就是说：如果被当时人的情绪牵制，我们极易将一个范围庞大的技术问题，视作多数规模狭小的道德问题。或否或臧，我们对当时人之褒贬是否公正不说，总之，就使我们因着大时代所产生之历史观失去了应有之纵深。流弊所及，使我们对自己今日所站在的立足点惶惑。

史迪威事件涉及轴心国及同盟军之战略，也牵涉到东方与西方文教上之差异，更牵涉到中国从一个中世纪国家，蜕变而为一个现代国家的过程中之各种未定因素。只因为以后约半个世纪所赋予之纵深，使我们猛省到问题之庞大。

前已提及，蒋介石在珍珠港事变后，曾在日记内叙及其观感：

> 抗战政略之成就，本日达于极点，物极必反，能不戒惧？！
> （1941 年 12 月 8 日）

他所谓政略之成就达于极点，无乃开战前后之所谋划旨在将中日间之军事冲突扩大而为国际间之冲突。经过四年半单独抗战之后，这种目的业已达到。因为他再无次一步办法取胜，今后只能因人成事。中国对日战争之胜利可算因蒋之筹谋奋斗而获得保证，他自己在历史上的主动地位，却自此降为被动地位。

1964 年距上述情态切近四分之一世纪，毛泽东在北京接见日本社会党议员多人访问。佐佐木更三代表诸人为日本侵华道歉。毛谓无庸道歉，若非日军犯境，中共未能夺取政权。此语曾给海外华人读者相当反感。然则毛提出历史上长时间大范围之因果关系，只是事后看来如此，并非事前设计如此，或事态过程中指示应当如此。他的见解与蒋介石所叙"今日认为恶因者或适为他日善果"（1944 年 5 月 31 日）出于同一逻辑。本来塞翁失马，其成败得失利害，于长期间领悟者与短期间感受者不同。在大历史之范畴中，各人行事之目的与着眼，很可能与所行事的长远意义迥异：

中国在 20 世纪的长期革命，使全世界五分之一以上的人口在衣、食、住、行、思想、信仰、人与人之关系各方面经过整体的变动，不可能一蹴而就。因之一种群众运动之后又有一种群众运动，第二步尚且不足，由第三步完成。

从今日的立场看来，史迪威事件使蒋介石所领导的群众运动将本身及最后力量用至最大程度，至此犹感不足，才暴露了毛泽东所主持的土地改革之必要，和日后陈诚在台湾所主持的改革之必要。正如日后毛泽东所领导的群众运动又将一切功能施展到最大限度，犹且不能得到苏联之援助，才彻底彰现着邓小平所主持的经济改革之必要。从这种观点上，我们可以看出史迪威事件在中国历史里产生杠杆作用。

有了这样的理解，我们检讨兹段史料，纵仍免不了触及情绪因素及私人琐碎事，即可以利用如此成分"疏导"历史之解释，而不致以之"壅塞"历史。

史迪威与蒋介石的冲突，至 1944 年而至决裂点，但是事前酝酿两年余。我们可以说史将军于 1942 年 3 月到任为中国战区之参谋长，已萌肇日后之争端。甚至可以说，自珍珠港事变，中国与西方国家并肩作战即已产生了彼此之间的嫌隙。

我们试想：中国因为基层未能脱离传统体制，所谓国家实为无数农村并成的大集团，并无实质上的组织结构，因之军队也具有地区及部落气息，极难在上端协定。蒋介石为最高统帅，无时无处不得不注意各将领人身关系之影响，与之相较，中国与美国不仅重洋阻隔，而且两方社会有了亘世纪及超世纪的距离，要是双方的军事组织即能协同动作成为一个高效能之有机体，也就是逾越情理了。

一个穷人穿着敝衫与着狐裘的同等对立而不生自卑感已经很难。可是刻下说及两方更要合伙经商，在公司的董事会上争发言权，则迟早撒手已不出预料，只是作战又与经商不同，亦不容易拆移。罗斯福既为现实的政治家，也为理想主义者，他赋予中国以"四强"之一的名号，高度地表彰了他的作战目的在实现一个新世纪的世界观。可是他的主张首先即不能得到丘吉尔的赞助，自此也牵引出来他日后与职业性的官僚组织如以马歇尔为代表的陆军部之相持不下的局面。上层感情主义之慷慨是一回事，下端在实用的场合内能否协同地执行是另一回事。蒋介石不能毫无预感，他在二十六国发表共同宣言时写入日记：

> 我国签字于共同宣言，罗斯福总统特别对（宋）子文表示：欢迎中国列为四强之一。此言闻之，但有惶惧而已！（1942年1月3日，见于《秘录》而不见于《大事长编》）

将其善意更作具体之表现，美国提供对华贷款，并推举蒋介石为同盟国中国战区之最高统帅。1942年之贷款美元五亿元，供中国稳定货币，继白宫之提倡，国会迅速通过，未附带任何条件，日后中国支用此款不向美国交代，极为美国舆论攻击。蒋为统帅则曾由他自记：

> 二十六国共同宣言发表后，中、英、美、俄四国已成为反侵略之中心，于是我国遂列为四强之一；再自我允任中国战区最高统帅之后，越南、泰国亦划入本区内。国家之声誉及地位，实为有史以来空前未有之提高，甚恐受虚名之害，能不戒惧乎哉。（1942年1月31日。《秘录》作"中英美苏"。又蒋自称"我"而不称"余"，亦与习惯不合，想见此段经过修订。）

一般盟国的"战区"（theater）受英美联合参谋团（Combined Chiefs of Staff）指导，中国战区则不在此例。美方解释此因委员长已为国家元首，不能听命于人。可是也因为如此，中国无权参加联合参谋团，不能对英美之全球战略置喙，亦无从对租借法案内物资之分配有效地表示意见。

及至蒋邀请罗斯福派遣其"亲信之高级军官"一人为中国战区

之参谋长，史迪威衔命前来，他已自称其首一任务为"指挥在中国缅甸印度之美国军队"。缅甸与印度既不属于中国战区，史即有与蒋分庭抗礼之态势。再因他又为租借法案之监督人，更可以用此职权巩固其地位。不数月后（1942年7月）双方因运输机之分配发生争执，史即对蒋提出备忘录：他为租界法案之监督人，应使器材作最效之使用，甚至将业已分配尚未交付之物资移作他用，只对美国负责。至于他为蒋之幕僚，则纯在战区参谋长任内，其职权为计划作战编组训练，筹集器材非其责任。

史迪威被任命为中国远征（入缅）军总指挥（1942年3月10日），已在其来华之前内定。因宋子文（外交部长）与美国陆军部长史汀生交换缄件（1月29日及30日）已承认中国战区参谋长除指挥驻华美军外，尚指挥"拨其指挥之中国军队"，又有"整备、维持、管理中缅公路"之责任，而史迪威之权力又及于印度缅甸，则"一个大于九十八又不超过两位数字之整数"非九十九莫办也。

但在美倡言美籍将领可指挥中国军队者为宋子文。蒋虽承认"此一军官在缅甸战区中，为中美英三方面均有关系之地域内，与以联系三方面之行政实权"，看来他只准备以荣衔加在美国将领头上，以之对付英方，筹办供应。而实际上他自己保持对出国各军师之掌握。他曾一再鼓吹凡在缅之中英军概归史迪威指挥。如此计划实现，则中国远征军各军师自为一兵团，即不在史切身掌握之下。他任史为指挥官后又任罗卓英为司令长官（4月2日）。而杜聿明（第五军军长）见缅甸总督时更率直说出：给美军军官衔，只有纸面价值。

但蒋如果以为史迪威可以如此对付，则为莫大之失误，因史迪威来华前，美国陆军部对蒋之打算，较蒋自己对史迪威之打算更高一筹。直到战后美国陆军官方战史关于中缅印部分以作者为名之《罗曼鲁士及孙德兰》（*Charles Romanus & Riley Sunderland*）一卷出版（1953年），将若干不见经传之细节提出，才使读者彻底了解蒋史冲突之内幕后之背景。

当1942年初，蒋介石邀罗斯福遴派美国军官为中国战区参谋长时，美国陆军部已对中国获得极为暗淡之情报，均以为中国不能持久，可能单独对日议和。蒋之电文又谓此美员不必熟知中国情形，而且以不通晓华情者更佳。在他看来此为避免军阀时代所谓中国通之成见，但在美国构成不良印象，因为如是指派之美员，只供中国驱使，凡蒋一面之词则为真理，实际反成为中国对美发言人。至此马歇尔亦主张以美国军官掌握华军。他在派及史迪威前，曾与拟派来华之段澜（HughDrum）提及，应率堪任中国军长级之美员数人同往（段澜后因意见不合未果成行）。马歇尔不仅无对华派兵计划，而且无大量物资供应。中国作战可使用"内部之资源"〔既称资源（resources）则应包括人力资源〕。但凡此幕后了解，均不见于正式之通知及任命状。唯史迪威见租借法案主持人霍浦金斯（Harry Hopkins）时，霍预言蒋将华军归其指挥（1942年2月9日）。史迪威谒见史汀生时，又自称本身任务能否成功，端在其能否率领中国军队。史汀生认为满意，写入其日记（1942年1月14日）。史迪威更在其日记自述其任务为"合作协定使（中缅）公路行运圆滑。使各派系合作，抓取指挥权。一般情形不派他们以差遣，钱不成问题"(1942年1月16日)。

此与蒋请派美籍参谋长之目的有极远之距离。蒋之希望，有此参谋长他之指挥权可伸至盟军头上去。美方之了解，有此参谋长蒋之整个指挥权将为之国际化。宋子文在两方修饰辞句，日后被指摘。

我们且看此期间蒋介石自叙近况。日记有云：

菲律宾与马来西亚半岛皆于本月中全部陷落。其他如婆罗洲以及西南太平洋各岛屿倭军所向可谓战无不利，攻无不克。而彼独于长沙一役，遭我军痛歼，为彼此五年以来所受最大惨败。于是英美各国方知敌寇之强与我国之勇，遂公认

我五年抗战之艰难，非若其预算之易也，至我民族道德与精神之伟大始为世人所深切认识矣！（1942年1月31日）

此种自负态度，亦非无力支应须将指挥权交出之姿态。

美方赋予史迪威各种任务，亦代表国务院陆军部之态度。史迪威为武官时，即与冯玉祥、李宗仁接近，对蒋缺乏好感。至于对蒋介石之不信任，已及于驻华大使高斯以下之外交人员和新闻记者，更及于一部分传教士。"中国老百姓好，政府里的人不好"已为一般见解（今日仍未消除）。可是我们既已说及中国社会改组尚未到达某种程度，不能立即责成各人照未来之标准行事，则此种考虑亦应及于当日之外人，他们至难因为中国有了立志成为一个现代独立自主国家之趋向，则立即处置之如是一个国家，有时纵在情绪上及礼貌上如是，亦在技术上执行困难。

难道中国在1940年间即已为四强之一？美国之击败日本，须动员其大部舰队。轰炸其城市时出动成百上千之飞机不算，尚须制造原子弹。中国不能出产飞机一架，连空投炸弹尚须外方供给。以后蒋介石向美行政助理居里提出中国应参加联合参谋会议时，居里即言英美以其剩余生产供给其他各国，其商船行驶于世界各地。联合参谋会议，即以此情形作协定之基础，中国只接受而不供给。至于中国认为独自对日作战四年半，已对各盟国作有具体贡献，则甚少有人认真相信。驻美武官朱世明认为中国"有权"取得美援武器，即受马歇尔驳辩。

罗斯福所说是对的，史迪威并无自利的企图。这也是说他无意构成一种永久的美国权力基础，而在这种机缘中树立本人地位（麦克阿瑟有此趋向）。可是他符合我们所说的，有了"戈登心理状态"（Gordon Complex）。

查理·佐治·戈登（Charles George Gordon），英国陆军少校，在剿平太平天国时继美国人华德（Frederick Townsend Ward）之后，率领上海商团组织之雇佣军之称"常胜军"者四千余人，配之以"洋枪"，用轮船输送，以西人任军官，在太湖沿岸具有战功，时人称之为"中国戈登"。其人其事本来也有若干值得争辩之处，可是戈登罗曼主义之声誉，驰播远近。1940年间在扶华抗日之风气下，不少的美国将领具有戈登心理状态。涂克门在叙史迪威自缅甸退出后，即称之为"美国的中国戈登"。日后魏德曼接替史迪威，魏之随从副官亦以戈登对魏期许。

戈登之成功，在将西方科技及组织能力用在适当之处，因之所用资源少，功效大，名为替中国效劳，实际仍对本国有益。在1940年间，戈登在历史上的榜样令美国不胜欣羡，各种刊物公然指出，在中国给日人一分打击，即减少美军在其他战区一分损害。我们不能想象史迪威放弃已是他囊中之物的非洲登陆之总司令职位，屈就中国战区参谋长，没有这样的企图与打算。他在缅甸作战时，即已预定在印度训练华军十万的计划。即在腊戍失守之日，他仍在日记里写出："上帝，只要我们能把这十万中国人搞到印度，我们就有了一手啦！"（1942年2月29日）当他在更的宛河坐竹筏即将退入印度之前，就已在讲述再度克复缅甸的计划——需要美国供给飞机与物资，需要英国人重新改组，需要中国人合作。和他同行的新闻记者白尔登听得不耐烦，就说："目下先要退出（缅甸）再讲。"

史迪威和一般美国人讲到当日国军的各种弱点，大都切近事实。史说编成三百个师，人员武器不能有效分配，不能集中发生力量。涂克门说中国的一个军官不是已经制度化的军队之一员，在指挥系统里服从负责，而是在人身上忠于他们的上司，所以一般师长和很多团长只有蒋介石能不令指挥。白修德说及国军无领导、无运动能力、无实力，均非无稽之谈。

但是他们都没有看出，即我们自己在当日也没有看出：这种种弱点大都由于一个农村社会企图维持一个军令统一之数百万大军之故。农村社会内，人与人之关系为单元，不如工商业社会内，人与人之关系为多元。由经济生活即影响到社会生活，此刻各级军官亦由社会生活决定他们在军队生活之行止。军队亦如一个大公司，要是当中各单位不能公平而自由地交换移转接替，其做生意的范围与效率必受限制。

　　可是史迪威提出改革，日后马歇尔在战后又向蒋委员长提出改革，都未见到问题之深度。改造军队即必先改造社会。改造社会之一部，则引起改造社会之全部，由日后内战期间执行其范围之大即当事人亦未料及，此是后话。

　　有了今日之眼光，我们可以看出，史迪威不能成为 20 世纪之戈登，因为中国不能因接受洋枪用华兵受洋官率领解决问题，亦等于蒋介石不能成为 20 世纪之曾国藩。保甲制度为农村社会之产物，蒋用之动员抗战，将旧社会之实力用至最大限度，只促进新社会之兴起。

　　太平洋战事展开之后，蒋介石虽然叠次以岂不惶惧的辞句约束自己，一面仍喜气洋溢。他在 1942 年 2 月访问印度，希望调解国民大会领袖与英政府间的争执，3 月又访问缅甸。行前他在日记里写出：

　　　　此时访印，可为战后我对英外交奠立根基也。（1942 年 1 月 23 日）

　　丘吉尔却给他一道电文："我们内阁认为尊意此时往瓦德哈访问甘地，可能妨碍我们动员全印对日作战之愿望。"（1942 年 2 月 12 日）日后他给外相艾登一电又提及："称中国为世界四大强国之一乃是一个绝对的笑话。"（1944 年 8 月 23 日）

史迪威在这种背景之前，奉派新职。并且在他受命之日迄至他到达新任所之前，远东战局有了全面目的变化。当他在1月杪遣派为中国战区（盟军）参谋长及中缅印（美军）总司令时，新加坡及爪哇尚在盟军手中，缅甸及整个南太平洋区域属于ABDA（美、英、荷、澳）战区，联军总司令为魏菲尔（A. P. Wavell），总司令部设在爪哇，盟军战略为防制日军南进，以为掌握着荷印即可以阻止日军侵犯澳洲及印度洋。虽曾感到仰光可能被波及，曾未预及整个缅甸可能在数星期内易手，1941年圣诞节前，魏菲尔访重庆时，蒋介石提议中国军入缅增强防务，尚为魏拒绝。而英人尚有在仰光截留美国援华物资情事。

当3月3日史迪威在来华途中不意于腊戌见蒋时，仰光已危在旦夕。美英荷澳之南太平洋战区业已解散。英将亚力山大（Harold Alexander）在最后关头派为英缅军总司令，然已无能为力，他于3月5日到任，仰光即于次日失守。在此一个多月期间英人虽改变初衷，催促国军入缅，但首先因供应汽油及给养问题，次因指挥系统问题一再迟延。因蒋介石始终不欲中国军队供英人指挥，第六军于2月底方输送完毕，第五军之先头部队的第二百师于3月1日方始入缅。以后第六十六军开入时已逢到撤退的阶段。

以后蒋介石常被指摘主意不定。其实经过英方反覆，他对英人之不信用超过外间观感。他在史迪威未到任之前写出："观英军之处置与精神皆无作战之诚意也。"（1942年2月27日）

仰光失守后，他甚至打算整个地不依赖于英美，如日军进攻苏联，他亦进攻中共。日记有云：

> 爪哇、万隆、泗水、仰光各要点，皆被敌寇于本月十日，即其陆军节以前如计占领，新几内亚亦已被登陆，澳洲命运，不过时间问题，太平洋战局已定，倭寇南进计划至此可谓完

全告成矣。此后若徒望英美之援助以取胜，甚少可能，惟先求自立自保，而后待机取胜。使时间延长，敌必自败也。为今之计：（一）倭寇如不北进，则我惟充实兵力，整顿军队，巩固现有之根基。（二）倭如北进，则解决恶化与腐化等封建势力，统一内政，推进边务，以备决战。（三）最后目的，收回失地，恢复旧有领土与民族固有地位。（1942 年 3 月 14 日）

此段与他一贯之政策不同。是其情绪最低潮之反映？是其拟与日人不战不和之打算有如当时外界之传说？惟其所谓"封建势力"，则指中共，由《中国之命运》证实。"恶化腐化"则应指盛世才等在新疆之亲苏政权。

第一次缅甸战役当中多数有决定性影响之因素，均在战斗之外。

简概说来对盟军而言，这次战役在天时、地利、人和三方面都极端的不利。事后看来即无指挥系统、人事个性的冲突与文教上的差异也极难获胜。战况不利只将以上弱点充分暴露。

第一则情况不明。日军参与战役者共四个师团。日军每师团再加配属之特种兵，可达一万六千人至一万八千人。国军曾用九个师，但各师兵制装备战力不同，即最整饬之第二百师亦不过八千五百人，其他各师均在六千人左右。而且中国部队零星投入，所以敌军在每次重要之战斗如 3 月下旬第五十五师团之主力攻击守同古之第二百师时，及 4 月下旬以第五十六师团全部配属战车炮兵突破第六军防线时，均在火力及局部数量上占优势。第六军则在景东一带对泰国防守。全军有六十余里之正面，无预备队。因当时情报，日军及泰国军队共五万人包括第十八师团在内，集结于泰国北部。以后看来全属虚传，而第十八师团则已出现于缅甸战场也。

3 月杪 4 月初，英海军与优势之日舰队交锋不利后，即退守孟买及非洲海岸，所以仰光在 3 月 6 日失守后不久，盟军在缅甸南部作战已失去战略上之意义。

并且盟军又失去制空权。日机每日可以出现四百架次。3 月 21 日及 22 日日机二百架袭盟军在马格威（Magwe）空军基地，盟军损失惨重。此后英空军残部退入印度。美国志愿队（5 月 1 日后收编为美陆军航空队）亦飞至中国境内整备。史迪威自己在 3 月 23 日日记里写出："从此无空军支援。"

缅甸人口约二千万，内有一百万印度人。印人为英国招募，担任统治者与本地人之间之技术工作，如警员、书算手以及于铁道及机车驾驶，平日为缅人深恨。太平洋战事展开后多逃避他去。以后留下记录即有铁道运兵须用枪兵胁迫才得成行情事。蒋介石于 4 月 7 日在美苗接见亚力山大时，彼即称印缅员工在空袭警报下逃避一空，务请中国派员接收其铁道电讯。缅甸铁道当局已提出反对。5 月初，罗卓英拟往密支那收拾残局时，即因临时勒派之火车一列与另一列车互撞，而使整个铁道支线陷于瘫痪。

中国后方勤务部部长俞飞鹏在腊戍掌握租借法案之卡车八百五十辆，4 月杪当战事吃紧时，史迪威索派汽车一百五十辆运兵，只得五十辆，而俞仍用汽车输送汽油食粮，此事最为美方资料诟病。然亦不过表示抢救物资与军中后勤不相衔接。

国军在国内作战时破坏铁道公路，只因军事需要可以肆无忌惮，征用人力亦经常事，至此到处掣肘，在曼德勒，即在市区建筑防御工事亦不可得。蒋之日记有云：

> 英既无力防守，而又不许我军入城构筑工事作固守之计，余自带兵作战以来从未见有如此疏忽之军情也。（1942 年 4 月 5 日）

而且当时英缅政府只许国军一师停留或经过曼德勒。

但是国军在后勤方面毫无准备，亦至为引起反感。亚力山大机警圆滑，在蒋史间相处完满，日后在其报告内写出："他们靠我喂养，何等的寄生物！"

现有资料不论来自何处，概指缅甸人民仇恨英人，爱慕日本，因此对国军亦存敌意。缅甸独立运动人士曾往日本受训，据云日本间谍身着袈裟来往于缅甸村落之中。参加此役之军官后云，到处都可遇着身着袈裟之第五纵队，在我军后方纵火。而难民以牛车阻塞公路，尤为国军行动之障碍。

缅甸气候亦使作战困难。当4月中旬新三十八师攻仁安羌时，温度竟高至一百一十度，4月20日暂编五十五师被日军击溃之前，士兵无水可饮。以后英联络军官设法以卡车载运饮水至，中国部队即夺取其卡车。当夜该师亦不派警戒，不遣搜索，只在路旁宿营。日军即在附近森林内潜入国军之后，次日三面攻击，该师士兵始向山地逃遁。我们不能断言此部日军经过特殊训练。但自日本占领海南岛后即在该处训练部队，在亚热带作战已有长久经验也。

至于5月中旬以后国军退出缅甸时，适值雨季来临，则又赶上天候上无可再坏之安排。雨季五个月，自5月15日至10月15日，平均每季雨量二百英寸，以印缅边境为盛。从密支那到印度列多，最多不过二百五十公里。在一般地图上不过两三寸，可能引起不少误解。像拉班附近沿孟拱河附近道路不经整理即可通行指挥车无阻。然则至新平洋附近丛林深处，第二次战役国军以缅刀开路，有每日只能进展数百码之经验，况且撤退时霪雨如注，最后印缅边界高山逾六千尺。大概首先成行者，所遇困难少，以后道路泥泞，愈迟愈困难。虽有美空军投粮，多数官兵均有挨饿经验。最迟者至8月底始抵印境。我初至蓝伽营房时（1943年2月）曾遇一排长，他说及当绝粮时曾立愿若得出险当买米一袋置放左右终身不离。《罗曼鲁士及孙德兰》书中提及英人估计约三万人企图出险，内中二万三千人成功抵印。所述包括英印缅各色人，因中国军抵印者远低于此数。第二次缅甸战役时，有人称发现两年前病饿死者树下枯骨。中国军自此路退出者丧失所有武器装备。第二次战役时尚有军士前往寻觅两年前焚烧汽车场所。

5月上旬，蒋介石曾以无线电传史迪威三次，嘱将中国军向密支那、八莫一带集结，均未获得回音，只从第五军军长杜聿明来电获得由史指示前往印度消息，以后又由驻重庆之美军代表团证实此消息，蒋曾在日记内写出：

> 此与余欲指令全军向密支那转进之旨相背也，其或史氏为战争失败，神经不安所致欤！（1942年5月6日）

此时日军已侵入云南西部，蒋忙于指挥第七十一军防守，日记又有：

> 怒江战争，如能再支持三日，则可转危为安矣！（1942年5月7日）

可见他当时神情之焦急。

同日，他从美代表团获得史迪威已开始向印度进发，蒋又记入：

> 史迪威竟于脱离我军，擅赴印度之时，只来此电作为通报，不知军纪何在。（1942年5月7日）
> ［梁敬锜影印蒋亲笔：原文为"史蒂华脱离我军擅赴印度时只来此电文作为通报不知军纪何在。中正"则系批语，必

定已在内部传阅，亦与日记性质不同。]

然则如此不快之反应，全未向美方提出（美国文件无一字提及）。反之蒋于 5 月 6 日仍电在美京之宋子文："中对史迪威参谋长始终信任，至于派印人数，预定为十万名，已由史之助手格罗柏（William Gruber，时任准将驻守新德里）起草训练计划，惟史氏最近期内，恐不能来渝面商也。"同日又由蒋夫人出名致罗斯福之助理居里，表示委员长对史迪威有"完全之信任"。

其实此时华府眼见中国对外完全隔绝，对其态度至表不安。马歇尔于 5 月 9 日电美国驻重庆军事代表团人员，嘱其"对中国之前途，保持安静的乐观态度"。涂克门述及此时情形，也写出："缅甸失守，中国完全被阻绝，引起美国人之怀疑，中国抗战之意志力是否能在孤立之中继续下去。她确切的需要有具体性的支援作为鼓励。问题则是如何送达。"

她又觉得史迪威坚持在缅甸南部作战，强蒋委员长之所难，使中国唯一之机械化第五军遭受重大损失，包括所属炮兵，所以当史迪威步行往印度，转新德里后返重庆见蒋夫妇时，他所受的接待，尤其是委员长邀他在黄山修养多日（史辞谢）实为"出乎意外的和善"。

因此他们以后发现史迪威毫不自责，只指斥蒋干涉其指挥权，埋怨部下不应命，必更出乎意料。

在检讨第一次缅甸战役作战经过时，如果我们完全根据战略上及战术上之至当，则只有相信史迪威之英明果决。他相信曼德勒无战略价值。并且防守缅北则必须进出于缅南。而他到任后不久，第二百师即已与日军第五十五师团之两个联队打成平手，此时亟应将第五军的其他两个师迅速投入，以争取主动。及至敌第五十六师团由东线渗入，局势非不可为。棠吉已经第二百师克复，他又已令随从副官令第四十九师立即西进堵塞缺口。倘使第六军不过早撤退，又倘使俞飞鹏能将所有汽车用之运兵，则最少在5月初无秩序的撤退之前，远征军有一次与敌军全面较手之机会。

此间一切的假设不能逃避当日实际情形，因为国军非现代社会产物，即不能以现代眼光责成其执行战略上及战术上之至当。

蒋介石虽然越级指挥，并且预先示意各军师长不必猛进，在他看来他无意于欺骗史迪威。他已和史说及中国之三个师才能抵挡日军一师团，至少五个师才能向敌之一个师团攻击，第五军是中国最好的军队，不能让他们吃败仗，尤其不要让他们为英国利益牺牲。在缅甸作战的重心为曼德勒。史迪威一定要了解中国人之心理和中国战法。假使他和委员长虚心学习六个月，他自己也可以成为这些门道中之能手。从这些地方看来，他的用心非不诚恳。从我所听到的传闻及曾过目的记录看来，我还未看到其他任何人能在谈吐之间，使蒋委员长发笑。蒋必在美国客卿之前卸除了平日庄严，史的记录里提到蒋莞尔不止一次。

可是因为文教上之隔阂，善意常被误解。史掌兵缅甸之日，蒋见该地出产西瓜，山中多松木，因之致缄史迪威可给四人一个西瓜，阵亡士兵则以松木制棺运送回国。他无非想及史以客卿初掌兵符，可以就此示惠于中国士兵。即算琐屑，亦出自善意。但日后经过渲染，由白修德等写出则认作蒋介石不识大体，在军书旁无时无分寸尺度之啰唆。

如果我自己没有经过在国军的指挥系统里之各阶层一度实地观察之机会，亦必同情于史总指挥对蒋委员长的训辞所采取一种言者频频听者藐藐的轻蔑态度。我们在军校之所学，以及日后在美国参谋大学之所学，都着重任何指挥官在战场上之首要品质在争取主动。"捕捉战机"和"扩张战果"都是如是堂堂响亮的辞语。天下没有一个缺乏攻击精神之能将。"不为与迟疑可能较方法错误为尤甚"已经写在日本的美国的和中国的操典里。在"兵闻拙速未睹巧之久也"与"将能而君不御者胜"的前提以下不能又来一个纶巾羽扇的"诸葛一生惟谨慎"之作风。

可是这些原则与前提必须与当日国军伙夫埋锅煮饭引水挑柴的慢吞吞之习惯情调对照。很多人尚未想及，在驻印军于蓝伽军营遍发给各级军官手表（来自美援）之前，军中尚无计时器。也很少有人知道，照图上作业的办法所制作战命令一般无用，有些尚是事后补写以保全记录之完美。实际上作战指挥全赖电话，所以也更强调下令者及受令者之人身关系，而无从使战斗行动标准化合乎典范令之要求。若提及装备则因为器材难得，已失效之防毒面具与不能发火之手榴弹不能放弃，而主要兵器之弹药又不敷用。如此编组之军队甚少经过连教练，遑论及诸兵种协同演习。

本文已一再提及国军已在其组织及指挥系统之中掺拌着人本主义（humanism）之性格。人本主义不同于人道主义（humanitarianism），其主旨在不穷究组织上及逻辑上之完整，愿意将就现实，趋向妥协，注意人与人之间的特殊情形，与单元的双边关系。在己所不欲不施于人之条件下提倡对人谦虚抑让，以期对方同样报答。李宗仁之回忆录提出人本主义事例甚多。例如台儿庄战役时，孙连仲不要令他部下过度地牺牲，"好让第二集团军留点种子"。李见庞炳勋则说："你是老大哥我是小弟，本不应该指挥你。"川军邓锡侯孙震所部调到第五战区则说："一二两战区都不要我们，天下之大，无处容身，李长官要我们到第五战区来，真是恩高德厚，长官有甚么吩咐，我们绝对服从命令。"读来有如《三国演义》里各章回。

李宗仁的麾下情形如是，蒋为统帅，其所须应付之人事关系可想而知。我们再看以上之引语，当中之精义已不再是抵御外侮与复兴民族，而是企望生存。史迪威也不是毫不知情。他在缅甸退出后，刚回新德里，向马歇尔和史汀生提出的报告也说及国军将领人身上缺乏精神上之勇气（1942 年 5 月 25 日）。追究之，即是个人在偶然情形下冒险犯难容易，将部下长期置于生死关头难。指挥时将人命当筹码赌博简单，要将各个人之能力恩怨气量利害加入计算麻烦。

蒋介石是否在这种复杂情形中故弄玄虚，满足他的领袖欲，有如很多中外人士指摘？我看过他的多种文件，和听到不少与他接近的人士之谈话，则觉得他不过忍受历史之考验。本文也已一再提及，中国要在六七十年的时间，完成近三个世纪的改革，当中不得不略去若干步骤。在准备不完成的阶段与强邻作战也是当中方案之一。当初只发现军需工业不如人，抗战愈至后期，则社会之组织不堪重任也逐渐暴露。蒋介石准备以一身抵挡，他对部下牵扯诱导，干预机微，违反军队组织之基本原则，却并非无事实上之需要。

在这种情形之下，专用防御战术，也是简化技术上之需要、避免变数的办法。战略价值可以人为的授于。如在交通枢纽人口中心布置重兵，则敌人无法不顾，而且以日本军人之好功，必将窥视。蒋之常用战法，乃是布置如是之一个据点或三两个如是据点互为犄角。正面机动部队只稍稍抵抗即退入侧背，候敌攻坚不克，补给困难方开始三面合围。过去国军在长沙三次会战均用此战法奏效。所以史迪威抱怨他的攻击部署未得战场上试验之机会，蒋亦可以责备史未接受先守曼德勒次退守密支那之指示。

他在史迪威从印返渝后，未加切责，反示以出乎意外之和善，也不离人本主义之立场。他想到史以五十九岁之高龄（长于蒋约五岁）跋涉山川，失去体重二十磅，不能不示以善意。至于希望由史保持与美国之好感，尤为余事。

蒋并未否认他在任史迪威为总指挥后又下令于他的部下，当居里奉罗斯福差遣来重庆调查时（1942 年 7 月 26 日），他们的谈话记录中有蒋对此事之辩白：

倘中缅交通不困难如此，余本可随时以电话与前方交换意见，盖余平素指挥作战，向利用电话与前线将领取得密切联络，重要时且不分昼夜不时用电话指示，此几乎成为五年来中国作战之习惯。盖唯如此，始可参照余平素习知各将领之性格与能力，随时纠正其缺失。中国抗战能支持五年，迄今不致失败者，此实为重要原因之一。

余念史迪威将军不能熟悉中国将领之性格，故作各缄协助之。余之动机实具助其成功之至意，不幸另作解释，误会甚矣！

可是史迪威从未忘记或宽宥蒋之"欺骗"。他在回渝后，即要求惩办违反他将令之军官。中国记录称及于撤第五军军长杜聿明职，惩办暂编第五十五师师长陈勉吾，可是史自己呈马歇尔之报告除陈勉吾外，又提及第六军军长甘丽初，第九十六师师长余韶，及新编第二十八师一未具名之团长。他建议此四人均判死刑。

史迪威曾未认为他可能侮蔑中国人。他的日记里提及英人带种族优越感，看不起中国人，"日后将付至大之代价"（1942年3月13日）。在中国则有"三亿九千九百九十万人值得援助"。（1943年1月30日，亦即其他十万尽系贪官污吏，亦仍是"中国老百姓好，政府里的人不好"。）他对国军一直抱有极大的希望。他在三月初到任之日，即写下了一个"一般计划"（general plan），预备整备三十个师，可以东向归复武汉南取河内（至战事结束，国军仍去此目标甚远）。

当日中国人和蒋介石的观点，认为我方最大困难即是武器装备不如人。美方认为中国人全不注意后勤，医药也若有若无。其实则无法讲究，各种器材也只有到手则用。汪精卫所说"此仗如何能打下去"即为缺乏医药而言。而且中国亦正以将不可能推作可能而自豪。

以国军素质之低如何能达成恢复失地之任务？史之先决条件在增强其领导力量。刚自缅甸撤出后（1942年5月26日）他即上书蒋委员长将国军师之数目减少。将各师人员武器装备兼并。文中尚未提及美援装备，只说："缺乏炮兵高射炮，战车与飞机早已如是，由来已久，叫嚷无益，问题是如何将手头所有的发生作用。"在他看来中国士兵刻苦耐劳用命，下级军官也无问题。团营长好坏参半务必去莠存良。问题在军长师长，"当中很少的有效率"。

在同时给美国陆军部的报告（1942年5月25日）史迪威也提到整肃中国军队的高级将领。蒋委员长务必指派他能信任之人一员授以野战军之全权，"不受重庆的电讯缄件拘束"。他虽未明言非己莫属，从他受命来华之背景以及日后与蒋摊牌的情形看来，此人已是非己莫属。

史迪威可能未曾想见他的方案如果实现必侵犯中国之最高主权（美国野战军更换军师长并不重要。然则集体更换则又无成例）。他也未曾顾及蒋之最高主权尚缺乏外表所示之实质。现下一个军人不与军政统一之局面，并非完全由蒋一手造成。而半系"西安事变"，而尤以"卢沟桥事变"后诸人拥戴之所赋予。至于以减少战略单位之方式裁军，蒋介石自北伐后即已尝试，中原之战即系此企图之反应。从蓝伽营房之经理情形看来，史迪威如取得国军全部之指挥权，他足以使美国介入之程度超过美方之支配能力。

"史迪威事件"连续约两年半，以后时紧时张，还要附入其他因素，但是其基本的及内在的原因，在最初三个月即已见其端倪。蒋主张先作物资之供应再谈改革，史则反驳除非改革任何外援不能发生效用，他没有明言的则是只有改革他自己才能取得领导权。

在处理此事件时，蒋介石陷入极端困难之中。第一，他不知道所对付的是罗斯福之理想主义抑系美国国务院陆军部之现实外交。如果他真是盟军战区之最高统帅，则他已不能乞援求助，而只能以下命令发通报之方式为之，可是事实上不能如此通过其参谋长。第二，他亦不知应以中国人本主义之方式磋商或据理力争，看来软硬都不讨好。第三，本来对日抗战即以精神胜于物质为基本原则，不承认失败为当中必要之条件，最先出于一种信念，以后成为一种纪律带强迫性，所有宣传公告都受其限制。再加以蒋本人受王阳明哲学思想之影响，他以为想来如此即可以等于事实如此。亦即一种希望，可以当做一种现实之成就。过去中国人之支吾张扬，美国人也随声附和，至此都要兑现，蒋介石也感到对内对外同样的困难。《史迪威文件》里即记有匿名之中国人士向他美国客卿私下贡献意见，提出蒋介石及中国政府之黑幕者十五起（不一定是十五人）。第四，史迪威方案纵有不实际的地方，它提出一项计划，揭开一条出路，表示国军可以收复失地，对盟国作具体的贡献，倘使蒋介石不接受，他是否另有办法？中国纵贫乏，她有的是人力资源，难道这人力也不当做有效的使用，必使美国既出钱又出力，而中国坐享其成？此种种问题，中国官方无法解答。

这些问题日后还要在重庆牵涉上美国驻华使馆，陆海空军代表。在美京华盛顿也引起白宫与陆、财、外各部之牵扯拖拉。罗斯福曾先后派遣邀请居里（行政助理）、威尔基（共和党领袖）、安诺德（空军总司令）、索摩维尔（供应部长）、华莱士（副总统）、赫尔利（私人代表）和纳尔逊（战时生产局长）先后来华。一方面希望贯彻他自己的对华政策，一方面也希望解决"史迪威问题"，最后仍只能令他去职。

无疑的"史迪威事件"在蒋介石生涯中极为重要，如果我们敢于将历史高度压缩的话，即可以说中国在蒋介石领导之下全面对日抗战八年，前半截希望将中日间之冲突拖成一个国际战争，此目的既达，后半截虽依人成事，仍挣扎着希望保持独立自主之门面，维持最低限度的尊严，给自己以自我表现的机会。在此情形下，对美交涉占住了蒋之大部时间与精力。

史迪威从缅甸退出返重庆一个月后，蒋介石在日记里写出：

> 史迪威参谋长称空军第十军派赴埃及增援，而置中国危急于不顾，心殊愤慨，而不愿表示于颜色使之自悟。余妻则不假颜色，亦甚当也。（1942 年 6 月 26 日）

美国航空第十队驻在印度，专任中国及缅甸作战，受史迪威指挥。此时因德军隆美尔之非洲兵团威胁苏黎士运河，派赴埃及。除抽调所有之轰炸机外，亦抽调所有支援之运输机及后勤人员。后者在缅甸失守后，在中印空运中占重要地位。此外尚有经租借法案拟派中国之飞机，亦因北非战争吃紧临时在半途中改交英国空军。

蒋介石认为第十航空队既属中国战区，不应未经过统帅他调。正切责史迪威时，亦提及史本人对争取中国战场之飞机装备未尽心力。因此时宋子文由美京来电谓史返渝后，对陆军部提出报告使宋"在美洽商空运及飞机械弹事进行异常阻滞"。宋并建议撤换史迪威，甚至说及史汀生已表示"如以史迪威不适当，务请直言无隐，俾得更换"。蒋则一方面指出对史不满情节，一面回电宋子文主张容忍。大概此时他已获悉史迪威与马歇尔间密切关系，而且他自己向美方提出对史评议，亦由马反馈告史迪威也。

6 月 26 日会议尚有蒋夫人在场，如委员长日记所叙。此时蒋宋美龄发言，据记录为："每次英国军事失利，辄夺我军备，或强取拨归我国之器材，如此事不中止，实不知中国抗战有何裨益。"

美方记录尚有一段为中国记录所无（或在编撰《大事长编》时截去），亦为蒋夫人语，译作中文为："委员长必须于七月七日中国抗战五周年时演讲，他必须对中国人民报告实情，亲日派现正活跃。

委员长必须有一个是与否的答复，盟国对中国战区是否认为必要，愿否对之支持。"

三日之后，蒋向史以书面提出：一、美国派陆军三师协助中国恢复中缅交通。二、保持中国战区飞机五百架。三、维持每月对中国空运五千吨。史迪威将两事摆在一起谓此系蒋夫妇对美之"最后通牒"。他承允转交美政府，但拒绝以中国战区参谋长之名义支持此三项要求，因彼为美国军人不能参附他国，对本国政府提出威胁也。事实上他电告马歇尔，谓蒋夫妇以为"强烈的抗议"即可以使他们"占上风"。不久之后（7月2日），他亦向蒋送达前述战区参谋长之职责在计划编组训练，无筹集器材之备忘录。

在此情形下，蒋对史提出对军队改组各种计划及建议，搁置不批亦不召见。罗斯福遂派居里来华。蒋在7月杪8月初与居里17日之间接谈十四次，提及中美间各种问题，而以史迪威为重心。

蒋一度以为居里作主即可撤换史迪威。他日记内有云：

> 正午居里又谈史迪威去留事，彼于昨夕与今午谈话后，始知我国习惯与心理所在，乃令史先赴印度，另派惠勒（Raymond Wheeler 少将，时在印度主持供应）来华暂代，以为过渡办法。勿使史太失体面，以致其回美后有反华之意，余即允之，此乃为中美能否合作之症结，亦可表明余并非意在多接借租物资，此种精神应使其彻悟也。（1942年7月30日）

并且他尚以为自己在外交上成功。日记有云：

> 近日对外交经验所得，无论为友为敌，凡我应得之权利与地位，只可进取与坚持，而不可有丝毫退让。盖我退一步，不仅不以我为知礼见情，而反将视我怯弱可欺也。古训"克

己复礼"与"相忍为国"者，乃对内之道，而非对外之言也，吾故曰：对外应据理争取，对内应约礼退让，但亦一于中和自持耳。（1942年8月1日）

可是居里并未给蒋任何表示可以解释为史迪威可以轻易撤换。相反的，他证实史迪威有处置对华租借法案内器材之权力。他尚且率直地告蒋："美国军政部一部分人士曾公开声称，中国之反响如何，不必顾虑，盖中国抗战，不问其能否取得器材，必继续推进，绝无中止之虞。"他又告蒋事关纯粹行政事项，例由各部专门职掌人员负责，亦即白宫不便遇事干预。看来他多次与蒋对话之成功由于彼此恭敬和蔼诚恳。他恭维"委员长与罗斯福总统均为历史上之重要人物"。蒋亦申明他不愿再提缅战，因为他为战区统帅即应对全局负责。但目下因为美国供应情形已使他不能维持，例如空运低于每月一百吨甚至全月只三十吨，美国在华飞机则只有驱逐机四十五架轰炸机七架，美国年产飞机一万八千架，中国要求五百架亦不算过分。措辞间毫无威胁情调。

至此蒋已三星期未见史迪威，8月3日史与居里同来，具陈雨季后反攻缅甸计划，蒋因闻有英国海军参加，准备收复仰光，颇为欣慰，前所要求之美军三师减为一师。飞机五百架空运每月五千吨则未具确切实行日期。此两项要求以后由罗斯福10月12日来缄表示接受。

居里离华时蒋在其日记记出：

此次居里来华疏散与观察，余始刚而终和，彼初来之态度，带有威胁与示惠之意，余则据理力争，以刚毅之气应之。及其自知理屈，余乃以宽和无求，毋必毋固之心对之，勿使其认余为固执难与之人也。若始终强硬，则对罗斯福辅助中国为四强之一政策，有所背弃，是于吾为最不利，然余亦明示其如非美国参加领导则中国决不愿列入同盟国之内，现我国虽列为四强之一，但余只有自觉惭恧，而毫不觉有荣施也。（1942 年 8 月 7 日）

此段虽然离不开东方人之面子观念，也仍暴露缺乏实力在软硬之间为难情形。反面则美国国策之理想主义成分，只能在最上层代表一种未来式的抽象观念，在执行时不能脱离下端官僚机构之现实外交。

居里返美后，却完全相信罗斯福与蒋介石间之阻碍，为当中之代表人物。他主张史迪威与高斯他调。美方有一段不能证实的资料，述及他自己有意为下任驻华大使。他想撤离史迪威的计划却没有成功。首先他得到罗斯福的许可，将此意面示马歇尔，被马言语阻折。次他又让罗斯福以短简询马歇尔对史迪或如何处理，由史汀生及马歇尔力劝罗阻止他调。马所持之理由乃是反攻缅甸非美国将领莫办，也无人比史迪威做得更好。此时不应当派去一个"谈判者，一味只顾及提倡重庆之和谐"。

史迪威则已在居里来华之日写下了自己的策略：

现在看来我惟一的办法在逼陆军部一手——在缅甸——也要他们逼蒋一手。要他们付与援助时附带条件。美军派来一师时我准备要我指定的三个［中国］师，全权指挥这混合军，及于赏罚升降。以后看成功的机会逐渐增高权力，扩大能控制的部队。如能克复缅甸将为一师对五师，克复汉口以一师对十师，克复徐州，以一师对二十师，那时候我们就有了一点［实力］。(1942 年 7 月 20 日。只见于罗曼鲁士战史，不见于白修德编《史迪威文件》。)

这时候他已被蒋任为驻印军总指挥,不久之后,罗卓英已因经费问题自请离职,杜聿明早已因他的拒绝接受而他调。这也即是蓝伽营房开始训练整备（1942 年 8 月 26 日）,郑洞国任命为新一军军长（当年年底）之前的一般情形。

1942 年中国得自世界二次大战之裨益,来自一个未曾预料之方面。德军发动高加索攻势,苏联不支,新疆之盛世才乘机归顺中央。蒋介石在接见居里后即巡视西北(8 月 15 日至 9 月 14 日),曾莅临兰州、西宁、嘉峪关各地,并在西安主持军事会议。但因迪化仍有苏联之驱逐机,各军事长官不欲蒋前往,只由宋美龄前往代蒋宣慰。

蒋日记内对盛归顺时有以下之记载：

> 本日中午,由朱长官（绍良）转呈盛世才来书,叙述彼与俄国一切秘密交涉之经过,详尽无遗；于是俄国在新疆全部阴谋根本暴露,而其新锡协定,比之倭寇强迫袁世凯签订二十一条者尤过之,此种举动,昔日倭寇在东北对张作霖所不忍为者,而俄竟忍为之,其狠毒可谓帝国主义之尤者矣,我国何不幸而至此,东受倭患,西遭俄毒,而英国在我西南数百年来杀人不见血之阴谋,早已根深蒂固,最近复加凌侮,野心未戢,若不有此五年来抗倭之血战,则今日之新疆,决不能使盛世才忏悔归诚,此种浪子回头,与金瓯重补之奇迹,非上帝之赐予,能致此乎？于此可证明公理与正义,必能战胜一切也。(1942 年 7 月 11 日)

及抵兰州又记下：

青海之柴达木盆地与金沙江上游之通天河流域，此两区之面积，每区纵横各至二千五百华里以上，如建立两省不为太过，甚喜中国事业待开拓者多，不禁忧乐交集也。(1942 年 8 月 16 日)

这两段表现蒋提及对外关系时激情过度。而怀想中国之前途，又超过时代的不合实际（至今此两地区尚未闻有大规模的开拓）。类是之弱点，常作为评议者攻击他蒋介石缺乏组织头脑之口实。按其实，此不过表示蒋以补苴罅漏的方式勉强拼成一个上层机构，却无实际上之组织将理想达至下层，所以他对旧时代的世界观尽极痛恨，可是本身对未来之憧憬却提不出一个具体实施之方案。然则中国之全面的改造规模宏大，史无前例，除非如此大规模的大胆创始永无进入现代阶段之希望。

1942 年中共亦一度陷入低潮。日军之扫荡及胡宗南部之封锁，使其所辖面积与人口收缩减小，苏联无从预闻国外情形，使其形势愈为孤立。秋间毛泽东曾遣林彪往西安谒蒋，以后林又往重庆，留驻达十个月之久。此间详情虽历史家尚难确定。林谒蒋日期，有称为 9 月 13 日，或称 10 月 13 日。郭廷以之教科书称林以黄埔学生身份叩见校长，并节录其进言有"毛泽东一再告学生（林彪自称）今后两党应当彼此接近，打成一片，以求现在能精诚合作，更求将来永远团结。"又"中共奉共产主义，但决不能照马克思、恩格斯、列宁、史达林之具体办法。"林在重庆又两度谒蒋，所请接济军饷弹药，解除封锁均未有结果。

现已发表之蒋日记则只有简短一段：

对共产党应以军令政令之统一为先决条件。(1942 年 10 月 15 日)

《大事长编》则载有毛泽东与蒋介石交换之缄件，毛缄写在1942年12月1日。内称："前承宠召，适染微恙，故派林彪同志进谒，嗣后如有垂询，敬乞随时示知，自当趋辕聆教。"蒋之覆缄则写在翌年6月10日，内称"兹乘周〔恩来〕林〔彪〕二同志回延之机，特泐数行，以伸悒忱，如能驾渝惠晤，尤为欣慰"。似此亦即表示国府在考虑中共之要求前责成毛亲来重庆，自此可以想见前述军令政令之统一，已非以前之口头应允可能算数，而必由毛人身担保。至于两缄相去六个月，则征象着林彪之长期接洽无成就，双方以言辞掩饰，只不过使谈判之门不致完全闭锁。从大历史的角度看来，1942到1943年间，中共已逐渐展开土地革命之总动员。《中共党史大事年表》提到西北局召开高级干部会议，从年前之10月19日开至次年之1月14日，从此也树立了以大规模之干部会议代替职业性官僚机构之先声。同时肃反"地方工作中的官僚主义"和"军队工作中的军阀主义"，亦即全部与旧社会的各种影响绝缘，包括本文前后提及国军中常有之各种关系，人本主义与包办制度。自是中共也越来与国民政府的距离愈远。

　　这样看来，抗战已入后期，日本威胁中国生存的危险好像已经减轻。中国可以考虑到她面临的一个基本的问题，如何在人口过剩、耕地不足的局面里完成现代化。可是除非旧社会的一切力量都已用至山穷水尽，新体制之因素无从产生。当事人碍于当时眼光，瞻前则不能顾后，所以无人能作整体的筹划。即是领导人物也只能顾及于一面；他们也要因借着内外空前的压力，才能下超乎常人之决心。

　　蒋介石的困难在于他不能放弃他的职位与工作。世界的局势变化过速。无疑的，当初他是推动全球运转一个主要的力量，可是现在他无法放弃自己的立足点。今后人们对他立场之解释，因时不同，因事而异。首先改变态度的有他阵营内之知识分子。他们以为中国社会之表现，全系蒋个人之人身性格，如有差池，亦必蒋之过失。此想法次及于外国驻华新闻记者，更推广而为海内外舆论甚至日后历史学家对他之评价亦因之转移。

抗战初开始时各人赞赏蒋英勇有决心，至此不乏人怀疑其继续作战之诚意与能力。1942 年 5 月至 8 月之浙东战役增加了各方之怀疑。事后史迪威在日记中写出："除了街县西南外，全部无抵抗"，"比我们想象还要坏。"（1942 年 10 月 6 日）

浙东自杜立特轰炸东京后，被日人视为有对他们本土具威胁性之地区，于是在 5 月中以 5 个师团兵力进攻。最初蒋准备决战，并嘱顾祝同（第三战区司令长官）沿途设伏，但勿将主力过早投入。临时又因国军从缅甸退出，滇西吃紧，昆明告危，仅有的美国空军志愿队全部用于西战场，于是决定避免东战场之战事。只是决心改变过迟，全部经过有如蒋日记所叙：

> 此次浙赣线战争，始则严令在衢州城决战，嗣以敌方兵力厚集，乃临时改变方略，不令决战，放弃衢州城防，然其时敌已逼近衢州，且通常山、玉山之后路，已被敌人截断。守城部队与炮兵不易撤退，而顾长官不即下令撤防，以致守城部队已被敌包围之外，又遭洪水之困，及至冒死突围损失难计，因之全军心理与战斗精神为之低落。而此项损失竟过于决战之牺牲。经此次教训，凡决心决战，准备完成待敌逼近时，即再不可变更初衷也。（1942 年 7 月 16 日）

8 月下旬日军退后国军称反攻胜利，连克义乌、上饶、衢州、温州等地，大体恢复战前态势。美国武官巴瑞德（David Barrett）上校之实地调查，证实衢州之国军正准备交战时，奉蒋命撤退，但命令未及下达各部队，于是秩序大乱，所有火炮全部丧失。巴又称国军部队"只有最不堪用之武器，无医药及交通工具，多数士兵患病。补充兵大抵征调而来，用绳索牵吊交付"。日军在占领期间则破坏当地半数之建筑物，又将铁轨、金属品、锅釜一并掠去，在稻田灌水，将衢州飞机场每隔四十尺掘成深堑。以后国军之正式记录承认有四个军之损失均达三分之二。

此种种令人耳听心伤之情节，尚敌不过当年河南饥荒之惨闻。

据白修德书中称，该省连年小麦歉收。政府之田赋征实，几将当年收成取去一空。至夏间干亢无雨时，曾发高粱及玉蜀黍接济，不料秋间此两种耕作物亦颗粒无收。官方事前未及预料灾情严重。及至发觉，只汇拨巨款，但纸币又无济于事。白于1943年3月前往巡视时，曾目睹居民食谷糠树皮野草，他估计河南之三千万人口，有二百至三百万因饥馑丧生。

三十五年之后，白更在他的回忆录里写出，当年他曾在洛阳郊外眼见野犬啮食人尸，据教会人士告称，曾有饥民食人肉之事数起，但回重庆后政府大员均不相信白之报道。最后他因孙夫人宋庆龄得面谒蒋委员长。但蒋称该省田赋已经豁免（白称只抵下年数），并否认食人之事。白提供野犬啮尸之照片，蒋见及时显然震动。

此后不久西安之赈粮方由火车载往河南。

白修德未曾提及他见蒋之日期，但以下蒋日记之一段应在白谒见之后记出：

> 公务员生活穷困万状，妻室以产育无钱多谋堕胎者，有医药无费，病贫亦深者。华侨在粤，有鬻子女过活者。河南灾区，饿莩在道，犬兽食尸，其惨状更不忍闻。天呼！若不使倭寇从速败亡，或再延长一二年，则中国势难支持。余将不能完成上帝所赋予之使命矣！奈何苍天上帝亟速救我危亡

乎！（1943 年 4 月 11 日）

1943 年，中国对日抗战之第六年，更是外交与内政纠缠一起的年代。即这年最重要的战役——5 月初至 6 月中的鄂西战役，也因判断敌军之企图及审查国军之战果牵涉到中美关系。蒋夫人则已在年前 11 月赴美，逗留到当年 7 月。史迪威之“去留问题”在这一年也有很大的起伏，直到 11 月开罗会议之前夕又觅到暂时妥协之方式，使他能指挥驻印军，展开第二次缅甸战役，将他与蒋的摊牌搁置约一年。也在这一年蒋介石发表他的《中国之命运》内称中共为“变相军阀”与“新式封建”，引起毛泽东在《解放日报》发表《质问国民党》一文，使两党的领导人针锋相对地以传媒既作武器也为战场地鏖战。

中共的“整风运动”则以整肃“国民党特务分子渗入”为名，惩办“内奸分子”。四十多年后《中共党史大事年表》也承认“作了过于严重的估计，以致导致后来的反特斗争的扩大化”。

《中国之命运》书内抨击近百年来列强侵略中国，虽列举事实也无端地刺激英国。蒋日记云：

> 本日增补文稿指斥共产党为变相军阀与新式封建一段时，诚精思入神。此文如非自撰，恐任何人不能深入此境也。（1943 年 1 月 25 日）

即已表示文责自负。数月之后他再写出：

> 《中国之命运》出版以来，最反响者一为英国，一为中共。此乃预想所及，然末料其反感有如此之大也。（1943 年 10 月 7 日）

当蒋与中共之宣传战正入紧张阶段时，宋子文正往伦敦参加英美之太平洋会议。8 月 11 日由美军驻欧总司令部派员向宋致达马歇尔由美京发出之急电，谓蒋限中共于 8 月 15 日前归顺国民政府，否则采取行动。马希望宋阻止。宋子文以此意旨转蒋介石，并附称此电似由罗斯福授意。日后调查马之消息出自莫斯科出版之刊物称《工人与战争》者内中有 8 月 15 日之限期一说。

但在此期间蒋确有与中共一战之倾向。他在这时期之日记表现着：

> 中共问题不能不有解决之方案，如果始终要用十军以上兵力防制陕北，则不如肃清陕北以后，可抽出兵力在后方各地分别肃清，否则养痈贻患更不可设想也。

然则此日之日记全长二千字。紧接上文，他又提醒自己：

> "宣传重于军事：当先以明白之表示，坚定态度，决定宣布中共在抗战期间之罪行，以澄清国际视听。""故应先用宣传，说明中央对共一贯政策，只要服从命令，放弃割据，即可承认其军队与地位。"则又和重于战。（以上均 1943 年 8 月 25 日）

将全局与国际关系分析之后，他再将中共问题与《中国之命运》之关系写出：

> 本书重要之点，即试验其对军事政治有否抛弃其割据之局势，而可以政治方法和平解决之意。（亦出自 8 月 25 日日记）

这样看来，他已陷于莫大之失策。首先他没有看清中共之群众运动之真性质，仍以为中共全系被苏俄"豢养利用"，"为其傀儡"。

次之他在对付内部问题时实取被动。如 8 月 12 日共军在阜阳袭击国军第二十八集团军李仙洲部，以致李报告"游击部队畏共甚于畏敌"。8 月 23 日又有共军袭击榆林高双成部，此等事均未曾引起外界注意，而只有他自己之宣传张扬，在西方人眼中先造成怯于公战而勇于私斗之印象，有等于他亟需英国支援时而偏作反英论调。

史迪威同情中共由来已久，但是并非赞成其政治企图与革命理论，而是欣赏其部队有效率。日后他表扬他所爱慕的中共人物为朱德而非毛泽东，有等于他爱慕冯玉祥与李宗仁。以上各人都朴实而与士兵接近。美国驻华大使馆秘书戴维士（John Davies）及谢伟志（John Service）生长中国，为史之政治助手及顾问，又有将他在此方面继续推前的力量。国军之每下愈况，只增强各人信念。

在第一次缅甸战役时，史迪威即有指挥中共军队之幻想，曾将此意告他的情报课长罗拔兹（Frank Roberts）。1943 年正当国共军在阜阳及榆林冲突后不久，史迪威向蒋提出三件条陈（9 月 5 日、6 日及 16 日），内中主张将国军首批三十师调云贵训练，次批之三十师，只以军官集中在桂林训练，均接受新军器，建立补给制度。再次之三十师则不予新装备，只负责地方治安，此九十师以外之部队则逐渐解散，或留作以上九十师之补充兵。但内中 9 月 6 日之条陈，主张将所有晋绥部队包括共军在内一并出击，牵制日敌以减轻平汉路及陇海路之压力。蒋介石只对建军计划批复，对出动共军则不作答。其日记云：

> 史迪威此次来书，虽署中国战区参谋长之职衔，但其书中多不逊之言，令人隐痛。（1943 年 9 月 21 日）

鄂西战役发动于 5 月初旬，结束于 6 月中旬，为时约四十日。最初日军从华容、石首之间渡江突破国军防御阵地，后者向洞庭湖南岸撤退，当时尚以为敌之目标在绕过洞庭湖之西岸进窥常德。至5月中旬战况渐为明朗，敌之攻击已向西至西北回转，同时红花套及宜都之间续有敌部队渡江登陆。5月22日山地之门户渔阳关失守。24日宜昌附近之敌军亦渡过长江，至此石牌要塞为敌争夺目标。

此要塞为长江三峡之门户，去今日筑堤之处葛家坝不远，如果失守，则西北之巴东为通重庆之锁钥，西南之恩施，乃第六战区长官司令部之所在，均失去屏障。守石牌者为长官陈诚之嫡系（方天之第十八军下辖胡琏之第十一师，俗称"土木系"），向蒋委员长保证死守要塞而能贯彻其誓言。

但此战役最紧张期间曾使中外震动。宋美龄自美来电，云在美所闻战况极坏，心绪不宁，拟提前回国。宋子文亦经常促问战况，蒋以电话叮嘱各将领必达成任务，并将前拟调往云贵参加缅战之部队调回。

石牌守军曾与来犯之敌作战八昼夜，该处地形利于守军，日军在山地迂回则为国军截获，国军又有中美空军掩护，所以终能获胜。5月29日由西南到达战场之生力军克复渔阳关，可算为战役之转折点。日军从此腹背受敌。

日军中又有一部伪军（发现之番号为伪第十一师，新二十四师及九江保安队）在战况不利时首先弃械崩溃。5月31日日军开始向东退却，一部渡返长江北岸，曾受空军不断打击。国军于6月1日开始追击，但日军退却时仍能施行局部之逆袭，至6月14日国军已恢复宜都、松滋、公安之线，亦即大抵战役前之状态，只有华容及石首仍在敌军手中。

鄂西战役所产生一个特殊情形则是其经过为美国确切注视。重庆传出胜利消息时，陆军部各员均判断言其辞，仍认为日人目的不过搜掠洞庭湖沿岸粮食，目的既达自动退去。宋子文在美京迫不得已，除向重庆询问外又径电陈诚请供给"切实真确之凭据"，俾供罗斯福及"友华派"参考；电文尚称："美军部及史迪威等，根本不信有进攻陪都之企图，以为敌决不致远道轻入深山峡谷冒第五、九两区夹击之险违反兵法原则。且中国士兵营养不足，军械窳陋决无歼灭多数敌人之可能性。"所以美国新闻界如白修德等始终只承认日军死伤三千至四千人，国军所受损害则在七万人至八万人之间。

陈诚6月15日之覆电指出，日军为三个师团及一个旅团之全部，又五个师团一个旅团之一部分（伪军则未提及），重炮兵一个联队，因地形关系未用战车，其他以山炮为主，总人数在十万以上。国军总数为十个军约二十一万人。国军战略以石牌为核心，为最高统帅决定，正面部队只逐次抵抗，而以两翼反攻捕捉敌军为要旨。以后在石牌要塞前作战之日军有十一个联队之番号。全战役敌军死伤约三万，"死尸累累可数，伤毙骡马约三千余头"。国军之伤亡超过对方，约四万人。"但我战线各县人民生命物资遭敌兵之烧杀损失，则不可数计。"

在此电文，陈并驳斥华盛顿之见解："国内外亦有一部分负责[人]认为鄂西山地崎岖，百分之九九敌不敢冒险深入，今敌竟冒险矣。""此次战役诚始终不敢认为胜利只能作为教训。"最后尚有数语专注于史迪威，指出："史迪威以过去北平政府看我中央，以少数不肖军人例我全般。国人之上下，对之全无好感，足为中美两大民族接近中之障碍，私窃忧之。"

注意《史迪威文件》内表示史对陈一直崇奉。他写着："陈诚使人高兴，这是一种启发，要争取他。"（1943年春季）

鄂西战役可以视作两次战役，也可以视作一次战役包含着两个阶段。第一阶段日军在洞庭湖北岸南犯，美方所谓掠取粮食确系实情，而且已相当的成功。可是整个战役却以夺取石牌要塞，掌握长江水道，进一步觊觎重庆为目的。倘非如此日军不会将第十一军司令部由汉口移至宜昌，而且进攻渔阳关这样的险地。这战略的目的既未达到，部队所受损害又相当庞大，则虽有陈诚之节制性的综述，国军在战略上之成就仍未足轻视。

这次战役，是抗战以来国军首次享有同等或优势空援的机会。尚有一个罕为人道及的因素，则是防卫军内除炮兵一团、重迫击炮一团外，尚有要塞工兵一团、野战工兵一团、通信兵一团，为过去一般战役所无。战役将结束时，兵工署长俞大维谒史迪威，告知全国储存七点九二步机枪弹仅四千万发，鄂西战役即用去一千万发（1943 年 6 月 21 日）。

蒋介石在战役后之讲评（1943 年 7 月 3 日），也揭露不少关于此次战役之实况。国军缺乏各部队间横的联络，为其重要弱点。6 月初，国军之六个师已将日军第十三师团在宜都附近包围两天，但日军终能增援反攻，甚至已撤至江北之部队又回师向国军一部攻击，终能脱网。各部队间之素质也有很大差别。第十一师为国军中之精锐，虽作战超过一星期，但每次只使用兵力两个营，表示其部队能按战术上之需要展开，不像其他部队之蜂屯蚁附。战后各部队虚报伤亡，也为最高统帅深悉。蒋承认在华日军"都是一些老弱落伍的军队，这就是他把我们中国当做一个落伍的国家看待"。这次战役可算由蒋亲自指挥，他提及总预备队之投入是他个人之决心。既已使用总预备队，可见战况曾一度危急。

我们既知国军具有各种缺点，多方情形这些缺点之由来尚出在军队本身之外，则可断言 1943 年鄂西战役，第六战区已尽到它能力之最大限度。虽无俘获及渡江规复失地之战果，仍不失为有限度之胜利。尤以最先预期敌之主攻来自东方，结果来自南方，各部队尚能作适当之调整，业以难能可贵。再对之过度批评则为苛责。至于所报杀伤敌军人数不能确实，则我自己有了在野战军及以后在国防部服务的经验即知无法避免，因一部出自传统官僚主义之作风，甚至中国文字不顾及切实亦与之有关；一部则来自国军以标准方式赋予各部队长责任之习惯。如有任何单位卸责称功，其他部队只能变本加厉。美国方面之资料则一致称日军之目的不外搜掠食粮夺取船舶，至此全部达到目的。

只是是胜是败或是打过平手，至此国军之作为已须向美国负责。各方估计要解决日本非在其本土登陆不可，美军之损害，可能多至一百万人。减低此死伤数之方法之一为在中国打击日本。所以援华已不全是感情主义的见义为怀，而有自身之打算。既如是，则对其支付物资所使用之效率不得不讲究认算。照宋子文之电文看来，虽美国总统及"友华派"亦不能推卸此要求。虽有陈诚之愤怒，半年之后在开罗会议时（1943 年 12 月 6 日）史迪威对罗斯福说及，"局势严重。像五月份的〔日军〕攻击再来一次，他（蒋介石）即会被推翻"。此时之蒋介石牵扯着中国之上层机构，必有鹑衣百结之感。那一年他兼国府主席，是年中央大学闹学潮，他又自兼中大校长。鄂西战役后不久，他已派陈诚往云南主持远征军，而又责成新任第六战区代长官孙连仲，准备对宜昌反攻。

至此本书读者当能想到：他所说"泰然自若"，并不是完全忘却当前危难的泰然自若，而是在不得已的情形下，以意志力强作镇静的泰然自若。我们知道，他在此期间从未放弃早晚祈祷静默阅读圣经和其他宗教哲学书籍的习惯，而只有继续加紧。

1943 年，当鄂西战役正在展开之际，罗斯福与丘吉尔在华盛顿举行军事会议，到有两国战略专家，史迪威及陈纳德亦在列，中国则有宋子文出席。会期在 5 月 12 日至 23 日，是所谓"三叉会议"（Trident Conference）。罗斯福曾私下问及史陈二人对蒋介石人格与个性之观感。据陈纳德事后回忆，史迪威曾说蒋乃是"一个意见反复，狡猾而不可靠之老无赖，所说之话，全不能算数"。当时蒋夫人尚在美国，蒋亦曾电夫人（1943 年 6 月 18 日）称史迪威"时加诬陷与胁制令人难堪；而且出言无信，随说随变，随时图赖"。电内又说及国军将领不愿听其指挥之情形，望她转告罗氏。蒋宋美龄即回电如照此意旨提出"恐碍连系"，希望乃夫熟思之后再作指示。于是蒋再电"不谈亦可"。想见其控诉并未提出。

其实史迪威对蒋无礼情形已非只一日。当年一月罗斯福与丘吉尔曾在卡萨布兰加会议，会后派美空军总司令安诺德及英空军总司令狄尔来重庆通知中国当局。原来第一次缅甸战役后曾预期雨季终止，盟军反攻，至此情势变卦。主要的为英国不能供应攻仰光之船舰。由印度出击之英印军原计划之七师亦只有三师。盟军能支持中国者为增强中国战区之空军力量。蒋即谓应使中印空运增至每月一万吨，中国空军保持飞机五百架。史迪威即在安狄二人前发问"是否所言若不办到即不对日抗战之意？"蒋只能以中国曾独自抗战六年相对。史迪威仍追问："此是否条件？"已使中国战区统帅相当羞窘。

罗斯福从各种缄电内，对史迪威态度已有所闻。他曾于3月8日致缄马歇尔，内中最重要之三段为：

> 谢谢你给我看到史迪威2月9日有关安诺德及狄尔行程来缄之副本。我将此缄仔细看过，我首先想及史迪威对蒋委员长采取了完全错误的接近方式。他是中国人，总之就不能期望他如我们一样的办法行事。当史迪威说及委员长事实上急燥，不容易对付，叠次增加他的要求，当系实情。但是他说及用严峻的声调对付他，那才却是不对的办法。

> 我们必须记着，委员长经过艰难的行程才成为了四亿人民无从争议的领导人——从各色各样的领袖人物——军人、教育家、科学家、公众卫生管理人、工程师等得到任何形式的团结，是一个极为庞大而困难的工作。这些人都在争夺权利或全国性与地方性的领导力量。[他] 在一个短时期内，要

在全中国建造我们两个世纪所得之成果。

　　而且委员长发觉到他必须维持他的最高地位。如果我们易地而处，我们也会同样的做出。他既是行政首长又是三军统帅。任何人不能对如此人物以严峻的声调要他提供切切确实之承诺，像对付摩洛哥的苏丹一般。

　　马歇尔接缄后谓已将此信认真读过，他要求罗斯福的同意将以上第二三两段只删去摩洛哥之苏丹一句（看来他尚不愿冒犯小国家）抄送史迪威参考，从罗斯福与史迪威与陈纳德对谈看来，史并未受到此缄的教益。

　　而且又不止此也。在三叉会议的会场上，史迪威又在强调中国军队无战斗力，蒋委员长无一定战略，如果日军进攻，滇桂不保。他怀疑中国能保卫机场，中国人对英国人任何建议都感怀疑。会后丘吉尔邀往商谈。又不止此也。《华盛顿邮报》之出版人梅亚（Eugene Meyer）邀史晚餐，到全国闻名记者数人，餐后又续来记者约二十人，史迪威"坦白而率直的"对谈，政治问题则由戴维士答复。此后史又派遣戴维士回美数次，专程向新闻界报告中国近况。涂克门叙述此布置时称："从此新闻界以理想主义处理中国［题材］的办法，才开现了一条裂缝。"

　　三叉会议同盟国意见分歧。丘吉尔主张置缅甸于不顾，不如先在苏门答腊登陆，次进攻新加坡。原来英美联合参谋团已有一种腹案，以美军从东向西，中英部队由西向东，在香港、广州间汇合。突击成功，再向华北发展，后以华北机场作基地战略地轰炸日本（此时美军在太平洋的逐岛攻击尚未见效）。看来英国人总以他们帝国的利益为前提，况且艾登又向罗斯福说过，他们不愿见中国人在太平洋"［边缘］上上下下的奔来跑去"。可是丘吉尔所说即是攻缅，滇缅路也只能在 1945 年供行驶，每月吞吐量还不过二万吨。如果立即整备越过喜马拉雅山的航线，则每月空运量可高至三万吨，看来又言之成理。史迪威则坚持攻缅，因为这计划与他自己和陆军部的方案改组中国军队，在蓝伽练兵称为 X 部队，又在云南整训三十个师称为 Y 部队，然后 X 与 Y 在缅北汇合的设计不能分离，却讲不出一个众人都要接受他的设计之理由。罗斯福对整编中国军队无兴趣，倒觉得国民政府的情势危殆，目下需要救急，救急则莫若加强同盟国在中国的空军力量。如果攻缅要分散这种力量，则放弃攻缅亦无不可。可是他又要将就于蒋介石的意见，因为他始终认为蒋的政治地位与中国的士气与民心都极重要。

现已发表的蒋日记，提及三叉会议之部分及来往缄电，显示着中国的外交过于人身化，蒋日记云：

> 华盛顿之罗丘会议事若其不邀中国代表参加会议，是为我在外交上最大之失败。故深切研索，惟有直接告知罗斯福总统，凡罗丘会议有关中国之事可约吾妻与子文参加之意，使其不能不约会也。（1943 年 5 月 15 日）

蒋宋美龄未参加罗丘会谈。但蒋介石以姻兄为外交部长兼个人代表不足，又使乃妻在海外一再介入国际间高层之协定。从各种电文看来既有"文兄"、"三妹"（蒋宋美龄），又牵入"大姊"（孔宋蔼龄），甚至孔令侃亦在传递消息。不久之后重庆发生政潮，外人认为由于宋家兄妹酿成，不可谓非由来有因。

然则霍浦金斯主持租借法案为罗斯福之政治顾问，马歇尔掌握陆军为其战略之协定者，两人平日情投意合，至此为中国政策至于互不交言。以后赫尔利与魏德曼在重庆同居一屋又争吵到互不交言。亦只可见中国之事不易在上端协定摆布。

蒋对三叉会议之要求表示其尴尬与困难。中国参加会议原在支持陈纳德之空军攻势。陈预计在华中及华东发动攻势六个月，可以控制空中优势，进而轰炸日本本土。但蒋又不愿放弃攻缅计划。攻缅则须增强在云南之 Y 部队，至此空军之油弹及陆军之训练装备器材均须在空运吨位中支付。而且因鄂中战役，国军又已将原派云南之补充兵七万人改派湖北。蒋始终坚持英美应维持以前协议操纵孟加拉海湾，克复仰光，美国亦应派陆军三师参加。宋子文亦在会中以"顾全然诺"切责。可是英方业已将其海军使用于他处，马歇尔及美陆军部亦不改变中国须运用本身人力资源之宗旨，则实际上仍是僵持局面。

在罗斯福领导之下，丘吉尔之攻苏门答腊方案被认为不合实际而遭否决。攻缅计划注重由列多及云南进入北缅。三叉会议无一字提及仰光，只称"应扰乱日本由海上进入缅甸之交通"。喜马拉雅山上之空运则从现在之每月三千七百吨立即增至每月七千吨。9 月之后更增至一万吨。自 7 月始每月最初之四千七百吨拨陈纳德使其能遂行空中攻势。次二千吨则供"一般需要"，再有多余吨位，亦拨空军。

以后看来，此决议未曾使任何方面心满意足。英人以为缅甸可以弃置不顾，对于攻缅无精打采。陈纳德未曾掌握空中优势。迟至 8 月他尚只有战斗机八十五架轻轰炸机九架，另有飞机二十七架可供修复使用。史迪威则谓他只有每月五百吨之物资装备在云南之部队。蒋介石曾在三叉会议时令宋子文及蒋宋美龄提出："非先占领仰光决无克复腊戍与曼德勒之可能。如去年徒然牺牲我军，不仅无益，而且真有灭亡之危险。"（1943 年 5 月 13 日）自此亦不愿在缩小范围内攻缅。但他稍一犹豫，史迪威又在他自己的日记里及给马歇尔的报告里，用各种粗犷辞句责骂他意见反覆，所说之话全不能算数，总之也仍只能以严峻的办法对付。

1943 年 10 月，重庆发生了一件极为离奇的事件。蒋介石希望撤换史迪威，至此业有年余，至 9 月底 10 月初好像水到渠成。三叉会议时罗斯福对史迪威印象业已不佳，此后宋子文再三游说，又值盟军机构改组，印缅隶属蒙巴顿之东南亚战区。宋子文更鼓吹史迪威不宜留任。大概在 9 月间他已获得霍浦金斯默契，只候蒋介石正式要求，即将史调离。至此史汀生及马歇尔已不再阻挠。马歇尔准备调史迪威为美第四军军长驻阿拉斯加，遗缺准备由陆军供应部长索摩维尔接任。

《史迪威文件》有以下之一段，未注日期，但所叙应为 1943 年 10 月 16 日事：

> 与路易士"蒙巴顿"长谈之后，与索摩维尔返住舍，至此他告我：**委员长说我必须离职**（黑体字原文大写）。原因是我已经"失去部队〔对我〕之信心"。他说得非常剀切，所以我想事势已定。（索摩维尔说罗斯福总统要求乔治〔马歇尔〕将我调离已不止一次，〔我的〕好靠山。）

现已发表之蒋日记则有：

> 甲、东南亚盟军副总司令美员无适当人选。乙、在华之美军指挥官亦无适当代替之人选。丙、马歇尔掩护史迪威之程度。丁、美国政府未必肯决心调换。以上四项应加研究，但余对索摩维尔，可实告以史之言行与中美邦交及军队精神与人民感情，以及将来作战有损无益之忧虑，望其政府重加考虑，而不必作非撤换不可之主张。（1943 年 10 月 15 日）

《大事长编》在摘引以上蒋日记一段之后续有：

［十月十六日］美军供应部长索摩维尔来谒，商谈史迪威去留问题，公直告其一年半以来为史隐忍已极，然总不能使其与我军精诚合作，殊为遗憾。

［十月十七日］美军供应部长索摩维尔再次来谒，续谈史迪威去留问题。既出，公嘱蒋夫人约见史迪威，告以此时回美，恐于其个人不无损失。如表示悔改，则公或有宽假之可能。史迪威来谒公自陈，表示其护卫中国原出至诚，如有误会，皆出无心，此后极愿合作。公告以统帅与参谋长之主从关系。史亦矢言，此后决不再有凌越与专擅之情事云。

［十月十八日］与美军供应部长索摩维尔续谈史迪威事，公告以准予史迪威悔过自新，取消昨日之议，索氏欣然，甚感公对史之始终宽大也。

10 月 17 日蒋夫人约见史迪威事与所叙大致相同，只是内有孔夫人宋蔼龄参与，而史之"悔过"并无诚意。《史迪威文件》内有：

［午后 10 时］8 时美（宋美龄）叫我去。爱娜（宋蔼龄）已在。她们确实是一双斗士。爱娜说釜底抽薪为时未晚。我不作声色只说不愿居留于人家不欢迎我的地方。她们以"中国"与责任相劝，叫我放大胸襟，贯彻始终。爱娜说要是过了这一关我的地位要较前坚强得多。"你将星高照"。她们叫我去告诉花生米（蒋委员长）我只有一点着眼，无非想中国的好，如有过失乃无心之错，我准备全力合作。我游疑了一个长时间。但是她们劝说得如此有力，我最后说好吧。美提议我们立时就去。［我于是］去了装腔照说一遍。花生米尽其可能的表现不念旧恶，他提出两点：（一）我要知道指挥官与参谋长职责［之差异］。（二）我应避免优越感。这无乃一派胡言。但是我

恭敬地听着，花生米说既然如此，我们可以重新和谐的合作。

只有一点，爱娜何以有把握这［办法］一定会结局圆满？今日下午她曾指摘花生米。他拂袖离室。这是何等的侮辱。但是她只静待着，他终于返身踱回。她和美都愿为我效力。或者有如她们的所说，她们已将他推过半转，只待我来完场。或者花生米已经觉悟，［如果局势继续僵持］，只有丑名四播，于是才猛省回头，利用她们构成烟幕下台。［这不失为］半途装饰门面的好办法。其实他损失颜面已多，无可救药。这样一来他必会对供给假情报的人愤怒。这班人在不意之交弄得瞠目失措。爱娜说得好，他们把我们逼至最后之壕沟，我们仍然能堂皇的反攻。她说我从此必更实力雄厚。这班人发觉我不可能被排挤而去，不禁要口噤目呆。不过我怀疑要是我自己作主的话爱娜能够同样的有把握。［所以］这事好像预有布局。

不管它，这场纠纷业已过去，下一场想在不远的将来。美说着她结婚后凡人都说不出一年她会和花生米离婚。她们两人都说她们已将家中首饰珠宝赌在我的头上，今后也必继续地支持我。经过此场曲折我只有觉得无事一身轻。既无悔憾也不歉咎，真是大好胸怀。（1943年10月17日）

次日日记里，他暴露对宋子文的怀疑，再三日后（10月21日）他证实了宋子文是他的对头。索摩维尔已说及宋和他从印度到中国前，宋在德里的旅馆里告诉索幕后之摆布。这时候大姐爱娜亦即孔夫人宋蔼龄也出面告史迪威"她必须在自己家人骨肉和对中国有贡献的［人］之间作选择"。至此他又记出：宋子文与蒋介石有一场吵嘴。

当日外间传闻，宋子文因此失势。他的真目的乃是夺取蒋的地位。涂克门的书中接受这说法，梁敬錞所作《事件》说及史迪威"经蒋夫人之约谒蒋于官邸,自陈赤诚卫护中国"。未提及道歉系蒋指使,及有孔宋蔼龄之参与,尤未指出与宋子文有关。此节结论称雨季终止,攻缅在即距开罗会议又只有一月所以蒋任史迪威依然任职。罗曼鲁士之官方战史则强调索摩维尔及蒙巴顿均在支持史迪威。

1943年重庆政局变化之内幕可以作数层检讨:如果目的在根究事实转变之真相,则各种报道之中尚留出若干漏隙,其情节只能猜测。史迪威出言无忌,日记中一节表示其本人自大而爱恭维,应为可信。《大事长编》并所摘录蒋日记,表示蒋亟望去史,又对美陆军部之态度存戒心,已与其他电文所叙同。所谓令蒋夫人促史迪威道歉不算与蒋一向行事时渗入人本主义之习惯相违(例如"西安事变"时即以类似办法对张学良,但以施于美国将领,则为奇特)。而且《史迪威文件》所叙史遇到宋氏姐妹突然垂青,始自9月中旬。他和她们私下商谈至少已有五次。宋子文确有把握撤换史迪威,则因美国会调查时亚尔索浦宣誓作证证实。马歇尔准备在1943年将史迪威调离中国亦在日后罗曼鲁士及孙德兰修战史被访问道及,当时并已物色继索为供应部长之人选。但索摩维尔事前并不知情。他在华盛顿御命来华时,称为总统专使。及至他接悉电令暂留中缅印战区等候指示,又有宋子文之解释,方了解本人卷入事内。罗曼鲁士等云他不愿损害史迪威,方在蒋面前竭力支持史。另一说他已在进行史之他调,马歇尔云史如他调其所遗职务则由他接。他不愿作史之替身方主张保留史之职位。

但是宋子文有撤换史迪威之把握又已事前电告蒋,何以不能当面说服蒋?索摩维尔见蒋时他任翻译亦不能借此机会解决问题?如果实因蒋宋美龄在美经验深知逐史容易日后对付马歇尔麻烦,则何以史迪威在悔过之前即10月16日在日记中表示撤换已事在必行,"委员长说我必须离职"?是否蒋介石有个先紧后松之打算,其目的只在迫使史迪威恭顺？

缺乏自宋子文角度之解释，使此问题难于解答。

亚尔索浦因与罗斯福接近，在重庆被人重视。在这阶段他与宋子文比邻而居，朝夕过从。宋不仅向亚述及每日经过而且倚为顾问，所以可说为最亲近宋子文之人物，他于1989年去世，他的回忆录《我曾见此中妙处》由友人执笔在1992年出版，虽提供若干以前不见于书刊之内幕，仍未能将整个情形说得水落石出。

《我曾见此中妙处》提及蒋宋美龄与宋子文在美时即因谁有权力对美交涉而发生争执。蒋委员长并且一度电罗斯福，蒋夫人无权参与折冲（此与现已发表之蒋夫妇间文电所表现不符）。在重庆之"宫廷派"首脑实为霭龄而非美龄，她亦因孔祥熙而与何应钦及CC系接近，"这一派系包括国民党中最落后的分子"。如果宋子文之逐史迪威计划成功，则他在蒋委员长面前的信用必大增，也必使他姐妹之间及其他附从者的权势减杀，所以史迪威必须留着。她们的理论是史如被逐，马歇尔必报复，美国对华援助也必被马全部截断。

蒋决定不再要求史迪威之撤换时，宋子文与之发生口角。蒋一怒之下将茶杯掷地打破，并且一再扬言宋该枪毙。宋子文回寓时，他接近于"精神崩溃"。亚尔索浦云："这是我生平第一次体念到中国最高级人士在过度情绪激动时可能爆烈到眼泪纵横。"不及一年他又如此叙述蒋介石。

《我曾见此中妙处》说到这串事实发生后陈诚失势，何应钦当权。他与薛岳素不相得，如是使薛几个月得不到适当的补给。贝祖贻则被赶出于中国银行，在孔祥熙经理之下中国的通货膨胀更无法遏止。亚氏继续叙述宋子文名义上仍为外交部长实际被软禁的情形。他细腻地记出他自己与宋失去对外的交接在情绪低沉时只有开车至郊外散步。他们越过嘉陵江畔的小山上，面对冰块覆盖的稻田，所用车为公车，但紧随着的另一公车则有特务人员荷枪监视着他们。然则书中所叙重庆政治"内幕"仍似因袭美国人士之传说。

　　叙述至此，我们能确定的则是 1943 年 10 月 17 日如蒋介石继续坚持，他甚可能使美方将史迪威从中调出，但当日傍晚他的态度由硬而软，只责成史迪威道歉了事。从史迪威日记骄骞未改的态度和苍年"史迪威危机"之变本加厉看来，蒋之软化实为失策。此时留史和驱史的主张已分别有宋氏姐妹及宋子文的支持。蒋介石极欲去史，却尚多顾虑。但从现有资料，我们无从确定其幕后受操纵或被影响之实况及程度。

　　至于说宋子文欲取得蒋之地位而代之，揆诸宋氏对外界灵通、对国内情形茫然的状态看来，其难置信。他此时亦必知道中国五花八门之军队非蒋难能掌握。至此唯一可能，则因当年 8 月 1 日国府主席林森去世。林在时不过以此职位接受外国大使呈递国书，从未有国家最高主权人之分寸。以后此情形可能改变。洽在此时蒋亟望中国能参加英美之高峰会议，但罗斯福一再邀彼当面协商，他又继续推延。蒋尚主张中国参加英美之联合参谋团。此计划实现，中国战区之最高统帅势必受参谋团节制（但并未实现）。所以在当日各种头衔与职位之调整，非不可能。唯蒋于 10 月 10 日正式宣誓兼国府主席，则此种可能性亦已降低。

　　追索当时经过事实，只能至此而止。除非有新证据发现，其难使各种传说更具体化。但在作评议时，则历史家虽根据尚未一览无余之事实，亦不能否定重庆之政权有其"宫闱内幕"之成分在。蒋介石使此重要之外交决策，继之则政府人事安排，不能脱离家人间之争斗。翌年夏间，史迪威问题再度紧张，以前错误暴露，宋子文东山复出，且以行政院长资格主持外交，蒋宋美龄及孔宋蔼龄及她之子女则遁迹海外。自是蒋介石亦难能避免外间指摘，其本身为一缺乏实力之独裁者，有如史迪威在日记内之斥责（1943 年 3 月 4 日）。

然则以道德名义作最后结语所写之历史，常以小评大，有如法国历史家勒费尔所述，"不能解释事故"。在刻下的题材上说，则是对以上各人口诛笔伐，不能脱离传统作史之畴范，忘却本文所叙事为人类历史从来之所未有。我已前后指出：以一个中世纪的国家，动员三百万至五百万之人力，以全国为战场与强敌作生死战八年，在中国朝代历史里从未有过。在世界历史里也无他例。蒋介石不能成为一个有效率的独裁者，首先即因他无适当的资源，难能使部下心悦诚服。史迪威建议胡宗南、邓宝珊与中共部队一体出动进攻日敌时，四川军人潘文华、邓锡侯、刘文辉则反对国民党的对共政策，拒绝参加中央执行委员会会议，当日白修德谒见蒋介石陈述河南灾情严重时，中国有难民九千五百万。

简概言之，当日外界对国军的报道，只称揭穿黑幕，却未将实际危殆情形说得剀切。至此中国抗战已逾六年，全面被封锁亦近两年。各部队首长走私贩毒，盗卖军械已屡见不鲜。至于虚报人数克扣饷项已不在话下。在若干情形下非如此营私舞弊即不能生存。各省区强人更加深他们对中央之敌意。一则地方部队仍受蒋之嫡系歧视与监视；二则国民政府早已失去其税收来源，近年来在内地竭泽而渔，又多发纸币，只有使省区部队感到他们之生存空间愈为蹙绌。明年湘桂战争吃紧时，滇省之龙云已在传说中邀约各省区部队退出战场。桂林行营主任李济深则已与粤籍将领薛岳、余汉谋、张发奎商洽准备重庆政权崩溃后之出路。

读史至此，我们固然可以引用道德批判。然则事态后之实情则国军从未为一个整体化之有机体。大批省区部队之凝聚力在其各别之军官团。此等军官又大率行伍出身，可能终生未离省界。官兵则习用方言。况且抗战原为求生存，此时生死关头已由国门之外进入于闾里之中，各人另有打算，即高级将领亦只能以部下之向背为依归，此非大都会里之文士认为"应当如此"所能左右。倘如此解释尚不能充分令人置信时，读者可重阅上文 1943 年 3 月 8 日罗斯福致马歇尔缄，借此可以了解西方社会之团结力量曾经亘世纪之奋斗而成。我个人提倡之大历史观，亦主张如要彻底了解中国在 20 世纪之奋斗，应先读欧美近代史。至于评议领导人蒋介石，则最低限度亦当读及他在九年前以徐道邻名义在《外交评论》发表之《敌乎？友乎？》内云："但是在兵力绝对不相等的国家，如日本同中国作战，即无所谓正式的决战，非至日本能占尽中国每一方里之土地，彻底消灭中国之时，不能作为战事的终结。"抗战之后期中国已接近于此态势。

外交而又涉及"宫闱"，亦无非国家最高主权不能合理化，其决心又不便公开之表现。蒋介石对付史迪威，尴尬阢陧，程度因国事蜩螗而加深。他任用陈诚又代之以何应钦，不能仅以前进与落后形容之，而系申明军纪历求整顿不得，只能妥善退让接受现实。有如他之引用宋子文之积极政策不得，又从而将就孔祥熙。至于发动宋氏姐妹向外宾作说客则为最后一着。其实他不仅对付美国客卿如此，苉年 3 月龙云成为问题，他又使霭龄、美龄及宋子文联袂往昆明呼吁。此事见于美国领事馆向华府提出之报告而不见于蒋日记。然则他既曾写出"奈何苍天上帝盖速救我危亡乎"，则他此时支撑着一个危如累卵的局面必有长夜漫漫不知几极的感觉。

开罗会议之前，罗斯福即提议英美中苏之首脑会商，并愿于会商之前单独与蒋见面。蒋不能利用此机缘而一再推托，殊难索解。

罗斯福之提议于 1943 年 6 月 4 日告宋子文。蒋复电罗丘史可先期会谈，彼与罗之会商可临时再约。是他恐怕接受史达林之压迫对东北领土让步？（1942 年 8 月 3 日罗斯福之行政助理居里则曾对蒋说及，"华盛顿部分人之印象已不将中国东北认系中国一部分，应作为战后日俄两国间之缓冲国"。）或是他恐怕与史达林聚在一堂犯"亲共"之嫌疑，而在国内产生不良影响？或是他虽对美国及罗斯福已有各种要索，却不耐直接被询诘而宁愿保持相当距离？

此后罗斯福又向蒋宋美龄提及，并于 7 月 4 日直接电蒋，预计于重庆及华盛顿之中途会晤。但此地为阿拉斯加，蒋即以往阿拉斯加必经过西伯利亚，如不与史达林晤及，"则于中俄与国际皆受不利影响"为由，而他又不愿见斯，所以此议又不行。8 月中霍浦金斯建议蒋直接飞华盛顿拜谒总统，更为蒋反对。他甚至电告宋子文要宋自称此与蒋"平生之性情"相违，必无接受之可能，所以并未转询。于是只有 11 月之开罗会议。

蒋夫妇及随员在开罗逗留七日，此为蒋首次亦即生平惟一一次参加国际高峰会议，初看起来，成果辉煌丰硕。首先中国作战之目的（war aim）经过开罗会议公报而为国际承认，事实上亦即由英美担保。抗战初期中日两方秘密接触和谈时，中国尚不敢称收复东北，只望不被强迫正式承认满洲国，而以取消塘沽协定恢复战前状态为满足。开罗会议公报则列举凡日本"由中国夺取之领土如东北、台湾、澎湖列岛等应归还中国"。英外交次长贾德干（Alxander Cadogan）尚争执上开地域只称"当然必须由日本放弃"。如此议通过，则公报上潦潦数字之差异甚可能在 1940 年间开国际共管之机。会议另一决议为成立远东委员会（Far East Commission）。战后此委员会为盟国占领日本主持复员之威权。

蒋介石在开罗会议所作重要贡献之一为在战后任日人自决国家体制。当时美国人士有要求废除天皇制者，蒋与罗斯福商谈后，决定将此点保留。蒋日记有云：

> 日本未来之国体问题，罗氏依余主张，待战后由日本人民自己决定。(1943 年 11 月 23 日)

罗亦一度问蒋是否有意兼并越南，蒋立即一口拒绝。

罗斯福之子伊利奥（Elliott Roosevelt）战后所著回忆录，称罗氏曾要求蒋与中共组织联合政府，蒋要求美国保证苏联不侵犯东北之主权，罗承允见史达林时与之洽商，又支持中国对英之要求包括香港之主权。此事在伊书中重复地提及四次。小罗斯福又称乃父与蒋对中国内部团结之意见至为融洽。《大事长编》不能直接证明是说，但所摘蒋日记有以下之一段：

[与罗斯福谈话时以]共产主义与帝国主义为重心，余甚赞罗氏对俄国共产主义之政策，已得到初步效果为慰，惟嘱其尚道注重俄国今后之行动与事实，明告余对俄国则不敢深信也。并希望其对帝国主义之政策，亦能运用成功，以解放世界被压迫之人类，方能报酬其美国此次对世界战争之牺牲与贡献也。（1943 年 11 月 23 日）

至少其措辞不与伊利奥之所叙相冲突，逻辑上两者实相衔接。

史迪威日记中述及军事会议时，中国代表团无所措手足，只有彼与英帝国参谋总长舌战（亦在 1943 年 11 月 23 日）。中国记录则载事前决定由史以战区参谋长之资格发言。但中国要求多而贡献少，亦暴露其弱点，及发问时间及英军中多少师系白种人（二师）其用辞亦甚为鲁莽。

开罗会议之军事部分未具正式记录，或其记录未交中国代表团签署送返。（会议之秘书处亦即在华盛顿英美联合参谋团之秘书处。）但自蒋之观点，中国之收获亦甚圆满。反攻缅甸限于缅北，但蒋要求之陆海军协同行动则有英美攻占仰光西南之安达曼群岛（Andaman Islands）之计划。蒋要求供中国之空运每月一万吨尚与蒙巴顿争执未下时，罗斯福承允每月增至一万二千吨。

所以蒋离埃及时，甚为自得。其日记云：

此次在开罗逗留七日，其间以政治收获为第一，军事次之，经济又次之，然皆获得相当成就。本月大部精力，皆用于会议之准备与提案之计划，慎重斟酌，未尝掉以轻心。故会议时各种交涉之进行，其结果乃能出于预期，此固为革命事业中之一项重要成就，而内子为余传译与布置，其协助之功，亦甚伟也。（1943 年 11 月 28 日）

日记内又有一段专记蒋夫人：

今日夫人自十一时往访罗斯福总统商谈经济问题以后，直至霍氏（霍浦金斯）离去，在此十小时间几无一息之暇，且时时皆聚精会神，未能有一语之松弛，故至十时已疲乏不堪，从未见其有如此情状也。（1943 年 11 月 26 日）

可是不出一月，他所谓军事经济之成就件件变卦。即政治上之成就经过公报公布之领土主权，亦将由一年余后之雅尔达会议而亏损。至于他自己与蒋夫人在外人眼前所留观感，须自各人日后所作回忆录中窥见之。而战后所发表之回忆录，多撰写于中国内战期间，执笔人更无庸对蒋夫妇回敬。本来即弱国无外交，蒋介石不能全无预感。他在日记上记此次出国经验云：

次在埃及所经各地最大之感想，为英国在世界之势力强固与远大，而亚非二洲之回教国民皆使之服从听命，其魔力实不可思议，东方民族欲求自身独立自由，言之何其易也。以开罗会议之经验，英国决不肯牺牲丝毫之利益以济他人，彼对于美国之主张亦决不肯有所迁就，作报答美国救援英国之表示，其于中国存亡生死，则更不值一顾矣。是以罗斯福总统虽保证其海军在缅甸登陆，与我陆军一致行动，余明知其不可能而姑信之，并不愿以英海军如不同时登陆，则我陆上部队亦停止行动之语出诸吾口，以为其他日推诿之口实。然而缅甸反攻时期，此心断定其非至明年秋季决无实施之望也，英国之自私与贻害，诚不愧为帝国主义之楷模矣。（1943年11月30日）

蒋介石相信其本人之人身外交，却不能体会英美政客在公事敌对时毫不容情，私人见面则又和蔼亲切之习惯。是以其初见丘吉尔时，即记下：

"初见丘吉尔氏印象，较之平昔所想象者为佳也。"（1943年11月21日）

蒋夫妇应丘吉尔邀宴后又记下：

宴会中丘氏与夫人谈笑，夫人亦以幽默言态应之，当宴会之前彼曾导余至地图室，告余以攻缅时期及其海军各种舰艇数字之大略（军事会议时提出可用于孟加拉海湾者新式战舰二，其他战舰二，战斗巡洋舰一，大型航母四，小型航母十）。余问其海陆军登陆时期，彼乃告余须待至五月间（一九四四年五月去盟军在法国诺曼底登陆只六天），不禁大失所望。宴后丘又导余至地图室，指示各战区海陆空作战之现状。其实此等语皆为余所熟闻者，而彼乃津津乐道，约一小时之久。最后谈至反攻缅甸时海军登陆预想之各地点，而未肯明确告余（军事会议时则称一切由首相面告委员长），余亦不以为怪。

盖以日来余与丘吉尔氏相见，已有四次。认定其乃为一现实的英国式之老政治家，实不失为盎格鲁撒克逊民族之典型人物，其深谋远虑老成持重，于现代政治家中，实所罕见。(1943年11月24日)

丘吉尔在其回忆录中称："这是我第一次见及蒋介石。他的性格给我一个冷静、持重和敏捷的观感。这时他的名望和权势都在最高峰。在美国人眼中他是世间重大角色之一，'新亚洲'之魁首。"

述及开罗会议中之蒋介石，丘却毫不掩饰他的敌意，表示他原准备以近半世纪前俄人待李鸿章之方式待他。丘写着："我们［预先］恐怕蒋介石来临之［问题］实际已经发生。英美代表团之接谈不幸被中国之情节搅乱，此情节复杂而冗长又无关大局。而且以后［罗斯福］总统因着他将印度中国身份特别尊重之观点，立即与委员长闭门长谈。［我们］一切之希望劝蒋夫妇去参观金字塔，尽量的让他们去开心，等我们从德黑兰回来再讲［之计划］全部落空。中国情事不在开罗占末位而竟占首位。总统不顾我的辩说，允诺中国人于最近数月内在孟加拉湾发动相当规模之两栖作战。这比我在土耳其和爱琴海之［攻略］计划还要妨碍在法国海岸之登陆作战，尤使登陆用之舰艇及战车登陆舰艇成为问题之隘道。这尚且会使我们刻下义大利大规模作战之行动痛心的受阻。11月29日［在获得罗斯福同意之前整一周］我通知［帝国］参谋总长，在记录上指出：首相曾拒绝委员长之要求在缅发动陆战时同时发动两栖作战。又直到我们从德黑兰回开罗，我才能说服［罗］总统使他收回成命，撤销［对中国之］允诺。"

丘又在以下讲到德黑兰会议的各章，一再提及他身在伊朗一直未忘放弃安达曼登陆的计划。12月初他和罗斯福回开罗，他又一再央求罗斯福，但是罗说这是他自己对中国人的道义上之责任不容改变。美国军事代表团也说总统的决心如此不容改变，无法考虑。但是 12 月 5 日他终使罗斯福经过他疲劳劝说之下改变初衷。此事既经丘吉尔如是详细讲叙，应为他得意之作。在此时受无妄之灾的尚有蒙巴顿。丘首相一面告诉他原已分发给他战区的登陆舰艇调地中海，一面命他再作攻击苏门答腊的计划（继续三叉会议的提议），还申斥他，他所作攻安达曼群岛的计划，所对付的日军只五千人要用如此大的兵力，无乃割鸡用牛刀。

但是蒋夫妇在开罗最大之失策尚是在接近罗斯福时。

蒋介石见罗斯福时绝对的自信罗对他的处境完全同情，有求必应。蒋夫人宋美龄接待伊利奥时过度的殷勤奉承。《大事长编》载有蒋初见罗斯福后谓其有一种超脱风度，颇有一见如故之感。经过三次商谈之后，蒋在日记内写出：

> 会谈完时，彼对余慨然曰："现在所最成问题，令人痛苦者，就是丘吉尔的问题。"又曰："英国总不愿中国成为强国"，彼且郑重表示其对于殖民政策极不以为然。言下盖已显示其对于将来东西间民族问题颇有隐忧也。（1943 年 11 月 25 日）

此诚然表示二人所见略同，言无不尽。

但是伊利奥回忆录中说起，乃父第一次见蒋后谓与之一席谈胜过与联合参谋团四小时之会议，乃是发觉国军只一意监视中共，无心作战，相信蒋在阻挠史迪威之训练计划。伊利奥参加蒋夫妇之鸡尾酒会后，报告乃父：蒋夫人假意恭维罗张摆布，罗斯福称她为机会主义，但只因中国再无旁人可以做全国之领导，只能与蒋氏合作。

涂克门检阅各种文件之后，认为罗斯福在参加德黑兰会议之后对蒋态度已有重要转变。主因在史达林承允击败德国后六个月对日作战，至此蒋与中国失去重要性。罗从德黑兰回开罗时，召见史迪威（1943年12月6日），史文件称有霍浦金斯及戴维士二人在座。罗斯福问及中国尚可能支持多久，史迪威答称如果像5月间之鄂西之役再来一次，蒋介石即将塌台。罗说既然如此当物色可能继蒋之人选。此语说在史、霍、戴三人前表示罗已无意贯彻始终对蒋一意支持，尤足为史迪威对蒋摊牌之鼓励。此确与数星期前准备得有蒋之要求立即撤换史迪威之态度豁然不同。经过开罗之后，罗斯福即再未见史迪威。但从此霍浦金斯直接阅悉政治顾问戴维士对中国之报告，有时阅后提供罗参考。

蒋夫妇若能洞悉前后情景，当不致在开罗时又向罗斯福提出借款。《大事长编》云："蒋夫人衔命往访罗斯福总统，会商十亿美元供款计划，罗斯福氏表示对我经济危急情形至为了解，当即面允借助。下午三时，公偕夫人再访罗斯福总统，对其允予设法借款，面致谢意。"时在11月26日。似此蒋尚未获知罗斯福之性格。亚尔索浦与罗份属堂表，彼此私人关系友善，犹且在其回忆录中称罗长于卖给人"金砖"（gold brick），此美国俚语，即外表奉承，授人赝品，略似中国人所谓开空头支票之意。蒋夫妇亦可能未曾明了拨借此巨款应有之程序，才再往面谢，仿佛十亿美元已为囊中之物。当罗斯福在十日之后接见史迪威时，已提及蒋要求借款十亿但难能在国会通过。而蒋回重庆后不久则给宋美龄青天白日勋章以褒扬其功绩。

12月7日蒋在重庆接得罗斯福在开罗来电，谓原拟用于孟加拉湾之登陆舰艇刻已调离。蒋可以立即攻缅而无海军支应，亦可将攻势延至1944年雨季之后。蒋复电采取后策。但又提及中国情形危迫，恐难再支持六个月。为维系士气人心起见，望批准借款十亿，并增强空运。此举被美国人认为敲诈。史迪威在他的文件内提及：

德黑兰后，计划改变。F·D·R·致蒋介石："你接受改变计划？"或者"你延期至十二月？"蒋介石来了一个榨取的办法："好吧，你给我十亿元，并将空军及空运加倍。"（未具日期）

他未说明首先提及借款在开罗，改变计划在蒋于 11 月 27 日飞离埃及之后。自此美国人亦均以为蒋之态度为提出条件，既无海军支援则借款十亿，非彼即此，若彼此均不得则中国亦不出兵，而完全忽视文电交涉及措辞经过。当年 12 月史迪威获得蒋许可使用称 X 之驻印军向缅甸发动攻势，而未及于在云南称 Y 部队之远征军。苽年蒋史冲突重点在使用 Y 军。

十亿借款之要求，引起在华盛顿更强烈之反应。财长摩根索原在珍珠港事变前反对对日妥协，陆长史汀生多年为热忱援华之人物，闻讯均对蒋表示恶感。摩指出 1942 年对华贷款五亿元，中国尚未能动用一半，更多美元贷款亦不能遏止中国之通货膨胀。此时驻华大使高思亦提出报告，云中国集结大量外汇。财部消息内中八千余万美元，已转入孔令侃等私人账户。于是蒋之要求未提至国会，只由总统附摩根索之备忘录通知蒋表示拒绝。内中提及中国所需者为食粮、物资、机器、兵械。其数量之大，只能陆运与海运。为达到重开海陆交通之目的，中国亦应参与其战斗，只有国务卿赫尔不满意于此通知。

在此期间蒋之日记有：

> 昨日发表开罗会议公报以后，中外舆情莫不称颂为中国外交史上空前之胜利，寸衷惟有忧惧而已。（1943 年 12 月 4 日）
> 为攻缅展期问题，内外阻力甚大，如无坚定决心，则此举必被动摇，将蹈去年失败覆辙矣。（1943 年 12 月 15 日）

关于攻缅时期如不变更延缓，则必败无疑。如果此次攻缅再败则昆明不保，而空运根据地全失，国际路线断绝，不仅国内军民心理动摇，而美国亦更轻侮，决不肯再为我援助，其他英俄更无论矣！此观于去年缅甸失败之教训，不难想象而得者也。此余所以不肯任其播弄，虽不能开通滇缅路，甚至美国断绝经济亦所不恤也。以去年以来，滇印各部之兵额，至今一年有半，而尚不能补充足额，如再一失败，则以后补充兵更难于前。而太平洋决战时期，最多不过二年，届时如中国兵额未足，毫无精强部队参加决战，则我国地位绝无矣！故此仅有之资本，决不愿再作浪费，而为英国所欺弄，致我国于万劫不复之地也！（1943 年 12 月 17 日）

开罗会议还决定美空军 B29 从中国基地出发轰炸日本。成都附近动员四十五万民工，包括女人与幼童，兴建飞机场九处，四处有九千英尺的跑道。所有建筑工程全不用机械。碎石用手槌成，镇压滚束以数十或成百民工拖拉，泥土以竹箕及独轮车搬运。开工之后六十日首批超级空中堡垒降落，九十天后所有机场如数完成。

但是所有的建筑费和驻华美军在各地的消费成为争执之重点，中国政府要求除机场地价由中国承付外，其他以法币二十元抵美元一元，由美政府偿还。蒋所持理由为中国经济濒于破产，如有十亿贷款则可以用"反租借"办法应付。今借款无着别无他法。这要求提出时引起美国官员极端愤怒，尤以当时黑市美元一元值法币一百二十元。如果蒋认为这是富强的盟邦对贫弱的国家应有的善意，则美国人认为这是敲诈不遂之后的勒索。如果蒋仍认为这不外出于儒家"君子周急不济富"的原则，美国人公然指斥这是蒋介石内在的仇外心理（xenophobia）之表现，一方面嫉妒英国与苏联接受美国之意外垂青，一方面由于孟加拉海湾的计划改变，损伤了他的自尊心。

要出高价才能买得援助中国抗战之特权成为公开的讽刺。

当罗斯福来电攻缅助印，否则截断接济时，蒋说出：

> 此虽为其参谋部所拟之稿，而非出其本意，然亦可知其对华藐视之态度矣！惜接此电适在余复其财政借款一电之后未能责之以大义，于此益觉余昨日复电坚决态度之不为过也，国际间只有强权与威信，吾惟有以威信对强权也。（1944 年 1 月 15 日）

一周之后再三考虑他再记出：

> 此事余自反而缩，配义与道，无是馁也，惟对罗斯福总统个人之情感，或有损失，乃为不宜耳。（1944 年 1 月 22 日）

这一段甚难解释，我读来的文义为：这段事情我经过自己的反省与收敛，又配合着个人行之所宜与道德上应有之途径，那我就用不着如是之气馁吧（或者说也就于义与道无所亏欠了）！以下才接着损伤罗斯福的情感。

可见在主持这事时，蒋介石完全依赖人身外交，文电稿自拟，不参照专家意见。事后却又自觉态度过于强硬而不妥，才用传统道德安慰自己。

蒋介石所处时代与今日不同，他认为的道德问题，我们今日即可视作技术问题。历史给他的任务为替中国保全一个独立自主的高层机构。他既把自己的人身与中国之利益视为一体，则在抗战后期，"自存"确是一个重要的打算。我们已经看到1943 年 3 月 8 日罗斯福致马歇尔缄，内中有"而且委员长发觉到他必须维持他的最高地位，如果我们易地而处，我们也会同样的做出"。

以上蒋日记1943年12月17日之一段，说出他不愿出兵攻缅固然在引用第一次缅甸战役之教训，及不愿为英人牺牲这两方面都有可供众人相信之理由，而最后数句却也暴露他保全实力的用心。作战如此，借款亦复如此，他在12月7日给罗斯福电，再三提及士气与人心。十亿美元不能解除刻下的通货膨胀，却大可以增强蒋介石及国民党的地位。战时如此，战后亦然。

蒋被罗斯福责备对史迪威练兵的计划不热心支持。此种指摘可以对蒋的动机引起各种猜测。但是一个无可否定的事实还是人力资源不够分配。罗斯福自己说及中国尚在17世纪，这样的一个社会要出面担当20世纪的任务必定力不能继，派兵筹饷同出一辙。赴蓝伽的补充兵又经不起美国军医的体格检查。至于将外汇公款存入私人户下，在蒋政权内似已行之多年，大概抗战初期蒋令孔宋在海外筹款购械，即已采用此种办法，同时这办法亦易于遮盖情报费及特务费之开支。

可是这种种解说无一能邀得美方之同情。如果既伸手要钱，又不肯出力打仗，一味保存实力，那不是军阀是什么？然则这问题由美国提出，也仍是把蒋视作摩洛哥之苏丹。

当蒋介石写出"配义与道，无是馁也"之际，1944年1月20日，美国财长摩根索与陆军部官员筹商对蒋办法。供应部长索摩维尔主张停止成都飞机场之构筑，次之收买一个和蒋竞争的对手，只要出美元1亿不怕没有应征之人。索的建议激情而轻佻，提议人没有想到他所叙正表现蒋需要资财援助的迫切。

蒋没有得到十亿借款，以一亿收买他的对手之计划也没有实现，而是由罗斯福决定美军每月在华之费用限额二千五百万美元，由史迪威及高斯与中国交涉转授的条件。

涂克门综合各情写出：经过1月20日会议之后，美国对蒋之支持缺乏成功的希望与信心。我们也可以看出蒋失去了罗斯福无条件之支持。美国总统府就于英国首相及苏联大元帅不算，从此他纵不完全放弃他的理想，至少也要接近于军方及各部院之现实外交。

如果1943年可算作国际会议外交纠葛占首要地位之一年，则1944年为各事摊牌、军事行动见底之一年。而且此态势已在1943年底前显现。

自开罗会议之后，蒋介石一方面企图保存实力，一方面他又希望在战场上作一个类似史达林格勒式的表现，因为他知道非如此，中国之军事、外交、财政与士气均无出路。即在鄂西战役时，他已通令部下，石牌要塞为中国之史达林格勒，事实上鄂西曾未产生类似戏剧性之高潮。

蒋尚在开罗时，日军已发动向湘西常德之攻势，敌军包括日军五个师团之全部，三个师团之一部，又伪军四师。因自1943年10月，国军已在湘鄂间抽出七个军参加Y部队在云南之整训，日军企图对留存之部队以严重之打击，并进占洞庭湖西岸各地。国军亦集中九个军应战。第十军来自衡山，第五十八军来自江西，第十八军则在鄂西威胁敌军之后方。敌之攻略重心指向常德。守常德者为第五十七师师长余程万，在广州时即由蒋委派为海军局政治部主任，应属蒋之亲信。12月2日蒋亲电余，告之已出席开罗会议晤及罗斯福丘吉尔后返重庆，意以此次战役，关系国际视听。电文内又称："务希严督所部，与常城共存亡，以完成此次辉煌战绩，勿使史达林格勒之战史独美于前也。"

蒋日记云：

本日几乎终日为常德战况不明所困，繁虑无已，除补志日记外，不能再事其他矣！（1943年12月3日）

又有：

> 与薛长官（第九战区薛岳）通电话指示战局，心甚忧戚！两战区部署散漫，演成各自为战之象，易为敌军各个击破也。（1943 年 12 月 5 日）

其实常德已于 12 月 3 日失守，蒋得息后记出：

> 此次常德作战，一误于刘（斐）次长擅令石门汪之斌军之撤退，以致演成战局不可挽救之痼疾，继以余赴开罗，战事扩展，而方略部署与指挥，遂纷乱无绪；竟将第九战区所有兵力调集于常德一隅，而将后方重地各预备队抽调一空，卒致有今日未有之危局。如敌果冒险前进则长沙衡阳皆莫保矣！庙算不精，指挥不当，徒遭无谓之牺牲忧惶莫名！（1943 年 12 月 6 日）

在现已发表之蒋日记中，如此张惶焦虑之情形尚称首见。这一方面由于蒋自信过度，凡部下经手不由他自己所部署之战局首先即感到怀疑。另一方面则甚可能因国际视听之监视，影响到他之镇静。从此，我们也可以想见蒋在抗战后期应付罗斯福及史迪威等人时，离不开对战场记挂之暗影，否则他不会一再提及史达林格勒。以后湘西转危为安，美方亦至少提及常德。唯华盛顿方面及史迪威谓蒋无心作战，一意坐享其成亦殊欠公允。

蒋日记续有：

> 今日常德战事比较沉寂，我军仍在原线对峙，敌未敢积极扩张战果，或有撤退之可能。惟今日我军能在原线沉着稳定，

不作退却行动，未示敌寇以弱点，是乃转危为安之枢纽，此伯陵（薛岳）之所以能为健将也，殊足慰焉。（1943 年 12 月 9 日）

接着再有：

预料敌军必放弃常德，不致久留，以其德山要点不守则常德屏障尽失也。（1943 年 12 月 8 日）

又有：

接常德已于昨晚克复之报，此心略慰。感谢上帝保障中华之恩德使我常德失而复得也。惟常德以北地区战斗犹烈，石门、临澧之敌顽强未退也。（1943 年 12 月 9 日）

他继开罗面请之后正式要求罗斯福贷款十亿之电文，于莅日，即 12 月 10 日发出。

1944 年 2 月，他往衡山召集第三、四、六、七、九各战区高级将领举行第四次南岳会议，会中之讲评提出若干不见于公报之资料，可作抗战后期国军实况之写照，亦揭露统帅蒋中正之心境可补助其日记之不足。

常德战役国军作战积极，常德城曾二失二得，全战役阵亡师长三人，营长十三人。至 12 月 30 日始恢复战前状态，全战役经过几个月。这战役不能称为国军之胜利，虽说日方占领洞庭湖畔产米区域及隔离第六与第九战区之目的并未达到，但给国军及常德地区极大之损害则已成事实。其退却时依总退却命令遂行。12 月 3 日军令部已有敌情判断，称日军将"企图套取常德后即退却"，但是蒋对各将领仍保持极严格之操纵与督促。国军增援部队有每日行军七十里到达战场之记录。战线无崩溃之情景。敌撤退时仍大致与之保持接触，而且翌年衡阳攻城战展开时，日军原拟令第十三师团自湘江东岸渡河攻击，据称鉴于年前第三师团在常德战役期间强行敌前登陆所遇困难，恐损害过大而将此计划放弃，是以1943年之役日军所受创伤程度已超过各方之报道。是役国军虽未能彻底追击，其俘获敌军文件之多，表示扫清战场至为认真。

全战役中敌军仍发挥其行动自由之优势。蒋介石在讲评时说及："现在敌人以一个大队（加强营）组成战斗单位，到处窜扰，而我们在自己的领土上作战，有自己的人民来协助，对他这种小兵力的扰乱竟不能作有效的打击，实在是莫大的耻辱。"其所以如此乃是对方之装备齐整，素质均匀，补给完好，所以能以参谋业务充分的协定。据称是役日军曾使用降落伞部队并施放毒气，从我现有之文件无从证实。数达四师之伪军亦不见于战斗报告，想用在保持后方之安全，或分割于正规部队内担任辅助勤务。

国军之弱点，缘于动员及后勤。战斗之前即有大量缺员隐匿未报，而在战役后以虚浮之阵亡数申报，以致若干部队之报告内死多于伤经蒋介石指出。国军出入战场沿途无接应，加以本身补给供应能力不足，官兵只能强迫地取给于民众。伤兵则二三百人一批，遗弃于战场后遭日军杀害。尚有更严重情形经蒋指出："因当地民众逃散，见一家只有数人在内，怪他不办招待，其连长某就火焚民房，这桩事不知你们军长师长知道不知道？"因此上文蒋说及国军"有自己的人民来协助"，只表示理想上应有状态，不能认作实际情形。

武器窳劣，弹药不继未正式提出，但容易想见。此次日军进攻常德时将侧后兵力抽调一空。当时军令部之建议及战役后之检讨，均认为趁此时机国军发动反攻，可能归复后方重镇，甚至进入武汉。但以"在装备未改进之前，攻势力量不充分，恐损害过重"。而且"发动全线攻势作战之后，非经数月之修整，不能恢复战力，在此休整期间，无力适应状况之变化"。至于中级以上干部死伤之多，即显然由于对方火力之优势。

倘无空军之协助，地上部队之活动当更困难。是役中美空军经常出动飞机二百架左右，全战役超过一千八百架次。但从空战之记录及敌军使用降落伞兵之情形看来，制空权之操纵并未彻底。

国军在生存条件极端困难之下，得力于各部队内部个别军官团之团结才能避免崩溃。但此一因素，始终被中外之观察者及以后之历史家忽视。部队长与各干部之人身关系、乡土关系及部队历史，虽使各部队间之协同困难因之产生分化作用，但在每一单位此内部之凝聚力又不可少。蒋介石与各将领树立各个之人身关系亦以此因素为基础。各将领对蒋观感不同，有的贴身崇拜，有的不过参加众议作有条件的服从。所以本文说及蒋对各将领越级指挥耳提面命，违反军事组织原则，在实用的场合之下并不可少。说来说去，这也仍是社会未进化过渡期间的必然趋势，即蒋之能操持此不完善之权威，亦须经过数十年之经营。其所产生之微妙关系，可以从蒋在军事会议讲评时仿佛窥见，有如蒋于南岳对各将领之督责具有重点。只要不逃避作战，其他纵有极严重之越规犯纪之行动，只寓斥责于规劝，因洞悉至此各人均力不从心，只能渗入人本主义，有如岳飞之不责备武官要钱文官怕死也。他甚至讲出："我对于部下和同志的过失，向来不愿意公开的指出。古人说'扬善于公庭，规过于私室'。我们于同志之间，都应该抱这种态度。"

说到这里他提及余程万。他讲起："这次第五十七师守卫常德，阵亡官兵已经证明的有五千多人；我们一师人守城半月之久，一般官兵为了师长的精神和他的人格所感召，因为要贯彻他师长的命令，达成他师长所授予他们的任务，所以牺牲一切。"听来这好像是褒奖。

但是余程万苦战十余昼夜之后，屡次向上峰通电乞援不得，最后弹尽粮绝，率领少数官兵退出城外。及至新十一师攻入常德，尚发觉内有第五十七师所遗留的伤兵三百余人。说至此处蒋扬言,"我现在还没有亲自审问余程万"。但是"余程万师长必交军法审判",并且"当时其他同时退却的官长一律都要按革命军连坐法来处治,决不宽贷"。读至此处虽数十年后我们都为余程万担忧。

因为以后的记录再未提及此事,我曾特请在台湾的军界朋友为我代查,据说档案内无余程万受军法审判之记录。余在1949年任第二十六军军长,驻昆明附近。在大陆全部受中共控制时仍与蒋介石保持直接联系,以后经过缅甸脱出,曾往台北。在1950年间在香港被暴徒狙击逝世。

这样看来,蒋介石对付部下的方法无奇不有。以上摘录之训词避免了嫡系与非嫡系间的纠纷,旨在保全官僚主义式之逻辑的完整。

据我所知:经他如此处置之案件不止一起。当秦孝仪院长授《大事长编》给我时,曾告诉我蒋至晚年,为人更"慈"。用不着说,我完全相信。但也有人为我说起蒋为人不守法。作此批评的有美国人士和与他亲近的黄埔第一期学生。我也知道此语有事实上之根据,在某些情形之下所说不虚。

没有人在对处理余程万的程序中能替蒋介石开脱。历史家只能指出余程万给蒋介石极大的困难。事实上他已将全师官兵牺牲于常德城内,在作战效率上讲,除了他自身一死之外,已替统帅尽了最大的职责,常德能及时收复,主要的由于第五十七师的坚韧抵抗,要是蒋介石再惩罚余,而且按连坐法的硬性判予死刑,以后谁替他如此认真作战?然则余程万到底也是放弃守土。一个部队长之有伦理与道义上的威权赋予部下以必死之任务,端在情况变更在更高及更大之范围内,部队长本人也能作必死的表现。余程万为师长即未履行这契约。在另外三个师长殉职的情形下,最高统帅又不能置之不问。

蒋的处置可谓先硬后软，或者是外紧内松。

他这时所受的压力超过世界任何交战国领袖之所感受。其他国家是胜是败通常压力来自敌方。即像轴心国家有内部叛变的情事，却不像蒋介石既要对付一个武装而带仇恨的敌对政党（见上述整肃国民党特务分子处），又须顾及为虎作伥之伪军，更要防制部下之独立与分裂。再者抗战阵容内之民主人士亦跃跃欲试。在盟国之中，他可以引以为友的惟有美国，也只限于美国之中经宋子文称为"友华派"人物，以罗斯福及霍浦金斯为代表。及至1944年友华派亦不复友华，最低限度不复友蒋。所以至此蒋介石发觉他所对付的问题日益复杂庞大，他手中能控制之工具及资源则逐渐萎缩。

1944年2月罗斯福正式通知蒋，请准予美国军方派视察团往"山西陕西一带"巡视。此提议发动于当年正月，由戴维士之报告经过霍浦金斯而达罗斯福。蒋并未一口拒绝，只是借词拖延。他的日记里却有以下记载：

> 最近共产党对美国宣传鼓励干涉我国内政，要求我政府准美国派视察团到延安，实地调查真相。此次共党政治攻势，国内外互相联络，可谓最大最猛之一击，非毅然拒绝并乘机予以反击，决不能平息此风潮，贻患且将无穷也。（1944年2月19日）

又有：

> 中共在美宣传称，我军已不打日敌，而集中力量将攻中共，此与其去年宣传我政府将投降日敌之手段无异也。可虑者，美国朝野已为其宣传所惑，信以为真矣！（1944年2月26日）

蒋对中共之长处与短处至此并未完全以己意抹杀或武断，他已在提醒自己：

> 中共之独裁方式，业已造成，而在陕北控制社会与生产，亦已见成效。惟在晋冀鲁各沦陷区内以后只有发展其地下秘密组织，盖民众虽被其控制，但不能持久，只要我军队到达其地，民众必欢迎我之解救也。即其对党员与干部之控制严密，如果我军与之接近，彼等如遇有机缘，来归者亦必多。故此后问题，惟在我本身之组织能否健全，与能否深入下层为断耳。（1944 年 1 月 20 日）

以后看来此段所叙确适合当日情景，中共之成功，与其土地改革相始终。但此为一种革命行动，等于将旧社会拖出开刀，并绝非一般民众所能轻易贸然接受者。只因在长时间内土地改革见效，才使我们体会其在历史上的实用意义。在短期间内，蒋介石之人本主义之立场实较易于接近于群众。只是蒋所造成新的国家上层组织不能亦无意放弃其城市生活，即无从如中共一般渗透入乡村中去。内战又继抗战而起，双方之动员更加压力于现存社会之躯壳，使其改革更无从避免。战时环境亦使中共之行动与外界更为绝缘。这诸般情形都对毛泽东之筹划与行动有利。当日我们身当其事，犹且不能领悟各事之实际意义，遑论及隔岸观火凡事均难透过语言文字间之隔阂的海外观察。

美国人士对中共感兴趣，不可能谓之均出自思想与信仰之同情，有如史迪威即以为中共运动为一种兵员之来源。当 Y 部队缺少补充兵时，他曾考虑以中共士兵二十人补入一百名一连之国军内去。远征军参谋长萧毅肃即回称不出两周全连都会变成共产党，因之此项考虑并未提出。只是当日美国大选在即，罗斯福企望对全国表示他之援华政策具有实效。如须将美国对德作战后之陆军再东调来华参战，对美国选民不能讨好，在此情形之下，国军在鄂西及常德之牺牲，吸收大量之日军，不能算是对同盟国之贡献，反只是无效率的暴露。军援中共部队及胡宗南部队参加对日行动，已有美国本身的利益之动机在。

蒋介石之一再推诿，经不过罗斯福之再三要求。1944 年 6 月副总统华莱士来华。蒋于 6 月 23 日对华莱士同意美国派往延安之代表团。此代表团早已组织就绪，由以前曾往衢州视察之巴瑞特上校率领，最初下属八人，称为"迪克西代表团"（Dixie Mission），取其美国在南北战争时，南方诸州称为迪克西也。

毛泽东见巴瑞特时，谓国民政府业已"破产"，现临"死前之挣扎"。但是中共仍不称其行动为革命，只称组织联合政府。中共又向团员各赠呢料中山装制服一套，军帽上仍缀青天白日之国徽，呢料由本地羊毛生产纺织，为各人量身裁剪之工匠为全国人民大会之代表。各团员及以后续到之美国通讯员，亦均购买呢料，并一致对延安所见好评不绝于口。各人在国军区域中想见日俘总是无法见到，在延安一次就见到日本俘虏数百人。此间虽劳工亦阅读报纸，陕北一处贫瘠的地区，经过改革，牲口繁殖，五谷丰登。中共士兵则较在中国其他任何地方所见的士兵"穿得好，吃得好，也更有精神"。延安"无抑制及镇压之感觉"。所以《纽约时报》的报道以"延安——中国奇迹地区之城市"为题。

四十三年之后《中共党史大事年表》对迪克西代表团无一字叙及。

1944 年 6 月盟军在诺曼底登陆，苏联红军对德之攻势有如掀转地毯。美军正占领塞班岛，不久即可以不用成都基地（因后者所用油弹均仍须由印度空军输入）而直接自太平洋轰炸日本本土。中国则面临抗战以来最迫切之一次考验。

如果我们不计表面之征象而考虑到事势后之实情，则可以直接讲出，蒋在此时早已不是领导全国抗战。他所掌握的后方不外四川、云南、广西、贵州，等于向各省区领导人借来。其他各战区如最多做到收支平衡时，他自己即须利用此西南一隅支持东西两大战场。东战场之湘桂战役为日人发动之"一号作战"之一部，西战场则在滇缅边境，包括史迪威之反攻缅北。中共虽派林祖涵为代表在西安与蒋之代表商谈，一面又"向河南敌后进军"，组织"南下支队"，这种种运动与正在作战中之国军冲突。

再从以后发表的文件看来，只有东战场才是蒋之切身负担。西战场免不了受史迪威之人身影响。蒋介石于当年10月9日致罗斯福电云："史将军置中国东南成败与不顾。甚至在已运入中国云南之租借武器亦断而不发，以致中国遭受如此不利之形势，阁下须知在本年六月以前，中国内地全部之军队除云南之远征军以外，并未有租借案之一枪一炮也。"所以东西两战场之成败，即象征着两人事业上之一种竞赛。因为国军在西战场胜利，东战场挫败，史迪威即因此根据，经过马歇尔及罗斯福同蒋要索对中国全部陆军之指挥权。

但此两战区之发展不能相提并论，目下叙述两处战役之文字甚多，尚缺乏一篇简明之记载，道出两者不能相提并论之衷曲。

"一号作战"之目的，在作战计划上称在破坏美国在华之空军基地、占领京汉及粤汉路重要地带，以"封杀其跳梁"。但其战略之构想超过此范围。自1943之下半年，日本即考虑构筑一个"绝对国防圈"。1944年元旦，大本营之作战指导方案已提出打通京汉与粤汉路，以备太平洋战局更恶化时能借陆上交通与南方军保持联系（南方军司令官寺内寿一元帅驻新加坡）。种村佐孝曾称之为"远大而悲壮之决意"。亦有日人预期即是日本本土被侵占，亦因此可在大陆持续作战甚至将作战重点转移于大陆。一号作战以后共动员五十一万人，超过日俄战争动员两倍，所以被称"亘世纪之大远征"。此战役经过天皇裁可，预先又经过多次兵棋演习。在湘桂部分亦使用兵力逾三十六万员名。其一部兵力抽调自关东军，其炮兵之一部野战补充队来自日本本土。整个空军经过改组，大部飞机来自东北。全战役两方空军大致相埒，可能中美空军稍占优势，但彼此可能出动之飞机均在二百架左右。参加湘桂战役之第十一军参谋长中山贞武少将事后回忆，犹称此役为"旷古之大作战"。

作战准备之彻底尤使一号作战无可比拟，有如飞机补充预定每月五十架，航空油料足够半年之用，空军弹药足敷两年之用。以后战局展开，日本地面部队则经常在局部占数字之上优势。而日军之兵站后勤，如使用马匹六万七千头，铁道部队、汽车部队及水上勤务部队或调自本土，或来自东北，使国军不能望其项背。

1944年初重庆即获得对方在华中及长江流域有非常活动之情报，但以后局势之展开仍出中国军事领导人之意外。主要的不同乃是过去日军进犯惯用"锥形战术"。亦即以机动部队或中央突破或侧翼迂回之后，冒险深入，只预备一个星期左右之粮弹，每日计程地奔向拟夺取之据点，候绪战成功扩张战果。及至1944年的一号作战日军之夺取长沙，有如英国作家威尔逊（Dick Wilson）所述，日军"来自指南针上之任一方，只有南方例外"。

缅北作战出于完全一个不同的范畴。首先驻印军享有数量上及火力上之优势及绝对优势。新二十二师及新三十八师长期在胡康河谷至猛拱河谷所对付的敌人，只第十八师团的两个联队，并且空军确实掌握着制空权，白天我们可以相信每一架飞机都是友机，补给也绝大部分全赖空投。从新平洋到密支那约不过二百公里，攻击前进却费了八个月的时间，平均每日进展不及一公里。

这并不是说官兵懦怯，部署差迟。我当日随军作前线观察员，即看到无数中级干部英猛沉着的情形，即在进展迟缓的情形下，也都无例外的做到战术上之至当。士兵成日与死为邻，长期缺乏休息，也能安之若素。以下我摘录史迪威日记：

> 带着孙（新三十八师师长孙立人）去看傅（六十五团团长傅宗良）。他还没有进入瓦康。占领了［日军］阵地之一半。日军命令死守。发现敌伤兵割颈剖腹而死。有日兵在战壕内自缢死。据称数有敌尸七十。回程遇着大量车辆，见着战车连去瓦康，他们前进至六十六团第一营之前一千码而损失战车两辆。（1944 年 4 月 11 日）

> 又是一个阴天。我们坐着发愁。［新］二十二师已死连级军官五十七人。在这情形下不能催二十二师，也不能帮他们。这是地狱。约（史迪威之子约瑟夫，任中校情报课长）来陪吃晚饭下跳棋。基督，我觉得一身无靠。（1944 年 5 月 2 日）

其所以如此乃是受天候地形的限制，遇着顽敌，长处无从发挥。当时我曾替《重庆大公报》写"苦雨南高江"（1944 年 5 月 20 日）一文，内有数段也可作为参考：

> 即是没有野战工事的地方，敌人也还是以散兵逐段抵抗且战且退。但是每退至多不到一百码。森林和丛草视界有限，以自动火器封锁道路确切有效，我们要驱逐敌人，必须派出搜索，展开一部分兵力，沿道路两侧，击破敌人的抵抗，前进数十码又派出搜索，又再展开兵力……各级干部如果希望进展比较迅速，或想战果有些决定性，则必须以一部迂回至敌后。无论团营连排各单位，多少总要竭尽手段施展一点全面或局部的侧翼运动，也就是要伐路到敌后去。但是这种战斗方式仍旧很耗费时间，因为既要披荆斩棘，又要秘密企图，并不是一件容易的事。

河谷两侧壁的山地，并没有被我们放松。经常都有强力的部队忍受人类的最大限度在悬岩绝壁上运动，企求使正面攻击容易。他们选择的路线决无道路可循，地图上所标示的村落事实上都不复存在。他们必须携带全部行李辎重，他们必须自己在丛林内开天劈地，爬上二千英尺的一座山，下山，又再爬一座三千英尺的高山。他们随时可以在山顶山麓或山腹遇到敌人。就我听见到的丁克老缅而论：4月杪我军争夺这村庄一带高地，我们攀登那七十度以上的陡坡时，简直是四肢交亘找着树根枝叶连拖带爬，刚到山顶，满以为下坡可以少吃一点力，不知下坡还要困难。坡度还陡，全身的装具使重心太高，脚底下的丛草滑得可怕，我想伙夫登山送饭，我想着雨天在这里行军的时候，就觉得战栗。这时候山腹内还常常发现小股敌军东西流窜。及至到达阵地，丛草拂面，只听见左近枪声零落，看不到一个敌兵。

　　现已发表之蒋日记无针对驻印军作战事。只是我们知道缺乏英军登陆仰光，他深不愿在东战场吃紧时又在西战场冒险。4月23日郑州失守，24日丘吉尔闻远征军亦将入缅来电预祝成功，实际则是缅北日军三师团进犯印度，各方催中国出兵。蒋只在日记写出：

　　　　际此横逆叠来之时惟有整军图强，故告诫各将领谨慎从事，忍耐谦抑以冀挽回颓势，竭尽职责也。(1944年4月25日)

　　蒋介石所说的"忍耐谦抑"和"谨慎从事"正是史迪威蔑视的地方。此间差异由于两方文教习惯之不同。可是1943年年底史发动驻印军在缅北的攻势，未及慎重地判断敌情先暴露了自己的企图，确是一种冒险。驻印军没有像第一次缅甸战役那样地吃亏受损，可谓走好运，因为对方尚有一个更不谨慎而更爱冒险的将军在。牟田口廉也中将，日军第十五军军长。"七七事变"时为联队长，在卢沟桥为吉星文之对手；太平洋战事爆发后，以第十八师团长的资格攻陷新加坡，在日军中向具威望。1943年9月见史迪威所统率的驻印军向新平洋一带窥视，而英国之长距离游击队（Long Range Penetration，简称 LRP）又活动于更的宛河上游，可见盟军进入缅北乃迟早间事，于是构想出来一个以攻作守的观念。如果日军节省兵力对付中国驻印军及远征军（以后如是部署只以第十八师团抵挡驻印军，第五十六师团应付远征军），大可以用第十五军之主力进犯印度。印东重镇英发尔只有公路一条北通后方，如在柯希马附近将之截断，则英发尔不难攻下。从此印东可以无抵抗，日军可以进出于亚萨密省盟军基地，此处乃空运中国之基地，也是驻印军与远征军补给之中心，如果在此获胜不仅可望将缅北盟军囊括，而且可以激动印度人之独立运动。

此提议送呈东京时，曾由参谋本部作战课长绫部橘树往印缅交界处实地调查，认为地形不许可（所采取路线为第一次缅甸战役时史迪威及孙立人入印路线）。但牟田口使凡反对者皆他调。1944年1月，其计划经过东条英机核准，如运输困难则以象及牛运，运完即宰食牛。林三郎书中云士兵曾训练食草。东条以为此战役之结果可以改变整个战争之态势。

此三个师团于1944年3月15日出发，携有三星期之供应弹药。如此大部队之行动无法全部掩饰。英印军在国境地区者三个师，于是缩短防线，将前卫部队撤回，准备固守柯希马至英发尔之平原地带。此地区之防御作战因数事与蒋介石发生关系。一为蒙巴顿认为英军作战已在非常紧急状态，需要将印度以汽油物资空运中国之美机截用，增援英发尔之三个师。二为史迪威正向瓦康推进中，他深恐列多根据地危险，他于3月29日飞重庆谒蒋，请准调在昆明附近之第十四师及第五十师飞印缅，编入驻印军之战斗序列，以后英发尔局势稳定，史将两师之各一部编入攻密支那之机动部队。三即因缅北情势变化，英美敦促中国远征军向腾冲、龙陵出击。我们要记着此时日军正在华发动一号作战，以上三事无一不拂蒋意。他终于4月25日令远征军总司令卫立煌渡怒江出击。但是史迪威仍在日记里埋怨。他写着："没有人对［缅甸］战役感到兴趣。"（1944年3月28日）更有一段："赫恩（Thomas Hearn少将，史驻重庆之参谋长）来电，报告罗斯福致蒋最近一段电文：'让我们装备训练Y部队之后，不能出击，［实在是］不可思议。'"（1944年4月10日）

这时候蒋介石只觉得唯有陈纳德才可以和他共事。他写下："彼对援华盖竭其精诚也。"（1944年4月23日）

但刚写下上段，第十四航空队出发轰炸黄河铁桥，三次均未见效。最后一次因气候不佳折回，沿途将炸弹抛弃，误伤中国民众，蒋日记云：

> 此事殊为可痛，国无实力而借助于人之痛苦，竟如是耶！可不力图自强乎！（1944年4月28日）

两日之后许昌失守，第二十九师师长、副师长及团长二人同日殉难。敌方打通京汉铁路之企图已成事实。一号作战尚待继续者为次阶段之湘桂战役。

牟田口之攻略至4月而达到最高潮。第三十一师团已将柯希马包围攻入市内，又将英发尔之公路截断。但英印军之空运增援，不久即兵力增加一倍。从北向南攻之生力军于4月18日使柯希马解围。日军已感到粮弹不继，其空投计划则因英之LRP部队在后方困扰无从实现。牟田口仍不服输，使其部队再缠绕不放两个月，在此期间更将第三十三及第十五两师团长撤职，第三十一师团长佐藤幸德则抗命自动撤退后受军法审判。及至7月9日军司令部下命撤退时已至雨季最高期,各部队乃溃不成军将武器抛弃,据生还者云伤兵眼鼻生蛆,各兵称退路为"靖国街道"(即其灵魂入供神社之道路)。战后日方记录云三师团战死三万人,伤病四万二千,残存不及原额十分之一。三个师团长一体解任,尤为日本历史从来所未有。但全战役英美空军出动近三万架次,几与地上部队行动相埒,也少有人道及。

对盟军言,至4月之后,日军在缅之九个师团之位置,及以后作战能力才全部暴露。

迄此前史迪威之部署虽已将蓝伽训练之成果在战场上表现,并鼓舞国军官兵之攻击精神,但缺乏战术上任何特殊光彩之表现。英发尔战局稳定之后他有了在这方面发扬的机会,此时驻印军不仅有国内新调来之两师,在蓝伽训练之新三十师亦有两个团可堪使用。美军之五三〇七支队三千余人由太平洋诸岛曾参加森林战之士兵志愿来缅服务者组成,擅长于敌后活动。于是史以此支队为先锋,以第五十师及新三十师之各一团为基干组成密支那机动部队。4月27日从现地出发,向东翻越高达六千英尺之山脉,奇袭此缅北重镇及铁道终点,预期两星期后,取得密支那机场,以空运将后续部队输入。

以上所述全部照计划做到。敌后行军逾百余公里了无差错,保密不误,支队行至山麓,密支那已在眼前仍能休息二日,山谷内火车仍照常行驶显示敌方毫无戒备。5月17日奇袭开始。飞机场只有敌军一小队,即被一五〇团迅速歼灭,增援部队早已在印度机场待命,数小时后飞机及滑翔机已在密支那降落。

而此后密支那敌军持续抵抗八十日,使盟军死伤超过五千人。引起蒋介石与史迪威之严重争执,牵涉多种原因,美方资料一致指第一五〇团缺乏战场经验,进入市区后各营以友为敌,互相开火为敌所乘。其实此不过一时局部差失。其重要缺点仍在指挥系统及参谋业务，指挥部之计划着重奇袭行军，夺取机场，及空运增援，而忽略进入市区后之作战及搜索警戒。并且敌情始终不明。最初眩惑于夺取机场之轻举易得，判断城内敌军为数无几。及至对方抵抗坚实，则又夸大其词估计其兵力超过五千或甚至七千。至此史迪威迅速将第十四师之第四十二团亦空运输入，一周之内盟军之实力，已超过两个步兵师。但飞机场去市区边缘不逾二公里为所有部队之后方根据地。结果则地区局促无法展开，人数过多无济于事反使指挥困难。

第五十师与新三十师各有两团在密，师长潘裕昆及胡素事前未预闻密支那之奇袭计划，临时奉命仓皇就道，两人只各有随员三数人，而且又互不相属，在最初极紧张之局面下无统一之指挥官。两周之后史迪威以众所不悦之柏德诺为指挥官。最初英军之LRP部队亦已到达密支那，部队长自愿参与攻城，史迪威拒而不用，只令之担任战场警戒。及至攻密顿挫又派英军以艰巨任务，引起英人抗议。

史迪威之日记有："赶着柏德诺去淋水浴（暴露于战场之大雨），他叫喊着而抗议着，对他说不许争辩。"（1944 年 6 月 26 日）

> 麦里尔（Frank Merrill 少将）来电，路易士（蒙巴顿）要撤我盟军副总司令职，已与马歇尔接头，接代人为魏德迈或苏尔丹。天啦！被逐而让魏德迈得势——那才是羞耻，如果实现也是松一口气。（1944 年 6 月 22 日）

战后各情大白，才知道守密支那的日军最初不过第十八师团第一一四联队之两个大队与两个中队，应当不过一千余人。但是 5 月底，已由第五十六师团增援，但总数仍不过三千余人，当时第五十六师团已受滇西国军攻击，而仍能派兵增援者，据猜测因日方对英发尔之攻击仍抱有希望。5 月中旬，东京已接得该方面不利消息，东条英机不许发表，只希望咬紧牙关，得竟大功。第五十六师团步兵指挥官衔命增援密支那时，志在死守，以后他也确于盟军入城前自杀。

在雨季之中以数千日军抱必死之决心，又据预筑工事顽抗则只有使攻击部队感到棘手。况且驻印军至此又无装甲兵支援，空军之活动则受气候限制，再因第一线距离过近步炮协同亦鲜功效，而且火力亦不够。总之密支那之攻略全赖出奇制胜，不能一举而竟全攻，则已弊多利少，而又骑虎难下。日兵依着他们特殊的宗教观念，有超过我们入世标准的人身上之勇敢，人人如此弹不虚发，其杀伤过当也就是指望之中的事了。据说战后仍有密支那日兵数百突围，但综合报道之书籍，只称其全数战殁。有如林茂著《太平洋战争》之结论称："善战的第十八师团对米华军抵抗又接受到第五十六师团之救援，在密支那死斗八十日后全灭。"

滇西远征军所遇困难则又过之，从 5 月 10 日渡怒江的 Y 部队号称十二个师，长期与之对峙的似仅有日军之第五十六师团，看来也是不成比例，但是 Y 部队一般人数每师无逾六千人，其补充兵系经过美国军医挑选送驻印军后不合格之剩余，而且又大率只为步兵。日军已盘踞此地两年余，居高临下地筑有永久工事。国军每次攻坚，战事恰当雨季时开始，至雨季结束犹未结束，唯一有利条件为气候许可时得有美空军作战术之上支援，规复松山时国军之第七十一军之一部及第八军主力攻击九次费时三月，至敌军步兵一大队炮兵一大队全部被歼灭为止。瞬息此战斗逾半世纪，最近旅游者巡视该地犹谓当年战迹历历可数。国军攻腾冲时因美机轰炸城垣方始入内。

但以后逐街逐屋之争夺亦费时一月，多时国军官兵阵亡于日军胸墙之前，距离仅咫尺。

英国官方战史盛赞日军第五十六师团长松山祐三，善于发动内线作战之长处，能使小部队独立作战，国军则动作迟缓。又述及某部队因给养分配不均愤而将在敌后路障撤去，但因未述明部队番号无从查考或证实，唯即据英方资料亦称日军作战者不止第五十六师团。战事后期第三十三军军长本多政材已获得大批援军，当即决定于 9 月初发动反攻，拟以第五十六师团为左翼，第二师团为右翼，并以第四十九师团之一部为预备队沿滇缅公路东犯。唯正在准备时腾冲与拉孟（腊猛）之日军已被国军歼灭殆尽，余存部队只原额三分之一至四分之一之间。日军仍于 9 月 3 日发动总攻击，但已无能为力，刚开始时即已攻击顿挫，至 15 日停止，原据有各处据点均于此期间被国军克复，日军俱全员战殁。自此可以想见，除非据有所述永久工事死守，日军并未如想象之英猛无敌。

何以希望掌握大历史而要牵涉此中如是之细节？以上情事前系左右上下相关联，天候地理人事，敌方战法我军实力亦此盈彼缺。此中含糊之处，正是盟国间争执之来源，史迪威对蒋指摘重点在蒋规避作战。第二次缅甸战役之前曾与蒋争辩。蒋谓日军在缅有八个师团，史则坚谓只有五个，因此谓蒋执拗，已写入其日记（1943 年 12 月 16 日），战役揭开后证实原有九个师团（第二、十五、十八、三十一、三十三、五十三、五十四、五十五、五十六）后又增入一师团（第四十九），共十个师团。

1945 年 1 月中印公路方始通车，而 5 月英军即攻占仰光。其所以如此，林茂写在《太平洋战争》乃因 1944 年缅甸方面军已折兵二十万。蒋介石从未以为怒江西岸作战为胜利。他一面要部下查报有功官兵核发勋奖，一面却又在日记内写出：

> 霍揆彰军（第二十集团军）之攻腾冲，历时三月余，死伤五万余，卒得光复要冲亦足于失败中以自慰也。（1944 年 9 月 16 日）

他所谓死伤数，其可能包括各部队虚报之阵亡以掩饰战斗前之缺额（见以上常德战役）。但纵如是远征军之损害必仍属可观。有了以上的资料我们可以看出：第二次缅甸战役发动前蒋之犹豫，他不愿将驻印军及远征军牺牲，非无实际上之原因。美方则不愿只替蒋介石装备训练军队始终备而不用。

今日我们读分析法所处理的史料，很难想象当日蒋介石切身感受内外煎逼的情景。1944年东西两战场之战事同时发生。4月25日蒋令卫立煌渡江，郑州则于23日失守。华莱士于6月20日到重庆要求蒋允许美方派迪克西代表团去延安，长沙即于先两日亦即6月18日被攻陷。史迪威之驻印军于8月4日完成密支那之占领，而同日方先觉则在衡阳初报"救急"继报"危急"终报"不好了"，蒋之记录是夜不能安眠，晨1时即起床祷告。而且蒋当日主持战事与今日我们所见不同，敌陷洛阳他即恐怕西安危急。湖南战局紧张他又要考虑日军由江西腰击的可能。

在这同一期间在外蒙之苏联军队与新疆驻军冲突。林祖涵仍与政府代表王世杰、张治中谈判，但提出立即实施宪政与赋予共军五个军十六个师之要求，对政府提示案则拒绝接受。

在这期间，蒋曾主持国民党五届中央执行委员会第十二次全体会议（5月20日）、全国行政会议（5月29日）、国家总动员会议（7月5日）、整军预备会议（7月21日）、黄山整军会议（8月4日）、第三届国民参政会会议（9月5日）。看来这些活动，无一产生实际成果，中国之社会不能改造，则上端之高层机构本身无从产生新生的力量。这些会议最多亦不过替现有的官僚组织吹说打气，而在形式主义的情形下，为效愈微。蒋及国民政府的高层机构之功能大抵无非人事派遣与征兵收税。这些力量一部出自蒋之人身上的威信，而大部仍靠军队维持。抗战已逾七年，国军不谨战力每况愈下，而且内中已有离德离心的趋向。在特殊情况之下，军阀旧部孙良诚和庞炳勋业已降敌，这是抗战初期不可想象的。从蒋处理各事的情形看来，他的方略只在督励部下，希望能将战局再支撑一两年，此外别无他法。此时他给部下的指示已不是冒险犯难，而是"忍耐谦抑"和"谨慎从事"，也出于这种想法。

在十二中全会闭幕时他在日记中写出：

> 此次会议自二十日起至本日止，计共七日，竟能在河南战事危急，外交局势不利，经济危机严重，共党危胁特甚，本党内部纷歧之中，茹苦饮痛，持志守约，渡此一关，故结果当属圆满。（1944 年 4 月 26 日）

他所谓"持志守约"，乃是由于对日作战并非他一人之决策。他从未说及此种事业容易，当初学生游街，部下胁迫，敌党请愿，爱国人士说得义无反顾，他才毅然接受这艰巨的工作，并且提出"地无分东西南北，人无分男女老幼，均应抱定为国奋斗之决心，与敌作殊死战"。所述并非改造社会，创造战时体制，而是精神胜于物质，人人咬紧牙关救亡图存。所以在他看来，无形之中，他与全国国民已订有一种国民公约。

可是蒋纵能对付国内党内的质问，已经不起盟邦之逼迫。一年之前，罗斯福仍能体贴中国是一个中世纪的国家，但有担任现代国家之职责的宏愿，所以不计目前短处对之刮目相看。一年之后战事愈接近日本本土，战场上之要求愈为现实而无从推诿，罗对蒋的态度也愈多切责。这种情形表现于蒋日记，有如：

> 半年以来，美国态度不佳，此乃革命外交得失必有之过程。须知今日之失利，实为以往外交胜利之结果。安知他日最后之胜利，非自今日失利之所生耶！凡事得之不足喜，失之不足忧，况外交全赖实力，决无感情可言。此时除积极图谋自

立自强，与立定不求不倚之志节以外，别无其他挽回今日外交与军事颓势之道也。(1944 年 5 月 29 日)

宗教信仰与哲学思想同为蒋介石内在力量之来源。我们站在唯物的立场看着他身为统帅，犹抱着唯心的宗旨，不免认之为迂阔。其实他从未在任何情形之下，完全抛弃现实。他的经常办法是先在抽象观念之中把消极的形态，说成积极，使他自己得到慰勉之后，再对付实际的工作与情况，有如他在日记里检讨 1944 年 5 月之所述：

（一）古人以身苦心乐为修身养生之道，今余终日身劳心苦，毫无快慰可言，而又强颜悦容以应世，不亦殆乎，但终身有忧处，终身亦有乐处。天下无易事，天下亦无难事。凡事有败必有成，亦有成必有败。今日认为恶因者，或适为他日之善果，而今日所获之恶果，在昔日反认为善因者。以此证之：无事不在矛盾之中，并无绝对之善果也。是在反求诸己而善运用之耳，何自苦乃尔。

（二）上月为外交逆势最劣之一月，本月则为军事逆势开始之一月。于政治、外交、军事等之处置，获一难得之经验，此乃上帝使我动心忍性，自反自制之良机。余不仅不以为悲，而反增我自立自强之决心也。

（三）患难危急之来，惟有在己者可恃，而在人者尤其外援更不可靠也。若有丝毫依赖之心不仅无补于事而且成为他人之奴隶矣！此时除求其在我，力图自强以外，决无其他挽救之道。

（四）豫长水镇敌寇之战车，完全为我中美联合空军所击毁，于是其占西安之野心亦被我阻遏，此乃大局转危为安最大之关键。美国空军之援助，未始完全无效耳。

（五）豫战未完而湘战又起，敌寇既打通平汉路，其势必企图再打通粤汉路，以确立在东亚大陆决战之基础。当此严重局势，美国对于已存储在成都之区区空军油料犹靳而不予以济我燃眉之急，而两召史迪威，亦避而不来，唯陈纳德竭诚援华为可感也。（1944 年 5 月 31 日）

他所提到的空军油料，当中亦有一段周折；迄至 1944 年上半年，印度空运来华物资仍不过每月一万吨至一万二千吨间。反攻缅甸又使此数一度降低。来华之前此吨位已预作分配，其中绝大部分用于空军，约占百分之八十至百分之九十。用于陆军者不及二千吨，内中每月数百吨为制造轻兵器械弹之原料，发交俞大维之兵工厂，余悉数交驻云南之远征军（Y 部队）。一号作战转移至湘桂，陈纳德提出每月需一万吨之供应，方能给地面部队适当之支援。他此时已有每月八千五百吨之供应，其他一千五百吨必须商借于驻成都之远距轰炸部队，即 B29 所用之油弹。

从战后日方资料看来，湘桂战役之初，中美空军未能给予敌方至大之损害，实为莫大之失策。此时日军集结九个师团又四个独立旅团并特种兵及后勤之船舶器材于待开进地区，实已构成无数显明目标。此机缘令之错失。而日方则称，自开设第五航空军战斗司令部以来，即以“主力对华中华南而尤以西南支那米空军捕捉歼灭从事”。5 月份内曾先后空袭衡阳、醴陵及遂川之美空军基地。在绪战开始时，即轰炸长沙之无线电台及军事设施，在汨水曾将满载国军兵员器材之舟艇击沉。在洞庭湖及湘江作战时，对水上部队作进路之“诱导”，对“军之作战指导作有重大贡献”。此外“阵地施设爆碎”，“重庆军大纵队发现”，“阻止退却重庆军之脱逸”均具有辉煌战功。表示已确切地使用制空权。

及至6月5日,战局失利情况危急之后史迪威方往重庆与蒋商谈,经他向华盛顿申请之后,美方允许将上述空军吨位每月一千五百吨暂让与陈纳德,并将在印之重轰炸机一部暂作运输机用,每月增加运量二千至三千吨。蒋及陈纳德央请将B29亦用于湖南战场则被华府拒绝,其理由为"征之欧洲经验,仅有空中之打击,不能迟延陆上攻势至相当可观之程度"。史迪威接电后立即复电:"来示奉悉,这也恰是我之希望。你已经知道,我对空中力量给地面部队之打击不存幻想。只因委座之压力才发出前电。"他与陈纳德之竞争在中国之领导地位至此已为众人议论,虽英国资料亦在提及此事时道出。

但是陈纳德并非置地面部队之需要于不顾。亚尔索浦此际任陈之随从副官。他的回忆录里说及他自己即以陈名义拟为中国陆军求援之电文多件致史迪威。但史长期驻缅甸,他的请求等于"口头传唤,通过阴闷的大沼泽地带"。虽说亚尔索浦并未一直袒护国民政府,同一段内他即指摘重庆之贪污无能。

从战后发表的资料看来,国军在1944年对付日方之一号作战,在湖南应战实处于极不利情形之下。日军之一个师团附有特种兵及后续部队等可能多至二万五千人以上,此次每师团并军属部队之"师团拆分"(division slice)多至四万人。国军则一师通常不过六七千赤足屠弱之士兵,全国之三百个师,仅有步枪一百万支。后勤机关及后动部队只聊胜于无。白修德所叙应指此段时间。他说:"这军队能与日军对阵六年是有关于它的奇事之中最特殊杰出之一点。要想它能实际打胜仗那未免期望过度。"当时他和我们都没有看出:和一个现代国家的现代军队作殊死战,不能立即提升中国为一个现代国家,可是这已构成中国走向现代国家的旅程中之初步,此是后话。

针对当日战场实况说,我觉得要使国军能作有效抵抗的话,首先即如上说应使用空军对敌集中的人员物资彻底轰炸,即使不能尽歼灭之效,也须搅乱其兵力部署与作战计划。此计未售,则当使民间力量对其后勤机构不断袭击。是役日军司令部及通信机关驻屯于民间农舍，兵站勤务通过山地，供应弹药给养之帆船渔船溯湘江而上，野战重炮（十加，十五加，十五榴）全赖水运，岳阳至衡阳间陆路三百四十公里，水道七百二十公里，如中国民众预有组织，对方不可能如此通行无阻。可是提及动员事关社会体制，本文已前后约略提及，以下尚待从长检讨。

此战役与以前三次湘北会战不同，以前敌以占领长沙为目标，使用兵力约三个师团及特种部队，战事限于湘江之东，水道未发生决定性之作用，国军在前线迎战之后，即退至侧翼候敌锥形作战攻坚不克始三面合围。尤以第三次长沙战役（1941 年 12 月至 1942 年 1 月）在岳麓山之炮兵发生奇效，为战局之转折点。

1944 年之战役，日军自始即以衡阳为目标，其军队区分具有第二线兵团，对国军之侧翼进出，则已准备局部回转包围歼灭，如以后攻浏阳时则先进至县城东南。攻击前进地区包括湘江西岸。第十一军之九个师团先保有一次会战之军需品十三万吨，征用雇用民船二千五百艘，此项船只即有一万吨之输送量。其粮秣有四个月之准备。军用物品自汽车至军靴均可在战场修理。

长沙于 6 月 18 日失守，但湘潭在先一日被"无血占领"，浏阳近郊亦已发生激战。守长沙之第四军被敌第三十四及第五十八师团暨第六十八师团之一部分段攻击。根据第九战区司令长官薛岳事后呈蒋电（7 月 6 日），敌军人数与第四军比例应为三比一，对方又以一部由湘江输送，并挟有重炮。第四军军长张德能则又临时被迫抽调一部守城兵力增援岳麓山，18 日更遭日机三十余架轰炸扫射，此点已由日方文件证实。美机则只炸沉运送炮兵之船只与弹药。中国文件称日军施放毒气，查战后日方文件证实日军作战曾在不同地区施放毒气并及于细菌战，唯亦有中国士兵错认敌施放烟幕为毒气者，现我批阅之文件不及一一对证，容日后历史家查考订正。战斗至最高潮时日军夺得岳麓山之制高点向下俯射，经行山麓之部队亦包抄至国军侧背，"军心动摇，遂难掌握"。长沙城继岳麓山陷敌。张德能收容得该军残余一千三百余名，虽经薛岳解释战役经过，并有副参谋总长白崇禧请求从轻处理，仍终由蒋指示枪决。

日军获得初期胜利之后，即以爬梳的方式通过正面约二百公里的地带。举凡湘乡、衡山、株洲、醴陵、萍乡、莲花、攸县、茶陵、安仁无不侵及。从日方战后发表的回忆录及感状（部队长感谢部下作战时特殊贡献之书状）等文件看来，中国官兵不缺乏个别的及局部的英勇事迹，但极少有有组织和有效率的抵抗，6月中旬国军曾一度反攻醴陵未具成效，以后则只有方先觉之第十军在衡阳之守城战。从各种迹象看来，国军之统帅部及战区估计敌情错误。各方虽对一号作战抱有预感，然不料对方有如是全力进犯永久占据之决心与准备，仍以为可以据长沙为核心坚守也。事后看来如自始即决心在湘江两岸以部队梯次抵抗，循环后撤，且战且退，迅速将敌之补给线拉长，其全般防御似较有出路；然则国军根基脆弱火力低微，缺乏机动性，后勤马虎，终难与20世纪之战争机器抗衡则无可否定，美国空军之投入则过迟过少。日方记录称其死伤数内百分之十，出自美机之行动，若干部队不敢白昼行军。然则在衡阳攻城战日机仍在阵前上空活跃。双方亦迭有空战。所以此亦为湘桂战役不能与缅北战役相提并论之又一明证。

6月20日，亦即战役不及一月，日方发表国军"遗弃死体"三万五千四百具，日军则只阵亡一千五百零三员名。我虽然相信国军损伤远较日方为大，但对此种无例外的超过二十比一的阵亡数不能具信心。尤其我自己因葬父，曾于1942年1月返长沙东乡，当时正值第三次湘北战役之后战场尚待清扫期间，即知道两方死伤数无从确切统计。再则日方报告尚有"战伤"及"战病"两项，如加入计算，日军所受损害亦超过九千一百员名，似较切近事实。

1944 年 7 月 7 日正值"卢沟桥事变"七周年，史迪威之助手费立士（Brigadier-General Ben-jamin Ferris）谒蒋委员长面交罗斯福电文一件。以下乃《大事长编》所载之译文：

　　自日军进攻华中以来所形成极严重之局势，不仅使贵政府感受威胁，且使美国在华基础，同受影响。倘欲挽救危局，余意应责成一人，授以调节盟国在华实力之全权，并包括共产党军在内。余深知阁下对于史迪威将军之感念，但余以为彼之优越之判断，以及其组织与训练之能力等，业已有所表现，在华军作战方面，此尤为明显。余正将史迪威晋升上将，并建议阁下将彼自缅召回，置彼于阁下直属之下，以统率全部华军及美军，并予以全部责任与权力，以调节与指挥作战，用以抵抗敌人之进占，此应请阁下速予考虑者也。余觉中国已濒于危境，倘不立即实施激烈敏捷之补救，则吾人共同目的，势将受到危险之挫折……（原电日期为 7 月 6 日，华盛顿日期）

幕后发动此通牒之人无非史迪威本人。他在 7 月 2 日致史夫人缄内云：

　　中国情形至为暗淡。要是能到陆军部叫嚷：'我早告诉过你'，那也不失为一快事。但是我想他们已不言自喻，这是去年五月我的文章，不过那时候我孤立无援，那时候空军里的小子觉得他们能用飞机把日本人赶出中国而把我甩在垃圾桶里……

他又在日记里写着：

　　　　　　　　　　　黄仁宇全集·从大历史的角度读蒋介石日记

将关于中国危机致乔治·马歇尔的无线电文发出。密支那无消息。雨。（1944 年 7 月 3 日）

档案中发现他所称致马歇尔电文内有："假使总统能给他（蒋介石）一件措辞极为强硬文信，着重我在中国的投资与权益，并且中国忽视陆军所产生的最重情形，再且急切的情况需要急切的拯救，委员长可能被迫给我以指挥之职位。我相信中国军队会接受我。"

数日之后他又在日记里记下："FDR 及蒋介石电文，乔治·马歇尔给我电文。他们把我向他大为吹播。FDR 叫蒋介石授我全权摆布场面。升为上将。"（1944 年 7 月 8 日）事实上罗斯福致蒋电由陆军部拟稿，罗一字未改即签字发出。

蒋的日记却有如此之记载：

> 本日为七七抗战七周年纪念，美罗斯福总统虽仍来电祝贺，不料又突来一电，即以中国战局危急，欲派史迪威在我直属之下指挥中国全部军队，并以一切租借物资置于史支配之下，言明共党军队亦在其内：余于此不外拒绝，接受，缓和之三种方针，以为应付之道。后来决心以缓和处之。国势至此，若不自立自强，国家民族亡无日矣，今日之事，惟有奋斗图强方能挽救也。（1944 年 7 月 7 日）

他所谓缓和，乃是不一口拒绝，亦不全般接受，只希望继续拖延，将接受的条件之实际负担减轻。他所谓奋斗图强，则寄望于方先觉所统率的第十军，希望他们能在衡阳打一个胜仗。

7 月 8 日他回复罗斯福："阁下所提史迪威将军在余直属之下以指挥华军与美军之建议其原则赞成。但中国军队与政治之内容不如其他国家之简单，更非如在缅北作战少数华军之容易指挥者可比……余希望阁下能派遣一私人完全信任之有力的全权代表，且能有远大之政治目光与能力者，得以随时与余合作，并可调整余与史将军二人间之关系，俾得增进中美合作之效奉。……"这提议引起赫尔利与纳尔逊当年9月之来华。

只有宋子文有先见之明。他以私人关系电霍浦金斯，文件未具日期："陆军部要把史迪威硬叉在他（蒋介石）的头颈上。……我私人无附带条件的关照你，在这一点委员长不会也不能答应。"

罗斯福、霍浦金斯、马歇尔与史迪威都低估了蒋对此事之反应。我们读蒋介石日记至此，可以知道他有一个极硬性的"人格"之观念。一个国家亦有其人格。甚至抗战胜败都是小事，保全国家人格之完整才是大事。在这几天之内他不断地考虑对美政策。他在日记里自言自语，表示心头之不宁。有如：

> 对美国外交，自当力求补救。然若至无法挽救时亦惟有遵循天理与常道，奋勉自强以图自立。凡事必求诸己，乃得有成，岂有仰人鼻息而得立国者乎？（1944年7月9日）

华莱士返美后对新闻记者提及中国军事危急，他又写出：

> 自此强余交出指挥权事，必更加紧也。（1944年7月12日）
>
> 外交形势至此恶劣已极，余惟强自忍性而已。（1944年7月12日）
>
> 国家前途多难，尤以俄国与中共问题为最大，但此乃关于国家存亡之机。在我者惟有天理与常道为准则，遵此而行，至于成败存亡非所逆睹。对我党国鞠躬尽瘁而后已也。此次美国态度恶化以及国内人心之动荡与军事失利，余皆视为与我有益，而不以为害耳。即使美国利用中共政策，如我能运

用得法，亦未始于我无益，然而用心之苦，负辱之重，亦云极矣！（1944年7月12日）

太平洋战事未发生以前我国单独抗战性质简单，国内虽有共匪之叛变，外交虽受俄国之压迫，夏季虽昼夜忍受敌寇之轰炸，然而心神自若，并不觉有今日之苦闷也，惟自太平战争爆发后，我国除获得美国之接济及借款美元五亿元为实惠以外，其他无论军事经济乃至于政治皆受其宣传之影响，是为三年以前单独抗战时代所未料及者也。美国现尽量宣传我军之严重与不利，以图获得中国军队指挥权，而使敌寇更恣意进攻，徒增我军民痛苦，可痛也！（1944年7月14日）

敌军之深入无足为虑，而盟军友邦之压迫，实难忍受，抗战局势至今受美国如此之威胁实为梦想所不及，彼既不允我一犹豫之时间，必须强派史迪威为中国战区之统帅，以统治我国，如余不从其意，即将断绝我之接济或撤退其空军与驻华之总部，不惟使我孤立，而且诱敌深入，然而余自信可独立自主，中国必不为其所屈服也。（1944年7月16日）

这数段缺乏逻辑上之完整。他说不为其屈服，却又有妥协之征象。所谓天理与常道亦难解释。不过很显然的他已被逼得走投无路。虽然对日抗战、对俄关系和对中共态度是他和美方争执的起点，这一时期他却以应付美国为最大难关，其严重性超过上开问题，只有今日我们才可看出。如果史迪威之计划无条件的实现，他自己将成为一个傀儡型的独裁者，所以才有"用心之苦"相"负辱之重"。这样仍可忍气吞声的接受。只是他苦心孤诣替新中国造成的一种高层机构，也同样地失去其神圣与庄严，所以他才提出，不为其屈服者究为中国而非他蒋介石自己。因为这种的顾虑，才涉及天理与常道。他说美国之威胁为他梦想不及。他自己的反应之深度，也非西方人所可忖度。

他虽与罗斯福文电往返，但孔祥熙仍在华盛顿与罗过从。他读及孔的报告，觉得美国总统仍是和蔼可亲，深具了解。可是罗斯福发送的电文则又生硬唐突俨如两人。然而为了蒋介石，罗斯福也面临极大的困难。涂克门女士说罗此时已被马歇尔"推逼到角落里去"。

既为美国大总统则必俯顺舆情，何况又在决战期间，大选关头。一般美国人不能明了供应为十三万吨或只二千吨，也不能区别敌方兵力为九个师团或二个联队，更记不起空军出动为三万架次或二千架次。他们只看到湘桂战场与缅北战场纬度不相上下，面积亦无多大的出入，却不能理解何以此时西战场节节胜利，东战场则丧师失地，只给美国纳税人增加负担。（所以我们今日虽提倡宏观历史亦仍注重归纳法，有如本文之宏观资料以微视之起点搜集而成。）而蒋则不论其批评出自恶意或善意，概视之为美国"宣传"。

在这一段时间他向罗斯福提出的，包括：一、赋予过渡期间，使史迪威熟悉中国政治情形后始授给指挥任务。二、所指挥者限于提出战斗序列中之部队，以避免涉及中共。三、租借法案物资不由史迪威支配。四、希望总统私人代表长期驻在重庆，使史迪威有所约束。

当他尚用此"缓和"办法之际，费立士又送来罗斯福7月15日一电，内称："如吾人共同自华对日之努力，不幸遭受影响，则今后将鲜有中美合作之机会矣。"蒋在当日之日记里记出：

> 余虽不注重此语，但不能不有最后独立作战之打算也。
> （1944年7月17日）

当此文书往来之际，中国尚有一线希望，则为方先觉之扼守衡阳。

衡阳为粤汉及湘桂两铁路之交叉点，当然具有战略价值。但是蒋介石之集中注意于此地之攻防战，非仅在军事上着眼，尚具有政治上及外交上之用意。如果在他和华盛顿争执中国军队是否缺乏适当领导之际，国军能在此有较杰出之表现，也可以增进他与史迪威摊牌的手头力量。当他愈感到无地可容之际，衡阳的情势也愈为紧张。他在研究增援时曾写出："……军事忧惶，未足言危，而对美外交之颓势，实为精神上最大之打击。但果能邀天之福，军事获胜，则外交危机，亦可转安，万事皆在于己之尽力耳。"（1944 年 7 月 20 日）可见得衡阳牵涉到华盛顿，也牵涉到尚在缅北攻击密支那之史迪威。

更表现蒋之期望之迫切则有："愿主赐我衡阳战事胜利，当在南岳顶峰建立大铁十字架一座以酬主恩也。"（1944 年 7 月 25 日）全抗战期间无比此更急切的表示。

方先觉，黄埔三期毕业。他为预备第十师师长时，曾在第二次及第三次湘北战役担任长沙市区之防卫战。二次战役结束曾被记大过两次。第三次战役则因首先击退来犯市区之敌军因功升第十军军长。第十军也曾参加 1943 年年底之常德战役，在常德城南与日军第三师团及第六十八师团交锋。

守衡阳时第十军下属有四个师（第三师，第一九〇师，预备第十师，暂编第五十四师）。但此时像其他部队各师均有大量之缺员。日军战役前即估计其实力为两个师，再从战役后之叙述看来，守军总人数应在二万左右。日本第十一军最初即展开两个师团攻城（第六十八师团及第一一六师团），第二次攻击后又另投入一个师团（第五十八师团），再以一个师团截揽增援部队（第四十师团）。湘江之东之日军（第十三师团）则担任对战场之监视并赋予炮兵支援。军直属之炮兵亦参加战斗（十公分加农炮及十五公分榴弹炮），并有化学部队等（支那派遣军化学部）。总兵力攻者与防者比较应为四比一至五比一。至于第十军留置于市区之外湘江东岸之兵力，则在我现有资料无从查考。

攻城战断续四十日，大部在衡阳市区之西及西南遂行，至第三次攻击方始及于北面。市街战未占重要地位。因日军侵入市区时，衡阳早已经日机轰炸成为一片焦土。日方资料称因此之故"市街战准备设施利用价值低下",并判断此为守军不得不放弃抵抗之主因。衡阳东面滨湘江,日军曾企图以第十三师团渡江攻击,据称因鉴于常德战役之经验,此计划终于放弃。

两方均未能操纵制空权。日方称战役之前中美空军有飞机五百二十架(美机三百四十架,中美混合部队一百架,"重庆空军"八十架,所叙似已包括 B29 等)。日本之第五航军则只有"可能出动机数"二百三十架。但日机较能争取主动,有如 7 月 11 日夜袭芷江美军基地"炎上击破"五一机。7 月 13 日攻击桂林又"炎上击破"八九机。从此中美空军进入"大混乱模样";日空军则"强行"推进至长沙及湘潭。战役末期,日机已在湘江东之衡阳机场降落。驻汉口之日机亦进驻广州,对盟军在桂林及柳州数度袭击之后,在 8 月初绕道台湾归还汉口。看来如此渲染之战果与陆军提出之杀伤数有同样程度之夸大性。但中美空军仍有防卫后方各大城市及中印空军基地及成都基地之任务,无从全部发挥数量上之优势可以想见。美国空军尤未能与地面上之国军有密切之配合。

日方又称,美空军朝夕飞临衡阳,在当中留出至大间隙,容彼方充分执行其"步炮飞协同"。当 7 月中旬第一一六师团之第一三三联队攻击衡阳西南之萧家山高地时,曾发动拂晓攻击未见功效,改行夜袭亦不成功,只有死伤惨重。7 月 16 日乃决定于午后 4 时发动空军与地面部队之协同动作。据目击者云,时值酷暑,午后黑云来自东南吹向西北。到时群情以为气候骤变计划受阻。至 4 时 5 分突有"友军机四十余架之大编队悠悠在衡阳上空盘旋一周"方开始轮流俯冲轰炸。一时"萧家山笼罩在烟爆之下,土沙木片飞散"。在最后一机俯冲时,地面部队已开始动作,工兵首将阵前之铁丝网爆破,步兵续在豪雨及泥泞之间陆续攀登占领此高地,至夜间 10 时已能完成占领并对国军逆袭作准备。

日军亦称衡阳上空每日均有美机出现，在国军企图解围时"每日有十数机"从外围方向飞来，可是日本侦察机搜集情况曾未有受限制模样。8月1日及2日十一军军长横山勇中将等乘侦察机三架由长沙飞湘潭次飞衡阳亦未认作非常冒险之行动。

从各种叙述看来，国军已在此丘陵地带构有永久性之防御工事。各防御据点间又有长达数百公尺之交通壕，侧防机关布置完善。衡阳四周又有无数池沼，国军即灌水至阵前使攻击进度困难。此外第十军作背水阵，无退路，应战沉着，寸土必争，经常夜袭日军，必深具技术上及纪律上之修养，虽敌方亦称"勇敢之重庆军"。

在此长期间之攻守战中两方部队至为接近，迫击炮及手榴弹成为最常用武器。日军第一一六师团之第一二〇联队联队长阵亡大队长二死一伤。第一三三联队因军官伤亡，各中队（连）只能以下七官（上士、中士、下士）指挥。第六十八师团之第五十七旅团旅团长志摩源吉少将一向率部担任独当一面之任务，号"志摩支队"，在此攻城战攻击顿挫时亲自趋前教训士兵将国军所掷手榴弹未发火前回掷，而在这行动之中被狙击阵亡。日方资料数度提及攻入国军阵地内之小部队全员覆没。

日军攻城四十日实际分作三次。第一次发动于6月28日，当时湘江两岸尚在鏖战之中，日人总以为衡阳有如长沙，可以轻举易得。攻击顿挫后于7月2日由第十一军下令停止攻击，候空军挺进，重炮兵陆续到达，后勤整备完善后预定于7月11日攻击再兴。攻城部队遍发筑城工具，构筑临时遮盖掩体。据说此为日军新经验。过去他们攻城只在敌前逗留一二日，无此必要也。为与本文主题连贯起见，我提醒读者，在此战事稍歇期间内，蒋介石接得罗斯福来电将指挥权交史迪威。

第二次攻击如期在7月11日再兴，一旬之后再告顿挫。各部队只进展数百公尺，距衡阳之旧小西门仍有三百公尺至五百公尺之距离，已无法继续前进。至此衡阳之防御及解围企图，实由蒋介石亲自主持。7月18日方先觉向统帅报告，他的部队已伤亡殆尽，刻下守城部队由军佐杂役编成。当日蒋日记云："不料伤亡之大一至于此也。"（1944年7月18日）读者亦可记得他已写下必要时中国须准备单独作战。（1944年7月17日）

蒋再电告被围之方先觉，不论兵员如何缺乏，仍应编成数营向解围军方向出击。7月20日赴援之第六十二军进展至衡阳西南约七公里处。由西北增援之第七十九军亦距衡阳不过八公里。蒋预计穷一日之力向东推进5公里即可能解围，但此计划始终未能贯彻。方先觉则报告7月19日被派去特务营向六十二军方向接触，途中遇伏全军覆没。在衡阳之守城军则伤亡惨重弹药不继。日方资料亦称在此时期美空军夜间投下之迫击炮弹落入日军手中。《大事长编》只称"公为之攀恒于怀者久之"（1944年7月20日）。

我们无法断言此时蒋指挥各军之电讯即已被对方截获。但战后日方公布国军统帅7月23日作战指导之电文八条内详及各部队攻击目标与进攻方向，则确落入日军手中，并于24日由第十一军司令部将其内容摘要通告各部队。以上所述方先觉之特务营遇伏，又日军第四十师团截揽国军各救援部队时，先从衡阳正西十二公里处指向东北再回师转向西南，处处出现于国军之侧翼，其行动适时而有效，使人揣想其得有情报之助。蒋介石经常训示部下晓谕无线电不能保密，而在此重要关头，自己反有此差失，只表现厄运好与人为的错误俱发并至。尚有一个少为人注意的地方，乃是7月下旬日兵站每夜向衡阳前线输送物品三十吨至四十吨。

郁恒为怀后之次日，即7月21日，蒋主持临时整军会议。他的训辞题为"知耻图强"，内中并未提及衡阳紧急情形，也未暴露他自己被美方逼迫限即交出指挥权。他曾一度提及最近"中原与长沙会战失败军人应认为莫大耻辱"，可是训辞的主旨仍在立身处世之根本与军队需要组织与效率，换言之内容抽象重于具体。

读者可以指责蒋之迂阔。他可谓不敷实际，在此生死关头，仍只提倡空洞之原则，也可赞赏其沉毅，即是大敌当前，国势危如累卵，他也仍能搁置目下之忧虑而重新检讨及幕后之根本。按其实，他在此时已失去主动，无论在军事上及外交上他提不出来一个具体的方案。他提出的即已被否决，如以 B29 在战场上使用。因之他只能呼吁部下竭尽忠贞，希望奋斗之余打开一条出路。他再更具体的指示则不当众宣布，而对各将领个别的提出，因为他知道各个人的性格能力及对他自己服从的程度。这也是他越级指挥之逻辑。中国尚无从有系统的管理，本身亦仍在革命过程中。

正当国军内外不能联系之际，日军也临着一种选择。当 7 月 20 日他们的第二次攻击顿挫时，首脑部也发现有几个条件需要考虑：此时在湘东南尚有国军的十六个师，应当将他们彻底歼灭还是先解决衡阳的第十军？国军的解围部队已近在咫尺，而且在广西尚有后续部队，日军是否能应付一切？供应问题如何着手？

支那派遣军之高级参谋天野大佐，主张迅速攻略衡阳。第十一军高级参谋岛贯大佐则认为整个地域之运动战为"主作战"，衡阳之攻城战为"支作战"。日军应注重主作战，并抽出第二线兵力担任警戒修筑道路。在后者主张之下，攻击又停顿二星期。只到 8 月 3 日才攻势再兴。国军有这样的机会而无法利用，人谋之不臧，亦命也。及至攻击再兴对方已将其供应情形改善。

副总参谋长白崇禧在 7 月 26 日呈蒋电文，对衡阳作战已不采取积极态度。但不愿拂蒋意，其用辞至为委婉，有如在某种条件之下"解衡阳一部分之围似有可能"。但其上策则在打击敌军之补给线。并且"我军最高战略为消耗战，在中印缅公路未通以前如何善为运用现有兵力，以待盟军联合反攻，究竟如何确保重庆、昆明、西安、桂林各要点，得以支持较长时日，想均在钧座明鉴之中"。已隐约地规劝蒋介石对衡阳失守后之打算。

蒋致方先觉7月27日电系其手拟："方军长：守城官兵艰苦与牺牲精神余已深知，此时只有督率所部决心死守以待外援之接应，余对督促增援部队之急进，必比弟在城中望援之心更为迫切，弟可体会此意。以后对于求援与艰危情形非万不得已，不必发电详报，以免敌军偷译。余必为弟及全体官兵负责全力增援接济勿念。中正手启。"

至此他已不许方发电请援，以下8月2日一电更嘱其注意一死报国。

> 我守衡官兵之牺牲与痛苦，以及迅速增援，早日解围之策励，无不心力交瘁，虽梦寐之间，不敢忽之。惟非常事业之成功，必须经非常之锻炼，而且必有非常之魔力，为之阻碍，以试炼其人之信心与决心之是否坚定与强固。此次衡阳得失，实为国家存亡攸关，决非普通之成败可比。自必经历不能想象之危险与牺牲，此等存亡大事自有天命，惟必须吾人以不成功便成仁惟有一死报国之决心以赴之，乃可有不惧一切，战胜魔力打破危险，完成最后胜利之大业，上帝必能保佑我衡阳守军之胜利与光荣。第二次各路增援部队今晨皆已如期到达三塘、鸡窝山、水口山、张家岭、七里山预定之线，余必令空车掩护严督猛进也。

此文之宗教思想与革命哲学必出自蒋，但已不计修辞，有如"心力交瘁"即与上下文不相衔接。想系在极端忙迫之中匆促写出。显然的至此美国已正式发表史迪威升四星上将，衡阳在政治上及外交上之意义大过于短期的军事价值。蒋介石日记有：

衡阳保卫战已一月有余，第十军官兵死伤已过十分之八，而衡阳屹立不撼。盖以衡阳之得失，其有关于国家之存亡，民族之荣辱者至大也。（1944 年 7 月 31 日）

当日军于 8 月 3 日发动第三次总攻击时，增援之第五十八师团已加入战斗，湘江东岸之第十三师团原已准备渡江作战，一切已准备停当，但突然发现江中有大量之油料浮于水面，猜度国军将于日军半渡时放火焚烧，是以渡江计划又临时放弃。第十三师团除以炮兵支援攻城部队，并作佯动牵制国军外，未实际参加战斗。衡阳城内经日机轰炸，有大火八处燃烧。

正面国军虽战斗力量业已减低，但战斗意识无松懈模样。日军之攻城部队曾使用各种方式，如挖掘坑道，夜间将野炮推至步兵线，施行夜袭，组织突击队，施放烟幕，但始终无法击灭国军之抵抗。日方资料称因攻击进展未能如预期，第十一军战斗司令所内感到焦躁。司令官横山勇连日患痢，身体衰弱。蒋介石亦已正确地指出，日方之兵力已使用至最大限度。

以后发生情形，至今尚无确切之记录可供凭证。当中细节关系国军及各人生死荣辱至大。中日间之记录尚有至大之距离，亦无第三方面之资料可资参对，因此只得照两方所述加入背景列入。

《大事长编》有以下的记载：

八月七日公以衡阳战况危急，特督令战车部队急进增援，并电方先觉军长告以"援军明日必到衡阳，决不延误"。不料于下午三时突接空军电话，转报方先觉军长率同参谋长孙鸣玉、师长周庆祥、葛先才、容有略、饶少伟等来电称："敌人今晨由城北突入以后即在城内展开巷战，我官兵伤亡殆尽，刻再无兵可资堵击，职等誓以一死报党国，勉尽军人天职，决不负钧座平生作育之至意，此电恐为最后一电，来生再见。"公开后忧心如焚。旋于四时许据衡阳电台报称"情势暂时转佳"。至五时后又报称"在混战中"。继又报称"敌炮在猛攻中"，迄黄昏时据空军侦察回报："城西北角似有战事，其他符号则仍指向西南，表示敌正进攻中云。"公于研判后自记曰："综核各报，城北一部虽被敌攻破，但其范围未曾扩大，尚非绝望之局，只有督促援军，明日能如期急进，以势论之，此次战车之参战，应可如期成功也。"是夜公起床祷告凡三次几未入眠也。

八月八日公以衡阳会战守军苦斗至此历时凡四十七昼夜，故于凌晨四时即起默祷能转危为安。至五时犹得衡阳电讯，拒十五分钟之后电讯中断，自此即绝不复通矣！旋于十时许犹接空军侦察报告："衡阳城内已不见人迹。"于是乃确知衡阳已陷矣。公因自记所感曰："悲痛之切实为从来所未有也。"

日文资料证实迄至 8 月 7 日国军之抵抗仍极顽强。但当日第五十八师团已攻入市区，向湘江西岸挺进中。城西及西南之战线仍在附廓高地。至薄暮时炮兵观测所报告发现"白旗出现于敌阵地"。第六十八师团亦报告午后 5 时之后"师团正面森林高地重庆军阵地白旗翻飞"。不久军使亦来。右翼队长第五十八旅团长太田贞昌少将奉师团长命告军使须方中将亲来。夜半第六十八师团长堤三树男中将会见方先觉中将接受投降，同时投降者有第十军之师长四人。在大西门附近集结之"重庆兵"则有"数千人"。在此期间日炮兵仍向衡阳射击。第五十八师团则继续占领衡阳市街。

与蒋介石所获报告符合。

古屋奎二编撰《蒋介石秘录》时曾在台北访问方先觉（原文未

注日期，但应在 1973 年或 1974 年）。方说："八月七日下午向蒋委员长发出电报之后便决心自戕。当手枪对准太阳穴之际，被两个副官打落地上。翌晨有自称为日军第十一军使者的竹内参谋来接洽停战。当即告诉他：我们绝对没有投降之意。同时提出：（一）保证生存官兵安全，并让他们休息。（二）收容伤兵，并郑重埋葬阵亡官兵等条件。竹内说：'中国军勇敢作战的情形，不仅在此地的日军就连日本天皇和大本营都已有所闻。'特地表示敬意，并对我方的条件完全同意。而日本记录说我们投降，甚至有说是举行了投降仪式是绝对错误的。我以军人的名誉发誓没有那回事。"

他说到当时战场情形，似和上述条件符合。他所说竹内参谋，则第十一军司令部有情报参谋名竹内实孝少佐。以下是方的解释，括号亦照《中央日报》的翻译本所录："由于长期作战，医药品和食品缺乏，极感困苦。没有止血药剂没有绷带，负伤官兵的伤口有发炎生蛆的现象。本来可以救治的官兵，很多都死亡了。我们给予敌人的打击也非常之大（据日本资料，是役日军伤亡一万九千三百八十人），每天可以望到敌阵在举行火葬的烟焰。整个衡阳城被死尸臭气所笼罩，实在是很悲惨。"

当时支那派遣军所发战报谓国军"遗弃死体"约四千一百具，战斗间埋葬者不计。被俘则有方军长以下一万三千三百名，包括所有伤病。如果此项数字有任何可靠性的话，则以"死一伤三"的比率计算，余存人数亦大多伤病。另有估计第十军残余兵员只有一千二百余。所以从种种迹象看来，两方似有协议。加以日军始终未发表投降之文件，不久之后又任此重要之战俘方先觉与其参谋长师长一并逃脱，更令人怀疑。从其他材料看出，此际日方正想与蒋议和，已通过 8 月 19 日之御前会议。此是否与方及竹内之协议有连带关系，除非有更可靠之文件发现，目下我们的猜测只能至此而止。

蒋介石日记内说出的战车作战，出现于 8 月 7 日，亦即衡阳攻守战最后之一日，日方资料称当日国军战车二十四辆循着向衡阳之公路，自三塘方向接近二塘。有突破日军阵地企图。第四十师团第二三四联队候至三百五十公尺之近距离以速射炮射击，使最前二辆不能行动，其余各辆则向公路逃去。

此处未说明日军所用系三公分七或四公分七平射炮，如系四七平射炮，则驻印军已有此经验，如经行山地，又未有飞机协同动作，轻战车及中战车无从与之抗衡。史迪威日记里所说 4 月 11 日在瓦康所损失的战车，即与二塘之情形相似。我在《地北天南叙古今》之序内有以下一段的叙述：

> 我也曾爬上被敌人四七平射炮射穿的战车，也真想不到，弹速如是之大，它们在一英寸半装甲上所截洞，竟像截洞机在纸上所截圆洞的完整，圆周全部光滑，内外的边缘也毫无残留的多余的钢铁和裂痕。我不禁以手指循着一个圆洞的内壁旋转，想象着当时官兵油煎火化的光景……

1944 年的夏天白修德也曾往湘桂战区。在《雷霆后之中国》他证实了美国空军尽力攻击日方的兵站补给，飞行员极度的疲劳。书中有五页描写衡阳战役，内无一字提到方先觉。他只说第十军是薛岳"自己的部队"。在另一段他却又说及薛岳不遵将令，只向东撤而拒绝渡湘江西移，衡阳之失败在他看来，由于指挥之不集中。"两个月之内战场上缺乏实在之司令部。何应钦之参谋本部、薛岳、张发奎和白崇禧各存己见。"

涂克门书中则有："在衡阳薛岳的部队，得到第十四航空队竭力之支援，在全七月抵挡住日军，但是得不到中央政府的援助或转移方向的佯攻，史迪威此时仍在缅甸，批准付与薛岳的部队一批军火，中央政府在桂林的代表为之抗议认为'此批供应'将落入'匪手'。以后虽有陈纳德和他自己（史迪威的）在重庆之代表赫恩的呼吁，史拒绝再付给。他在给赫恩的回信里说及他之理由。这决心全在委员长。两年来蒋坚持一切都交付陈纳德。如果陈在6月份接到一万二千吨而不能阻止日军，他应当向委员长直说，委员长即可作他认为妥当的打算。"

"因为怀疑薛岳的忠心有问题"，涂的结论说及，"蒋没有提出任何的打算。"

白修德与路透社的一个代表去前线参观第六十二军之反攻。他未记下确实之期及实在地点。他只说及火车末站（railhead）距前线三十哩（约四十五公里），以后全赖步行。他所见中国兵三个有一个扛步枪，其余肩着给养、电话线、机关枪零件等。但每人有二颗手榴弹。攻击前进之师有二门七五野〔山？〕炮，乃第一次大战之遗物。附有炮弹二百发，射击起来，"有如守财奴算着金币样的〔吝音〕"。

日军踞在衡阳之南的一座较高山头之下，国军则在一座较低山上。国军枪上刺刀希望将阵地里的日兵发掘出来。但是自清晨之前三时半至半上午，中国兵只能爬至日军山峰之半腰。白和路透社的同事前去国军最高点的一个山上，听到迫击炮呼啸临空，"机关枪与步枪在热夏之空气中长久间隔之后喋喋着，全战线没有一个人在行动"。至半下午仍如此。

他们等候了三天想看到实际的反攻。"我们发觉我们所见即是反攻，这战役不会再有其他的后果"。因之返回后方。

他们当面的日军乃第四十师团之第二三四联队。日方之记录，把对手第六十二军说得比英美记者说得较好。比如说7月31日，8月2日彼我进入"接战格斗"的情形，阵线纷乱，联队激战八日之后死伤惨重，一部因弹药用尽，最后只能用石块向"重庆军"投掷。第二三四联队之中掺杂着一部中国人组成的"归顺部队"，其阵地被第六十二军突破时日军曾集合马夫通信兵等反攻。联队所遇危急而不得援兵情形曾被比作日俄战争时之本溪湖战役。

然则白修德纵有错误或遗漏，他以下的一点观察我认为确切：

> 重庆在野战军司令官的颈上呼气，重庆决定每日之行动在何时，用何法于何处施行。生力军局部投入作一点点咬着的攻击。中国军数量上之优势曾未结集作一次集中的突破；新的部队只填补了不断之死伤。

但是我也不放弃从大历史得来的观感，只因为中国之事，不容易在下端协定，蒋委员长才在上端牵扯。倘非如此，国军早已能御敌于浙赣，而用不着用兵于湘桂。衡阳战役之失败给他的打击非常之大。在他看来只要每个人在不可能的情况下再尽一份超过常情的力量，即可转败为胜。有如他在8月2日致方先觉的电文。

衡阳失守后又三日，他接到罗斯福8月10日来电。他所请罗斯福派遣的私人代表，罗已派定赫尔利，同时又有战时生产局长纳尔逊为协助。可是来电又提及史迪威，内云："中国战场形势危急，关于史迪威之事需要立即行动，否则将为太迟。"

蒋原希望衡阳战胜可以增强他对美交涉之实力，现在看来情形适得相反，他在当日记出：

> 如余健在一日，则国家必有一日之前途。……能不自勉乎哉！何况今日处境虽恶劣万分，而较之十五年至三十年之间之情势，犹胜多矣，惟在我能自求、自反、自主、自强耳。（1944年8月11日）

这段日记有好几点值得注意：首先他已数年不称中共为匪，现在又重用"共匪"之名目，这不能与美国政府因史迪威强迫他与中共合作无关。次之他叮咛自己**不要**一死报国。他刚嘱方先觉抱"一死报国之决心以赴之"，而自己则反其道而行，如何说得过去？我再三读后，则觉得他所说乃是基于他自己的地位，一死报国易而忍辱待机难。照文字看来他甚至业已经过一死报国之冲动，虽说这冲动至何程度，很难设想。总之蒋介石给自己鼓励慰勉的文字经常重复地出现于日记，而叮咛不要一死报国只此一次，已可见得1944年8月，他的情绪**激动非常**。再次之他说及"十五年至三十年之间"，应指民国十五年至民国三十年之间，亦即1926年至1941年，乃北伐开始至抗战已四年，而太平洋战事尚未展开之前。当日他所创造的新中国的高层机构经常面临生死问题，现在纵困难，最多不过荣辱问题。自此看来他对美国的援助始终未曾忘怀。他虽说过"最后独立作战之打算"也仍不过是给自己的鞭策，并未也不能立即实施，有等于"自求、自反、自主、自强"，只算是一种抽象的观念，并未构成具体之计划。又即在此兵败之际，蒋对他赋予部下精神上之领导的力量仍有十分自信，是以"如余健在一日，则国家必有一日之前途"。征之抗战期间之百般困难及蒋无中生有的情形，此说并非全部虚构，即衡阳战役亦曾显示此精神因素。只是承担艰危之时日愈久，此种因素之功效愈微。而美国人士即全然不顾及其积极性格，只称之为违反逻辑，是以蒋与史迪威之摊牌无法避免。

衡阳之战后，第九战区之四十八师已有二十五个师不复为有效之战斗部队，其余二十三个师亦损伤惨重。日军整备之后于11月9日陷桂林，11日陷柳州，仍以每日三十公里之速率侵入贵州，至12月5日陷独山，白修德书中有详细的叙述，记载公路上难民拥挤秩序紊乱的情景。日后他又写了一部小说，摄制为电影，称为《丛山之路》（*The Mountain Road*），内中最精彩的镜头乃是将军用器材火药库在敌军接近时爆破。白又假借小说中的一个美国军士口中说出：

"战后我一定再来，看清这国家怎么搞的。" 8 月 23 日蒋介石又接罗斯福来电一则，此为第四次之敦促任史迪威指挥中国军队。蒋至此只得接受。他的日记云：

> 罗斯福总统来电迫交史迪威以指挥权，殊难忍受，惟考虑结果，对美外交方针，不能不用逆来顺受之道，故决定极端容忍，接受其有限度之要求，如运用得当，对俄对共或有转变环境之可能，乃不特不宜固拒，而且加以信任，期待形势之好转，此一政策之决定，乃为国家存亡成败之所系，自信其能因祸得福转败为胜也。盖以余自反，对美对俄毫无欠缺与愧疚之心也。（1944 年 8 月 26 日）

史迪威将军并非无限度地执拗唐突。他有时平心静气地思索，其所观察亦有精到之处。有如：

> ［我对］中国人及中国士兵存信心。基本上伟大、民主化、管理不当。无宗教种姓的限制……诚实、节俭、勤劳、乐观、独立性、容耐、友谊、有礼。（未具日期，删去字照《史迪威文件》）

他没有想到在通常状态之下蒋委员长也有很多上述之美德。史迪威又写出：

> 中国军队：在 1944 年在书面上讲中国陆军下辖三二四师、六十余旅、八十九个所谓游击队，每队二千人。在纸面上了不起。当你遍眼看出，你就看着：一、平均每师不是一万人，而最多不过五千人。二、士兵不发饷（本文作者按，饷项之低等于无饷），没有吃的，营养不良，百病丛生。三、兵器陈

旧不适用。四、无训练。五、军官以此为生（史谓军官除带兵外即别无他技谋生）。六、无炮兵，无交通工具无医药等。七、征兵只是如此如此。八、主要的事业在经商，除此之外，何以为生？

那你如何发动使这支军队有效率？（未注日期）

其实以上的缺点不仅本文前后提及，也见于统帅蒋介石与各将领会议的训辞。这一切不是蒋无效率之后果，而是他无效率之前因。其情形不能称之为腐化，而由于内地社会缺乏最基本的现代功能。将国军的三百多个师，裁减为六十师或九十师或二百个师，不能解决问题，因为整个组织的成就全靠从上向下加压力，有如鼓励方先觉，明惩暗纵余程万及牺牲张德能。如果手段一经软化，压力亦降低，其最后之功效亦随着降低，以前缺员的三百多个师可能减低至二百个师，而每师也仍只有五千人（日后蒋受马歇尔的建议将每一个军降为"整编师"，行之无效之后又扩为军）。在这期间各事都为一种革命行动则不能始终保持逻辑之完整。当初蒋介石挺身而出抗战即已不顾眼前后果，这样才逼着日本人也抛弃按常情的计算，有如进兵东南亚，奇袭珍珠港。甚至牟田口之攻略英发尔及最近由军部主持之一号作战仍不出此畴范，亦即在毫无出路的关头，从意想不到的方面打开出路。史迪威以蒋介石之容忍为庸碌，确已低估此人。蒋当然是机会主义者，不然何以居里在前，赫尔利在后都称他为革命家？史迪威还没有看得清楚：当他一意要做国军统帅时，蒋也准备把中国对苏联的问题及中共问题一并推付给他。

为什么很多事国民党不能做而中共能做？因为中共专搞低层机构，索性不要高层机构，他们以一波又一波的群众运动代替官僚组织。他们对国民党的外围必具侵略性格，因为他们无意容忍国民党所处在的社会之五花八门。倘非如此，他们也会同样的被"腐化"，即受这些五花八门的社会因素所支配。在这时期中共的行动较为带创造性，但是他们的经营必与蒋介石之作为互相排斥。

蒋介石的遥制部队确有很多坏处：例如本文提到的衡阳战役，即已发现敌情估计错误，侧翼抵抗失去重点，第二线兵团与总预备队区分含糊，投入未能适当，通信不能保密，战车使用未顾及地形限制，陆空协同不如对方。可是当中多种情形并非全系遥制之误，而出于军队本身性格，有如部队素质不齐，无从协定，器材有限未娴习用，无车辆，不能机动。我们再读及蒋与方先觉之来往文电，则又觉得此种遥制事实上并不可少。蒋介石不仅对方先觉如此，侍从室之档案，及蒋自己头脑中之印象，尚储存着千百个将领之容貌与个性。这更超出凡事都公平合理可以按数字安排的境界。

作文至此，我深知读者已感到我对本文主题采取防御态度有时用词重复，此乃出于大历史给作者的负担。

既为大历史则综合重于分析。衡阳之役后一年中国成为战胜国。这国家虽未凭己力将日本打败，但她已尽最大力量将对方拖垮，而最重要的她始终未为日本征服。我们缕述此间经过，首先则须注重此意外成功的力量之来源。检讨每一战役失败之关键，当然也在历史上有其重要性，但不能本末颠倒。我们不能忘却**纵有**这些失策，中国**仍能**达到战胜之目的。并不是因有这么多的失策，整个神州大陆沦陷，中国成为日本之殖民地。历史学安置的大前提即已强迫我们从积极的因素看去。

衡阳之役及整个湘桂战役，诚然已给中国一个重大的打击，但是中国并未因之气馁而放手。即是军事消息最阴沉的时候，重庆并未发出妥协求和的要求（希望停战言和者为日本）。继史迪威而为中国战区参谋长之魏德迈日后作回忆录时，曾以中国军事失利的情况，与法国在马奇诺防线被突破时之形势作对比。战后日本公布1944年的内情，我们可以从林三郎及种村佐孝诸人书中得其梗概。湘桂战役之后在华日军主张发动所谓"重庆席卷战",以为再来如是一个讨伐即可将中国打出战争之外,但是在东京的大本营否决这判断,认为中国在此时停止抵抗为"令人不能相信的不可能"。我们也还记着史迪威在开罗时(1943年12月)曾向罗斯福说及,再来鄂西这样的一次战役蒋介石即会垮台,但事实上鄂西之后又有常德,河南与湘桂,蒋介石并未垮台。

在这关头我只能再提及他战前所说:

> 古人所谓深沟高垒,虽不能守到两三年,至少也要固守一两个月,不能守一两个月,至少要死守一个星期。我们虽无十分战胜的把握,然而一定要作最顽强的抵抗。我们虽未必可以打败敌人,但是被敌人打败的时候,一定要使他受到最大的牺牲。(1934年7月)

蒋介石可能暴躁如雷,也能有超过常人之容忍。他在日记里一再写出1944年比1941年好,1941年又比1937年好,1937年更比1926年好,不仅今日我们读来觉得重复单调牵强乏味,即我们在成都军校听到校长蒋介石类似的训辞,当日已有不耐的感觉。以后想来,他的旨意经过各种媒体再三灌注到我们头脑中去,已在下意识里产生效用。如果蒋介石不是最成功的统帅,在抗日过程中,他已是最有效的政治指导员。如果他的战略都欠实效,则"待得久的得胜"之宗旨则经过事实上之考验。这些地方都为只讲效率不计玄学与直觉的史迪威所未顾及。

蒋介石所见不仅具有纵深,而且也超过史迪威所见的幅度。史迪威要求凡事合理,他只能处理一个有限的局面,缅北也是一个无民事纠纷的战场,蒋介石则经常应付三四处不同的变数。他因英发尔吃紧,驻印军可能侧背受围,允许史迪威调第十四师及第五十师增援。

及至 Y 部队攻龙陵不下，局势危急，他令史迪威发动攻八莫以发生牵制的力量，史则称驻印军疲劳过度拒绝用命。衡阳战事吃紧时，史不许陈纳德将军用品交付中国陆军，由陈私自授与，后经魏德迈证实。

总之，蒋介石主持抗战有高层机构而无下层组织，是中外战史里很少有的一次之大冒险。史迪威已正确地指出，"中国人首先安置屋顶，只赋以极少的基础与支撑"。但是蒋经常怀注着整个国家生死存亡以及未来之前途。他的施展，在方法上已尽其极，不问是空城计与苦肉计，他已在各处挪借透支滥用超过合理的程度。但是正因为如此，他内层的将领更感到与他休戚相关生死与共。也因为如此，外围的将领，纵是离德离心，也不得不慎重将事与之全始终，这样他才造成一个无可替代之局面。史迪威则不能违背步兵操典，一定要按排连营团的序次由下向上交代清楚。他不能放弃陆军为主空军为辅之原则。他所认为不能放松之美国的利益，也是铢锱必较算及分毫，而且专注于物质成效，忽略人情道义及士气上之影响。把他两人摆在一起也算命运之错安摆。虽半个世纪之后，我们读史至此，仍有《三国演义》里周瑜所说"既生亮何生瑜"的感慨。

当衡阳战事吃紧时，史迪威已往锡兰岛之坎底（Kandy）代行蒙巴顿之东南亚盟军总司令职务。9 月 6 日他与赫尔利及纳尔逊同由印度飞重庆。9 月 7 日他由蒋召见，蒋先与他交谈约四十分钟，方始接见赫及纳。此时蒋介石告诉史迪威，以前他的工作全属军事，以后既为国军总司令，则军事只占百分之六十，政治应占百分之四十。如果史迪威动用中共军队，必使他们接受军事委员会之权威。至此宋子文亦参加谈判。华莱士来华时，已提出美方愿见宋尽力于中美间之友善关系。

史迪威指挥华军之名称与职权由蒋亲定，其官衔为"中国战区统帅部参谋长兼中美联军前敌总司令"。所指挥之部队受战斗序列之限制。所用军需器材凡中国缺乏者，概由美国租借法案供给，租借法案由中国政府支配。中国军队内之人事行政应照中国法令处理。

美国方面资料述及赫尔利未接受租借法案之物资由中国分配之原则。

但蒋对赫尔利印象良好。其日记云：

> 综核其大意，罗斯福总统所嘱代达者并非罗斯福总统有任何要求余来做，而乃是听取余要其所做之事来做云，且语气甚为恳挚，与往日美员所表现者完全不同。(1944年9月7日)

此段继续表现蒋一直朝乐观方向看去之习惯，一方面也显示与罗斯福接触，个人人身关系与官僚系统之见于纸上者始终不同。白修德证实赫尔利与纳尔逊见蒋时交谈极为成功，蒋与赫尤有一见如故之感。白此时有机缘接见赫等。

以下两段见于史迪威日记，内中充分表现他对即被派为指挥中国陆军总司令之反应：

> 委员长要我们去八莫给龙陵松气。缅甸战役的确改变了这些家伙的态度了，不复有恩主的气派。(1944年9月8日)
>
> 灾难即将降于桂林，无法阻遏日军——五万丧气之中国军面对九个日本师团，中国无补充兵，日本部队补充齐全。全局稀糟，他们想望的无非我们有什么可以给他们。孙科要我们将美军空运输入。另有一人要武器。他们应当做的乃是枪毙委员长、何〔应钦〕，与他们的党徒。(1944年9月9日)

十天之后蒋介石终于与史迪威决裂。当日史交递罗斯福致蒋电信一件。蒋日记云：

此实为余平生［所受到的］最大之耻辱也。(1944 年 9 月
19 日)

9 月 9 日至 19 日间一旬的经过，各方叙述不同。《大事长编》
云及关于由史迪威指挥国军并及中共部队事尚有细节由宋子文、何
应钦与赫尔利等商洽中。至 9 月 15 日史与赫见蒋委员长。蒋再要求
史迪威督促驻印军攻八莫，史仍不从命，蒋即谓将令攻龙陵之远征
军撤回，史则谓如须援军应派防制中共之胡宗南军，并在会晤后报
告马歇尔，以后 9 月 19 日史送呈罗斯福致蒋之电文，果有责备蒋“按
兵不动或竟提议撤退”之文句。

白修德书中称，在此期间史迪威曾往桂林巡视（史日记称他于
9 月 14 日飞桂林见张发奎，后经昆明回重庆）。在飞行中他草拟备忘
录一纸。“这文件不准备带外交口气，这是一纸军事文书，在残忍战
役之中的紧急状态写出，需要立即行动。这是第一次表示美国总司
令的作风”。数日之后史迪威奉命将之件面呈蒋，原本有美国总统的
签名划行。

涂克门的研究发现罗斯福的电文，并非史迪威所拟。但史之报
告至马歇尔时，罗斯福及丘吉尔正在魁白克开军事会议，会议记录
有马歇尔将史迪威来电摘要报告丘罗之情节。但马歇尔早已准备回
电草稿当场请罗签发。这电文六百字。涂克门称内容“不无表示白
种人之优越感”，“可怀疑的这电文可能送达到任何欧洲国家之最高
主权人”。亚尔索浦替罗斯福辩护，要是罗斯福精神及健康情形充沛
时，决不会签发如此之电文。

至于 9 月 19 日《大事长编》云：

先是公正与赫尔利将军、宋子文部长、何应钦总长及朱

世明将军等，商议任史迪威为前敌总司令之发布手续，以及签署中美协定，适史迪威求见，公令邀其入座，但史迪威传言欲与赫尔利一谈，赫尔利即离席见史，并于阅及罗斯福总统十八日致公电文后，意至惊讶，盖当此已达成协议并将发表命令之际，却面致如此咄咄逼人迹近胁迫之电文，任何一国领袖均将不能容忍，遂劝史迪威暂缓转递，史迪威执意不从，谓无权搁置电讯。遂执电入见，并请朱世明译读电文，赫尔利恐有伤公尊严乃起而言曰："电内有译文公可自阅。"公详阅电文后，神色如常，仅徐徐言："我知之矣！"惟正进行商讨之事项，则因之而不能续议矣。公自记曰："此实为余平生最大之耻辱也。"

史迪威自己叙述此事的经过有他日记所载：

待了很久很久之后 FDR 最后慷慨直言，直言多得很，每一句里包含着一个爆竹。"赶紧认真，否则即是——"如此一个发热的爆竹，我将这包胡椒粉交给花生米，微叹之后坐了下来。这叉鱼枪命中着这小坏蛋的神经中枢，将他打个透穿，这是彻底的命中。但是除了脸色变绿，和失去语言能力之外，他不眨一眼。他只对我说："我知道了。"如是无言的坐着，轻轻的摇晃着一只脚。(1944 年 9 月 19 日)

亚尔索浦在《我曾见此中妙处》里说及赫尔利在史迪威将递送来电时曾警告史，如他真要转递此电时，他以后即再不为史交涉。亚又说及他亲自得自赫尔利及宋子文，史迪威自己已在念着电文之中译。蒋并未脸色变绿或变青，只伸出一只手，表示会议告终，文件可留下。诸人去后只有宋子文在。宋说蒋曾抽噎地痛哭。

蒋当时即已看透电文系史迪威所发动，但并无立即要求撤换史之决心。《大事长编》续有 9 月 20 日之记载：

　　宋子文部长来谒，谈对美国罗斯福总统来电之处置方针。公嘱宋氏转告赫尔利与纳尔逊两氏："（一）罗斯福总统十八日之电将在中美历史记载上，为美国民主主义，与对世界平等自由之传统精神留一污点，殊为美国惜也。（二）我国国民之特性与国父广州蒙难之及余西安蒙难，和军阀叛变之真相。目前此种反叛之部队，尚保留百分之三十。军人成分如此，史迪威处置一有不当，难免引起对彼之危险。且中国军人不愿受外人之侮辱，中国军人不愿受外人之奴视，如今日史迪威之所为者。"

23 日又有"静居黄山，对史迪威问题凝思再三"的记载。

24 日蒋与赫尔利作五小时长谈。25 日又接见赫尔利，提出："（一）我国之立国主义即三民主义不能有所动摇，故不能任共产主义赤化中国。（二）立国命脉即国家主权与尊严不能有所损伤。（三）国家与个人人格不能污辱。"并即席交出备忘录，请赫转告总统，调离史迪威。内中有"今事实证明彼（史迪威）非但无意合作，且以为受任新职后余反为彼所指挥"一句。

史迪威日记内有"佩特（赫尔利）带来坏消息。花生米昨日翻转整个局面"（1944 年 9 月 25 日）。以下又有"佩特午后四时再去见他，又有一阵哗啦哗啦。九时半备忘录至"。当日日记再有："[他]不决心在我递交总统文件之后。"（均 1944 年 9 月 25 日）他猜想备忘录出自宋子文手笔。

要求撤换史迪威之备忘录发出后，局势并未急转直下。史一方面企图对蒋让步，使他收回撤离的要求，乃于 9 月 28 日通知何应钦，可以不提引用中共军队之计划，而且一到战事许可立即撤回 Y 部队。可是局势仍未打开时，他又于 10 月 9 日令第十四航空队半数人员停止办公，并延期交出租借法案内之飞机。在华盛顿亦引起不同之提议，有人主张以罗斯福的名义向蒋道歉，亦有人主张用语气委婉的文书向蒋作强硬之回答——史迪威务必留任。

蒋介石本人亦受到国民党内部之指摘，其详情始终不明，亦未见于其他资料，只有以下一段蒋之日记道出：

> ……国外倭寇与我恶战者，亦有十三年之久。余实已心碎精疲几不能久持……（节略如《大事长编》原文）而今反遭党内如此之凌辱，与国内如此之讽刺，此种横逆与耻辱之来，实为有生以来未有之窘困。然余于此如不积极奋斗将何以对已死之先烈乎？况今日之实力，犹远胜于十三年以来之任何时期。只要余能自立不撼，当不足为虑也。（1944 年 9 月 30 日）

看来打开僵局的转机在于孔祥熙与霍浦金斯之一席交谈。白修德首先提及此事，以后涂克门也提及此事。霍浦金斯称如蒋坚持，总统当考虑将史迪威调回，此事不见于霍浦金斯之传记。涂克门称孔祥熙于 10 月 1 日电重庆通知蒋，所以蒋能在 10 月 2 日出席国民党中央常会时拍案咆哮，谓史迪威必须离职。梁敬錞之《史迪威事件》称孔发电在 9 月 28 日深夜，梁称其消息得自孔令侃。

《大事长编》不载孔与霍浦金斯之交谈，倒有孔祥熙访问罗斯福之报告，记在 10 月 4 日内。文称罗斯福为史迪威事已与马歇尔交谈二次，第一次马谓中国之事非人事问题，无论何人均感困难。陆军部则除史迪威外无人可派。第二次罗氏又提出蒋介石系一国元首，既有更换史迪威之要求则当物色继任人选。文中未提及马歇尔之反应，读者只能相信至此马之态度业已软化。孔电文内又说及罗斯福本人属意陈纳德，只未悉其是否已向马歇尔提出。

10月6日蒋接得罗斯福之来电，准备解除史迪威战区参谋长之任务，而希望彼能指挥在云南及缅甸之部队。蒋在9日之回电"不能再授彼以指挥之权"。罗斯福即嘱蒋提名美国将领三人为史迪威之继任人。《史迪威文件》内述及蒋提出艾森豪威尔、韩笛及柏区。但《大事长编》所记则提出者为"魏德迈、柏区及克劳治三人"（10月15日）。

四十八年之后，亚尔索浦之回忆录问世，方始道出此中一段真相。当时蒋介石倚宋子文（外交部长）为英文秘书，宋即借重于亚尔索浦自己。蒋致赫尔利之备忘录于9月25日交出，首先提出撤换史迪威之要求，被史认为宋子文拟稿者，实出自亚之策划，宋之初稿，文字冗长，首先即充满着对罗斯福之恭维，亚则指出此完全不必要，因为备忘录之主要目的在给霍浦金斯、马歇尔看，而非给罗斯福看。改稿之后才开门见山地说及蒋对史迪威失去信任，要求撤换。

及至蒋提名史之继位人，亚尔索浦苦口劝告勿提艾森豪威尔，因只暴露重庆之无识。韩笛（Thomas Handy）为马歇尔有力之助手，柏区（Alexander Patch）任第七军长，正在法国作战。亦少有派遣来华之可能。亚即提议魏德迈。因魏与马歇尔接近，现任蒙巴顿之美国参谋长，本人亦对蒋委员长崇仰。《大事长编》提及之三人，与罗斯福10月18日来电所叙相同。克劳治（Walter Krueger）任第六军军长，于役于太平洋地区。罗之来电称柏区及克劳治均不暇他调，所以任魏德迈为中国战区参谋长兼美军司令。在缅部队即归索尔登（Daniel Sultan）指挥。至此美国不再要求由美将统率华军。

史迪威在他日记里写出："斧头落下来了。"又及"这样罗斯福已经收兵了。所有的人都对华盛顿［之作为］惊骇。"（1944年10月19日）

在记这最后10天的情形，《大事长编》与《史迪威文件》有相当的出入，可能由于赫尔利并未将他自己的真实感想告史，也可能由于史迪威自信过度，他以为有马歇尔的支持不可能失败。他的日记里表示悬望华盛顿下决心时的彷徨，但是直到他自己接到被召回国的消息前后，他从未表示他与蒋介石交锋有任何不当之处。在这过程中他已将他所见及所经历告白修德及《纽约时报》之爱金生（Brooks Atkinson）（10月16日）。接到被召回命令之后他再告二人（10月19日）。

蒋提议赠他青天白日勋章，他拒绝接受。蒋邀他茶话会别，他却与赫尔利同往。他的日记里有以下之一段，读来令人感动，也能表现对手蒋介石若干性格，所以摘录如次：

> 花生米说着他非常抱歉，我替中国做事已算不少，训练车队，领导士兵等。只因彼此个性不同他才要求我的撤离，［他］希望我与他通信继续为中国之友。问及人事，可靠的美国人，中国前途好处何在。问及对组织的批评与建议，尤其关于上级。问及柳州情形，对我曾往该地觉得惊异。他说我仍指挥缅甸［战区］迄至总统下决心时。我告诉他不问他对我如何看法，我的动机总是为中国的利益着想，祝他"最后胜利"，于是匆忙退出，委员长甚至送到门口。（1944年10月20日）

蒋之日记里无此阑干情节。他在与史话别次日记出：

> 史迪威已得美政府之撤回，此为本年内对内对外各种困难之症结，且对此事之隐痛，亦可谓极人生之所未有也……（节略如《大事长编》原文）中美国交不因史迪威而败者实为莫大之幸运。中美已误之国交，抗战已颓之形势皆得由此启其机钥，此后军事外交与内政各要政，乃可按计划实施欤！（1944年10月21日）

史迪威即于此日（1944 年 10 月 21 日）离重庆，到机场送行的除宋子文外，尚有一向被他痛恨鄙视的何应钦，此际两人如有任何交谈，其言辞不见于现存之文献。史迪威抵美之日正值大选前之一周，白宫及陆军部恐他出言不慎产生政治问题，所以飞机降停在偏僻场所，届时无人迎接，马歇尔亦只夜间来见，以避免新闻记者。

又八个月后，1945 年 6 月，美第十军军长巴克勒（Simon Bolivar Buckner）战死于琉球，史迪威接掌第十军。以四星上将而愿屈尊接受此职位者，一面因有机会率部登陆于中国也。此可能性曾使蒋相当惶恐，他曾与赫尔利及魏德迈会商对策。蒋日记有：

> 马歇尔实有派史迪威为华北美军司令之准备，且已预定，故其致魏德迈电，请余坦白交换意见。此事如果实现，则两年来所受苦痛与奋斗全归泡影，国家更增分崩之危机。以史之护共阴谋总不能消除也。故明告以不能再令史在中国战区服务也。赫尔利与魏德迈亦竭力反对，此与去年孤苦独战，其势已大不同矣。（1944 年 7 月 31 日）

不及一月对日战事结束，蒋再接马歇尔电，谓史迪威即将回美，行前拟往北京一游逗留二日，拜访旧友。蒋恐其与中共人士及共军接近，去电婉拒，并称全国秩序恢复，复员完成后当再邀史将军来华重游。此为蒋一生最后与约瑟夫·史迪威之纠葛。再一年后，史迪威于 1946 年 10 月 12 日在美病逝。蒋于其私邸举行基督教之纪念仪式，所邀集为当时美国驻华大使司徒雷登诸人，并未对外宣布。

但蒋希望史迪威与华绝缘，他自己即可以将中美关系导入正轨，启各事之机钥，则只有面临失望。史迪威尚未回美即有爱金生打前阵。他所写关于蒋史冲突之文章自身带去，刊载于《纽约时报》10

月 31 日之第一版。内中说及国民政府为一个"不开明、冷心肠、独裁之政体",蒋介石则在"中国即将垮台时,惊愕而恐惶"。美国则仍须同意于这样的一个政权。只是中国人倒是"好盟友",他们错被"奄奄一息而反民主的政府"代表而已。从此"中国老百姓好,政府里的人不好"的说法尚被其他报道员与作家袭用。至白修德等书出时,第二次大战结束又已一年,战时禁忌可以全部放弃,美国与国军之关系是为"与僵尸结盟"亦可随便写出。正值史迪威悒郁而殁,作者更可以在取材用辞之间挑动读者对"约瑟夫叔"之同情。史迪威之见爱则蒋介石必遭贬抑,连蒋夫人也一并受斥责。不久之前她尚是"白雪公主",1944 年后则成为一个播弄是非之妖巫。此后举凡赫尔利辞职,谓国务院、美驻华使馆及东京盟军总部之职业性外交家对彼之任务阻挠,马歇尔促成国共合作之失败,麦加齐滥用国会调查之权威,胁迫左翼作家及艺术家,杜威竞选受挫,民主党反击——均与蒋介石有关:如有任何差池,蒋介石均不能辞其咎。

美国人士对两项抽象观念之崇拜敬若神明。一为仰慕自由,一为注重效率。有时将此种社会价值施用于海外,甚可能产生不合实际之含义,因忽视个别国家之历史在时间上之进展不同或地理环境之有差异也。在蒋史冲突时各人容易设想"约瑟夫叔"以人身代表新世界之美德,而蒋介石则处处相反。他们已看不见两人有个性上之不融洽及技术上之龃龉。总之褒史则必贬蒋。蒋介石之所冒犯者非只美国人之自尊心,而及于美利坚合众国之立国精神。因之很少美国人能对蒋介石同情。今虽五十年后物换星移,亦仍是如此。

1944 年 10 月 31 日爱金生在《纽约时报》之"不开明,冷心肠,独裁之政体"的报道刊出后,立即经蒋阅及(想有专人剪译传送),他的反应见于日记为:

　　　　史迪威回美以后,其反宣传不仅诋毁我个人,且必推倒我政府。其各种诬蔑诋毁，以《纽约时报》爱金生之专论为代表，可谓污辱已极。而共匪乘机煽动，美国舆论更不待言矣。惟余寸衷泰然，不为其所动，盖此早为预料所及也。(1944 年 11 月 4 日)

数月后魏德迈去延安视察，拟带白修德随行，在蒋前请示时，蒋曾"直告不必"。他又在日记里写出：

> 彼（魏德迈）或因此不乐，然亦只有听之而已。(1945 年 6 月 11 日)

中国战场之形势，并未由史迪威去职而改观。仍是西战场胜利，东战场败退。魏德迈于 11 月 1 日就新职。3 日云南之远征军克龙陵，蒋认为"滇缅路战局转危为安"。但东战场 9 日即失桂林。死难之将领有防守司令部参谋长陈继桓，第三十一军参谋长吕旃蒙，第一三一师师长阚维雍，第一七〇师副师长胡厚基，第一三一师第三九二团团长吴展。以后派往增援之军队也只有节节败退。日后魏德迈在他的回忆录里说及，这些部队送上去即"溶化了"。魏也说及在他到任的第一个月，"东京玫瑰"在电台上广播，如果魏德迈将军能吃感恩节（每 11 月最后一个星期四）晚餐的话，其地点当在印度。

《大事长编》记载当时日军侵入贵州时，蒋准备放弃贵阳，而防守乌江。魏德迈两次建议迁都（12 月 2 日及 4 日）。但蒋拒绝讨论。并曾在日记记出：

> 若至万不得已时，乃坚守重庆，决与此城共存亡。以此决策既定，乃心神为之泰然矣。(1944 年 12 月 2 日)

因此之故魏德迈也表示不离重庆。蒋乃续记：

> 闻其愿与共患难同生死之言殊以为感也。(1944 年 12 月 4 日)

魏德迈回忆录所记与此段不同。魏称他自己确信蒋与重庆共存亡之决心，不过蒋过去也曾在南京、汉口作过类是表示后为部下劝出，所以他告蒋："我不打算在重庆被俘或死在重庆，可能的话 [最后关头] 我将前往昆明，尽其可能地组织一个最坚强的防御工事。"

幸亏以后两种情形都未成为必要。日本最前进部队曾至都匀，在贵州境内逾一百公里，但东京之大本营已决心退出，防守沿海。蒋日记称：

> ……八年来抗战之险恶，未有如今日之甚者也。幸余信心坚定，将士用命，卒将已失各地相继克服使进入黔境之敌全部溃退。而战局亦转危为安，此则殊足引为自慰者。(1944 年 12 月 8 日)

是为日本侵华军事行动之最高潮，距珍珠港事变太平洋战事展开亦整三年。

在此期间将驻印军之两个师调回，及蒋之组织"青年军"以"一寸山河一寸血，十万青年十万军"为号召，鼓励学生志愿从军，不期而得十二万人，亦为意外之成功。青年军以罗卓英为总监，蒋经国为政治部主任，虽未在抗战期间产生实效，但在国运如丝之际实已鼓舞人心。

当衡阳失陷，桂林告危，史迪威案尚未妥决之际，日军正准备由湖南向广西推进。但另一方面东京则极度希望与重庆讲和（不称国民政府，因已承认汪精卫在南京之国民政府）。1944 年 8 月 19 日之御前会议已决定夏秋之间，进入"战政局"。此中之"局"乃指一种局面。所谓"战"即是继续强力攻势；所谓"政"无非期望与苏联保持中立，而向重庆发动"和平"攻势解决"支那问题"。种村佐孝之《大本营机密日记》从当日起，至10月12日止约八星期间所记无非对苏及对重庆之工作，尤以后者为重心。日本战争最高指导会议亦始终未离此宗旨。据其在9月5日决定之所谓"大让步"，包括言和后只希望中国善意中立，即不强迫重庆加入日方作战。蒋可返南京主持统一之政府。日本废弃与汪精卫之同盟条约，另与蒋订友好新约。日本在英美两国撤退后完全撤兵，香港交割与中国。

此种条件如何传达至重庆，蒋之反应如何，不见于我已过目之文件。可是我们综合当日史迹则不当遗漏如此一个重要之发展。当日皇主持御前会议时，正值罗斯福一再敦促蒋将指挥权交付史迪威之过程中。东京提出"大让步"条件时则当赫尔利、纳尔逊与史迪威在印度晤面准备联袂飞重庆之顷间，距蒋在日记中写出"此实为余平生最大之耻辱也"不过两周。

蒋和国军在1944年的厄运来得匆迫，1945年的好遇也来得高速的超过预期。驻印军之X部队与远征军Y部队于1月在缅北芒友会师。以前贵阳危急时，还只承望得英美联合参谋团之同意，抽调驻印军之两师回国应急，至3月，已决定将全军五师并特种部队在5月及6月上半月一体调回。内中新六军于保卫芷江之湘西会战中进驻于芷江。新一军克复南宁。

年初苏联已开始向远东运兵，至4月5日史达林正式废弃日苏互不侵犯条约。日本临时由华中及华南抽调四个师团，增强东北至朝鲜的防御，国军因之能收复南宁及柳州。虽说这样的收复失地，只是由于对方的缩短防线将正面兵力减少才成为可能，可是南宁与柳州都是重镇，光复一肇端倪，今后旗开得胜可以预卜。

日军为了避免中美空军之威胁，再于春间发动一次攻势，企图夺取老河口及芷江的基地。鄂北战役动用三个步兵师团、一个旅团和一个战车师团，终于 4 月 8 日占领老河口。但是湘西战役动用两个师团和一个旅团，其结果有如林三郎书中所云："日军被对方强烈的火力所阻止，损害惨重，五月九日被迫放弃攻势。"以前日方纵是失败也无此坦白的自承。

更足以鼓舞国军士气的是三年余的封锁被突破，战力与时俱增。日本大本营的判断：中美空军在 8 月将有飞机一千架，至 1945 年年底一千二百架。美式装备之国军至 8 月将有十五师至二十师之间，至年底将有三十师。外援军用物资至 8 月将至每月五万吨，至年底每月十万吨。

魏德迈的计划是装备训练像驻印军标准的部队三十六个师，称"阿尔法师"或甲种师，又集中用中国兵器之师三十师。他的攻势计划，称为"黑金钢钻"（Operation Carbonado），预备以二十个装备训练完好之师进攻广州香港地区，如日军自杀防御，则只将这地区封锁，主力东向夺取温州或福州或厦门。攻击不会不成功，问题仅在补给，所以预备得很久。但是 8 月各部队都已提前到达指定的地点。

因为德国抵抗终结，马歇尔通知魏德迈美军将领巴顿（Patton）、辛浦生（Simpson）及特鲁斯考（Truscott）都能来华服务。再因为魏德迈要指挥这些将领，经蒋委员长建议由赫尔利申请升魏德迈为四星上将。

魏德迈的设施与布局与史迪威的企划有何不同？说来也难能令人相信：基本上很少区别。他也注重攻势，他也着重于训练与后勤，他也实际上以盟军战区参谋长的身份指挥华军，他也准备以美军将领任高级干部。

但是，第一，环境业已改变。他用不着和史迪威一样争执空运吨位。他也无意如史迪威一样自称战区参谋长无筹集器材之责任。不仅如此，而且中国财政方面也有很大的改进。美国已同意中国用尚未运用之贷款购买黄金抛售于市场，就此减低通货膨胀的压力，平抑物价。日后这政策还要在美国受指责，此时却对战时财政具有贡献。魏德迈说，他已能使中国陆军的给养统筹办理，据我所知在昆明附近的驻军由美军供应部（Service of Supply）经手，在质量上有显著之改进。1月5日孔祥熙之来电，美国承允负担在华美军费用每月五亿美元，此数字至高，以后看来恐未全部兑现，但对当日士气人心实为有效的兴奋剂。

第二，魏德迈了解蒋介石的困难。他的回忆录里推及中国此前曾未成为一个现代社会中所谓之国家。据此看来，草创伊始，不能立即责成其一切都已上正轨。魏的书中有以下的一段："蒋一直在四种战线上作战；对付日本；因对付苏联而要对付中共；对付中国内部分裂的趋势，以过去之军阀为代表也及于半独立的省主席与将领；还要对付'西方帝国主义'，意指英国，因他们以本身利益及对中国的态度所采取之战略不能令蒋信赖。蒋之长处与弱点同在于他不放弃国民党最初之目标，亦即中国之统一与独立。"

在20世纪40年代情形确是如此。从大历史的角度看来，蒋因对外关系而创造一个新的高层机构，在三民主义里也只能先尽力于民族主义，不遑及其他。魏既有此了解，即避免与蒋作战之目的冲突。他虽往延安视察，但拒绝以美械援予中共或指挥中共部队。他有一具文件箱，上书"阿克尔哈玛"，因赫尔利来自此州，意指此等文件全属政治性质，魏不过问，应由赫尔利负责。

他也深知蒋人身上之弱点，他在回忆录里甚至写出："委员长非常敏感，他的直观之习性几如女子。"在此他举一个例：蒋曾要他邀请马歇尔在波兹坦会议前后访问中国，马歇尔说事忙不容许，蒋则以为因他要求撤换史迪威而马歇尔生气见怪。蒋又说及他本打算自己出名邀请，只因罗斯福总统去世，他曾发电向马歇尔吊唁而马一直无回音。魏德迈则说马歇尔不会如是小心眼。后经他查出，马确有复信，经中国某上校接收，不知如何未呈蒋阅。有此了解，魏不寻缝觅隙地去利用这种知识使对方感到窘迫，尤其不与新闻记者串通而向他交涉之对手的弱点上尽量宣扬。他说：新闻记者"总是期待着将芝麻小事吹嘘放大成为一篇具刺激性的文章"。

史迪威经常说及蒋介石的"歪眼战术"；魏德迈也承认蒋对现代战术的了解有限。他是一个诚恳的爱国人士，一心只顾及他的国家和人民的利益，长于政治手段。但是史迪威与高斯绝对的悲观；魏看来则一切都有办法。魏德迈问及他的前任对作战计划如何决定，美国军官即告诉他由史一手包办，计划"摆在他裤口袋里"。魏德迈组织作战室，备有各种图表，主持联席参谋会议，邀请蒋委员长参加。因之他的决心成为了盟军之决心。他对卫立煌说及某日某时必攻某地因为事前有蒋的同意，他即讲出："卫元帅，我以委员长的名义命令你执行这攻击。"当场卫立煌还有为难的样子，事后看来则已计划施行。魏德迈之回忆录里指出，并不是他自己的建议全部被蒋接受。但是只要合理可行，蒋尽在考虑，有如贵阳吃紧时，他建议调胡宗南兵两师空运南下堵截日军，即蒙立刻批准。魏指出过去史迪威也曾作同样的提议，固然今昔军情紧急的程度不同，但也与两人之态度有关。史过去有何主张，动辄以威胁的方式出之。魏说他给蒋极不安全的感觉。蒋如果觉得他能掌握当前局势，他就没有退避作战的道理。

第三，魏德迈与蒋之关系得到前任失败的好处。他于1945年2月回国述职，见到罗斯福、史汀生、马歇尔诸人，他说及与蒋关系融洽。尤其见史汀生时，他说及蒋介石对美国人士企图在纷乱之中创造秩序，不仅竭力支持，而且非常感激。他有时甚至对魏表示，好像魏之作为是对他自己人身上的好处一样。史汀生也说罗斯福给他看过委员长的来信及赫尔利的报告，证实魏德迈和蒋及蒋的部下相处毫无困难。史汀生即在此时说："无疑的他们觉得要不与你合作他们就再得不到美国之援助，你是他们最后之希望。"魏承认此说有理。

其实，这谨慎从事的态度见于两方。魏德迈回忆录中提及他自己在 1944 年 10 月杪接到往中国继代史迪威的命令后觉得恐惧。他已听说中国为美国文武官员事业上的坟墓，他已听到中国人不合作的各种习惯。只有他的随从副官麦克菲（William McAfee）上尉劝他从好处着想，并及外国顾问在中国成功的例子。而魏德迈自己也记起史迪威对中国人一意轻蔑，称蒋委员长为"苦力班头"的旧事。前任既因此而失官，他自己又为中国人指名调派，那他也不可能没有前车之鉴的警戒，如是他才尽力观察到人情中机微之处，及于蒋委员长之敏感。

更有一种不见于文书上之因素，至今尚少为人道及。本文曾前后缕述中国军队阻碍改革的原因，大部源于各部队基层之军官团及其乡土观念。经过日军 1944 年之一号作战之后，国军损害惨重。日方即称第九战区之四十八个师甚难在短期间内恢复战斗力，次之则有第四战区桂军之受创。是以魏德迈重新装备阿尔发部队时，所受各部队内部之阻力必已降低。此间详情仍待研究，魏只叙及美军已替国军干部开设不少学校。他自己仍同意于史迪威之看法，认为国军下级干部用命，问题在于将领。但他也赞同他参谋长之意见，认为"优秀之连级军官可能在作战时将一个庸碌的师长拖向前去"。他未有整肃中国将领之提议。

只因日本于八一五降伏，"黑金钢钻"无从作具体上的表现。不过魏德迈于 1950 年间著述回忆录时，称中国人民解放军在韩战时表现高度之效率，仍肇源于他自己当日之训练国军。如此放大胸怀的看法，和我们以宏观的眼光检讨历史同。蒋介石苦心孤诣制造的高层机构通过内战而为毛泽东接收。前人种树后人乘凉。如果没有蒋介石的这一段工作，也不可能单独的有毛泽东的成就。有如没有史迪威的莽撞，也不可能有魏德迈的工作环境。我们不要忘记综合所得则是有了这些纵横曲折，中国已在现代史里向前猛跨一步，有如在旧时代里度过三百年。日本执行一号作战当然未存心替中国解决问题，但已无意中削弱了国军内部之地方势力及私人势力，使蒋介石替中国造成之新高层机构更具体化、更接近于现代标准。

大凡一种广泛的群众运动，当中各种层次的因果关系必前后连贯，只是积累性的发展与从人身眼光的看法及从局部眼光的看法不同。我们读至蒋介石日记已一再提及今日之恶因创他日之善果（1944年5月31日），甚至过去外交胜利今日仍须补偿代价（1944年5月29日），此种情形至1944年夏间已达到极点，以致蒋在埋怨"敌军之深入无足为虑，而盟军友邦之压迫实难忍受"（1944年7月16日）。以上我们缕举常德、长沙、衡阳三战役并及蒋对付处置余程万、张德能与方先觉诸人之经过（方先觉事尚有下节），可见得他说的"心碎精疲几不能久持"（1944年9月30日），实系由衷之言。然至此，盟邦友军犹谓其无心抗战，只待坐享其成。

及至当年年底局势已整个改变。现已发表之蒋日记无与美国参谋长争执之痕迹，无越级遥制部下之情景，甚至再无对战局感到焦灼之表现。其记魏德迈有云：

> 此人直谅勤敏，可谓毫无城府，与史迪威之性格适属相反。而其办事精神之积极紧张我国军人应效法之也。（1944年11月16日，见于《秘录》，而《大事长编》只有一段节录，不用括号）

其记1945年春间战事更漫不经心地写出：

> 美军已在琉球登陆，而敌寇犹向我战区发动攻势，但已成强弩之末，不足为患也。（1945年4月1日，见于《秘录》不见于《大事长编》）

他与魏德迈继续商洽事项及于美军登陆于中国海岸之区处，与战后中国派兵进驻日本之准备（以后因内战此计划无从实现，中国只派宪兵一排任驻日代表团之警卫）。至此他确已依人成事坐享胜利之成果，反无人指责。公众之观察常比事实之发展要迟一两步。

读史至此，不禁引起我们的好奇心，蒋介石在抗战后期感到内外煎逼，自己力竭声嘶，如何保持他心境之平衡？首先任何猜测务必提出宗教力量与哲学思想绝不可少。蒋之日记中有他在此时课己的记录：

今后记事朝课（即体操十五分钟，读圣经一章，静默三十五分钟至一小时，祷告约五分钟，记事与阅报各项）晚课（静默三十分钟，读《荒漠甘泉》一章）每日如未间断则不再记。（1945 年 1 月 10 日）

本文前已谈到，蒋处世时其大宗旨不变，但执行时有在矛盾之中两边走极端的趋向。因之他能绝对地以纪律自持，也能让情绪尽量发泄。1944 年的困窘，在他确是一场噩梦。方先觉逃脱后，曾往谒蒋，当日蒋之日记云：

与之相见匪仅悲喜交集，且有隔世重逢之感。（1944 年 12 月 12 日）

方先觉则在日后向古屋奎二提出当时情景："委员长就像是看到自己的孩子回到身边一样，非常高兴地对我说：'回来啦，好，好，我每天为你们祈祷，希望你也崇信上帝……'"三天之后他更邀方及其参谋长孙鸣玉和同守衡阳的第三师师长周庆祥晚餐。至此他已完全忘却他自己曾电嘱诸人不成功即成仁；他们也曾回电"来生再见"之誓言，更顾不得日军曾发表第十军悬白旗投降的消息。

在蒋看来，与他们相见既是"悲喜交集"、"隔世重逢"，他没有责成他们死事两次之理由。这种人本主义之作风诚为可佩，也显示着传闻中的蒋介石之内在的仁慈并非虚语。只以此与他不经军法审判即下手令枪决师长军长等情相较，很难谈得上逻辑之完整。以此视彼也只算在矛盾之中双边走极端之表现。所以本书读者可以相信，很多责备蒋委员长的资料和恭维崇拜他的资料可以同时存在，都有实据。我们站在大历史的立场则须指出：有了这些正反奇合，蒋介石放大了他行动的幅度。在刻下之题材内，他借此维持了他独特的"中正"的一个观念。蒋介石不是大独裁者，他缺乏做独裁者的工具。他也不可能成为一个民主斗士。纵使他有此宏愿，他也无此机会。他主持着人类历史里罕有的一次艰巨之群众运动，在过程中他将自己的天赋与几十年经营之成果用至最大限度。他的方法没有逻辑，有之则是他的目的——在于中国之独立自主。他以"瞑眩瘳疾"和"孤注一掷"的方式达成之。

接到罗斯福去世的消息，蒋介石亲往驻华美军总部吊唁，并令全国下半旗三日。他的日记内有：

> 今晨六时后得罗斯福总统脑充血已于四时半逝世之报，甚为世界与今后国际局势忧也。罗斯福虽对俄姑息与对中共袒护，但其尚有限度与一定主张，并非徒恃强权之霸者。今后美政府恐受英之操纵有所变更而不能如罗之自主矣，中俄关系，因罗之死更应审慎出之。（1945 年 4 月 13 日）

此段未提及他对罗斯福之爱憎或留恋，无感情用事地追叙罗之对日禁运引起日本对美袭击，美国参战，以后罗邀他自己参加开罗会议及提升中国为四强之一等事迹，也未因史迪威事件及罗签发各项唐突之电讯而发怨言。但是很显然的过去亚尔索浦称蒋介石对罗斯福人身上崇拜，蒋自己也曾在日记里提出，以丘吉尔之深谋远虑老成持重，仍不足与罗斯福之思想精神与气魄相比（1943 年 11 月 24 日），至此其评价已相当降低。"非徒恃强权之霸者"已不能算是恭维，"姑息"与"袒护"亦非主持国际正义之适当态度。所以美国人责备他不知感激，我们也可以在这情景中想见及之。

再看此段文字中无一字涉及日本，当他写此段时日本尚有大军百万盘踞中国，一般估计即在德国失败之后，日本仍可作战一年以上。但蒋已提前将日本之失败当做既成事实。他所忧虑的乃同盟国作战目的不同，对战后远东之处理甚足对中国不利，他所构造成新中国之高层机构本身又尚无实力，是以至足忧虑。

当年 2 月英美苏之雅尔达会议订有密约牺牲中国之权益，但又不直接通知中国，而直至宋子文往莫斯科交涉之前夕，才由苏俄大使彼德罗夫（Apollon Petrov）将其条件告蒋，至此史达林要求于中国的不过承认既成事实，很少有讨价还价之余地。从记录上看来，宋子文（时任行政院长）与王世杰（时任外交部长）虽往俄京折冲而实际在后作主定计的仍是蒋。其条款除了外蒙独立之外，实际上再度承认帝俄 1898 年在东三省之特权。及至条约签字时苏军已进入东北，蒋等恐无此条款，史达林可以更无忌惮，而希望有此让步，可以赢得苏联口头保证尊重除此之外中国之主权也。

他日记里提及雅尔达及对苏交涉共十七次（1945 年 2 月 21 日、28 日，3 月 15 日，4 月 5 日、25 日，5 月 24 日、27 日，6 月 3 日、7 日、10 日、12 日、15 日、22 日、24 日，7 月 5 日、11 日、28 日），首曰"惶惑"，又曰"悲愤"，"抗倭战事之理想恐成梦幻矣"，但终接受现实，并且又自为宽慰。

旅顺大连港口之使用权及中东南满铁路之所有权，经毛泽东谈判又付出参加韩战之代价后收回。

新疆之少数民族于 1944 年 10 月革命纪念日发生暴动，成立"东土耳其斯坦共和国"显有苏联支持，1945 年 1 月并攻陷伊宁。蒋日记有：

> 新疆问题，如俄国侵略方针不能放弃，则我只有待对倭战事结束后再求得总解决。但迪化、吐鲁番、马耆、哈密必须固守，不能放弃，以为将来恢复全疆之根据也。（1945 年 1 月 29 日）

对苏让步后之另一谅解，即系苏联不介入新疆之变乱。以后蒋派张治中赴新疆与少数民族谈判，和平解决。1949 年毛泽东央请张治中继续主持新疆事务。

蒋介石尚有一段愿望：即收回九龙与香港。罗斯福去世前曾委派赫尔利往英苏两国协定战后对华政策，杜鲁门继任，嘱赫照原计划访问。其见史达林时已获得苏联赞成中国统一之口头担保。及见丘吉尔，丘则云："如君欲得香港，可在我死尸上来取也。"

蒋日记有：

> 丘吉尔对香港交还中国问题，谓'誓死不愿'。又谓'美国对中国之政策，为一大幻想'云——其蔑视我国盖如此也！（1945 年 4 月 25 日）

三十九年后由邓小平主持，中英成立协议，中国于 1997 年 7 月 1 日对香港恢复行使主权。

抗战胜利之广播稿蒋介石自拟。他日记中之解释云：

近日忙迫，本托［陈］布雷代拟，以其病，至今未动笔，故不如自拟为快也。（1945年8月14日）

他的讲稿内有："我说到这里，又想到基督宝训上所说的'待人如己'与'要爱敌人'的两句话，实在令我发生无限的感想。我中国同胞须知'不念旧恶'及'与人为善'为我民族传统至高至贵的德行。我们一贯声言，只认日本黩武的军阀为敌，不以日本的人民为敌，今天敌军被我们盟邦共同打倒了，我们当然要严密责成他忠实执行所有的投降条款，但是我们并不要企图报复，更不可对敌国无辜人民加以污辱，我们只有对他们为他的纳粹军阀所愚弄所驱迫而表示怜悯，使他们能自拔于错误与罪恶。要知道如果以暴行答复敌人从前的暴行，以奴辱来答复他们从前错误的优越感，则冤冤相报，永无终止，决不是我们仁义之师的目的……"

白修德等书内记这次广播的情形：

1945年8月蒋安静地坐在重庆一间闷气的广播室里准备告诉中国人民战事业已终结。他和平日一样凝固的沉着。他的头顶剃得净光，不着丝毫白发的痕迹。他的咔叽军装上衣毫无疵瑕，不挂勋章，衣领紧扣在喉头，上有斜皮带钩扣着，一管自来水笔挂在口袋之上。广播室荡热，内中的二十个人汗流浃背，只有委员长看来凉快。他调整着角质框的眼镜，看了面前桌上紫红色的花一眼，慢慢地对着扩音器用高调而清爽的声音告诉人民仗已打胜。他说着的时候，室外的喇叭传播着这消息。街上人众认识了他明显的汽车，麇集在石砌的建筑之门外，他可以听到轻微的欢呼之声。

他的演讲历时十分钟。突然地他的头颅低垂，失眠的眼眶陷凹处见形，在这一刹那的松弛他的平稳之外貌露相，紧张与疲劳在这胜利的关头显现在他人身上……

第五篇

卷尾琐语

本书参照各方资料检讨现已公布之蒋日记至抗战胜利而止，从大历史的角度看来，蒋介石对新中国的贡献，至 1945 年 8 月已达到了登峰造极的程度，以后他的声望降低，而且因着内战之展开，其中较有创作性的工作已由中共做出，因之历史发展之重心，实已逐渐转移至中共那边去。

我写本书时初不过打算为中篇论文，不料提笔构思，刻下已超过三十万字，而实际引用之资料尚不及希望范围之三五分之一。因原始资料之残缺（现有资料大部只根据短近眼光报道）在若干段落我只得注入个人实地之观察，又因此而引用资料参差不齐，亦无从作有系统之注释，只得在文中尽量述及消息来源。如果日后还有需要，不妨再出“学院版”（academic edition），以满足那方面之要求。

如果还可以采用副标题的话，我倒想称本书为《蒋介石初传》或《蒋介石粗传》。总之，今逢中国在 20 世纪之长期革命成功之日，我们亟待为当中重要领导人之一蒋介石初步作传，否则很多历史资料无从综合。纵使写书作传之条件尚不如理想，文辞也免不了粗窄，但此项工作已无法拖延（注意蒋一生做事也是在客观条件尚不具备时提前做出）。只希望日后另有高明随着时代之展开将我所写书向前修订（但请勿向后修订），以期化粗略为精细，更能与时代融洽。我也希望替此一时期其他人物作传之作家同样放宽视界，先着重历史之长期的合理性，次及于褒贬。使中国近代史先具备与现情切实衔接之轮廓，再提到各人对书中人之恩怨爱憎。

我在两年来从书中摸索之最大成果，则在真切地了解蒋介石作为中国领导人数十年，最初并无预感。而只是随着情势之展开，发现自己突居高位，成功固然出于意外之迅速，失败也来得离奇。举凡"中山舰事件"之发生；北伐期间在武昌城下顿挫，却又能在江西打开局面；中原大战；对红军之"围剿"与"反围剿"；"九·一八事变"及西安蒙难都是事前无从逆睹之场合。即是主持对日作战，也不过胸中稍存概念，谈不上筹谋计划，所以日后被逼入内地之困窘情形，因着美国之参战而绝处逢生，借着罗斯福之提倡而中国成为四强之一，又因中国社会不能对预期的理想对数，而须他蒋介石人身上负责，以后"黑金刚钻"之计划尚未实施胜利突然来临，和谈与内战接踵而至，也很难在事前见其端倪。

综合以上各事，我们只看出历史已在他蒋介石眼前和手下高速地展开，他无从采取通常合乎情理的方法对付。于是他以直觉作判断，先以道义为手段，不及则杂之以权宜，多时仁厚，偶尔心狠。被逼不得已则以宗教哲学思想和御己的纪律坚持下去。这也是他所说"攻坚致强"，"蹈瑕抵隙"，"瞑眩瘳疾"和"孤注一掷"之由来（见于1944年2月5日日记）。

蒋介石是一个大冒险家，他所写"人生实一大冒险，无此冒险性即无人生矣"（1938年11月7日日记）业经慷慨坦白地承认。他的日记里更有一段概括他一生之特性与长处：

总理云：不知不能行。吾则继之曰：不行不能知。惟行

而后乃能知其知之真伪与是非也。(1939 年 1 月 30 日)

所以我们与其说他眼光长远道德完满，还不如说他气势磅礴，胆敢能替民族国家打开僵局。

我所谓大历史对刻下题材适用之处主要在将蒋介石、毛泽东和他们的继承人所领导的群众运动，视作中国长期革命之三个段落。这三项运动既相联系也相冲突。分拆看来有更换朝代之色彩；接连看去却又完成了中国的长期革命。因为缺乏近身事例，只能用较辽远的史料对照。

民国初年中国实已处在一个类似于魏晋南北朝之局面。公元 7 世纪以前之"五胡十六国"亦无非旧有的体制全部不合时代需要，以致整个崩溃，因着军阀割据引起强邻犯境。这分裂的局面既终，隋唐之际采用《周礼》所赋予间架性的设计，创设尚书、中书、门下三省，吏户礼兵刑工六部，兴建国都长安，开始科举取士，是谓创造高层机构。人民则经过府兵及均田之安排，已具备着基层之新体制。再因颁布律令格式之四等文书与租庸调"包扎式"（package）之税制，是谓敷设了上下间之联系。

我们再看西欧史里也有类是将国家社会整个再造的例子。本书劈头即已提及英法。它们的奋斗也是旨在脱离旧式农业社会之体制进入以商业条例作主的社会（*马克思派学者称之为放弃封建制度新入资本家时代〔capitalist era〕，这说法易为意识形态把持，而忽略内中技术性之发展*），因此与中国现状相较，更多借镜之处。

英国在斯图亚特王朝有了内战、弑君、革新为民国、复辟诸段落，及至光荣革命之后，确定了议会至上之原则，从此国王有职无权，又创设公债，由英伦银行主持，更开始引入政党政治及以后之内阁制，是为革新高层机构。次之，则自内战以来逐渐澄清了"副本产业"

（copyhold）所引起之混淆，使土地占有规律化，是为整顿基层组织。又发布"人权法案"（Bill of Rights）更将衡平（equity）之原则引用至普通法庭中去，是为重新确定上下之间法制性之联系。

法国大革命之过程亦复有此"上、下、中"三层改革之形貌。公众安全委员会成为新组织最高权力，有权宣战、媾和、任免将官，又通过国民会议操纵立法，更指挥特别法庭监视各界群众。此机构最初由丹顿发起，后归罗伯斯卑尔，热天反动之后，其实权由巴拉及西野掌握，经他们交付与拿破仑，是为现代法国高层机构之始。自从国都有巴黎公社之后，各地也在村镇之中成立公社。一时法国好像又恢复到中古时代各村镇独立的姿态中去了。而其实通过此程序，这国家的基层也经过一段脱胎换骨的改变。巴黎有各种革命团体及俱乐部，各地也有分社和互相呼应的机构，此类革命性及爱国性的会社，后经研究数在五千以上。它们的各种活动使基层的改组通过无形的协定。加以国家没收贵族僧侣的土地，拍卖与新领主，制造一批新中产阶级，更使基层的组织变质。至于重新敷设上下间之联系，则首由国民会议派遣督导员至各省巡视，再因管制物价与工资由巴黎制定最高限额（maximum）在各地执行，因着战时动员，更加强了中央向地方之操纵。而最后有关全民之法制，因颁布拿破仑法典而完成。至此新法国之规模才确实具体化。

以上的例子均通过无数之纵横曲折，我们不能过度渲染当中平行或相似之处。但是由一个旧式的社会遇到内外冲击，需要全面改造时工程浩大，牵一发而动全身，亦不能虎头蛇尾，则古今中外皆然。而且一经发难，即不能由任何人全部掌握，多时为非人身因素（impersonal factors）作主。即领导人物，亦只能因时就势。我们不可忘记蒋介石在 1937 年之领导抗战，并非全部出自一己之决心，而实因"西安事变"时被各人拥戴逼就。不久之前我看到尼克松在电视上追叙他初见毛泽东的情形。前美国总统尚在恭维毛泽东。他大意说及，你主席写了几本小册子，已使中国整个地改观；毛泽东即抗议的说："我怎么能改变中国！我不过在北京附近的地方，这边和那里，稍微修改了一点罢了！"虽然仍带着传统自谦的语气，他所说已表示群众的力量大，个人之力量小。背景上之决定性的因素，不易衡测，局部外间的表现易生错觉。

不久之前我去台北，遇到几十年来没有见到的朋友。他们都以蒋没有在抗战结束日本投降时功成身退为憾。然则这样的想法却又忽视了历史人物蒋介石的性格。正本归源这也还是由于蒋活动于我们所检讨的一段历史之前端，他不能和我们今日一样，对着中国在20世纪更生再造的经历采取着分割为三段的看法。他以为自己所总揽之局面具备着充分的力量解决一切问题；他的奋斗也可以包括全部革命的过程。他的国家体制既是苦心孤诣忍辱负重的构成，他不得不相信任何向他挑战之人物及派系皆具有破坏及捣乱性质。

即使中国内部仍待整理，他想不出如何不能动用和平的方式遂行，而必须引用阶级斗争至最残忍的程度。

在外交阵营上讲他自己吞惭受辱，他不能再忍耐对方使中国自绝于美援，反与苏联沆瀣一气。以上种种着眼均具有防势及保持现状的设想。即使初期军事上采取攻势，其作战之目的仍在保守。对他个人讲，所保全的是他几十年奋斗之成果或仅是自己的名位，其动机出自思想信仰，或是对军兴以来所有阵亡将士之责任感，没有实质上的差别。在很多情形之下，这些因素早已凝聚为一，总之他已不能挂冠而去。

值得注意的，直到战事尾期甚至黄埔将领已有开始脱离战线之情事的时候，蒋介石仍然迭次往大陆和沿海岛屿部署军事。他这时候名义上已下野，总统由李宗仁代。他于1949年8月赴定海再往广州、重庆、成都、昆明，至10月3日回台北。10月又巡视厦门及定海，

11 月留驻重庆及成都,迄至中共军队已逼至近郊,滞留于四川几一月,至 12 月 10 日方返台北。两天之后他出席于革命实践研究院的纪念周,讲述此行经过,其重点则是"知其不可为而为之"。本来蒋之不愿与他自己所领导的群众运动分离已不足怪。是好是坏他已孜孜经营是项运动达数十年,则当初不过是一种手段,一项方略和一截过程,以后可以视作一桩成就和一段归宿,本身即具有价值。

其实毛泽东也有同样的表现。从历史家的眼光看来,土地革命中的平等观念不过是过程中的策略,借此以扫除过去放债收租束缚经济发展的桎梏,树立一个新社会之基点。以后之经营无从不脱离此最初之底线,但是毛泽东始终不能放弃全民吃大锅饭穿蓝布棉袄之原始的平等观念。为着保持这理想,他不恤发动文化大革命,使当初他自己领导农民暴动之余焰又在城市里燃炽十年,也阻挡着下一段的改革。

只是有了蒋介石与毛泽东的"多余与过剩"之行动,历史之更换主题反弄得非常明显。既已创造一个新国家的高层机构,则必须翻转整备其下层组织(日后蒋在台湾也由陈诚主持 1953 年之"耕者有其田"法案,使农村体制能符合新时代之需要)。上下都已改组就绪,则必须在行动上重订上下间法制性之联系。于今海峡两岸都已主持重商政策,即是希望在公平而自由交换之中厘定各人权利与义务,以构成永久体制,是全面更新再造之最后一个阶段。

1940 年间,我也和当日多数的青年下级军官一样,希望国共的军事冲突不致恶化而为全面战争。及至内战既已展开,则又希望国军早日胜利,使战事迅速而圆满的结束,曾未预料以国军对日战争后军备补给之优势,战局尚可能如以后之急转直下,而尤以 1948 年至 1949 年之惨败,实为意料之所未及。

我在战后流落海外,当初自然无从创造以上之三段看法,可是也不能接受"贪污无能"之皮相之谈，又早已看出"中国老百姓好，政府里的人不好"之不合逻辑，当时各方尚在盛传国军始终无心作战，只是弃甲曳兵而走。所述纯系内战已近尾声时之情景，而无从包括整个战事。1947 年 5 月，整编第七十四师师长张灵甫与以下将领幕僚二十余人，在山东孟良崮兵败之后集体自杀，部队亦死伤殆尽；1948 年 3 月，原曾早岁在长城抗战之第二十九军军长刘戡与其部下师长在陕西宜川同时阵亡，即当中荦荦事例，表示国军并未缺乏战斗精神。即以最后一次之淮海战役而论，《中共党史大事年表》亦指出人民解放军参与者六十万人，作战六十六日，死伤十三万，此死伤率已超过百分之一点六。而且战役前后国军高级将领如第二兵团司令丘清泉与第七兵团司令黄伯韬又相继殉职，面对如此雄伟而悲壮之史迹，我们无从以自己主观而狭义之"善恶"标准概述之。

再度来美后我与现场愈远，避免了情绪之冲击，也因着历时愈久，愈能接受历史之仲裁。及读明史，更恍然领悟到 1940 年间之内战，表面看来可看做蒋与毛继续着他们终身之仇怨厮杀，或者不出于国共两党之权力斗争，而实际其在历史上长期之功用，则已超过交战者企划之外，旨在改组中国之农村。原来中国在 20 世纪虽已废除专制皇权，并曾一度在形式上创行代议政治，但并未实际作体制上之改造。除去沿海一带已有有限度之现代化之外，中国之社会仍是明清社会。

这社会由"尊卑、男女、长幼"之序次构成，仍离不开《周礼》式由上至下之原则。其上级有权力，但除良心与道义之约束外，对下级无所谓责任。下级则只有义务而无权利。此种组织以今日之眼光视之不能避免矫饰之指责。其中任何情事只要能在官僚体系逻辑中解释得过去，即可以对外不负责。又经常以仪礼代替行政，积习所至，只有阻碍民法之展开，而防制社会之多元化（因为民法着重各人之权利与义务，社会愈趋繁复，对民法之解释亦愈精细）。况且自洪武帝以《大诰》治天下以来，已一意培植无数之小自耕农，他们之收入歉薄，从他们手中所收集之税收为量过微，也只能维持传统之衙门，不足以言改革。此种体系既已持续了近六百年，于是司法简陋，即使农业之收入纵有剩余，亦甚难投资至其他方面去，以促进经济及科技之发展，而另一方面农村内亦缺乏资金，只有远亲近邻互相盘剥，放债收租，习为故常。即毛泽东自己亦用"一穷二白"形容 20 世纪之中国。

　　劳动力之雇佣亦与土地占有有关。中国农民最大之困窘，不在失业，而在"未充分就业"（underemployment）。因为耕地分划过小，农作方法又未能推进，只有季节之间农忙，其他时间闲惰。抗战期间我曾出入湖南乡间数次，每次均见年壮力强之轿夫自备简易竹轿在道旁茶馆行人休息之处兜人雇乘代步，足见农村人口与劳力，多有裕如，而军中缺额须壮丁填补，兵站须运夫输送给养，又不能征用此等人，因其劳力仍为农户之生计不可或缺也。

　　我们述及国民党及蒋介石之政策意在保守亦非使一切维持现状。从他们在 1937 年前之财政税收政策，又配以修筑铁道公路，成立四省农民银行，设立资源委员会等举措看来，其政策在不惊扰现行体制之原则下，实际取法于唐尼（R. H. Tawney）教授之建议，先开发长江三角洲，使其成果分润于内地，亦使工商业之发展分润于农业。此种设想理论上非不可行，只是须农村问题不再恶化，中外乂安数十年才能见效。事实上中国未曾有此数十年之乂安。蒋介石未曾在土地问题上动手，亦非代表地主之利益，只因农村问题之过于棘手，过去国民政府之减租令，无从执行，只得成为具文。

　　从我已经过目之文件看来，中共之土地政策，也不能算是依预定之方案有秩序的做出。固然他们于 1946 年发出"五四指示"（原称"关于清算减租及土地问题之指示"，于 5 月 4 日发出），但是随即对这问题之解释已产生所谓"左倾错误"。我们只能想象以南北气候、农产耕作方法之不同，背景上又缺乏有效之法律理定土地租赁买卖之一定程序，况且无可靠之统计。土地改革即不可能成为理想上之改革，其情形必逼近于韩丁及张正隆之叙述，最初以农民暴动之方式发难以恐怖政策执行，即局势稳定方作各项调整，亦不能与过去情形对照做得公平合理，只有不承认以往之所有权，率性重新分配，反奠定了以后成立人民公社，实行耕地国有之基础。他们之叙述也和毛泽东在1927年所写"湖南农民运动报告"相呼应。毛泽东在二十年前即写出："其势如暴风骤雨，迅猛异常，无论什么大的力量都将压抑不住。"

对内战之出处讲，土地改革实为胜败最大的关键。

土地改革解决了中共一切的动员问题。一到他们将初期的农民暴动控制在手，兵员补充与后勤便都已迎刃而解。兵器的补充也不成问题，凡日军之所驻在到处都有枪炮弹药，再不然即是俘获国军之美械。在国军掌握的时候枪炮弹药件件都要点算核对；共军到手就尽先使用发挥它们的效能。中国的内战在一种奇怪的情形下展开。战事既像全世界最大规模的一次农民暴动，也辗转地在几个地区继续不断的重复进行。国军迭次击退共军进犯之后终于在最后一战役失利。四平街战役国军三次战胜，只有第四次战役才使四平街失守，而且失去即再无法规复，其背景则是国军局促于城市里资源有限，对方则不断地发展扩充，广泛地利用农村内人民物力。我们常用的名词如"消耗战"（war of attrition）还不能道尽此中衷曲，其实情可称"复原战"（war of recuperation），竞赛之结局看谁能恢复旧观卷土重来。人民解放军之实力有如鲨鱼之牙齿，虽打落仍可复生。及至1948年冬战役后，由中共控制之区域逃回的朋友说起，敌后动员竟有如是之彻底，凡所经行之乡间道路均有儿童把守，避免通渠大道之正规巡逻易，逃脱狭路上之"小鬼"难。

我们无从断定蒋介石是否获悉这段改造农村的情景。即使全部了然，他也很难采取不同的做法。他既已被催逼着去领导抗战，大功告成，他又因内战之阴影而失去了已赢得的民族英雄之光彩，此时他断无法承认他自己的保守政策仅在维护明清社会体制，他也决然不能相信他在褫夺无土地的农民之权力，使他们的妻女之安全没有保障。既然如此，他只能认为破坏现有的社会秩序、唆使人民将各地放债收租的地主拳打脚踢斗争至死的人物为"共匪"。而中共也因为他的军事行动称之为"战犯"。自此我们可以看出中国革命之悲剧：这国家需要改造，但是新旧体制之间有了二百年至三百年的距离，于是只能以暴力的方式执行之。在找不到适当的对象对这两三百年负责时，只引起交战者隔着远距离呼叫对方为犯为匪。

当中共提名蒋介石为战犯时，他曾有强烈之反应。以后美代理国务卿及总统杜鲁门亦提出此举之不公平，蒋即记入 1948 年 12 月 31 日之本月反省中。

至此他仍将对共军作战视作他主持之对日抗战之延长，上下信心之关系亦应一切如前。及至险象毕露，他之不服输的态度，亦与在南京武汉撤退时无异。

可是，亦即在写此一段时，文中已表示城市人口普遍的厌战，他的组织本来脆弱，至此广泛地区之基层组织都已被中共接收后改造，他们的地位更为动摇，当年 10 月 29 日他在北平答复《纽约前锋论坛报》的记者谈及国军节节败退之原因，有如："政府为人民之政府，兵员之征集，粮秣之筹划均须顾及人民之利益，恪遵国家之法令。虽然谈话中仍用道德之名义区分着"正牌"及"造反"之不同，他所缕述已勾画着一个失去掌握之中央集权体制和另一系列新生而不受拘束之基层组织，在长期作战竞赛着恢复元气的过程中主动渐为后者掌握。共军得势其长处在动员。

蒋介石于 1949 年 1 月 21 日"引退"。他次日之日记有：

> 此次失败之最大原因，乃在于新制度未能成熟与确立，而旧制度已放弃崩溃，在此新旧交接紧要危急之刻，而所恃以建国救民之基本条件，完全失去，焉得不为之失败！（1949 年 1 月 22 日）

在 1948 年国民政府行币制改革之前夕，他的日记里已提及米一石值法币四千万元（1948 年 8 月 14 日）。引退后往故乡溪口，他又在日记内写出：

> 为政二十年对于社会改造与民众福利着手太少，而党政军事教育人员，更未注意三民主义之实行，今后对于一切教育，皆应以民生为基础。亡羊补牢未始已晚也。（1949 年 2 月 1 日）

这一段也可以视作他日后在台湾执行土地改革之决心的准备。

专家估计：内战之死伤数尚且不计，各人分得之土地又自 1958 年后一体并入人民公社，如今则又以"承包到户"的方式拨归私人经理。没有人能对这一串事迹居功骄傲，也无人能对全部程序负责。

我所建议将中国在 20 世纪长期革命分作三个阶段的看法，并非漠视过程中之牺牲，而是主张数十年呻吟嗟怨之余睁眼看清因各种代价所收获之成果。如果一人一时一事不合情理无足为奇。甚至一个团体在一段时间所做事全有未当犹可分说。如果一个国家和一个民族前后数十年所做事全部错误，那也就难能令人置信了。历史是时间之产物，有累集性。要是我们忽略每一情事之积极性格，亦必误解以后发生情事之真实意义。

我对白修德所著书，多时不能同意（有如他提及第六十二军在衡阳战役未尽全力，即与日方战后公布之资料不符）。可是他在抗战胜利后才一年即写出："在我们这一代的时间内希望中国风平浪静，未免童痴。中国若不改革，只有灭亡。"当日读来令人怀疑，现今四十七年后看去，则此段一句一字均已兑现。

　　其所以如此乃是中国之社会组织仍与历史之发展脱节。本书读者亦可看出中国对日抗战实系侥幸取胜，其本身之缺陷尚多。以上业已提及日军发动一号作战时于长沙衡阳间布置指挥系统兵站配备，水陆路程数百里，除受美机袭击外全无阻障，可见得除被征派外，当地农夫渔民船户与战事漠不相关，其本身利害与政府之利害尚有长远距离。而且他们之生活亦未解决不能作无偿之供应，甚至尚供敌方驱使，鄂西及常德战役均有"伪军"参加。衡阳战役时中国人之"归顺部队"尚且加入对方第四十师团内作战。有此种种缺陷，中国无从成为一个独立自主之国家，遑论及履行"四强之一"的任务。内战随着八年抗战接踵而至，有其内在之原因。从白修德之预言看来，实由"非人身因素"作主。

　　我们对"阶级斗争"无信心，但仍不得不承认中共之土地改革在中国长期革命之过程中产生了"杠杆作用"（杠杆作用一名词前已用过）。纵使计口授田之原则只能用作创始，不能持久，发动之群众运动即已使中国农村脱离传统由上至下指派之典型。农户欠债，土地小块经营，劳力无法输出，亦无处使用之杌隉亦一扫而空。中国自 1949 年至 1979 年三十年间，由农业剩余存积之资本据估计值六千亿元（1979 年价格），为邓小平主持经济改革之成本，至今中国仍为一个农产出超支国家。

　　从长远眼光看去，除非当初蒋介石挺身而出，以一己抵挡中国社会组织结构之不足，使中国赢得一个半世纪以来国际战争中之第一次胜利，以上所述之发展与收获尚无从着手。那种群众运动全靠对外隔绝，以战时动员之背景作支撑。蒋介石及其继承人在台湾经济建设之成功，尤对大陆之经济改革有刺激及诱导的功效。

如此本书如何下结论？我发觉只有再度引用蒋日记中之一句：

不行不能知，惟行而后乃能知其知之真伪与是非也。

附 录

接受历史的仲裁

——如何纪念蒋介石忌辰

今天（1995 年 4 月 5 日）是蒋介石的 20 周年忌辰。古人说"盖棺论定"，二十年前我们很难凭空对此一代历史人物论断，今日我们有了多余的历史之纵深，至少可以开始对他一生作为对于我们生存者有关之一部分，产生共识。

我最近研究蒋介石大事行止，发现他对付当日局面，只有轮廓观念，并无具体计划，即以抗战而言，军兴时无财政储备，无友邦支持，无反攻时的打算。他所作《抵御外侮与复兴民族》是八年抗战的基本文献，内中说及："他们要占领我们十八省，至少要费十八个月，这十八个月时间，那国际变化还了得？"以下则再未指示其他出路，这种办法，被史迪威称为"待得久的得胜"（Winning by outlasting），也最为史所诟病。

难道他蒋介石还不知道本身缺点？

然而，中国不能和日本作战。抗战刚开始时胡适即说中国是一个中世纪的国家，以罗斯福对中国之同情，他也说中国尚逗留在 18 世纪，远在 1934 年蒋即以徐道邻的笔名发表一篇文字称为《敌乎？友乎？》，承认他自己所标榜的一面交涉一面抵抗，"实在只足以表示当局的无办法"。蒋介石的抗战被环境及国民公意逼成以"时时可死，处处求生"（也出自《敌乎？友乎？》）为宗旨，只有气势磅礴，却缺乏逻辑之完整。

战事刚一开始即发现伤兵无医无药，全国动员兵力三百万至五百万，可是只有步枪一百万支，兵工厂所生产平均每兵每月只分得子弹四发。史迪威为驻华陆军武官时，曾亲见 1938 年江西德安之役有一个王团，全团只有轻机枪四挺（应有一百挺），每挺配子弹两百发（可在十数分钟射完）。但仍向日军攻击，激战五昼夜之后全团一千五百人只有四百人余存，死伤之一千一百人内有六百名阵亡。

蒋介石如何支持这种局面？只有咬着牙关硬拼，他在军事会议的指示与训辞，大体都保存完整。内中说及官兵吃饭只要吃够，不要吃饱；子弹只剩一百发时，仍要将六十发作实弹射击用，以期其他四十发在作战时百发百中；炮兵无骡马时，只有官兵自己用肩力臂力抬炮，自团长以下始。蒋熟悉各将领性格，作战时以电话亲自越级指挥，非经他核准不得撤退，否则军法从事。

他钦慕曾国藩，很多人即据此以为他守旧，其实他所着重的乃是曾的蛮干精神。曾国藩曾经说过："不为圣贤，便为禽兽；莫问收获，但问耕耘。"蒋介石在有些方面持有此精神。

很多人尚未看清：中国并非构成一个现代国家才对日抗战，而是乘着国际战争组成一个现代国家。李宗仁之回忆录由唐德刚博士执笔，不久之前问世，内中提及"卢沟桥事变"，蒋电邀李及白崇禧往南京筹划战事，立即有四川之刘湘及云南之龙云劝阻。他们尚以为蒋以抗战为名，扣留李、白，进而攫取各人省属地盘。而且淞沪战事进展数旬之后,蒋向各省强人乞兵,仍无从以统帅名义命令调派,而仍须称兄道弟地讲交情,而所派来的军队也仍是"八国联军",各有其本身之编制装备战法,各人亦当然无法忘怀其各自本身之政治背景。

我在国民党军队当下级军官十年,就确切地知道统御中国军队之不易,大凡涉及军令最基本的抽象观念,如"协同动作",也要自幼入小学开始训练,又经过竞技的集体行动而养成,此种观念甚难在农民士兵心目中生效也。农村社会中,人与人之关系为单元,恩怨关系重要。及人军中,将领对袍泽之关注近于袒护,下属方拼命为长官争面子。这和商业社会中各事物均可公平而自由地交换,各依数目字管理,因之权利、义务、责任均具客观性有至大之差别。国民党军队各师具有地域性,即中央军亦分派系,社会因素作祟。抗战时生活困难,下级靠上峰周济,又因为法令森严,各人缺乏安全感,上下互相依恃愈深,战略单位愈不易协定。

蒋介石督导大军不能不顾及以上诸条件,他虽称信赏必罚,仍无从不顾实际利害。他虽因韩复榘之弃守山东而将之枪毙,对余汉谋之不战而失广州却又无可如何。军阀旧部如李服膺、石友三各处极刑算是咎有应得,可是酆悌以长沙大火获罪,程泽润因壮丁被绳索牵吊见于重庆近郊而获罪,至今有人为之鸣不平,其实酆与程均曾为蒋之亲信。又张德能以不死于长沙而定谳,过去亦经蒋亲自赞赏又授有最高之青天白日勋章,所以李宗仁称蒋为人心"狠"。然则不如此,蒋又不能使一个中世纪的国家之社会习惯所构成五花杂色的军队,以窳劣兵器和强敌对抗八年之久。

我主张读者在对蒋介石评判站在或褒或贬之立场前,先仔细推敲下面一段。此文见于他的日记,写在1930年除夕,去抗战尚有六年半。原文为:"无父无母之身又过一年矣。人只知我体面尊荣,谁知我处境之痛苦乎?若非为国家为民族为主义,则此身可以还我自由，今不知何日始可以清白之身还诸我生者，诗曰：'毋忝尔所生'。我其以此自念哉？"初看起来这文字不近人情。他写此段时四十三岁，有妻有子，身任国民政府主席兼陆海空军总司令，一年之内他已相次打败李、白、冯、阎，因之才叱咤风云。写过此段不久之后他尚要因言辞不合，将一位党国元老（胡汉民）拘禁于汤山，另将一位昔日同事黄埔军校筹备人（邓演达）处死刑。至此，他为什么还要自伤身世以孤儿自称？他还要以不得自由而嗟怨？

我们纵无从关说以上一字一句全系由衷之言，可是却可以指证他在事不由己的条件下执行国策，事确有之。即本文所叙业也已提及抗战由环境逼成，不容选择，他的方针有气魄而无逻辑，经过内战之后又全面对外，以致公私敌友难分，赏罚既要公平合理，又须顾虑门面派系。此亦即处处都是矛盾，非他蒋介石可以平白左右，掌握着这样一个局面已经极度艰难。他原来是一个感情充沛、具幽默感、豪爽不羁的人物，即在抗战前，已要全部改变个性。他所谓清白之身不得自由，乃是有时不得不违背自己良心做事。国家民族在非常时期显示着它们独特之性格，也表示着抽象的理想，有如前人所说"天意人心"，是一种历史上运转的力量，它的运行，已不能由我们各个人之好恶而更变，即领导人亦然。

原来中国在 20 世纪初年因为内外冲击，所有国家社会体制因为与时代脱节而全部崩溃，需要整个重新再造。只因为工程浩大，蒋介石所主持的一部分，实为其高层机构，包括现代式的政府组织及技术官僚组织（如资源委员会）、统一之军令、征兵法、法币制度、中央银行、战时之田赋征实、学校教育制度及各军事教育机构，总而言之即是一个新国家之外表轮廓形貌，此时当然一切因陋就简，可是因为蒋一面硬拼蛮干，一面又勉强将就，终使中国之抗战得到外间承认。对日作战之后不只十八个月，而系五十三个月之后，才有珍珠港事变，日军侵入中国不止十八个省而有二十一个省，可是也终于战败被遣送返国。经过这一战之后，中国才真能独立自主。

蒋介石最大弱点乃是他所造成的高层机构缺乏社会结构侧后支持，于是他只有自己挺身而出代替组织制度之不足。大家都知道他在战时自兼四川省政府主席、中央大学校长，却很少有人提及他尚是农民银行之理事长，又兼中央、中国、交通、农民四行联合办事处主席，当然，这样的组织仍旧脆弱而效能低。

为什么他不着手改造中国的基层组织？

这是一个很有意义的问题，也触及本文之症结。简单说来，重建中国社会之基层只有放弃现有一切，离开城市，进入农村，起先干预村庄内的放债收租，终至牵涉土地所有，所解决的为几百年累积的问题，无从局部化，也无从低度进入而收束。从历史到现实经验看来，这须要另一种组织、另一种纪律和另一种外交政策，由中共在内战时完成。

只有今日我们可以避免当日国共冲突时感情之冲击，才可以平心静气地看出中共之另起炉灶在技术上具有分工和专业的意义。他们不另创高层机构，大部队只用无线电联络，又经常令干部开会讨论，以代替职业性的官僚组织，采用供给制，又全部摈弃都市文化，也不沾染金融经济。如此全部与外间绝缘，才将这样的开刀方式完成（台湾因为基础较大陆巩固，内情无此复杂，又有外援得因1953年的"耕者有其田"法案完成其土地改革）。

毛泽东的土地革命之后，又使全民穿蓝布袄，吃大锅饭，由政府向农民低价收购粮食，同样低价分配与市民，两端压低工资，才以三十年的节衣缩食存积一段国家资本，为邓小平改革开放之本钱。我回忆年轻时国军被驱入内地，工厂数只有全国的百分之六，发电量只百分之四。迄至1939年所有内地各省总共所出产钢铁才一千二百吨，后经资源委员会的惨淡经营至 1944 年仍只一万余吨。去年大陆所炼粗钢即可能已突破一亿吨，亦即一年三百六十五天，每天二十四小时，迄至每一小时中国所产钢已超过抗战时内地全年产额。这不可能是一人一党一年代所能创造之奇迹，而系全民意志力透过各领导人接力所完成。

说到这里，我要指出当初蒋并无意于反共。迄至北伐业已开始他作黄埔第三期同学录序的时候，还在呼吁国共合作精诚团结。一直到他认为中共和国民党左派（如邓演达等）妨碍他组织高层机构的工作时才开始"清党"。从此他们与马克思所憧憬的共产主义产生了至远的距离，这样更表现着通过亿万人民的长久大事，不由人力上的因素全部所生。毛泽东与这一时期中共的最大成就，则是剔除了农村里放债收租、由远亲近邻互相盘剥、耕地分割至小、乡绅武断地方的种种旧习，使农业生产突破传统，获得生机。

我们也毋庸强调各个人人身上的弱点。蒋介石和国民党在大陆最后的失败，不是"贪污无能"四字可概括，他们所控制的人力物力资源本来不足，又处在一个不能在数目字管理的环境里。相似的，毛泽东自认已将数亿农民"解放"，在组织结构上讲，他仍不过将中国搓捏而为一个庞大的扁平体，只有教条，缺乏法制，兹后内政外交均无出路，这也是他的成就已到极处无从再解放的彷徨。我们只能说，蒋介石是哲学家，他冒险蛮干，自谓"不行不能知"，可是他以纪律约束自己。毛泽东是诗人与艺术家，他以为宇宙间无穷尽的美感可以在人身上行动上体现（这样看来邓小平可算数学家，怪不得他是打桥牌之能手）。

我所谓接受历史的仲裁，乃是承认现实，尊重不可逆转之成果。蒋介石已始创替新中国建立高层机构，毛泽东翻转基层组织，迄今还待在上下间敷设法制之联系，以重商政策主持之。我写这篇文字时，内地还有数亿农民过着贫困的生活，农村剩余人口往都市觅工的也以亿万计。这不能再用阶级斗争了事，只能继续开放，继续扩大内外市场，疏通前进部门，才能舒展落后部门。最紧要的问题不是谁掌军权，而是如何保障人民币。硬性的中央集权与地方分权都无意义，只能在行动中，在某一案情每一事体中，研究觅得当中应有之均衡。

在这关头，纪念蒋介石忌辰毋庸为他歌功颂德，只要把他一生事业平铺直叙据实直书，与前后历史衔接关联，就已尽到纪念之分寸，也达到纪念的目的。

对蒋介石和毛泽东的几点看法

我自信我的历史观已经尽其客观，因为重要的结论，都曾几次三番从不同的角度引证，也曾先后在纽约、台北、上海、北京、香港出版。不过现在还是让我先退归本位，回复到主观的立场，简述我自己孕育着这段历史观的由来。

1937 年抗战爆发后不久，沿海各处相继失陷，我即立意去从军。当时我未满二十岁，符合传统的所谓"弱冠"，只凭着一股稚气，满以为前方战事失利大抵都由于旧式将领以下军官畏死塞责。他们不断地后撤，嘴里只说转进，若有如我辈者一下决心，口至身随，有进无退，必能挽回颓势。这时绝不止我如是想，与我一同应考的军校同学，很少例外，都有此愚志。

也料不到以后编入军校 16 期 1 总队派往成都受训，入学时间即是两年，内地交通不便来往又各半年。及至毕业分发到部队里当排长，已入抗战后期。这时候我们一个师通常只有六千人左右，并且行军时埋锅、造饭、煮水、挑柴全系农村习惯。日军的一个师团经常有一万二千人至一万四千人，配属特种兵后可能多至两万人。双方火力尤其无可比拟。最近我才看到湖口、马当要塞失陷的记录，当时过早失陷，据说咎由支援的步兵。可是事前检阅该部队的德籍顾问即有报告："机枪迫炮全系废铁，步枪堪用者不及半数。"李宗仁所写《回忆录》述及他在徐州时，由他指挥的四川部队所用兵器半系土造，由他自己请发新兵器，也只有每师步枪二百五十支。同时史迪威任美国驻华武官，他发现一个步兵团应有机枪百余，实际只有四挺，每挺配子弹两百发，可在十分钟内射击。这团激战两昼夜后，死六百人伤五百人，剩余四百余人奉命撤退。战后，我看及的日方文件，一般在列举他们自己的死伤数外，动称国民党军队"遗弃尸体"在他们阵亡数二十倍以上，使阅及的人至今目击心伤。

原来中国是一个中世纪的国家，全靠上下蒙哄对外掩饰才胆敢以苦肉计和空城计的姿态对日全面作战。战前蒋委员长所掌握的三十个德式装备步兵师，不及一年即耗损殆尽。据日本大本营一个大佐的估计，国民党军队总数曾一度低至九十万人，以后全赖吸收各地保安队及征调农民，素质也每下愈况。即后期仍维持兵员三百万也只有步枪一百万支，即最基本的轻兵器弹药每月用原料三百吨也全赖美援空运；制成的步枪子弹平均每兵每月分得四发，包括机枪所用在内。

当日国民党军队所掌握的省区全年产钢，最高量不过一万三千吨，最近大陆方面所产粗钢早已超过每年亿吨。这也就是说：1944年的全年产量，约五十年后可以在九十分钟内制就。

其所以如此，乃是蒋介石及当日之国民党替新中国创造了一个高层机构，使中国独立自主。毛泽东及中共则翻转了农村基层。经过这样的惨痛牺牲，历史不能令人平白地浪费。即在辗转反复期间，亦仍有全民含默的共同意志（卢梭及黑格尔称之为"公共意志"，general will 或 volonte generale）在。即有如"文革"期间，虽一方面盲目地破坏，另一方面全民吃大锅饭穿蓝布袄，政府以低价向农民购取粮食，又以低价配与市民。于是两端压低工资，全部节食缩衣存积得一些国家资本，为钢铁增产的原动力，也是以后邓小平改革开放的本钱。

历史学家告诉我们：大凡经过长时期大规模而又带急剧性的改变，即当时的领导人也难能洞悉当中的实际意义。还待几十年后，有了多余的历史之纵深，才能使人了解各事的因果关系。又有如托尔斯泰所提示：观测各星球运转的规律，才能领悟到地动。

蒋介石所组织的高层机构主要有三个项目：一是统一的军令和征兵法；一是法币与中央银行；还有一项是新型教育制度，包括各种军事及专业学校。除此之外，大都有名无实。即是以上三者也因为缺乏社会因素在侧后支持，效能脆弱，被人斥为"贪污无能"。其实问题的症结不在外表现象，而是一个中世纪的农村社会缺乏支持上述高层机构的功能。

我之有此醒悟，还是 1950 及 1960 年间在美国以悠闲的姿态，披阅有关明清社会资料所得成果。这样一个中世纪的农村社会以小自耕农作基干，土地分割至细，无大规模存积资本之可能。政府也只注重管教，无意于提高人民生活程度，对内不设防，更无应付国际战争的财政税收能力。至此掩卷长思，忆及我年轻时做下级军官在农村里看到各处宗祠，"文魁"及"进士及第"的牌匾，大人物墓前的"神道碑"和节妇的贞节牌坊。这样看来，我在 1941 年所眼见的社会仍是明清社会，因为当中并未经过体制上的改革。尤其日后听费正清教授说及，蒋廷黻告诉他：中国学人对西洋情事非常熟悉，对自己内部情形反而茫然。至此更增加我的信心，我更要不拘形式，将以前不见诸经传的情形，以口语道出。

在农村社会里，以人与人之关系为单元。通过"尊卑"、"男女"、"长幼"的序次，"学谊"、"乡谊"与"族谊"，有等于新社会中之"权利"与"义务"。我在军校既为 16 期生，则凡 15 期以上概为"老大哥"，17 期以下尽为"小老弟"。以后我做幕僚，与司令长官朝夕过从也真奉之如父兄，他也真以子弟待我。为什么不能摆脱这些"封建"陋习？因为新社会尚未登场，我们无从参照电影脚本，预度台词，去适应一个凡物都能公平而互相交换可以用数目字管理的社会。换言之，军队固为改造社会之工具，它本身也仍系社会产物。当日国民党军队不仅装备落后，内中的人事关系也沉湎在明清社会的气氛里。

这样看来，蒋介石在历史上的行止至为特殊。他固然训练出来一批黄埔师生，但是也接收大批过去的军阀部队，他的兵员百分之九十以上来自农村。于是他以各式不同的方法与手段，又机智地利用外援，苦斗八年，终将日本拖垮。我们只能惊叹于他的胸襟气魄；若指斥他的手段在某方面道德与不道德，就误解了历史赋予他的课题。前面已经提及，整个社会需要再造，道德标准才能修正。要是在这再造期间，身为领导人的蒋介石行止全部符合某种角度的道德标准，那他所处的社会也用不着改造了。

我所写有关蒋介石的文字曾被指摘"以历史之长，掩人身之短"，其实凡人指斥蒋之情事我书内无一不提，只是我不相信他利用历史之矛盾自利。相反地，他主要的贡献，乃是以自己之人身抵挡历史的缺陷。他的高层组织缺乏社会机构支持，他就以自己人身填塞过去。有如在重庆时，中央大学教职员产生内部纠纷可以影响到陪都的安宁，他就自兼校长。学校里公费生抗议伙食不好，他又以校长的身份到食堂里与师生进餐一次。四川省主席王缵绪与川康绥靖副主任潘文华冲突，他将各人外调又自兼主席。同时他又自兼中央、中国、交通、农民四家银行联合办事处主席。这最后一段兼差更表现当日困境：内地无调节金融的机构，如股票市场和公债市场；军费开支与税收不能平衡，当中无缓冲地带。四行在战前沿岸一带，各有专业也能尽到分工合作的功效；一至内地，不仅业务重叠，也与其原来的性格冲突，他身为统帅尚须在财政部长之下钻入干预到各行的日常经理业务，他的琐屑常为外人讪笑。但是，后面更重要的背景则始终未为人道出：中国以 18 世纪的架构贸然接受 20 世纪的挑战，宜其组织发生罅隙。

蒋介石为历史人物，已无赖于我们之"褒贬"。可是因为他是中国近代史里一个重要的环节，对他错解，也可能误解历史，甚至也可能全部忽略他所领导的群众之实情，以至对我们自己今日在历史上的立场发生惶惑。

去年（1997 年）5 月白先勇先生来访。席间他提及他父亲白崇禧将军事迹，白先后任蒋之副参谋总长及国防部长。蒋倚之为战略策划；但又不能对他完全推心置腹，因为白不能完全脱离李宗仁，也和桂系将领如廖磊、李品仙等有私交。所以白在台北逝世时，蒋有如汉高祖之悼韩信，"亦悲亦喜"。

我钦佩白先勇说及此事时的慷慨坦白，他的见证也反映着我所说蒋利用各种因素设法创建新时代体制的矛盾。

蒋介石在 1949 年内战失败而来台湾，在 1950 年"复总统职"而为草山之主人。很少人想及，他自黄埔建军至 1949 年共二十五年，以后在台湾又是二十五年。不过他对中国最大的贡献，仍是在大陆创造的高层机构。这种成就不因内战失败而泯灭，假使没有他那一段奋斗，中国可能仍是军阀割据，外强干涉。

国共两党两次合作又两次交兵，如果我们完全接受当事人的论点，则蒋在 1927 年的"清党"，可算背叛革命，等等。在这里我们固然也可以采取中立的立场解说：既然双方都有不是，也各受冤损，何不彼此捐弃宿怨，只算两相抵消，一切重来。然则这样的解释消极肤浅，况且历史学家的任务，究竟与和事老的立场不同。

从大历史的角度看来，当日两党所主持的群众运动，同有迫于事实的需要，技术上却无从合作。为了救亡图存，蒋介石所领导的国民党正在补苴罅漏地创立新国家门面，企图获取友邦支助。他的成员兼容并包，旧时军阀与政客投降靠拢，也就是来者不拒。即暂时引用旧社会作风，亦无所不可，实际也别无他法。中共及毛泽东则望实质上改造中国，他们的改造基层有如在室内更换地毯。于是一在城市，一入乡村。一方编成德式装备的步兵师，在证券市场和借贷投资的条件尚未具备的情形下，先设银行联合办事处；一方则宁可在青黄不接的期间整个地摈弃都市文化，也有志清算各处家祠及大人物的神道碑。这样的趋势至"文化大革命"的阶段犹然。

彼此之各走极端，看来并未经事前策划，只是通过行动逐步加紧。武装冲突一开，对立的情势更无可挽回了。中共因此专以土地改革为唯一要务。这样的转向不仅影响了国共关系，而中共内部尚要经过几次三番的整肃。

中国的土地问题异常复杂，也可以分作"远景问题"和"近景问题"两方面解释。远景上问题的重心不在土地集中，而在政府为了征兵纳税，亘世纪贯穿朝代地培植小自耕农，防止兼并。土地分割愈小，愈无从存积资本，人民一般生活程度不能增高，只有使人口增殖。乡民也无力聘用律师，供应法官。清官断案则只注重息事宁人，不顾各人内在的公平，如此不仅阻碍新型司法制度之展开，间接亦遏制农村经济的多元化。

近程的困窘出于以上情形恶化而成，因为多年军阀割据内战频仍，真实情形还至少为外间获知。但是在内战前夕，据报道山东隔胶州湾与青岛相对的一个村庄（在中国犹为较富庶的区域），当日土地占有的零乱方式，使耕地无从合理地使用，已不能供应当地人民生计，致无业游民为盗为匪，作者预言如重新规划即保持私有制亦难避免流血惨剧。另一个美国作者在山西潞城一个村庄（比较千亢，但仍不是最穷僻的区域）的观察，农民放债收租已及于远亲近邻，往往使地主与佃农同处困境。所谓剥削的方式，尚不止于租佃关系，往往有雇人做工所付工资不能继持生计情事。因为如此，一遇天灾可能一家数口相继填于沟壑。即在最富裕的广东，领有三十亩以上的耕地可称地主，二十亩以上即算富农。这种穷困情形已非外援所能救济，只能由内部解决，即当日中共之土改人员非亲临现地尚不知问题之严重。

内战更增加土改之需要，人民解放军张正隆中校书《雪白血红》，记东北地区情事。作者访问参加内战之老人，都说抗战胜利后光复地区人民仍视国民党军队为"正牌"，初对"杂牌"之共产党军队并未热心支持。后者之动员，得力于土改，一经此号召则兵员粮秣与后勤诸问题亦从此解决。

中共进行土改的方式，以报仇雪恨发难，也鼓动村民造反。但是村庄一经其掌握，所有粗暴行动立时终止，为凶作歹的流氓也被整肃。第二轮进入村内主持改革者多为志愿服务之青年学生，他们长久与村民开会讨论，以便寓行动于教育。土地也经过三数次的分配及更正，以期公平合理，并顾及每家农户内劳动力情形，兼及特殊人户的需要，原则上尚且考虑同一地区之一致。在土改过程中村庄组织同时经过一段改造，最初由贫农团体为核心组织农民协会，次以农协为核心组织村民大会，所以全部结构由最低层向上。本地中共党员也经过以上三种机构复核，凡村民不表同意不得"过关"，仍须送特别班改造。今日中共党员近六千万，代表中国人口剖面，内中亦仍有10%之不识字党员。其原始组织仍追溯于当日全部农民以黑豆及白豆投入碗中表决所产生，除最近两三年内开始村镇选举，有非党员当选为地方负责人外，中共及于基层至今已四十余年。

当日土改结果，一般在华北地带平均每人可分得耕地五至六亩（相当于1英亩而弱），华南水田地带每人不过一亩。至此，均分田地仍不能永久解决问题。所以分田既毕，立即执行合作生产，次即归并于集体制度，实行土地国有，人民公社及生产大队因此登场。凡并合耕地，重开阡陌，筑建水库，修改地形也迅速完成。

今日中国人口逾十一亿，即在最基本条件下衣食无缺已至为不易。尚能继续增进，应当视作历史上之突破。毛泽东之功过，其党史研究室 1987 年所编之《中共党史大事年表》亦对之有所指摘，但是我们又无法忽视他在中国长期革命中之贡献。并且在革命的过程中，他一家所付出之代价，亦非不惨烈。况且我们教历史的人，责无旁贷，一件大事既已发生又不可逆转，则我们个人憎爱不论，只有鼓励后人珍视当中积极性格。

台湾之农民始终未如大陆之困窘。日治时代曾鼓励以稻米、蔗糖、樟脑等向外输出；蒋介石来台后即由陈诚主持 1953 年之"耕者有其田"法案，使地主各以土地一部分价让与佃农，实与强迫交接无甚出入。亦仿效麦克阿瑟在日本所执行政策，既经付出如此之代价即免除了有似大陆方面之动荡，以后再配合美援，终使台湾之现代化，较大陆占先机。

今日两岸同样重商，一方面固然旨在增进人民生活，使工资逐渐接近国际标准；一方面也借此充实新社会之内容，自此不断继续立法，使新体制逐渐接近可以在数目字上管理之境界。当中不免牵涉资本主义、社会主义与共产主义之争执，然则即忠实之马克思主义者亦不应对今日中国之举措产生异议，资本主义与社会主义之争执更无必要。现今世界上资本主义性格最浓厚之国家，亦不时在立法行政跟前，带社会主义色彩。未来世界是否可能进入共产社会，尤非生产及组织至今落后之中国所应仓皇着虑，且目前亟待注意的其他情事尚多。

如何了解历史人物蒋介石

    关于蒋介石我曾听到和阅及以下的说法：黄维（前第十二兵团司令官，黄埔一期，被俘）："他是一个伟大的人，不过他的方法是陈旧的，因为他，我一生被活埋。"

    罗斯福："……得到任何形式的团结，是一个极为庞大而困难的工作。……（他）在一个短时间内，要在全中国建造我们两个世纪所得之成果。"

    麦克阿瑟："早知如此（大陆被中共占领），我们应把蒋一口吞下，不管他的头尾。"

    史达林："他要领导中国，须先清算四百五十万人（据当时人口百分之一计）。"

    陈铭枢（告尤特士女士）："蒋介石有两种性格，一方面他无法，他自己违背法律，破坏法律。另一方面是他的好性格，他真心诚意爱国，希望领导中国到独立及良好的境界。他可能成为一个伟大的领袖，只要他不坚持每一个在政府里的人都只奉听命的话。我至今真心慈爱他，只希望我能帮助他成为中国的华盛顿……""他不经审判杀人，除非他同意，连县长也不能派……"

    徐达（我在美国陆军参谋大学同学，往广东作游击战被中共部队俘获枪决，临刑时）："蒋委员长万岁！"

    毛泽东(对尼克松)："他称我为匪。"（尼克松问及"你如何称呼他"

之后）"我们也称他为匪。"周恩来（从旁插入）："我们彼此糟蹋自己。"

周恩来（对美国新闻记者）："在这种情形之下（国共交兵），他愿意和我们谈判，实不失为爱国人士。但是他以为中国之事乃他一个之事，那是我们决无法同意的。"

尼克松："蒋和毛在外表和内情都是绝对的不同……毛坐下来懒散如一袋洋山薯甩在那里，蒋坐着像擦炮膛棍一样笔直，他的背脊骨有如钢制……"

白修德（1950年间对《新闻周刊》记者）："我当年低估蒋的困难，但是那种无政府状态，是我们无法含默不说的。"

李宗仁："我因为蒋氏未尝做过下级军官，没有亲上前线一尝炮火轰击的机会，深恐其在枪林弹雨中感到畏缩胆怯。我二人到城边战火正烈，流弹在我们左右嗖嗖横飞，我默察蒋氏极为镇定，态度从容，颇具主帅风度，很使我佩服。""蒋先生总喜欢遇事蛮干，一味执拗，不顾现实。""他……严肃……劲气内钦……狠"。

朱世明（驻日代表团长，因在日发言无忌，被蒋勒令辞职）："这些人的宣传不顾现实，说来说去连他们自己也相信起来了。"（以后蒋又召见朱以为将被扣押，蒋则当场感谢他多年的服务。）"这一手我倒没有想象得到！"

陶希圣："所有的文稿都经过他审核，有一次改稿五次之多，总不如意，到第六次他才说：'这样好了，不要改了'。"像这样的批评和传言不知凡几。读者自己也可以录抄起来，即可以缀聚成章。

今逢他的一百零七年冥寿，至他去世也即将二十载，有了多余的历史之纵深，我们则可以看出，这些资料先要综合，才能分析。蒋氏遇到历史上一个极具转折性的阶段，他代表一种史无前例，最庞大的群众运动，在青黄不接期间缺乏社会上机构体制的支持，他自己挺身而出，以代组织制度之不足，合法亦为之，不合法亦为之，亲自操切，强不可能为可能。而且相信精神上的力量，不许部属据实直言。所以他一生包含着无数的矛盾，他本性是一个轻飘而具幽默感的人，经过锻炼，顽硬如啄木鸟。他有妻有子，却早晚祷告，花一小时以上的时间静默，过着僧侣式的生活。他慈悲为怀，却下令枪毙自己亲信的部属与同僚，他能感动下级干部，却常常不能令与他共事的人心服。

最近两年我将他在各处发表日记中之摘录约两千条仔细阅读，发觉以下应为一般读者注意："政治生活全系权谋，至于道义则不可复问矣。"（1936 年 3 月 26 日）

"恐怖与憎恶二者乃为暴动之动力，感情与神秘之势力在革命心理学中占重要地位。"（1926 年 3 月 5 日）

"历史无事实，事实决不能记载也。知我者其鬼神乎？"（1926 年 11 月 8 日）

"凡事应以国家利害为前提，如我自认为是，则当以大无畏精神行之可也。"（1937 年 11 月 4 日）

"惟祈上帝能早日赦免余之罪恶。"（1938 年 12 月 12 日）

"不行不能知。"（1939 年 1 月 30 日）综合以上各节我们就知道无从以世俗道德的立场评议蒋氏，有等于躯壳未备，无从提倡健康。现在已有人指摘我一提及蒋介石就以成败论英雄，我就看不出尚有其他任何的方法可作凭借。认识历史上的蒋介石先要承认他的功业，他在旧体制完全崩溃之后牵扯拉拖的硬干蛮干造成一个高层机构，亦即新国家之躯壳轮廓外表形貌，有了这实质之立场作背景，才能看出当日他所能引用之工具及所遇之阻碍，即是评议他做事得当与否，也要将这些因素通盘考虑。否则全用主观之所谓"理性"及"本位"，不仅错认历史而且脱离时代。

（原载 1994 年 10 月 31 日《中国时报》）

关于蒋介石日记之二三事

1946 年春天国军击败林彪占领长春后，蒋介石于 5 月 30 日莅临大房身机场召集国军团长以上军官训话，并与各人单独摄影。那天我也在飞机场参与担任警戒，不知如何他专机上的人员和地面上缺乏联络，他也没有经过侍从开道引导，径单独一个人在我眼前走过。他这时候距我不过三四尺，一面扫视着迎接的人员，一面喃喃自语："好、好、好。"这数秒钟之内我有了一个不为统帅注视而单独在旁静眼观察他的机会。他面貌清癯，步伐并不十分稳重，显然是一个极端敏感的人，却绝对的受自己意志力支配。是以内情紧张，外作镇静。这两种力量之平衡，影响到中国多少亿人几十年的命运，那也怪不得有些人要把他形容成为一个天人和神人了。只侧眼旁观，我已无从否认一种无可形容的神秘力量之存在。

作为一个历史研究者，我不能把他视作天人神人（这也是我直称他为蒋介石而不用尊称的原因）。可是我极想知道这神秘性格之来源。过去我曾有机会与他人身接近的如董显光、朱世明、曹圣芬、陶希圣和郑洞国诸人对谈，略识蒋之性格；可是侧面之观察，言人人殊。而且也只及于一时之表现，而不及于特性之由来。

我深觉得如果有机会参阅他的日记，必可解决中国现代史上不少的问题，可是至今无缘见及原件。现经传阅之件不仅经过选择，而且有了修改。刻下三种不同的资料有两种原供国民政府内部人员参考，一种为对外宣传之用，初看起来至难引为客观而可靠的历史资料。

可是要将现已公布日记中各段落仔细比较，前后对照，并且参引业已证明之事实并和旁人所留下之记录综合分析，却仍可得到不少的启示：

"中山舰事件"

比如说 1926 年 3 月 19 日至 20 日广州发生"中山舰事件"。事后蒋坚持汪精卫与俄顾问协同，预备将他劫持，绑赴中山舰送往海参崴。结果蒋先动手，夺取中山舰，反将汪放逐，于是蒋集党政军大权于一身，完成北伐前的准备。近人研究，汪精卫无意诱蒋，只是与蒋不相得，乃以军事委员会主席资格表示蒋在广州不受欢迎，希望他自去，恰巧此时中山舰来往广州黄埔间形迹可疑，引起蒋之猜忌，于是他采取行动，事后案情大白，他却无法认错，只得坚持计诱绑架之说。

现已公布之蒋日记亦未认错，却有好几处侧面与后说符合，例如当年 3 月 20 日有"下午五时往晤汪兆铭"的记载，3 月 21 日又有如下一段：上午拟致汪缄，未成稿。自谓："既不愿以伪侍友，又不能以诚击我，故苦思难以执笔。"傍晚访汪病，见其怒气犹未息也。他在前一日已见汪，当日傍晚又再见汪。为什么还要写信给汪，并且"苦思难以执笔"？"既不愿以伪侍友，又不能以诚击我"，亦即是如不说谎，则只有自己吃亏。如果汪精卫真有绑架他的企图，那他又何必两次去访问？那汪精卫还凭什么可"怒气犹未息"？而且蒋却在低声下气地迁就他？

一个月之后蒋发表谈话，提及"中山舰事件"则说："但这要等我死之后才可以完全发表，因为这种内容太离奇太复杂了。万万想不到的事情,都在这革命史上表现出来。如果我不是当着这件事的人,我亦不信这件事情。"同时他也说及,"你们只看法国大革命史,就可以晓得这回事情。"

蒋介石的作风及性格

数年前我在电视上看到黄埔第一期学生黄维(淮海之役被共军俘虏)发表谈话,他称蒋为一代伟人,可是他对人的办法出于一种陈旧的方式,然则黄没有见及廖仲恺被刺前蒋介石与他的通信说及夺取政权与实行主义系两回事,而且当时需要作主者为"中国式的政治家"。怎样成为中国式的政治家,平日不以权利与义务的区划造成体系,而以人本主义(humanism)的条件构成罗网。私人恩怨成为组织中之要素,作为一个领袖却又要有"宁可我负天下人,不可天下人负我"的胆识去保全革命的实力。其实这一切虽未经蒋介石公开提倡,却已见诸其笔墨,有如"权力可以粪土,责任可以放弃乎?生命可以牺牲,主义岂可以敝屣乎?"(1926年3月19日日记,甚可能事后修订。)"今而知革命心理皆由神秘势力与感情作用以成者,而理智实极微弱条件。"(1926年3月3日)"政治全系权谋,至于道义则不可复问矣。"(1926年3月26日日记)蒋介石至为景仰的一位人物为明代万历年间首辅张居正。张之所以能做非常之事乃是自视"己身不复为己有"。换言之,既以天下为己任,则不再拘泥于名节,这已不是投机取巧,而是以天下为己任的一种至大的牺牲。

蒋介石富于幽默感,年轻时放浪不羁,有做游侠浪人的倾向,1923年他自记"某日晨醒,自省过去之愆尤",当中一项为"为人鄙薄者乃在戏语太多"。于是才立志重新做人。又直到1924年他奉令创办黄埔军校后他写信给胡汉民与汪精卫,尚自称"五六年前懵懵懂懂,不知如何做人"。以后批评他的极端攻击其伪善,恭维他的则极端赞扬其虔诚。其实两者都未全错，可是彼此都只说及蒋之一面。

蒋一生行止之最大出处为代表改造过程中之中国。其所牵涉既已如是庞博，又值新旧交替之际，则不可能以"善恶"两字形容。我今日披阅他的文书，尚有情形特殊、时间紧迫和可能采取行动范围狭窄之感。所以我主张评论他之前先将他的行动与当时社会环境权衡，再用当中矛盾复杂的情形，推测他下决心时之心境。

我的经验，蒋之行事常缺乏前后连贯之逻辑，很多情形之下亦非其本愿。1946年国民党特务人员杀害西南联大教授李公朴与闻一多，引起中外舆论攻击，杜鲁门去缄向蒋质问。很少人提及的是蒋因此下令枪毙云南警备总部特务营第三连连长汤时亮及同连排长李文山。当然两件坏事不能成为一件好事，这处置却暴露着蒋的矛盾与彷徨，蒋日记里也间常暴露他自己缺乏行动自由之痛苦。

我现今过目之蒋日记只有三个部下受到他的赞许，此为汤恩伯、薛岳及戴笠。汤能揣测蒋之心理，为国军其他将领不齿。戴笠担当秘密任务，蒋称之"热心可嘉，实不愧为革命之信徒也"，写在戴飞机失事之后，此已不足为奇。但是薛岳具独立性，不受驾驭，西方之观察家常把他写成一个与蒋分庭抗礼之人物。蒋在1943年冬常德战役时记下："此伯陵（薛岳字）之所以能为健将也，殊足慰焉。"可算是出人意外。

没有全盘计划的抗战策略

从蒋日记看来他的决心全系自己所下，他不受任何人支配，可是我们亦不能因此称之为独裁者。他在战时自兼四川省政府主席、中央大学校长、农民银行理事长，尚且又系中央、中国、交通、农民四银行联合办事处之主席。从这些职衔看来并不是蒋爱亲理庶政，而是中国社会尚未进化到现代的阶段，尤以大陆之内地缺乏工商业组织，无完善之税收制度。新式之银行机关学校，摆在千万个旧式农村之上，统成为社会之外界体。举凡内政金融教育亦不知如何互相协定。换言之，蒋介石所指挥的三百万至五百万军队（实际人数尚在估计中）为中国社会历来所无。亦即是蒋缺乏适当之社会架构在后支持他的军事，因之他只能自己挺身而出代替组织制度之不足。

战时外交也系蒋亲自主持。他之信任宋美龄及宋子文，亦只倚之为舌人及传话人。他的立场乃是"军事外交，在在堪虞，稍一失着，则崩溃可立至"。(1941年10月10日记) 因为他不倚靠职业性之外交家（这并不是对他们无礼貌，他亲笔信给郭泰祺与顾维钧，称之为兄，自署为弟），有时失算。

1943年开罗会议期间蒋令宋美龄拜访罗斯福，蒋夫人即提出借款十亿元，蒋夫妇均未悉罗斯福不说不字轻易应允之习惯，以为借款到手，当日下午蒋又偕夫人亲自再往罗处致谢。回国后更以政府名义颁发宋美龄青天白日勋章。但罗斯福见蒋后即告其子伊利奥谓蒋为机会主义者，只是无其他人可以代表中国可与之合作，及罗往德黑兰见史达林后再莅开罗，更与史迪威谈及如蒋不可靠则当物色可以替代之人。而蒋夫妇犹以为借款有望乃将正式要求提出。适值此时，由英国策动取消原向蒋提出以两栖部队反攻仰光之计划。蒋因此计划取消亦不愿反攻缅甸。此两事同时发生，经过史迪威等渲染，即在华盛顿产生传闻，谓蒋藉此要挟，如取消两栖部队攻缅则须贷款。如既不攻仰光，又不供给款项，则中国亦不出兵。此传闻给蒋造成极不良印象，不仅借款不得反使蒋失去不少美国亲华人士之支持。

从蒋之日记看来他主持抗日战争始终无全盘计划。最初向上海日本据点进攻，希望给对方至大之损害，亦未注意防范日军在金山卫登陆，及至敌登陆成功，则苏州附近沿太湖区域所筑国防工事均弃而未用（李宗仁之《回忆录》谓撤退部队找不到锁工事之钥匙，但看来此系搪塞解说），直至对方即将兵临城下，犹谓"南京孤城不能守，然不能不守，对国对民殊难为怀也。"（1937 年 11 月 26 日）可见得此问题未有既往之筹谋。

他在南京之前曾写出："抗战最后地区与基本战线，将在粤汉平汉两铁路以西。"（1937 年 11 月 12 日）此种想法言之成理，可是至此并未有在该地区作长期作战之配备的计划，而且不止此也，翌年九江未失守前，国军在彭泽附近反攻局部胜利，又燃起他的乐观情绪，他已希望在江西阻截日军攻势。日记云："鄱阳湖与庐山自宋明以来皆为我民族复兴最后胜利之地。民国十五国民革命军与孙传芳逆军决战亦在于此，遂以奠全国统一之基。今次与日寇在鄱阳湖决战，若果得胜利，则为基督在冥冥之中保佑中华复兴之效也。"（1938年 7 月 18 日）至此他又望在江西决战，而推翻以前在南北铁道干线之西决战的想法。

有类似之矛盾以及上述暧昧的地方，蒋介石经常为盟邦人士轻视；不少崇外之华人亦不以他为然。

中国长期革命的一个阶段

我自己只为内战后国军溃败流落海外重新上学，从此对世界史有了最基本的认识，又回味到年轻时，当下级军官时的耳闻目见，更加以以后将近半个多世纪的历史之纵深，才领悟到蒋介石一生作为只代表中国长期革命的一个阶段。中国并非先组成一个现代国家才对日作战，而是借着对外战争开始组织一个现代国家。

蒋介石作事不能有条理，他的处置无从以数目字作主。因为他尚未掌握到一个现代国家之资源。抗战不及一年国军被驱入内地，所在工厂数只有全国原来稀少的工厂数的百分之六，发电量只有全国的百分之四。迄至 1939 年只能年生产钢铁一千二百吨，以后迭经资源委员会的经营增进，至 1944 年仍只年产万吨（现今大陆每年用钢材九千万吨）。国军情形，简单说来，较外国新闻记者之揭露尤坏。

所以胡适说"中国是一个中世纪的国家"。汪精卫说："此仗如何能打下去？"都有实际之背景。而蒋廷黻谓中国人洞悉外洋情事而不明了本国内地实况，尤为一针见血之谈。

当日国军之大部尚系军阀部队拼凑而成。蒋只能以人本主义之办法应付部下，此因新社会尚未产生，只能沿用旧社会习惯。李宗仁之《回忆录》里提及他见庞炳勋时即称："你是老大哥，我是小弟，本不应该指挥你。"如此以私人关系驾凌军纪及权利义务之上，实为一般现象。据实写来即有如《三国演义》。我当少尉排长时即须与部下班长钩心斗角，稍不留意，我的指挥权即会落到他们手中去。我曾在台北及哈尔滨两次学术讨论会提及当日实情："半似乞丐，半像土匪。"

我曾在书刊写出：抗战期间我带着三十六个兵提心吊胆、夜不成寐。想着我们的师长领导四五千这样的兵，担任横宽五十里，纵深百余里的国防，依然安枕而卧，谈笑风生，已经令人佩服。而最高统帅倚赖着三百多个这样的师，竟与日军百万作战八年之久，实在是不堪想象。当中必苦肉计有之，空城计有之。这样看来蒋介石实在是一个传奇性的人物。是他后面有卢梭与黑格尔所谓"公众之志愿"（general will）的支持？还是他之成为最高统帅，中国的领导人全是命运的错安排？

过去两年来我翻阅蒋文件之副本发觉，这些资料虽然经过裁剪与修改，在以上情形看来仍能对我们的问题作初步的解答。所以我甚想称我书为《蒋介石粗传》或《蒋介石初传》，亦即初步作传，将已知事实粗率写出，只及于历史为何如是展开，不及于历史应当如何展开。

我希望读者对他下道德之评议前先注意他亲身之所经历。

（原载《历史月刊》七十八期，1994 年 7 月，页 117~121）

蒋介石

　　三十八年之前，我第二次来美，就想写本蒋介石的传记。我知道中文原始资料，要不是认为他是国家元首，最高统帅，只能崇拜，不能议论，连他官衔之上还要留一空格，以表示尊敬；则是无理谩骂，斥之为逆为匪，如此同样的不能令人置信。中国历史里留下如此一个偌大的空洞，不仅影响中外视听，而且使研究历史的人无所适从。我以为我自力攻读，可以比较客观；也曾将中国事物，作过一段内外上下观察的机会，希望笔下可以承乏。

　　殊不知美国在一九五〇年代也并不是凡事皆可客观、任凭各人随便恣意批评的场所。韩战既开，"谁抛弃了中国"成为党派政客间争执之焦点，参议员麦卡锡（Joseph McCarthy）只凭片言只语，指摘谁系共产党，红帽子威胁之下曾使不少左派人士丢官，也使不少艺术家和职业界人士因之失业。而且这也不是左派被斥，即为右派扬眉吐气的日子。美国的国务院、文艺新闻界及大学学府倒因为本身受了麦卡锡的压力，更增加对中国国民政府的反感。《新闻记者》杂志（Reporter）曾出专号，指斥"蒋宋孔陈"将美国援华使法币回笼的黄金，炒成外汇，培养"中国说客团"（China Lobby）回头到华盛顿与闻美国政治。杜鲁门的《回忆录》则揭举蒋迫害学术领袖，用特务枪杀西南联大教授李公朴和闻一多，并且公布他在这事发生时与蒋来往的书牍作见证。再则四十年代之畅销书，有如《史迪威文件》和白修德（Theodore White）所作《雷霆后之中国》（*Thunder Out of China*）此时仍有极大影响；白氏曾被美国人称为"蒋委员长之敌"，《史迪威文件》即系他所编，他自己书中对蒋及国民政府批评得体无完肤，而且内中更以国军在河南将粮食搜刮一空，造成人为的饥馑，解决共军新四军时纵容士兵强奸随军女政工人员，最为口诛笔伐的对象。在如斯气氛之下，我刚一提及自己曾为"蒋家军"内之下级军官（重点在下级）即被讲课的教授和同学瞠目相视，似乎我即是纳粹党内的小头目。我想将在国军的经验拿来作学术讨论的题材之建议，只好打消。写蒋介石传记的计划提出后，在若干书社和杂志面前碰过钉子，也从此石沉海底，永远的弃置。

可是至今日已近四十年，我对失去的机缘，毫无遗憾，事后想来要是当日草率成书，今日可能差窘。即使今日去蒋逝世又十五年，撰写他"全面目"的传记之机缘，也还不是十分成熟，以下只据我所知道的列举建议三数则。

第一，我们不要忘记迄至今日关于蒋介石的资料，中外之间仍有一段莫大的鸿沟。

史迪威曾在叙蒋介石时在《文件》里写出："他想做道德上的威权，宗教上的领导者和哲学家，但是他没有教育！这是何等的可笑！假使他有大学四年教育，他尚可能了解现代的世界，但是这实情他全不了解。假使他能了解，情形就好了，因为他倒是想做好事。"

骤看起来，史迪威言过其实，近乎荒唐。曹圣芬的《怀恩感旧录》里提及蒋不仅遍览群书，而且读得极其仔细。书中又提及："北京大学一位哲学教授贺麟先生曾经说过：德国黑格尔的历史哲学最是晦涩难懂，中国哲学家对之真有深刻研究，真能透彻了解的，只有少数几位，而总统是其中之一。"周策纵的英文版《五四运动史》也提及蒋在五四运动期间，曾订阅《新青年》杂志，还准备去西方留学，即据常情判断，他为中国领导人几十年，得到学术界教育家的支持，也不可能胸无城府，腹无点墨。哥伦比亚大学的狄百瑞（Theodore de Bary）即曾和我当面说起他和蒋介石畅谈理学心学的经过。

可是蒋介石的哲学思想受王阳明的影响极深。陈荣捷是当代研究王阳明的威权，他的书中即说及王学知行合一，长于行事的果断，缺乏逻辑上之绵密。我们看来也与孔子所说"知其不可而为之"、与孙文所说"不知而能行"极为接近；严格言之，这种种东方哲学，都缺乏科学精神。从蒋介石的事业谈起，也只有这种不顾程序的干劲，才能完成抗战大业。中国受日本欺负，逼得暴虎冯河，铤而走险，也顾不得科学非科学，逻辑不逻辑。如果严格按照《孙子兵法》里面的"庙算"仔细琢磨，早已用不着抗战，还不如和汪精卫一起去投降。他蒋介石先接受千钧重荷，退而分配斤两，他自己承担的责任既已超过他本身足能支付的能力，那也就顾不得驭下时的合理守法了。只是这种以直觉（intuition）作主，蛮干的办法更倚之为行事的方针，是不能为一般美国人所容的，史迪威觉得蒋无教育，大致由于这思想上的根本差异之所致（倒是日本人反能欣赏这作风）。《史迪威文件》又有一则提及："中国人先造屋顶，只要最低度的支撑物和根基。谁也看不出地底下是什么，何苦去考究它？只有我们才受罪的去对付低层基构，使这建筑物站得住脚。"他所发牢骚同一源于两方心理上和思想上之南辕北辙。

蒋介石能极端的容忍，可是有时他也在激忿情形下仍暴露他的弱点。在重庆时侍从室人员生活艰苦，要是改行经商，倒有不少发财的机会。蒋之副官处长陈希曾即此请离职，蒋一怒之下，将面前桌案整个的推倒在地，因为他视陈为家乡子弟，现为近侍而不能与他共体时艰，情不可恕。一九四五年国民党六中全会在重庆开会时，有一位王姓委员循着西方代议政治的办法对当前军事提出质问，也蒙着总裁兼军事委员会委员长蒋的雷霆与咆哮。在他看来，前方将士救死扶伤之不暇，后方受他们保护的党员不思量国军缺兵欠饷，以烂部队抵挡敌方的貔貅，还要在此时效法西方之时尚，作个人出门面的凭借，也是无可宽贷。如此事迹，应当据实提出，尤且应当把周围的条件，一并加入，使读者同时看出蒋介石之长处和短处；即这两件事也可看出中国传统以道德代替法律的精义之由来。

即是西方对蒋之批判，也仍着重于"他想做道德上的威权"着手。最近史景迁（Jonathan Spence）所著中国近代史的教科书即提出上海英租界有蒋在巡捕局的档案，原文未叙系刑事侦缉或因政治关系而得，总之则无可隐讳。我希望有熟悉此间情节的人士，据文件将详情提出。从现有的资料看来，蒋介石壮年与中年的行径不同。他在上海的一段生涯，似有做游侠浪人的趋向。如果确实，则他在两段生活之间必有一重发愤立志的转变。据实直书不足以为他盛德之累，倒反增加他传说里的多重色彩与人情味（我个人即不相信世间有十全十美的啄木鸟，而羡慕血气旺盛的志士）。

田汉是中国现代的戏剧家，也是"义勇军进行曲"的作词者。我年轻时只知道他是左派名流，不料最近读到他在一九三〇年写的《我们的自己批判》，内中竟有以下一段。文中所划 × 未经改动，但是"校长"具有引号，亦如原排，则为蒋介石：

> ……所以我以为我们是应该先完成北伐，何况由广州而武汉而上海随着"校长"而来的友人×君替我们谈起国民党分裂之如何可叹，"校长"如何以国民党的文天祥陆秀夫自任，这样一来自能引起我一种对于历史悲剧似的痛叹与对他们"校长"那种英雄的（heroic）心事底同情，于是我虽不曾想过直捣所谓"赤都武汉"却愿意随他们"校长"渡河杀贼，遂所谓"直捣黄龙"之愿。

所以当日局势动荡，很多人都无法保持一贯的方针。从此我们也可以看出：直接间接与蒋介石有关的资料还待发掘，也可能车载而斗量，我们无法即说至矣馨矣。

第二，写他传记的资料固然还待发现与整理，然则蒋介石在历史上的地位却相当的巩固。这样的说法，好像也是本末颠倒。然则当中有一个重要的因素则是对日抗战的意义不可磨灭。蒋介石采取行动时，站在历史之前端，很多未来情事，尚不可捉摸。我们今日则站在史实之后，对已经发生的事情当中的因果关系以及时间上之凑合（timing）已有相当可靠之根据，而以我们只注重当中粗枝大叶的情态时为尤然。

中国自秦始皇统一以来，在历史已经产生了九个大朝代和十多个小朝代，可是我们以财政税收作根据划分时，则又可以将这些朝代并合而为三个大帝国，秦汉自成一系统，隋唐宋又成一系统，明清又成一系统。明清的"第三帝国"的财政赋税带收敛性，这比隋唐宋的"第二帝国"之带扩张性的截然不同。在辛亥革命时，明清帝国的制度已经经历了五百四十三年的长时期，本来就"气数将尽"，以现实的情形来说，即是起初创建时心理过于内向，法律过于单简，税收过于短少，政府平日对内不设防，无操纵经济的能力，纯靠社会力量，以"尊卑，男女，长幼"和均一雷同的方式统率全国。这些条件本来就已不合时宜，何况一九〇五年废除科举，更先使上下脱节。民国肇造之后，所接收过来的财政机构无库存，无充实的税收来源，军队也当然不应命，所谓总统内阁，其本身即是社会上的一种游体，所颁布的法律与社会实际情形风牛马不相及。是以军阀割据为必然现象，因为过渡期间只有私人军事的力量，才能够在三两个省的地区内有效。

我们提到军阀混战，蒋介石北伐统一全国的过程中，不能凭己意以为此人无识见，那人道德亏损作为一切问题的解释。自一九一一年至今，不仅是换朝代，而且包涵着再造帝国式的险阻艰辛。其内外煎逼工程浩大的情形，至少也要和"不知有汉无论魏晋"的过程中相比，也要和忽必烈以元朝入主，左右都找不到出路，迄至朱元璋削平群雄颁布《大诰》的阶段相比。

而且尚不止如此，今日世界上落后的国家，无不企图"现代化"，当中途倪纷纭，既有资本主义与社会主义之轩轾，也有马克思的阶级斗争。我也花了上十年的时间，不顾意识形态，单从技术角度钻研先进国家完成现代化的程序，则发现其重点无非从以农业作基础的管制方式进而采取以商业为主体的管制方式。其先决条件在对外能自主，对内铲除社会上各种障碍，使全部经济因素概能公平而自由的交换，然后这样一个国家才能"在数目字上管理"。

在数目字上管理即全民概归金融及财政操纵。政府在编制预算，管理货币，厘定税则，领发津贴，保障私人财产权利时即已普遍的执行其任务，而用不着张三挨打，李四坐牢，用"清官万能"为宗旨，去零星杂碎的权衡各人的道德，再厘定其与社会"风化"的影响。只是农业社会里人与人之关系为单元，商业社会里凡事都属多元。去旧迎新，有等于脱胎换骨，改变体制时通常发生流血惨剧。大凡近世纪的革命运动与独立运动都和这体制上的改变有关，其详情已列入我所作《资本主义与廿一世纪》，大概最近即可出版。

这样一来有似于更换朝代改造帝国的艰难不计，中国近世纪的奋斗，更添上了一段维新与现代化的要求，于是万绪千头，问题更复杂了。现在看来，蒋介石的一生事业乃是在此多种需要之下替中国创造了一个高层机构（只是在台湾则因一九五三年耕者有其田法案及其他措施，已能使农业上的财富与商业上的财富交流，较大陆上进入数目字管理的境界已先进一步）。他虽非完全赤手空拳，但是当初以私人身分借债支持黄埔军校，次打败军阀再邀请他们合作，终以零拼杂配的门面完成抗战，如此固定了中国的国际地位，至少也是无中生有，总之则在千方百计的觅法创造；怪不得过分批评他的人说来好像他蒋介石继承了一笔大家私，只因他挥霍而荡然无存时，跟随他到底的人也索性不服输，偏不承认他有任何差迟与过失，硬要把他说成一个天人神人。

陈志让的英文《毛泽东传》里提及蒋待人经常有三个方法：一是感情上的激劝，一是以金钱策动，还有一个则是用武力制压。其实说来说去，所谓三个方法仍为一个，此即不循组织条例，注重人事关系。再考究之则仍为农业社会里的习惯，因为人与人之关系为单元。蒋介石召见团长县长级人员，亲自派遣出国人选，侍从室里保存着各人的自传，他也自己道出："……即如我自己的经验来看，我觉得我并没有旁的什么多大本事，不过我每到一个机关或部队，就是注重考察那个机关或部队里面的人，并从人事的改进以求那个机关组织的健全。"

说来也难能相信，抗战胜利也靠他这样领导的力量支撑了八年，才赢得最后胜利。蒋虽企图改造中国，他所创造的高层机构下面却仍是成千上万的农村，要不是他的激劝、策动和制压，抗战的力量即团结不起来。即时至今日，中国尚未完全转变为一个多元的商业社会，做到凡事都可以由数目字管理的程度。我们再看抗战期间死难的高级将领如佟麟阁、赵登禹、王铭章、张自忠最初都出于杂牌部队，亦即是军阀部队收编过来之后身。

第三，撰修历史却与写作传记不同。我们处在一个大时代里，群众运动的进出经常超过人身经验。因之历史与传记，并不是始终天衣无缝的密节，写历史的务必注重每一事物的长期之合理性，写传记的则不能在这种大前提之下一味隐恶扬善，或隐善扬恶。蒋介石一怒之下将胡汉民拘禁于汤山。他看到抽调的壮丁用绳索牵引而来，即枪毙兵役署长程泽润。尤特里女士（Freda Utley）可算对蒋最为友善的外国作家之一，在她著的《中国最后的机会》（*Last Chance in China*）对于蒋在清党期间残杀共产党员一节则毫不假借。她写出："在那暴怒、复仇、虐刑与死亡的日子，因之丧失生命，成为囚徒，变为玩世不恭，或从兹不与闻政治的青年，都是全国的精英。"我们知道蒋介石对亲属半公半私的经商曾极度震怒，可是他却始终无法洗刷这贪污的恶名。我们写历史的人，不能在这些题目上过量的做文章，因为最基本的历史轮廓还没有划画都清楚，将"负"因素高度渲染，即妨碍"正"因素之展开。

在这情形之下，我只好引用孔子（好在他也是历史家）评管仲的一段作结论。孔子曾斥管仲不俭而不知礼，可是子路和子贡都抨击管仲时，他却出面支持他。

子曰："桓公九合诸侯，不以兵车，管仲之力也。如其仁！如其仁！"

子曰："管仲相桓公，霸诸侯，一匡天下，民到于今受其赐。微管仲，吾其被发左衽矣！"

原载《中国时报》1991.3.6

蒋介石的历史地位

——为陶希圣先生九十寿辰作

　　我的父亲黄震白，号称种苏。晚清为同盟会会员。他少年时代
民族意识之浓厚，单从他给自己的两个名字上也可以看出。因为他
生于公元 1878 年，在少年时代就逢到中国的甲午中日战争、康梁
百日维新、庚子辛丑间的义和团事件及八国联军入北京等等事迹，
而且新兴的报纸杂志在这期间也广泛的介绍欧美的社会达尔文主义
（Social Darwinism），其重点则是弱肉强食。在这种环境下，他离开
湖南的家乡，由贵州云南经河内海防而入粤闽，加入革命的团体，
并且考入福建讲武堂为军官学生，以便替同盟会策动新军，深受社
会背景的影响，也算由于历史上的潮流所驱策。

　　我父亲的政治生涯迄无成就，他最后的十年中，尚辗转的在湖
南的几个县政府里任科长，这也和舞文笔作胥吏的情况相去无几，
仅能维持我们一家低级标准的生活。可是他初年运动新军，则至有
成效。福建讲武堂的总教习为许崇智，就由第一期学生黄震白介绍
秘密加入同盟会。这学生的年龄，又比教习还大。不久辛亥革命成功，
全国光复，他们彼此飞黄腾达。许崇智在福建为第十四师师长，黄
震白刚离开军官学校，即任许的参谋长，并且在临时政府成立时代

表福建省出席，因之谒见孙中山先生。

倒袁之役，我父亲还曾随孙中山先生去日本。可是他回湖南活动，立即为袁的爪牙拘押，准备械送北京。当时袁世凯以严刑拷问党人，假使北行成为事实，一定吉少凶多，在这千钧一发的时间内他乘看守人松懈，逃出虎口。不过从此他就感到心脏跳动不正常，怕受惊吓，多年的冒险生涯和民国初年的政局都使他意懒心灰，所以他在第二次革命结束后即立室成家，退居林下，以致晚年为衣食所迫，他也不愿在旧交故友前求助，而甘心作白头胥吏。而至今国史党史的纪录，也没有黄震白的名字。

我小时候听到父亲讲他少年时代的故事，虽说父子之间，我还怕他在叙述之中，带着一种吹嘘的成分。可是1952年我在东京遇到国民党元老戴愧生先生（他的名字，也有革命涵义，但比先父的为含蓄），他就是我父亲在中华革命党期间接近的同志，他不仅证实先父所叙一切，而且又提到他在初期党内的地位、侨居东京的住处和他自己以后在广州邀请先父再度出山未果的种切。戴先生历代侨居菲律宾，在这时候，已入暮年，和我谈说之后，也是不胜唏嘘，又作小诗一首赠我，而这事至今也有三十五年之久。

我的父亲生前既不以追逐名利为宗旨，我也应该尊重他自己的志趣，没有将他事迹拿出来渲染的必要。可是黄震白虽然本身没有成为制造历史的人物，却在中国近代史展开的时候亲身切眼的作过一段比较客观的观察，而我自己在先父去世后十二年才开始学历史，至今也已三十五年，回想起来，我和其他很多学中国史同事最大不同之点，则是我在接受书本知识之前，先已和历史的实际行动接触，其所以如此，也是受我父亲的影响。

所以这篇论文从他和他的时代开始，以便赋予其应有的纵深。

这论文的主题则为蒋中正先生。根据一段习惯应称"先总统"、"蒋委员长"。我自己也在成都中央军校毕业，当日我们的办法，则据师生关系称"校长"，并且提及的人和听到的人，都立正表示尊敬。

但是我现在作文的目的在展开历史的研究，不是替军事政治领导人物作宣传。很多中外作家，写蒋先生的传记多注重他为国家元首，却没有想到他一直在易箦之日，还没有忘记他自己是"革命家"。因此把他写成一个完人，一切都是功德圆满，也与他自己的旨趣相违。况且中国传统方式的敬长尊贤，其目的是维持旧社会的秩序，规避与第三者之间名分上的争执，因之其立场即可能与口头的尊敬已经有了相当的距离。

蒋先生生于1887年，距今百年，今日任何写历史的人，也不可能全部继承他的观点，当然也不能期望读我等书的下一代再抄袭我们的见解。即以我近身的事举一个例：我在十多岁的时候，一天无意之中发现小泉八云并不是生而为日本人，却是英国人（其实是爱尔兰人，又一度入美籍），只因为居住日本多年，与日本文化结不解缘，因之取日名，入日籍。我将这事情告诉父亲的时候他就很惊讶地说："为什么这样的英国人会如此的无耻！"

我于1974年入美籍，可以说是为我父亲当日的见解所不容。只是第二次世界大战之前，人种即决定国籍，已和今日的标准相去至远。我初来美国时，也仍是抱着昔日的观念，一直住了二十多年，在此成家纳税教书著作之后，才感觉得仍采取侨寓的立场不预闻本地公民权利义务诸事之不合实际。即使先父泉下有知，我也能向他解说。我们对前一代付于我们的观念，如此折衷采用，才能希望我们的下一代能对我们所遗留的观念也能同样的按情形斟酌取舍，这才是修撰历史的使命之所在。

我企盼初步确定蒋先生在历史上的地位，不仅是他在中国历史上的地位，也概括他在世界史上的地位。我在海外几十年读书的一个心得，则是觉得中国革命业已成功，中国的历史，已经能和西洋文化汇合。[1]这样一个重要的发展，至今还没有为世人公认的缘故，还是由于我们著书讲学的人，没有脱离我们局部的历史眼光，过于被时下政治上和社会上的风气所束缚，因之忽略了我们自己应产生的领导作用。既要依现局澈底修改历史，则不能拘泥于旧日的习惯。如果在写论文之前预先就用了局部的和习惯上的见解禁锢自己，则决不可能另创新论，也不会值得海内外学人的注意。迄今在美行销书之一，为《艾逊豪威传》，作者即为传记人物之孙，但是书名也不称艾帅，或艾总统，或先祖父，而径称艾逊豪威。这中间一个意义，即是历史学上全民平等，写书的人和被写的人不分畛域，也不计尊卑，其纪述之所在，与两者私人关系无涉。官衔只用在文句中有关的地方。蒋介石为一个全世界众所周知的名字，其本身没有被人尊敬或不尊敬的意义。我的论文能用这头衔出版，也是今日中国已经脱离旧社会官僚习惯的明证。其实这样也才能符合中国最初写历史的传统。

关于许崇智，哥伦比亚大学的《中华民国名人传》有这样的一段记载：

> 1925 年的夏天，许崇智达到了他一生事业的最高峰。当国民政府于 1925 年 7 月 1 日在广州成立的时候，他被选为十六员政委之一，并且也是五位常委之一。其他常委则为胡汉民、廖仲恺、谭延闿、汪精卫。他又被任为军政部长和军事委员会的委员，其资深委员则为蒋介石；他又被任命为广东省政府主席，亦即是省长。

1　见我写的《中国历史与西洋文化的汇合》，载《知识分子》（纽约）1986 年秋季号，pp. 29—44，英译载 *Chinese Studies in History*，Vol. 20，NO. 1（Armonk，N. Y.），pp. 51—122。

1925 年 8 月因廖仲恺被暗杀，广州也新临一个危机。最初高级人员中只有胡汉民被卷入事端，他的堂兄弟被疑是这个谋杀案的主使者。迄后则有其他的嫌疑犯被捕，包括广东 [两] 军的高级军官。许为此军的资深指挥官，不能完全置身事外。1925 年 9 月 20 日他被免本兼各职。当夜蒋介石派陈铭枢护送许登轮船赴上海。[1]

《剑桥中国史》则于叙 1925 年 8 月 20 日廖仲恺被暗杀后，有这样的一段记载：

这悲剧出现之后鲍罗廷立即建议组织三人委员会付予全权，处置这危机，许崇智、汪精卫及蒋介石构成此三人委员会，而以鲍罗廷为顾问。讯问之下发觉国民党内保守派领袖及党军内若干军官有图谋推翻广州权力组织中的激进分子。一周之内，很多嫌疑犯被捕，有些即处决，其他参与的则逃走。蒋、鲍决定遣送胡汉民去苏联。不出一月蒋即驱逐了他的竞争者许崇智，亦即是广东军名义上的指挥官。[2]

另一本记北伐的英文专著则说 "许崇智在 [出师] 前一年的夏天被逐放，因据说他和军阀陈炯明合作。" [3]

黄震白没有参加 1917 年护法之役，遑论北伐前后的广州政事，

---

1 Howard L. Boorman and Richard Howard, *Biographical Dictionary of Republican China* (NY : Columbia University Press, 1968), II, p. 126.

2 C. Martin Wilbur in *Cambridge History of China*, ed. John K. Fairbank (Cambridge University Press, 1982), Vol. XII, p. 553.

3 Donald A. Jordan, *The Northern Expedition : China's Revolution of 1926—1928* (The University Press of Hawaii, 1976), p. 44.

但是他仍去过广州，也仍与许崇智麾下一些干部保持连系，有些同事尚是福建讲武堂的同学，他对这事的解释，在旁人面前看来，还可认作道听途说，在我则为可靠的事实。因在我看来，他没有增益或减损这故事之中的资料之必要，而他在我面前提及此事时，我还只十三四岁，也从没有听到以上廖仲恺、陈炯明等事迹，他所说及，已经能够单独的存在，是以更为可信。

1925 年，蒋介石虽为黄埔军官学校的校长，并且在第一次东江之役建战功，在军事组织上他却是许崇智的参谋长。许在这时候以声色自娱，又喜欢打麻将，经常好几天不在家，也不去司令部。蒋已经将内外上下都布置妥贴，才请许去午餐。席间他就说及广州方面的人事，对"老总"很不利，所以请老总到上海去休养，等到三个月，或半年之后等我将这里的情形摆布好，再请老总回来。许还推托要到司令部去看视，蒋就说用不着了，所有的公告和命令，都已划行妥当。许崇智临到最后关头，还半央求的说至少要待一两天回家收拾行李，蒋介石即说，用不着了，夫人和公子都已在船上了，正在等老总开船。

这样看来许崇智不一定与刺杀廖仲恺有关，也难能与陈炯明串通，而是在不经意之间，被褫夺军权。以后的蒋总司令才能利用改组的粤军做基本队伍，完成北伐大业。虽然黄震白这时候抽象的忠心在许而不在蒋，他叙述这故事的时候却无形之中表示着他对蒋的景仰。当日还在军阀时代，部下叛变夺取长官的兵权者，比比都是。蒋介石兵不血刃，能达到这样的目的，而不出恶声，能保留他日后与许崇智见面的机会，也可以见得他胸中的城府高人一等了。

世事也真不能预料，我自己在听到这故事十多年之后，也遇到一个独特的机缘，能在近距离之内窥测到蒋介石的一种不见于书刊的性格，同时也体会到中国政治里的奥妙。

1950 年 1 月，我随着朱世明将军去麦克阿瑟元帅的办公室。那天是否就是麦帅的七十生辰，我已经不能记忆，总之去生辰不远。我手中捧抱着的一棵盆栽树，寓有百年长寿之意，即是在台北的"蒋总统"（可是还未复任，详下）所送的生辰礼品。麦克阿瑟照片上看来光彩白皙，近观则肤色比较黯黑，脸上的筋肉也不如照片上的丰满。我将盆栽树递交给朱将军之后由他手呈麦帅。然后他们坐下谈天，这也是他们见面时的常态，我则退出于接待室等候。我出入于办公室，拢总不过五分钟。这也算是我做随从副官一种形式上的工作。

我于 1949 年春天，由阮维新上校推荐，到中国驻日代表团为上尉团员。阮和我及朱团长都先后在美国陆军参谋大学毕业，麦克阿瑟则在参谋大学任过教官。他的情报课长魏劳毕（Maj. Gen. Charles Willoughby）作教官时，朱即是当场受业的门生。朱自己也任过外交部发言人和驻美武官，算是有经验的外交官。当我们在日本时，"国军"已经退出大陆，可是我们在东京仍保留着一个宪兵排，象征的维持驻领军的身份。这时候旁人意想不到的则是当时朱团长已被美方监视，对他特别注意的则为魏劳毕课长。

朱世明是湖南人，自称有"湖南脾气"。他的爱国心又特别强，对当时美国政府无意援华，又在公私之间对中国动辄责骂非常愤慨，有时出于言语之间，并且他又间常表示他对毛泽东和金日成的英雄崇拜，如是都容易招物议。

那年秋天，人民政府在北京成立，美国发表白皮书称援华前后使用美金二十亿元，其没有成效咎在中国。在国内则由李宗仁代理"总统"，对中共的和谈，又没有成果，李则留滞于美国，都引起"中国驻外各使馆"惶惑不定。"驻法大使馆"的人员就在人民政府成立不久宣布投效北京。朱世明在这时候召集代表团高级人员在叶山团员休假的别墅交换意见。我因为当时尚系低级团员，未任随从副官，不知道内中详情，只在事后听说法制组的组长吴文藻主张我们也投共。如果朱世明在这时候发表过同情中共反对美国的言论，非常可能。可是这种言论，只能算他在外交场合中不如意而发的牢骚，最多只算失言。以后吴文藻全家回北京。朱则在他辞职之后在日本取得永久居留权，于 1965 年在东京湾附近住宅逝世。

"中国驻日代表团"是一个不平常的机构，它的人员来自"国防部"、"外交部"、资源委员会、侨务委员会、国民党组织部等各部门。团长主要的任务是对麦帅的联合军总部联络，内部团员也常向国内各部院他们自己的上司直接提出报告。吴文藻的谈话不久，台北就传闻朱世明在日本召集"叶山会议"，准备投共。这种传闻也透入联军总部，魏劳毕以前为德国人，原名为魏登巴（Karl Widenbach），他在东京期间，以侦缉国际共产党的活动自居，著有专书，如此他当然对朱世明加以注意。

在台北对朱世明特别嫉视的，则为汤恩伯。汤在这时候有他的一个秘密计划。他认为日本的职业军人，是世界上的超级战士，如果雇用作为沿海岛屿上的防御之用，可能发生决定性的力量。在1950 年，很少的人能在台湾反对汤恩伯，因为陈仪以前曾提拔他，而最近汤恩伯则以暴露陈仪劝他投共的计划，使陈因"通匪"而被枪毙，在当日风雨飘摇的台湾，好像建有不世奇功。但是在日本则有朱世明妨碍他计划之遂行。

朱首先在招待新闻记者时否认聘雇日人是"中国政府"的政策，这样就等于暴露汤的秘密计划。他又与盟军总部接洽，防制日本退伍军人私往台湾（禁止日人非法出境，也是麦克阿瑟的政策）。而最后汤恩伯自己拟来日本，朱更嘱托总部不予他的入境许可，如是汤恩伯恨朱世明入骨，更要攻击他在叶山会议为"共匪"张目的罪名。1950 年 5 月，恰巧也是韩战爆发前月余，朱世明奉召回台北述职，我于半年前被派为他的随从副官，随他赴台湾。

这时候蒋介石复职为"总统"不过两月余，朱世明谒见时的谈话，我不知悉详情。但是我从因他吩咐而安排他谒见台北若干"政府首长"的序次和以后与汤恩伯见面的情形，猜想蒋令他自己向各人解说疏通，只要他们谅解，蒋也不加追究。他和汤见面，则由彼此间的朋友招商局董事长徐学禹在餐馆设宴而完成，我也在座。这场合以传统的方式，不提及正题，只是两造听东道主言外之意，不再计较近日的嫌隙。这一串的谒见与调解成功，朱世明不再被追究。但是他既已在东京为美方注目，也失掉了他作外交官的用途，应当由他回日本之后提出辞呈。

如是我们没有被扣留而能够登班机返日。只是当日早晨忽接"总统府"电话，"总统"要接见朱团长，这时候消息传来，不免令人惊愕。一个可能的变化则是在台北的安排并没有如意料，我们仍可能在最后关头被扣留。朱世明一向胆大，到此也不免色变。他去"总统府"约一个钟头才回，幸亏时间还来得及赶赴飞机场。事后朱自己说，这场会见，只几分钟，其目的无非道别。朱曾被任为浙江省保安司令，其地也是蒋的故乡。开罗会议时，他担任过蒋委员长的翻译官，并且他往国外的各种差遣，多时也是蒋介石亲自决定。所以他临走之前仍由"蒋总统"召见感谢他多年的奔走。这是他们一生最后的一次见面，想来彼此心中明白，只是这场安排出于朱世明意料之外。事后他连说："这倒没有想到！"

我想有类似经验的人，一定还很多。有些为蒋介石精诚所感化的，类皆出于此种经验。

然则作历史的人，过于强调蒋介石的温情和个人道德，又如何解释蒋之被控诉为屠杀人民、排斥异己、放纵特务政治的首脑？这种攻击，层出不穷，鲁迅即写有"忍看朋辈成新鬼，怒向刀丛觅小诗"的记事，叙述当时心境。杜鲁门则以1946年闻一多和李公朴在昆明之被刺杀，曾对蒋介石提出质问。[1]今日我们提倡确定蒋介石国际上的历史地位，除非对这些事有所澄清，否则即无法交代。

写蒋介石的传记，已不下十余种，回忆录和杂文内提到他的更是汗牛充栋。可是一个奇怪的现象，这中间所述的个人性格，加不起来，今人即算绝对的客观，极端的容纳众议，再加以适当的选择，也不能将这些资料综合。

我在成都中央军校看见过校长五次。当日蒋委员长主持抗战，日理万机，但仍不时抽空向军校学生训话。他莅临时，我们将教场宿舍打扫一新。我们的队长最怕我们在校长面前"失仪"，一再训饬。可是等到队伍集合，校长登台致辞之际，仍有好多学生将步枪移在身后，撑着捆绑在身后的背包，使脚尖能提高一两吋，一定要一睹校长的风采。军校学生毕业的时候，照例每人领有德国式短刀一把，刀柄上镌有"校长蒋中正赠"字样。到我们十六期一总队快毕业的时候，学校里决定今后不用校长名义颁发了，只称毕业纪念。消息传来，我们全总队的学生大为不满，于是推选代表到校本部请愿，一定要收回成命，到后来颁发的军刀仍有"校长蒋中正授"字样，才众心欢悦。这种仰慕之忱，出于英雄崇拜的思想，也不待上级督导。

军校学生，一般只有中学未毕业的程度，来自社会上广泛的各阶层与部门。当然献身卫国是我们的志愿，但是另一方面则是个人接受了日本侵略中国的挑战，我们走进去最危险的部门，希望抗战胜利，此身不死，功名富贵也是分中之事。可是蒋校长到十四期一总队毕业的时候就对着扩音机上大声疾呼："你们赶快的去死！你们死了，你们的灵魂见了总理，一定会得到极大的安慰。你们的父母，就是我的父母；你们的子女，也就是我的子女！"当时一般学生对

1　Harry S. Truman, *Years of Trial and Hope*（NY：Doubleday，1956），p. 83.

这训辞的反应,可谓冷漠。因为"不怕死"固然是一般的志愿与风尚,但是军校刚毕业,事业刚开始就像日本神风突击队那样担待着有死无生的命运,并不是我们的期望。同时当日军政部尚没有我们家属的名单,又何能对遗属普遍的周济。假使我有机会事前贡献意见的话,一定也不会让他如此措辞。

我们心目中的校长,是英风爽飒,果断干脆,有能力创造奇迹,此也有当时王柏龄、邓文仪等回忆录上的叙述作见证。可是蒋这时候却在宗教式的毕业训辞之外偏要替自己造成一种老成持重、礼仪周到、毫不逾越、按部就班的形貌。有一次他校阅我们的学生总队,和他同来的有"宋氏三姊妹"——即蒋夫人、孔祥熙夫人和孙中山夫人。在阅兵台上最后的一段时间,他偏要孙夫人做首席阅兵官(因为她是总理夫人)。她坚决不就,于是蒋也不愿意居正位。结果在阅兵台上,三位夫人站在一边,我们的校长站在另一边,当中留下一个空缺,我们的队伍才在军乐中向阅兵台正步行进。还有一次,在做纪念周时(实际上是周纪念),校长突然发现校务委员戴季陶站在台下,他就在扩音机前请他上台。而戴又偏要客气,坚不上台,于是他们在我们几千个军官学生面前互相推让不下五分钟,直到戴勉如其命的登台,纪念仪式才开始。

最使我们失望的,则是校长对我们训话多次,总是以抽象的道德为主题,也没有一次讲到自己成功与满意的事迹。同时他又叮嘱我们注意学习战术。有一次他说:"老实说:战略是不学而能的,只要一个人有天才,又有战术的基本训练,不怕不会掌握战略。如果有任何人在这学校里讲战略,你们就要鸣鼓而攻之!"

这样的印象,我也和旁的人一样,总是不能综合,最好我们再采取给他最苛刻批评的人以及反对他的人所提出的资料作例证。史迪威在和一个中国高级官员谈话之后,说蒋是:

他想做道德上的威权，宗教上的领导者和哲学家，但是他没有教育！这是何等的可笑！假使他有大学四年的教育，他尚可能了解现代的世界，但是这实情他全不了解。假使他能了解，情形就好了，因为他倒是想做好事。[1]

我们也可以反问，他既没有教育，也没有控制知识的能力，如何能使胡适、蒋廷黻、董显光和翁文灏在他政府里做事，而且向他表示尊敬？即使毛泽东，多时把他说得一钱不值，但是在《中国革命战争的战略问题》却提到："惟独第三次战役，因为不料敌人经过第二次战役那么惨败之后，新的进攻来得那么快（一九三一年五月二十九日我们结束第二次反'围剿'的作战，七月一日蒋介石就开始了他们的第三次'围剿'），红军仓卒地绕道集中，就弄得十分疲劳。"[2]这样看来，蒋之富于组织能力，尚为他最大的敌手所意料不及，他行动敏活，与有些人所描画他的迟钝无能完全不同，甚至与他自己所想表彰的老成持重也有很大的差别。

我在军校毕业以后，也看到蒋委员长四次，恰巧每次都是他最得意的时期。1942年英美承认取消不平等条约，他到重庆较场口去告诉民众，坐敞篷轿车，没有特殊的警戒，两旁市民自动的拍手。1943年开罗会议结束，他飞印度视察在兰伽的新一军，前后推拥着一大堆随员。1945年的冬天，他曾在上海跑马厅演讲，当日我取得照像员的身份，在近距离拍摄了很多的照片。而尤以1946年国军收复长春，他到大房身飞机场和高级将领训话并摄纪念照给我的印象

1　Theodore H. White, ed. *Stilwell Papers*（NY : Sloane Associates），p. 214.
2　《毛泽东选集》（1966年，北京版）卷一，页1970。

最深。那天我在飞机场担任勤务，不知如何他专机上的人员和地面上缺乏连络，他也没有经过随从人员开路，也没有人引导。下机后就单独一人直在我前面经过。虽庄严却不威风凛冽，步伐也不十分稳重，口里则连说"好，好，好"，直到这时候迎接人员才上前接引过去。

我在国军总是当下级军官，从没有为统帅接见（蒋召见的人物以万计，大概上校阶以上的军官都有这机会，有些职位则非召见不能任命。），但是却认识不少经他召见的人物。从他们之所叙述及以上各种经验看来，蒋介石引人敬肃的能力，是一种历史文化上的产物，其周围的气息，由于他自己及侍从与面对他召见及被训话的人集体合作而产生。这也就是说，他之能令人感到凛然可畏，则是被觉得凛然可畏的人，自己先期已经在心理上作有这种准备，也预期左右同列的人有同样心理。美国文化上欠缺如此的产物。[美国人以吸引领导人的力量（charisma）给予电影明星。]很多美国人自己既无接受这种处置的倾向，也不能了解这种气息是当日蒋介石作中国统帅不可或缺的工具，就以为蒋是自作威福，所有中国人在他下面低声下气，都是没有骨格，偏要揭破这假面具，其结果也不言而喻，倒是日本人，却没有这样的想法。

如此看来，则从蒋介石的个性上分析，不容易写出好的传记，尤其不能写出真实可靠的历史（Pichon P. Y. Loh 所作的心理分析，即只能写至北伐之前[1]）。因为蒋的作为，不一定是他的个性，而有时尚可能与他的个性相反。我们也可以说他之对中国有如路易十四对法国所称"朕即国家"（L'état, c'est moi），包罗万象。然则他所代表的却不是一种固定的组织，而是一种运动。这种运动之成为一

---

1 书为 Loh，*The Early Chiang Kai-shek, A Study of His Personality and Politics, 1887—1924*（Columbia University Press，1971）。

种革命，又需要利用旧社会的生活习惯做工具，造成团结，才能有希望将中国带进新世界的领域。以新旧两方距离之大，这领导人就不能避免前后矛盾，而在没有同情心的人看来，则是缺乏逻辑，傻头傻脑做不开明的独裁者，其所以如此则是没有受过四年大学教育之故。

所以很多现行写蒋介石的资料，大概都已局部化，只能代表个人对蒋介石之某种作为的一种反应，顶多亦只能代表他们自己对中国革命过程中的一种企望。如罗斯福及亨利鲁斯，则希望蒋的运动成功，邱吉尔则因为与他自己的世界观相反，禁不住对美国之支持中国为四强之一的作法嗤之以鼻，杜鲁门则顾虑美国民意及财政上的浩费，不愿在世界二次大战之后卷入中国的漩涡，史迪威则觉得蒋介石是妨制他自己独当一面以美国的方法解决中国的问题的一种障碍，因此也阻塞了他的事业和前途。如此好多人还没有把自己的立场解剖得明白，就已把他们局部的印象，写成或讲成蒋介石的历史性格。

要确定蒋介石在历史上的地位，务必要将中外历史全盘检讨，扩大所观察的轮廓，并且增长其纵深，还要渗入过去不能使用的资料。

中国的八年抗战，是人类史上少有的大事，也是中国自鸦片之役以来惟一以胜利结束的对外战争。并且全民动员，战火延及南北沿海及内地各省，即对方日本，也从未经过类此的事迹。且因为中国的战事不能结束，铤而走险，扩大而成为太平洋战事而波及全世界，其影响也至远至深。如果我们这时还把这段历史当作通常事迹以"流水账"的方式看待，并且考究各人"功罪"，还以一人一时一事对我个人的利害得失作取舍的标准，也可以说是把"我"看得太大，而把历史看得过小，而至少也是能察秋毫之末而目不见舆薪了。

我们也可以反躬自问：中国在 1937 年，面积大日本十倍，人口也在五倍左右，又有几千年连续不断的历史，为日本所无，为什么竟让日军侵入，厮杀至十几省，而不到盟军参入，不能转败为胜？有些人至今还说这是由于中国社会风气不良，领导人物缺乏团结所致。这种解释，不是完全不对，但是以道德为重点，究竟是皮相之谈。反过来说，中国之决心于持久抗战，就是要证明这说法之无根据。

即以这问题牵涉之广泛，也可以令人揣想这后面亦必掀动了长期历史上和组织制度上的原因，这种种原因透过政治、经济、法律、思想和社会诸部门，才使中日两国之间，发生绝大的力量上的不平衡，因之鼓励强者以他们优势组织的权威凌驾于弱者头上。

从经济的立场上讲，这弱者的组织为一种农业的组织，通常其间人与人的关系为单元，亦即你我之间的交往，与他人无涉。强者的组织为一种商业上的组织，人与人间之来往为多元。因为这种组织一切以金钱为行动的媒介，此处的收支进出，直接间接的影响到彼方的收缩盈亏。也有些人称前者为“封建”，后者为“资本主义”，只是这些字眼含糊，缺乏确切而公认的定义，容易被人滥用。[1]

然则说它是资本主义也好，说它是现代经济制度也好，这种新型的组织与制度建立于以下的三个原则：一、资金活用，剩余的资本必须通过私人借款的方式才能此来彼往，因之得广泛的流通。二、产业所有人又以聘请方式雇用经理，因之企业扩大，超过本人耳目足以监视的程度。三、技能上支持的因素如交通、通讯、律师等共同使用，这商业活动的范围，才能超过每个企业自己力所能及的界

1　资本主义这名词最初以现代方式使用者，似为法国社会主义者蒲兰克（Louis Blanc），马克思即从未使用。见 Fernand Braudel, *Civilization and Capitalism, 15th-18th Century*, Ill, *Wheels of Commerce*, Sian Reynolds trans,（NY : Harper & Row, 1982）, pp. 237—238。

　　英国历史家克拉克爵士，则称资本主义即系现代经济制度。见 George N. Clark, *The Seventeenth Century*, 2nd ed.（NY : Oxford University Press）, p.11。

限。从技术的角度上讲，在这程序中混入公众的资本和国家资本则可使其重点趋向于社会主义，如果坚持私人资本的独断则为资本主义，这以上三个基本条件并不会变更。其中的差别也是相对的，而非绝对的。

日本在明治维新之后，显然的已具有资本主义的体制，也在当日各强国控制殖民地以便独霸各处资源与市场的一般趋势下与西方资本主义国家冲突。同时 1930 年间，日本之资本主义之没有出路，则有北一辉等倡导国家社会主义的波澜，这些情节，已不是本文重点所在。

我们从抗战前后的形势看来，日本采取新型的商业组织，其内部财产的所有权（ownership）和雇佣（employment）互相结合构成一个多元的组织，有如一个庞大的罗网，公私利益也无不笼括，因此越做越大，这也就使中国难与之匹敌，其物质上的条件如冶金业即可制造兵器，造船业即可供应船舰不说，其间还有一个人事组织上的优势：此即其社会的低层机构（infrastructure）中各因素能互相接替交换（inter-changeable）。因之指挥一个军事组织，也与经营一个大公司和管理一个大工厂原则相似。其下属将佐士兵的职责，也与平时日常生活的权利义务互为映证。在两种组织中，各人都知道他们一有差错，必波及全体，其责任也显然。简而言之，这样的结构就是可以"在数目字上管理"。

中国人处于劣势，也不是所谓道德不良，人心不古，而是一个现代化的国家和一种现代化的军队，其中凡事都有牵一发而动全身之感，而神州大陆的民间，却没有一个类似的组织，为之配对，而给予支助。

中国的政治制度，在世界可算独一无二。中国因防洪救灾及对付西北方的游牧民族等等事实上的需要，在公元之前纸张尚未发明的时候，即构成一个统一的大帝国；其组织的原则，不是由下端根据各地特殊情形造成一个符合实情的低层机构，而是用《周礼》式的"间架性设计"（schematic design）作主宰。这也就是说，先设计构成一个理想的数学公式，注重其中的对称均衡，而用之向亿万军民及犬牙相错的疆域上笼罩着去，其行不通的地方，就让之打折扣，只要不整个推翻其设计，下层不着实的地方，都可以将就。比如古代的井田制度，周朝之所谓"王畿千里"，北魏至隋唐之均田，甚至宋朝王安石之"新法"，近代之保甲制度，大都采用这"金字塔倒砌"的原则 [1]，也就是头重脚轻。

在这种传统之下，中国政府的重要统计数字，始终无法核实，中国官员也没有产生对数目字绝对负责的习惯。他们对财政税收的经理的态度尚如是，当然也没有厘定商业法律、判断私人财产权的才干与兴致。因之中国农村形成无数自给自足的小单位。纵有全国性的商业，也只能算为一种有特殊性的事业，既无纵深，也缺乏各种事业间的连系。以上所述构成现代商业组织的三个条件，只有前二个即资金流通、经理雇用可以在亲戚家人之间极有限制的施用，第三个条件，服务性质的设备共同使用，则始终谈不上。因此中国的私人资本无法像欧美日本那样的增积。

明代之后中国原始的农村性格较前更为显明，内向（introvertive）及非竞争性（non-competitive）的风格使突破环境的机会更为渺茫，经济的发展注重全面扁平而轻于质量。政府的职责注重保持社会秩

1　这是一个相当复杂的历史问题，迄今仍没有一部完美的著作，将之从头至尾澈底阐述。我的几篇论文，也只挂一漏万的提及，见《中国历史与西洋文化的汇合》。《明〈太宗实录〉中的年终统计》，载 *Explorations in the History of Science and Technology*（上海古典，1982）pp. 115—130，又《明史研究通讯》第一期（台北，1986）。我即将发表的 *China: A Macro-History*（M. E. Sharpe）也多次提及这种政治制度的设计。

序，其税收幅度狭小，也只能维持旧式衙门的开销。而且法律仍然不能展开，所以其管制的凭借全靠旧式的刑法。但是刑法的判断，又着重"尊卑、男女、长幼"的序次，以"五服"为裁判轻重的标准，也就是政府以它的力量，支持民间的"家属威权"（patriarchial authority），以便减轻自己的工作分量。并且以这种社会价值（social value）作行政的基础，毋须注重各地其他不同的习惯以及经济的消长。如此官僚集团保持其内部的简单划一，接近于理想的淳朴雷同。文官的考试及训练，也不出乎这些基本的原则，所以八股文即可以作衡量行政能力的标准。[1]

这样行政当然产生无数不尽不实之处，其下层原始的数字既包括很多虚枉的地方，每到严重的问题发生于上端，其责任无法澈底查究；所以只能靠专制皇权做主。皇帝的面目既为"天颜"，他的命令又为"圣旨"，则一经他的指划，即不合理的地方亦为合理。又因此文官集团只注重他们相互所标榜之逻辑的完整，事实上的成败好坏，倒可以视为次要。好在这国家在内向及非竞争性的条件下继续存在，只要不动摇其根本，各种马虎参错，也能掩饰遮盖。此外以抽象的道德代替工作的效率，以仪礼算为实际的行政，都有两千年以上的历史作根据。

清朝继承明朝的体制，虽说在某些方面在行动上已有改进，但是根髓未除。例如道光帝之责备林则徐，慈禧太后之诛杀许景澄，都谈不上公平合理，仍是传统政治的作风。我们也无法以他们个人

1　虽说我的意思和若干专家的不尽相同，我自信以学术综合性（inter-disciplinary）的方法读史，使我的结论不至与现实发生很大的距离。我最近的两篇论文为《明代史和其他因素给我们的新认识》，《食货月刊》十五卷七、八期（1986），英译载 *Chinese Studies in History*, Vol. 19, No. 4（1986）及《中国近五百年历史为一元论》，宣读于 1986 年台北第二届国际汉学会议。

的贤愚好坏作结论，因为这些行动，已是组织制度下的产物。只是鸦片战争之后，这样的组织制度已无法继续存在。

并且我们从长期间远距离的立场观测，历史的展开，也并不是没有层次和程序。道光和耆英，虽战败仍自高自大，不思改革，固然可以斥之为反应迟缓，可是以两方体制作风之悬殊，也牵涉到思想和信仰，并且中国一改革就只能整个解体，一切重来，当初的迟疑，也并不是全无逻辑。1860 年间，同治中兴号为"自强"，主张中学为体，西学为用；仍以为西方的科学技术，可以在中国的社会风气里培养，今日看来决无成功的希望。可是当时也非经过一度实验，不能遽尔的先作结论。又直到甲午中日战争被日本击败之后才想到变法图强。即到这时候康梁的规划，仍带着一种机会主义的心眼，指望写好一纸宪法，编列一种预算，全国即会怗然景从。殊不知一种法律之行得通，全靠社会的强迫性（social compulsion）作主，也就是其中条款，不是公平（equitable），就是合法（legal），已经有了过去的成例，因此十之八九的情形人民已准备照此条款行事，即有政府的干预，也不过鞭策领导其一二。要是立法与社会情况全部相违，甚至立法的人和预期守法的人没有共通的习惯与语言，高层机构还没有摸清低层机构的形态，就轻率的希望一纸文书，立刻可以命令一个走兽化为飞禽，那也就是不着实际了。戊戌变法时，其维新志士已有这样的心理状态。但是另一方面，从完全不改革到造船制械的改革，更进而为重组政府准备立宪的改革，则是一种梯度式的前进。以后推翻专制，建立民国，也还是这梯度式进展的延长。

从这些事实的层次，我们也可以了解历史的长期上的合理性（long term rationality of history）；一个古老的帝国，要变成现代的国家，必需组织成为一种运动，透过政治、经济、法律、思想和社会诸部门，使全国人民一体卷入，才有改革的希望。鸦片战争开始于 1840 年，南京条约订于 1842 年，到民国肇造的 1912 年，前后七十年，还只推翻了一个防制改革的政治障碍。其工程浩大，费日持久，也非一个人或几十个人愚顽不肖之故；我在国军当军官学生及下级军官的时候，看到农村里各种组织制度的痕迹，无非"王氏家祠"、"李氏家祠"、"松柏惟贞"的节妇牌坊和过去人物的"神道碑"。前清中试的秀才举人，则在门前和祠堂前悬挂"举人及第"和"文魁"的牌匾。这些组织与统治的工具，无一可以改造利用。（可是"文化大革命"的主持人要销毁这些文物却又是没有勇气面对历史。）南京、北京和广州的政府，纵是通电全国的时候把自己的立场说得无懈可击，仍没有透进至农村的低层机构里去；严格言之，它们也仍是社会上的游体（foreign body）。

如此我们在背景上的分析，已接近本文开始的一段叙述。我们不怕文辞粗俗的话，就可以说传统中国是一只"潜水艇夹肉面包"（submarine sandwich），上面是一块长面包，大而无当，这就是当日的文官集团，虽然其成员出自社会各阶层，这集团的组成却不依任何经济原则，而系根据科举制度与八股文。下面也是一块长面包，此即是全国农民，只要他们不为饥寒所迫铤而走险，执政的人难能想到他们的出路与志趣。这种组织最大的弱点，则是缺乏"结构之紧凑"（structural firmness），是以无从产生"功效上转变的能力"（functional maneuverability），并且1905年中国停止科举制，则上层机构与下层机构脱节。民国初年的军阀割据，也就是意料中事，因为旧的已经推翻，新的尚未出现，过渡期间只有私人军事的力量，才可以暂时保持局面，而此种私人军事力量，限于交通通讯的条件，又难能在两三个省区以上的地方收效，而地区外的竞争，尚酿成混战局面。

如果我们的目的不是发扬个人的情绪，而是冷静的分析蒋介石的历史地位，则我想不出任何理由，可以把以上的背景搁置不谈。

今日我们研究这一段历史，逢到一段绝大的困难，则是没有过去的事例，可以与这连亘一个多世纪的改革作为借镜比较。我最近几年研究一个国家由农业的组织转变为商业组织以至全国能以数目字管理的情形，则发觉其中沿革每个国家的不同，并且一般都极困难，改革的时候也都旷日持久。我们轻率的以为它容易，则是被日本及美国的特殊情形所误解。

日本为一个海洋性的国家，境内物资的交换，通常大量的用水运，足以避免陆运的困难，因此商业发展容易，也能避免各地方政权的留难。并且各大名占据一方，带有竞争性，而江户时代又承平日久，他们的竞争性也渐向经济方面发展。诸藩在大城市设有藏元（财政经理），批发事业则有"问屋"，定期船舶则为"回船"，又经营保险。十八世纪田沼意次为幕府主政时，更全力实施商业政策，如利用江户大阪的商人资本拓地、奖励生产、提高对华输出、经营矿产、幕府掌握专利的事业、以通货贬值刺激交易等等，所以明治维新前一百多年，日本的商业组织，已经有了粗胚胎的结构，不期而然的与世界潮流符合，维新只是政治法制系统的改组，不像中国所需要的是一个牵动全民的革命。[1]

美国在独立战争前，早已利用英国的法制，使农业的组织与工商业的结构交流，又在一个空旷的地区上长期成长扩大，即迟至1862年，还能因"自耕农屋地法案"（homestead act）让一般人民以极低廉的价格购买公地一百六十英亩（近于中国千亩），然则虽有此

1　关于田沼意次财政经理的情形见 John W. Hall, *Tanuma Okitsugu*, 1719—1788, *Forerunner of Modern Japan*（Cambridge, Mass. Harvard University Press, 1955）。我对于其他几个国家转变过程的分析，归纳于《西方资本主义的兴起——一个重点上的综合》，载《知识分子》1986 年夏季号，此文又以《我对"资本主义"的认识》为题载于《食货月刊》十六卷一、二期（1986）。英译载 *Chinese Studies in History*, Vol. 20, No. 1, pp. 3—50。

优厚的条件，过去仍有余士叛变（Shays' Rebellion）、威士吉叛变、各州否决联邦立法（nullification）及四年内战等事迹，此外，迄至近世，也还因银行的立法、货币政策、反托拉斯、跨州商业（interstate commerce）及社会福利等问题，发生无数纠纷。可见得一种体制，牵涉亿万军民，要使农业也能透过工商业的法制，以致全国都能在"数目字上管理"，并不是一件简单容易的事。

　　溯本归源，则此种组织与制度，即使泛称之为资本主义，也不仅只是一种剥削劳工的工具，它的技术因素，经过历史上长期发展的程序。首之以义大利各自由城市为先驱，而以威尼斯为其中翘楚，此城市因为避免日耳曼民族侵入义大利半岛的掠杀而组成，全城在一个海沼之中，在十五世纪之前，与大陆的农业生产无关宏旨，岛中咸水，也不便制造，于是尽力经商。因此它的国家就是一座城市，整个城市，也等于一个大公司，商船队与海军，缺乏基本的差别，民法与商法，也无隔阂。因此才将以上所述组织现代经济制度的三个原则发扬到最高限度。但是威尼斯能因此而做地中海的海上霸王，基于历史上及地理上特殊的背景，也非旁人可以仿效。它之能不待整备可以立即在数目字上管理则是由于结构简单纯一。可是没有坚强的生产基础，到底不能持久。

　　到了十六世纪之末及十七世纪之初，荷兰民国开始执西欧经济事业之牛耳。阿姆斯特丹银行成为国际货币中心，很多国家商船的保险业也为荷兰操纵。原来荷兰处于北海之滨，当初不足为人重视，过去也没有组成独立国家的经验，只是封建割据的力量较其他地区为浅，各村镇的自治，早有端倪。十六世纪西班牙的统治者企望在此地区推行中央集权的管制，又以反宗教革命的宗旨屠杀新教徒，才引起荷民全面反抗，战事旷日持久，各处的颠簸破坏也大。荷兰宣布独立为1581年，是为中国的万历九年，到1648年三十年战争结束，其独立的地位才被各国承认，事在清朝顺治年间，前后六十八年，也只是因为长期兵燹，原来贵族的产业荡然无存，才能引起市民政治的抬头。并且这新国家即便采取资本主义的体制，也不能立即以商业性的民法通行全国。只是荷兰省（Holland）为联邦七省之一，却有全国三分之二的人口（有些专家则说只稍在一半以上），又供应联邦经费四分之三，才能出面推行联邦制，即独立后当日的旅游者仍发觉荷兰民国内部仍是千头万绪，并没有整齐划一的征象。

我们一般的观感，新教的卡尔文派（Calvinists），以他们的"定命论"（predestination）作为荷兰新国家的意识形态，有促进统一的功效，其实这时候定命论就被当日的政客和学者，作各种不同的解释，以支持他们刻下不同的眼光。只有执政者莫黎斯王子（Maurice of Nassau）不为所动，他对人说："我也不知定命论是蓝是绿。"只有这种不为抽象的观念所左右的精神，才能实事求是，先造成一个新国家的门面，才能在长时间解决内部的问题。好在荷兰利于水运，农业也重畜牧而不重谷物的生产，这些条件都与商业形态接近，其内部的参差不齐，即不致酿成僵局。

继荷兰为欧洲资本主义之领导者则为英国。英国合苏格兰及北爱尔兰只有中国的面积约四十分之一。在十七世纪它的人口从四百万增长为六百万，尤其微少。可是就当日欧洲的局面讲，大于荷兰五六倍，仍是泱泱大国。它的农业基础坚固，但是产品却以羊毛为大宗，经常占全国输出四分之三以上。在新时代环境之下，航海业增进，西半球的金银输入于欧洲，引起物价普遍的上涨，宗教革命的影响又波及各处，种种情形都给英国造成一种极不安定的局面。

十七世纪的英国，经过英王与议会的冲突、发生内战弑君、在克伦威尔领导下的民国、复辟和第二次革命的等等事迹，当中又有因信仰问题的冲突与秘密外交的黑幕。自1606年贝特（John Bate）因英王不经过议会立法自行抽取关税认为与成例不合向法庭提出诉讼,不经意的展开了以后的各种变乱,到 1689 年的光荣革命（Glorious Revolution）成功,才算使各种纷争告一段落,中间经过八十三年。其中详情最有供二十世纪的中国借镜之处,只是今日研究英国史的专家经常尚在细端争执之余,也没有顾及到这样一个用途。

我们看清了中国在二十世纪的尴尬情形,则觉得概而言之,这情形不难综合作结论,认为英国经过十七世纪的奋斗之后,走上了资本主义的道路,并不算错;因为光荣革命之后不久,英伦银行成立,其股东成为了英国政府的债权人,兹后持政的"辉格党"（Whigs）又代表大地主及商业资本的利益。不过光荣革命之成为一种运动,又仍支持了宪法至上（constitutional supremacy）及公民权利（bill of rights）等原则,也不尽是"资本主义"这一名词所能概括。

一个比较合于实际情形的解释,则是英国在十七世纪全部国家政治、经济、法律、宗教等等情形,都已赶不上时代。总而言之,则是这个国家不能在数目字上管理,所以要整个改组,经过几十年动乱之后,其内部才开始规律化。其下层机构中,地产已有相当的整顿。英国土地所有制,向来根据封建（feudal system）的习惯,只注重使用权（seizin）,对所有权却无成法管制,宿夫（serf,在英国通称 villein,译为"农奴"极不妥当,今后音译为"稽夫"）对业主应尽义务,各地千差万别,而且过去土地已有顶当买卖情事,更在合法与非合法之间。十七世纪初期最棘手的问题,则是稽夫的身份,他们也不能概称之为佃农,也难能算作担有特殊义务的业主,况且地产又零割分配使用。这时候迫于需要,英王要向全部国民抽税,也就把很多不合理的事情,摊派在自己头上来了。于是经过内战,圆头党和保王党以没收、拍卖、赎还、勒退等手段加于各处地产,彼此都用武力,当然谈不上公平（这也是今日治英国史者论辩的一个重点）。但是大乱之后,局势有了相当的澄清。1660 年后零星的地产逐渐归并,所有权已能固定,东佃关系,也较前明显。所以在技术的角度上讲，土地的所有已经明朗化，有 1692 年征收全国土地税的情形为证。

下层的组织既已较前合理化，也就用不着专制王权独断的裁决，像中国的官僚政治的办法，以不合理勉强称为合理了。于是高层机构也承认议会至上，司法独立，英王失去了统治的力量，只作为象征式的元首，以保持历史的传统。以后的两党政治（two-party system）、责任内阁制都在这些条件下产生。

可是新的高层机构和新的低层机构间，也是有新的联系。这一方面是政教分离的趋势愈为明显，教堂不介涉民政之所致。另一个重要的发展，则是普通法（common law）的法庭，在 1689 年之前已开始容纳公平法（equity）。普通法是农业社会的产物，凡事都依成例，以前没有做的事统不能做。公平法是一种法律的原则，不讲求合法（legal，凡合法则必依成例），只考究是否公平（equitable）。如此就给法律带来了相当的弹性。1689 年贺尔特（John Holt）为首席法官，他命令以后有关商人的案件，照商业习惯办理。是以农业资本能与工商业对流，内地与滨海的距离缩短，全国的人力和资源构成一个庞大的经济网。英国既能以数目字管理，则资金流通、经理雇用、服务共通的原则都能做到，所以一个人口六百万的农业国家，也能和威尼斯人口十万的商业城市国家一样的牵一发而动全身，在当日全属创举。只是英国能如此做，它的组织力量透过军事政治的部门，成为一种压力，也强迫其他国家都如此做。

即以法国为例，在它大革命的过程中，开始推行新的度量衡制，以全国的山河为基础重划齐整的省区，企图以全国地产作保障，发行新币，又颁行新历，以后则更创造拿破仑法典，注重民法及商法，种种措施，无不有以数目字管理的趋向。同时法国革命之前，政府与贵族僧侣重楼叠架的彼此牵制，资本主义无法在这情形下展开；革命以后局势打开，资本主义的色彩才渐见明显。然则我们要说法国大革命旨在推行资本主义，则不免把资本主义看得过大，而把法国大革命形容得过小了。倒不如看清其中最重要的一个因素，则是在技术上讲，革命成功之后下层机构里的各部门能互相交换。

为什么我一篇写蒋介石的文章牵涉得这么多，既提到个人经验，又是古今中外？我也自知其夹杂与啰嗦，但是在我替自身辩护之前，让我再节录一位对蒋作过极端苛刻的批评的人物：白修德（Theodore H. White）有下面一段关于蒋在重庆的记述：

> 有一次新闻局的局长穿着长袍去谒见他。蒋告诉他，他年纪尚轻，不应着旧式长袍，而应着西装。蒋决定谁可以去美国，谁不应当去。他决定政府公办的新闻学院的研究生谁可以留美。国立中央大学的学生抗议伙食不好，蒋委员长亲自到该大学食堂去吃一餐饭，他结论是饭菜并不差。[1]

这段文字的要旨也是夹杂与啰嗦。但是要是这些零星杂碎的行径就是蒋委员长的个性，谁又会推戴他作为中国的领导者，去完成抗战大业？要是他是这样的缺乏选择重点的能力，在西安事变发生时，为什么周恩来不设法消除他，而偏要主张立即释放，使他能够主持全国一致局面？可见得有时在历史重要题材之下，纵是纪述得百分之百的确实，也仍可能脱离其发展的重点。然则写历史的人也和写传记的人一样，最初又不能不以琐闻轶事作为立说的根据，所以本文在提出结论之前，有下面三段的叙述：

一、蒋介石的行为，包括了很多看来离奇，也好像自相矛盾的

1　White and Annalee Jacoby, *Thunder out of China*（NY：Wm. Sloane Associates, 1946）, p. 127.

地方，我自己的经验也和旁的人一样，单从这些听到的和看到的事迹分析，写不成真实的传记和历史，一定要使这些资料为长距离宽视界的背景所陪衬，我们才能体会到这些事情的真实意义。

二、很显然的，传统中国的社会与政治，以间架性的设计组成，理想、高尚，技术低劣（所以五四运动要打倒的不是孔子，而是"孔家店"），无法局部改造，以适合新环境。可是一个国家包括亿万军民，即在中国革命最高潮时，全国农民还用一千多年前的农具拖泥带水的耕田，学龄儿童还用毛边纸一字一划的习字，所以无法要这国家放弃它衣食住行的各种因素，立即脱胎换骨。

三、中国的长期革命大半由于西洋及日本的压迫和刺激而产生，我们研究其出路，也要先从西洋与日本的经验比较。这些国家的一般趋势，即以农业方式的组织，改造而为商业方式的组织，才促使内部诸种因素都能互相交换（interchangeable），以便在数目字上管理。英国的十七世纪虽和中国的二十世纪有风马牛不相及之处，其长期动乱之后，产生了一个新的高层机构，一个新的低层机构，和一套新的法制，作为两者间之联系。就技术的观点（不是意识形态的观点）言，它的规模和程序，最能给中国借镜。

本文的重点，则是蒋介石以他自己—自挺当，承受了旧中国旧社会的各种因素，替中国创造了一个新的高层机构。他在台湾的成就，尚不在以上叙述之内。

这种新的高层机构，还没有完全组织妥当，并且在 1927 年在南京成立以来，还没有享受过一年和平无事的日子，就在十年之后，担荷了抗战大业的重负，当然没有力量改组低层机构。我们也可以说国民政府在大陆上二十年的历史，无非即是抵抗内外企图分裂和破坏这粗胚胎高层机构的一种记录。

我在军校毕业之后，于 1941 年派在十四师当排长，军队驻在云南的马关县，防制进占越南的日军北侵。我们从县之西境，徒步走到县之东端，看不到一条公路、一辆脚踏车、一具民用电话、一个医疗所、一张报纸，甚至一张广告牌。因为哀牢山的村民，一片赤贫，农村就是无数自给自足的小圆圈，村民能够以玉蜀黍买布换盐足矣，不仅现代商业没有在此处生根，即二十世纪的各种人文因素也统统都不存在。

第十四师原来是国军的精锐，在淞沪之役、江西阳新之役和粤北翁源之役都建过战功。可是这时抗战已入后期，军队成年整月没有适当的补充供应，又自脱离铁道线之后，经常越省行军，所有装备全赖士兵手提肩挑，况且广西云南很多地方，一遇雨季，道路即是一个泥坑，军队人员营养不良，又没有适当的医药设备，在逃亡、病死相继的情形之下，兵数不及原编额之半。

1941 年重庆的军政部指令，由湖南的一个"师管区"拨补壮丁若干名，作为十四师的补充兵。其实国民政府的兵役法，在抗战一年之前以一纸文书公布，所谓师管区和团管区，大部都是笔墨文章，各种后勤机关也都付诸阙如。只好由我们师里组织"接兵队"徒步行军到广西搭乘火车到湖南，将枪兵分散，在村里和保长甲长接头，再按户搜索，时人谓之"捉壮丁"，与唐诗所叙"暮投石壕村，有吏夜捉人"，虽前后一千多年，情形大致相似。

蒋廷黻曾和费正清（John K. Fairbank）说，国民政府时代，知识分子外向，对西洋各国的情形了解得很清楚，对中国农村内地的情形，倒是糊里糊涂。[1] 今日事后想来，现在虽有萧公权、杨庆堃、Martin C. Yang、Sidney Gamble、Doak Barnett 诸人的著作，我们也仍可以用鲁迅的短篇小说解释，传统的低层组织，着重"尊卑男女长幼"，

---

1 Fairbank, *Chinabound : A Fifty-Year Memoir* (NY : Harper & Row, 1982), p. 88.

衙门主要的任务，则是保障地方社会的安宁。民国肇造以来，又经过四分之一世纪的上下脱节，则 1936 年所颁布的兵役法，也就是要一千多年以前的组织，担带现代社会的任务。兵役法的"公平合理"，都是根据理想上的全民平等，各单位都能互相交换的原则推断而假设其存在。不仅是金字塔倒砌，而且付于实施，也只能从已经被遗弃达四分之一世纪的社会着手。即算这时候的社会秩序，还依传统根据尊卑男女长幼的原则造成，那谁有能力反抗乡村的保长甲长？他们纵不自己就是一乡的地主和债权人，至少也与他们混溷一气。这时候我们又何能期望年轻的侄辈佃农和负债的及目不识丁的贫农指摘他们的领导人或他们的叔祖债主为违法或对法律的使用上下其手？如此只能像传统社会一样，真理总是由上至下。征兵纳税也全靠由上至下加压力。实际被摊派义务的人，也是最无能力推排这压力的人。这情形只有每况愈下，以至以中国这样一个人口众多的国家，反抽不出兵来。（1986 年年底，我在台北第二届国际汉学会议主张尽量将这些资料提出，因为这些情节并不是国民党的真实性格。我们愈把这些传统的弱点隐匿，历史的发展，愈被解释得黑白颠倒。）

十四师接兵队"接收新兵"的经验，则是捉来的壮丁，禁闭在一座庙宇之内，待积得总数，再行军去云南。所被拘捕顶数的壮丁，不是已经接受顶带的费用，事前就打算逃亡的投机分子，就是不知抗拒、无人顶替的白痴。而且捉过又逃，逃过又捉，连原来派去的枪兵，也有逃亡情事。且冒雨季行军至云南，路上又无医疗食宿的接应。师管区说它已拨补十四师壮丁二千五百名，也无人能说实际有若干名。只是除了逃亡、病倒、拖死、买放之外，到师部不及五百名，而且大部系痹瘫残疾，不堪教练。

我们做下级军官的人，与士兵一同居处，在战时已经难能忍受的生活程度下更再降级一二层，又经常与痢疾和疟疾结不解缘，脚上的皮肤，一被所穿的草鞋上的鞋带擦破，在淫雨和泥泞之中，两三日即流脓汁，几星期不得痊愈。这些苦状都不必说，而更难于忍受的，则是精神的苦闷。当日我们既无报纸，除了师部之外，也无无线电机，即有邮政也一月难得一封家书。而我们和士兵之间，则有语言的隔阂。多年之后，我读到明朝以诤谏著名的南京右都御史海瑞的文字，才知道连这种情形，也有前例：海瑞一方面为国为民，可是这种为他爱护的人民，是一种抽象的和集体的对象；另一方面他笔下提名道姓的人民，有血有肉，要不是浑浑噩噩，则是狡诈凶狠，毫无可爱之处。总而言之，我们虽是今日的知识分子，也等于昔日的士大夫，口里说为国为民，其为潜水艇夹肉面包的上层机构，并没有对下面这一块长面包直接交往，发生鱼水相逢的机缘，因为两者之间心理上和教育上的距离，已经在好几个世纪之上。倘非如此，也不会被日本人追奔逐北，杀进堂奥，除了等候美国援助之外，无法取得主动。

我在学历史的时候，也读过中外学者不少的文字，责备国民党和蒋介石忽视改造中国的农村，可以以英国学者 Barbara Jackson 为代表。当时我还半信半疑，现在看来，则知道这些批评者，也如蒋廷黻之所说，自己就应当先将中国内地的情形看得够清楚，才根据海外的标准判断。这中间的一段奥妙，则是因为传统社会组织和结构的背景，二十世纪的新高层机构和低层机构无法同时制造。不仅经济上的条件不容许，即以人事关系而论，它们最初的组织一定要从相反的原则着手。这也无意之中，表示中国之内战无可避免。要不然何以早在 1927 年毛泽东就承认反对他的人称他的组织农民为"痞子运动"，却又坚持所谓痞子，实系"革命先锋"[1]？韩丁（William Hinton）以联合国工作人员的身份，看到 1946 年以后山西土地改革

---

1 《毛泽东选集》卷一，页 18。

的情形，他著的书号为《翻身》，对中共极端的同情。[1] 书中就指出中共在满城一个村庄里的组织，起先发动于身患梅毒、吸白面、带有土匪性质的流氓。他们进入村庄之内，鼓动村民造反。起先无非以威迫利诱的方式，弄得多数的农民个个下水，当时"打土豪分财产"的办法，甚至弄得有些共产党员也为之心寒。然则这还不过是一种初步的程序。今日我们平心而论，这种程序，也就是宣告过去人类的文化，统统都不存在，既无尊卑男女长幼，也无所谓合理合法。人与人间的关系全部解散，每个人都是原始的动物，也近于卢骚（Rousseau）和霍布斯（Hobbes）所想像的初民状态，每个人都以坚持自己的生存权利为唯一要旨，所以有无数凶狠斗争的姿态，也只有被社会遗弃的人才能出面领导，可是一到这村庄已被掌握，内外威胁消除，有适当教育的中共人士才整批进入。痞子也好，革命先锋也好，他们的作为又全部被检举。再度分田时，也不计较过去功罪，而确实讲究合理合法。当初鼓励农民为原始的动物，这时才重新教导他们为善合群，如此才造成一个可以在数目字上管理的局面，所以以后成立人民公社、最近的承包制就轻而易举。这样的事能够做得通，也表示中国的旧社会已至山穷水尽。但是纵使蒋介石有此眼光，或者国民党有此能力对中国农村社会的小圆圈依样开刀，这程序对他们说来，也不可想像，因为其逻辑就与他们的立场完全相反。

论文写到这里，我也可以照很多人的办法，以道德的名义作结束。好在骂国民党也好，骂共产党也好，总不怕没有资料。同时也可以站在当中的立场两边都骂。在技术上讲，我的文章已经和这立场的距离不远。

---

1 Hinton, *Fanshen : A Documentary of Revolution in A Chinese Village*（NY : Random House, 1966）.

但是盲目的恭维不是可靠的历史，谩骂尤非历史。以道德的名义写历史有一个很大的毛病：道德是人类最高的价值，阴阳的总和，一经提出，即无商量折衷的余地，或贬或褒，故事即只好在此结束。间接也就认为亿万生灵的出处，好多国家的命运都由一个人或少数人的贤愚不肖决定之，与其他的因素都无关系，而只有破口谩骂的人看得明白。

我们也可以反躬自问：中国 1980 年代与中国 1920 年代比较，其中显然的已有一个很大的区别。当初军阀割据，数字全无法查考，有如传说中的张宗昌，一不知手下竟有多少兵，二不知各处有多少房姨太太，三不知银行里有多少存款。今日中国组织上纵有不合理的地方，很多数目字已经能提出检讨。例如有史以来第一次符合现代标准的人口统计已经举行，人民解放军裁军百万，也能如期完成。这和以前的差别究竟在什么地方？难道这今昔之不同，则是一人一时一事运转乾坤之所致？历史是一种永久的纪录，我们希望千百年后这种纪录还有用场，不应当为现下政策和个人好恶所蒙蔽，也不应当为士大夫阶级的眼光所垄断。况且历史是连亘不断的，其意义不一定是当事人所能全部领略。我过去常感遗憾：我服务于十四师的时候，徒然在雨季于一个烟瘴区呆了几个月，于国事无补，自己则弄得父亲于日军三犯湘北时病危，不能前往诀别。可是今日想来，我们的受罪并没有白费。如果当日没有我们在滇南驻防，不仅日军可以北犯取昆明，至少云南也还会被龙云和他的继承人所盘踞；倘使全国的情形如此，则 1949 年，这省区还不能为北京所掌握。

这样看来，蒋介石和国民党奠定了新中国的一个高层机构，已有历史的事迹作明证。蒋以"忍辱负重"和"埋头苦干"的办法，将原始的及不能和衷共济的因素，结成一个现代型的军事政治组织，虽然内中有千百种毛病与缺陷，这种组织也能为各国承认。他主持的对日战事，也就分明的指出以初期的牺牲吸引世界的注意，使其他国家无法袖手旁观，终拖成一个大规模的国际战事，在这种情形之下，取得最后的胜利。毛泽东和中共，则造成一个新的低层机构。内战期间，他们也就以蒋和国民政府作为对外的遮盖，同时他们自己也不沾染城市文化，甚至除无线电机及油印报纸之外，没有高层机构的痕迹，如此才能在乡村中有一段澈底的整顿。如果内战是中国全面澈底改造的过程中第一阶段和第二阶段的分野，则"文化大革命"为第二阶段与第三阶段的分野。显然的，以后的XYZ领袖集团［即邓小平（Deng Xiaoping）、胡耀邦（Hu Yaobang）、赵紫阳（Zhao Ziyang），再加入李先念（Li Xiannian）、陈云（Chen Yun）、彭真（Peng Zhen）］的工作，则是在高层机构及低层机构中赋予法制性的联系（institutional links）。所谓经济改革的目的，不仅旨在提高人民的生活程度，而且在这种经济活动之中，创造规律，才能构成体制。

在以中国特殊的情况为前提，构成一种可以在数目字上管理的目标之下，一定要考究这种体制带有多少资本主义的色彩，是否够得上称为社会主义，或者是否与共产主义冲突，在我们看来这些问题大都已属于摩登学究的领域，与实际情形已无具体的关系。因为：第一，以上所述"主义"多系一种抽象的观念，可以在革命过程中作为一种意识形态；不能在实际建设的时期倚为蓝图。第二，强调这些"主义"的人，好像全部问题都已在他们掌握之中，要它向左即可向左，要它向右即可向右。也就是没有放弃前述"周礼式的设计"，以为一纸宪法，即可以令走兽化为飞禽；亦即是金字塔倒砌，没有顾及低层机构牵涉亿万军民，高层机构又要与外间联系时各种组织与协定的困难。过去六十年的经验，则显示中国从二○年代进步到八○年代，并不是有很多可以选择的路线左右逢源，而是遭到内外绝大的压力，并柳暗花明之中突然开豁的发现生机。很多盲人瞎马的浪漫主义，都在革命高潮中淘汰。最后牵涉大量人民的群众运动，与中国的历史与地理不可分离，其道路则是一条羊肠小径，也多曲折支离。只能在不断探索之中不断的展开。所以我们事后研究，还要用相当的功夫，才能查看得明白。

即算今日一个国家的去向不能完全没有主宰，我们也仍可以看清：今日中国的建设是无中生有，纵有民族资本和国家资本作台柱，仍不能由官僚一手包办，在资金活用、经理雇聘、服务共通的条件下，必需民间作第二线第三线的支持，同时也要在对外贸易之陪衬下完成。这些客观条件即不容我们视所谓资本主义为畏途。反过来说，欧洲资本主义形成时，以"市民特权"（municipal franchise）作基础，直到经济发展到相当的程度，才逐渐将"公民自由权"（civil liberty）赋予全民。中国则在无线电、计算机、航空交通的时代里完成革命，并且卷入漩涡付出最大的代价则为农民，而至今农民民智未开，也只能集团的领导，况且中国又不能像先进资本主义的国家一样向外开拓殖民地，将问题"外界化"，诸如此类条件，技术上就使中国今后的趋向，无法全部抄袭西欧和日本，所以今后发展必带着浓厚的集体性，也必有社会主义的性格；在这种不能过左也不能过右的场合之下，如果朝野人士对一时一事作政策上和具体上的争辩，还讲得通，要是劈头劈脑，犹在整个轮廓上以主义为名，坚持我们个人理想上空中楼阁之整齐完美，则为不智。

第三，在此题目上论辩的人已经有了历史眼光，但是仍没有把自己的立场看清楚，也就是引用历史尚未入时。中国为亚洲大陆国家，要将内中腹地也照商业性的方法组织，技术上遇有困难，因此才有这连亘一个多世纪的革命，也有中共领导下的土地改革，因此丧生的人数据估计达三五百万不算过多。（韩丁的叙述，一个村庄内即有十几人。）但是到底历史也有它的选择性和经济的原则。（亦即是不绝对需要牺牲的时候，不会有人愿意牺牲。）今日香港也可以说是在资本主义形态之下，也能在数目字上管理，就不能勉强的要它向经济落伍的地区看齐，况且它的财富，差不多全是地产，以这些摩天楼和写字间作保障，造成商业信用，这港口的城市才能高度符合到资金流通、经理雇聘和服务共通的条件，成为一个国际贸易的中心。即是人民共和国在 1960 年间左倾至最高潮时，仍倚赖香港为进出口货物的门户。中国准备在十年内外收回香港，在这时候国内人士还不虚心研究两种体制如何可以协助合作，外交立场如何可以保全完整，秘密结社的地下活动如何可以防止，团结的力量如何可以从文化上及历史上的共通之处培植，偏要争辩虚有名目的社会体制，也可以说是不智之甚。也等于一个疲惫至极的人，有人牵上一匹马他还不骑，只因为马的颜色，不是他心爱的色彩。

说到这里，本论文也可以极简单的附带说及台湾的情况，台湾的条件，当然并非至美至善，但是在数目字管理的情形之下却又较大陆为先进，即以其人口为例：迄今大部居于城市之中。（全岛一千九百五十万，台北市则超过二百万，为百分之十强。1979 年全省城市中人口为百分之四十一点九，现今有人估计可能至百分之七十三。）可见得大部人民的生活依赖国际贸易与国际商业有关的工业。其中则有一个很紧凑的组织，才能使目下外汇存底超过六百亿美元。如果这优厚的条件能动员为大陆建设的一种襄助，则为海峡两岸人民之福。可是如果不假思索，即以"国家体制"的名目，先想去打扰这已见功效的组织，则又为不智之甚中之至尤。也就是没有看清中国需要在数目字上管理的一个大问题的症结。

我之所以说历史之引用，尚未入时，则是今日之中国已经打开了一个多世纪的僵局，进入新时代，这规模之大，历时之久，为世界历史之所无。所以今人要引用历史事例时，也只能抽取其中适用的若干原则，决不能从头到尾如法炮制。因为历史上的现存事例，还没有这样一个庞大的轮廓可供抄袭。我所常举出的一个例子，则是荷兰民国成立时，采取联邦制。联邦海军，由五个集团（colleges）拼成。迟至 1752 年阿姆斯特丹还有它独立的邮政局。有一段时期，荷兰省甚至倡言，它有独立的外交主权，能和外国签约[1]（也是在这种情形之下，莫黎斯王子称定命论可蓝可绿，与四百年后邓小平所说捉鼠之猫可白可黑无异）。英国在光荣革命前后，所有改革，用立法和行政的程序少，而用司法裁判的多。也是避免以通令的形式，强迫一体照办，而系针对真人实事，在法律的面前，按公平的原则斟酌取舍，然后集少成多，造成系统。现代商业的体制从这种实验范围之下构成。美国将最基本的观念写成成文宪法，而由司法覆审（judiciary review）时决定新法律是否能与之衔接。这些办法，都可供中国参考。从威尼斯、荷兰到英国的历史看来，不论国之大小，一个国家开始以商业组织代替其农业组织时，无不对"国家体制"有了多少创造性的措施，甚至这"国家"的一个典型，也在长期中转变。中国的情形当然无可例外。这样的引用历史，才不至于陷至被动的地位。

让我再说一遍：这篇文字之夹杂啰嗦，则系因为题材广泛，而且其中很多因素，还没有澄清，更待归纳成为系统。可是我们若不怕它们的夹杂啰嗦，先将历史前端现在的趋势与动向看得清楚，则对其背景，也多一种认识，因之也对历史更存信心。从这观点看来，蒋介石的历史地位是很巩固的。其固定性由于中国八年抗战的事迹之不可磨灭。我们越把当日的困窘澈底提出，其情势也愈显然。邱吉尔对蒋毫无好感，他的二次大战回忆录每提到蒋，总是一派轻蔑的态度，尤其不赞成罗斯福之支持中国。1944 年他行文与外相艾登（Anthony Eden），内中云"把中国当作世界四强之一，这是一个绝对的笑话。"[2] 当日也不能说他完全不对。只是曾几何时，即物变境迁，

---

1 Herbert H. Rowen, *The Low Countries in Early Modern Times*（NY : Walker, 1972）, pp. 191—1970.

2 Winston S. *Churchill, The Second World War, VI, Triumph and Tragedy*（Boston : Houghton Mifflin Co., 1953）, p. 701.

迟早看来，蒋介石及中国之抗战影响大英帝国显著。邱吉尔和他过了时的世界观对中国则关系至微。这一方面由于蒋介石造成了新中国的高层机构，使毛泽东、蒋经国和邓小平都能各在不同的条件之下发挥其所长。反过来说，后人的继续努力，也使前人的功绩没有白费。这也是我一再提及历史上长期的合理性之旨趣的所在。

中国的革命好像一个长隧道，要一百零一年才可通过。在这隧道里经往的人，纵活到九十九岁，也还不能陈述其全部路程。而只有今日路已走穿，则我们纵是常人也可以从前人的经历，描写其道路之曲折。如果我们采取这种观念，则很多以前对蒋介石的作为无从解释的地方，今日都可以找到适当的答案。

从各种迹象看来，蒋介石取得做中国领导人的地位，最先没有自动的作此打算。和他接近的人提出，他迟至 1919 年，还在打算去欧美留学。[1] 最近不久之前出版的一部黄埔军校纪念册，在《黄埔军校大事记》里提出 1924 年 2 月 21 日，"蒋介石突然提出辞去军校筹备委员长职务，离穗赴沪"。2 月 23 日的记事则称：孙中山在蒋介石辞职书上批复"不准离职"。至 5 月 3 日则称"孙中山任命蒋介石为陆军军官学校校长"。[2] 从这些迹象中已可看出蒋或因人事磨擦，或因意见不合，职衔未遂，起先就不是在一个十分和谐的局势中登场。

不论他以何种心情和手段做到军事政治领导人的地位，他一朝发觉身据要津，事实上很少给他有选择的机会。林肯曾在内战极端困难时说："我的目的则是保全联邦。要是我能解放全部奴隶而达到这目的，我也愿做。要是我能让全部奴隶都不解放而达到这目的，

---

1 Tse-tsung Chow, *The May Fourth Movement* (Cambridge, Mass,: Harvard University Press, 1964), p. 343.
2 黄埔同学会编《黄埔军校建校六十周年纪念册》(1984)，页 107。

我也愿做。要是我能解放一半的奴隶而保存一半的奴隶而达到这目的，我也愿做。"蒋介石与林肯的决心相似，而困窘则远过之。他已制造成一个高层机构的粗胚胎，却没有一个与他新政府衔接的下层机构，更谈不上两者间法制性的联系。要是说蒋不择手段，则是他的手段已由环境代他抉择，经常他做事时，一种情况，只有一种方法，让他同时能够维持他高层机构的粗胚胎。他之没有系统，则是中国的局面下好几个不同世纪的事物同时存在，谈不上系统。

陈志让说，蒋之拉拢军阀与政客，利用感情的激劝、金钱上的策动和自己的武力作撑持。[1]作者并未有意歪曲事实，只是这些不得已的办法，出于无可奈何，不能当作蒋的志愿与癖好。要是我们仔细考察其背景，则可看出他所能实际控制之至微。1937年抗战之前夕，国民政府一年的预算才十二亿元。[2]以当日三比一之汇率计算，值美金四亿元，也只能与一个中级公司的资本相比。在军事上面讲，则虽抗战时仍有东北军、西北军、桂系、粤系，山西之阎锡山，四川之刘湘、刘文辉、杨森，云南之龙云和卢汉。甚至还有些地方，战区内重要的军事会议尚用粤语交换意见。他们的下层既没有一个全国都能相互交换的公式与原则，则每个集团都是一个地方性的组织和私人组织，那又如何叫蒋介石与他们交往时，忽视这种私人性格？我曾亲自听到国军的一位将领诉苦。在他组织一个军部时，不能任用他想任用的人，此是一难，而有时他又不得不任用他不愿任用的人，此是二难。蒋介石的困难，则又数百倍于这位将军的处境，所以他也只能利用传统的"忠恕"，去包涵这种私人关系。

1　Jerome Ch'en, *Mao and the Chinese Revolution*（NY：Oxford University Press，1965），p. 1460.

2　Arthur N. Young, *China's National-Building Effort 1927—1937：The Financial and Economic Record*（Hoover Institute Press，1971）.

蒋所能实际掌握的，则是所谓"黄埔嫡系"，外国人称 Chiang's own；蒋介石自己对史迪威谈话时也提到黄埔学生与他自己事业的重要。他对我们训话时，也就是期望我们做无名英雄，专心战术，以便尽瘁于下层工作。（以后我们毕业后，虽在战时要实际服务六年半才能升少校。）这种训诲不足，则再继之以宗教式的呼唤，甚至以必死相号召。上段已经说过我们即做军校学生时也并没有忘记个人名利，可见得一种组织之内，要个人完全放弃私利观的艰难。大凡一个社会和一个集团之内，个人私利已达到一种平衡而可以公平交换的局面，则为公尽善的精神，能够发生实际的效用，也比较容易鼓舞提倡。即是黄埔初期学生参加东征之役时，因为全部生员都未受名利的沾染，与这种理想的情形接近，因之攻惠州时前仆后继，具有革命军的精神。以后黄埔学生既为国军将领，又与过去的军阀为邻，同时中国的局面也未能做到各种私利能自由交换、个人的功绩通被认识的局面，尚要他们保持这种精神，就不免困难了。如是这也产生历史上一种离奇的现象：蒋介石之不能澈底发挥他的能力，是由于他的成功过于迅速。他还认为自己是革命军人，旁人已经认为他是国家元首，而要他对一个现代国家的功能负责。他之管及庶务，则是因为下面没有一种适当的组织。很多人责备他不注重组织，可是又逼迫他准备不及时去对付日本。那他也就只好以个人的力量去拉拢当中缺少法制作为连系的各种因素了。

蒋介石被批评为纵容部下贪污，按理他没有破坏自己的系统之道理。只是当日后勤的组织，实际上挂一漏万。即军事上的经理，也部分的采取承包制。例如十四师在马关县，附近居民的骡马，已被我们征调一空去运送最基本的补给，如弹药及食盐。这时军政部纵有能力供应我们各项需要，也无交通工具使物资能够下达。所以1941 年的夏天，我们的士兵每人领有棉布制服一套，此外并无一巾一缕，足供换洗。只能在雨季中偶一的晴天，由我们带着士兵在河畔洗澡，趁着将制服洗濯，在树枝上晒干算数。到九月份，军政部又发给每人衣服一套。所发的已非实物，而系代金，由师部设法就地采购。其实发下时法币贬值，钱数也不够，本地也无处购买。好在我们师里也是全面缺员，于是师长命令一位军需，化装为商人，往日军占据的越南，购得白棉布若干匹，回头用当地土法蘸染为土黄色，交各村庄里缝制成短袖短腿运动员式的制服，以节省材料，这样我们的兵士虽仍无内衣与外衣的区别，总算才不致裸体在河边等候衣干了。至于制服是否合式，账目如何交代，都无从考问。师级以上的战区和集团军司令都在这种承包制下半公开的集体经商，更不能禁止。重庆、昆明、柳州间很多的"通讯处"和"办事处"也就是这些半官半商的堆栈和分店。总而言之，传统中国社会从来就没有一个能全面动员、对外作战的体系，这时候无中生有。蒋介石的高层机构全靠牵扯铺并而成，既没有第一线第二线的纵深，有时也官商不分。当然，所有情事尚不是如此简单，他一定坚持的话，也可能选出一两件贪污特注的案件雷厉风行的惩治。只是当时全国都捉襟见肘，承包制又如是普遍，那样的惩罚也不见得能有功效，而只是徒然暴露自己的弱点而可能使自己更不能下台了。

蒋介石对国内社会的成员，采取兼容并包的办法，举凡北洋政府的遗老、已褫夺兵权的军阀、社会名流、重要绅商，或在他的政府里担任名誉上或实际上的职务，或被他推崇而拥有优厚的社会地位。但是他对于共产党党人及左翼作家则毫不假借。并且于1927年的宁汉分裂开始，极力排共。这中间虽然经过抗战初期的一度国共合作，但是除了一段极短的时间之外，两方总是貌合神离，终至决裂，并且内战期间两方的下端都有不择手段的情事，有些也记入外国作家报导之内。

今日之治史者很难断定谁是谁非。可是历史家又不能自命为中立，因为他们的任务，则是阐述各种情事之背景的真意义。要是他们对众所周知的事实还规避，那也难能达成他们的任务了。

在这里我们也可以看出时间因素的重要。卷入国共冲突的人物，自己在历史后端，把当时事看作历史的前端，因此和我们的眼光不同。我们则站在他们的前端，连所有宁汉分裂、国共合作、二次内战都是历史事迹，至少有三四十年的距离。因此他们视为的道德问题，今日我们可以视为技术问题了。

我也要在此申明：所有历史上的内战，都只能用技术的角度分析，不能以道德的成分作结论。即纵是美国的南北战事，其中有种族及奴隶的问题，牵涉到道德的色彩，可是今日分析南北战争的原因，首先就要在技术上考虑北美合众国这"联邦"的真意义，不能首先就说北方都是好人，南方都是坏人。这和1861年的观点，当然不同了。

上面我也说过：道德是真理最后的环节，阴阳的总和，不能分割，也无法转让。当日在这种条件之下，蒋介石以埋头苦干、忍辱负重自勉，对内则凡参加他运动的人即来者不拒，对外则尚要考虑英美各国的区别，而在这时候中共却提倡阶级斗争、"痞子运动"，向苏联一边倒，也就是否定他的一切作为，那也难怪他把他们视作寇仇了。所以内战期间，他的军事机构，称为"剿匪总部"。他之株连左翼作家，以1920年代"清党"期间为尤甚，也是基于此种逻辑，在他看来，他包涵容忍，是一切事物的"保全者"（preserver），中共以毛泽东为代表则是一个"破坏者"（destroyer）。要是他又容纳某种分裂运动，则他就难能指挥自己部下的将领和士兵了。

蒋介石表征着历史上的一种现象。我们写历史的人，可以毫无疑问的赞扬他的伟大，因为他的气魄，就代表这种现象和运动牵涉的幅度及纵深。但是不能说他所做事全无差错，尤其不能说他所做事都可以为后人效法；因为他活动于一个极不平常的环境之内，他的手段，并不一定就是他的目的。同时有些今昔之不同，尚是他自己的运动之所创造的成果。

我所说蒋介石和国民党创造了一个新中国的高层机构，毛泽东和共产党创造了一个新的低层机构，首先一定会被人非难的。旁人就可以说这些论调不合于逻辑。毛和蒋不仅在战场上相见，并且彼此都用最不堪的字眼形容对方，那又如何能说他们在合作？

但是什么是逻辑？逻辑无非是使一种事物或者一种组织或者一种运动中各项因素在语言间能够互相衔接互相支援的一种纤带。蒋和毛都在革命期间领导一种群众运动，当然他们都只顾及这群众运动内部组织与协定的能前后一致。他们人身方面（personally）或为对头，但是在历史上他们前后的成就却能够加得起来。并且所述高层机构及低层机构也不一定要原封不动的交代，只要具备其社会条件即可。毛泽东和中共造成的低层机构，扫除了农村间小规模放债收租和官僚政治编排保甲以真理由上至下的习惯。可是"文革"期间，他又倚靠暴民及痞子运动去强迫执行他理想上的道德观念和社会价值，才弄得乾坤颠倒。这农村组织的根底，则仍可以改造利用，作为新中国法治的基础。

总而言之，中国一百多年来遇到的困难，则是问题之庞大，时间之紧迫，以及内外压力之令人喘不出气来。这种种情形都为以前历史之所无，尤非个人经验可能概括。如果现存逻辑不能包括中国人民针对这种挑战的各种狂热反应，则不妨借哲学和神学的力量替代。世界上事物之有"正"、"反"和"合"，也不始于"唯物论辩证法"。印度的婆罗门教，即认为"保全者"可以维希奴（Vishnu）作代表，"破坏者"可以薛瓦（Siva）作代表，他们彼此却都源始于婆罗门（Brahman）。

这种说法也就是利用人身性格（human attributes）去阐述一个大宇宙继续运转的力量。也就是以美术化的办法，去解释在大范围之中很多相反的因素终能融合。中国的革命既是超世纪的事迹，也要在人身经验之外创造新逻辑。

我写这文的目的，不仅是希望确定蒋中正先生的历史地位，更是因为这问题不解决，中国现代史便留下了一个大空洞。而现存"历史"，一片呻吟嗟怨，满纸谩骂。不外袁世凯错，孙中山错，蒋介石错，毛泽东错，邓小平又错，而可能蒋经国也错。这样的历史，读时就抬不起头来。而一个外国大学的研究生，即可以将一篇博士论文，否定中国万千人士冒险牺牲的群众工作。这种情势，对美国亦为不利。如果中国现代史确是如是，则美国承认的中国政府岂非一个没有灵魂的躯壳？并且美国政府宣扬希望中国和平统一，岂非制造两个中国，又凭什么作理论的根据？中国经过一百多年的长期革命，若是至今犹在十里烟雾之中，美国之旅游者岂非到中国去参观一个迷惑世界？美国的银行家工商家在中国投资，若不是因为基本的条件业已具备，可以在经商之中，顺便参与固定中国的商业习惯的工作，则岂不是白费功夫，自找麻烦，冒不必要之险？这中间种种问题都是由于我们研究历史的人顾忌太多，没有尽到自己的责任，以致在著书论说时，也把我们的立脚点，摆在一般政客、外交家、国际贸易主持人和游历观光者之后。

　　对我家庭讲，先父的种族观念因为革命成功，业已过时。但是他既命我名为"仁宇"，则以推己及人之心在著书立说时扩大其范围，针对世界而言，应当也符合他的遗志。即使今日我为美国公民，也要告诉所有美国人，如果中国不能适当的找到它的历史地位，决非人类之福。所以我更不能不尽我所看到的、听到的、阅读到的和想像到的，据实直言。

　　我第一次看到陶希圣先生，则已在半个世纪前。1937年我在南开大学做一年级学生，他到天津来演讲，我就得瞻风采。又真料不到前年去年在台北再看到他，而他仍精神灼烁如故。今逢九十嘉辰，屈指百年人瑞可期，这篇论文讲到中国长期革命业已成功，也可算敷切情景。目前以展开视界为前提，说得唐突的地方希望先生见宥。

最后则要引用先生近著里的小段结束本文：

> 在文革失败公社瓦解之今日，邓小平非改革不足以图存，要改革就是从毛泽东"以农村包围城市"的战略转向"以城市领导农村"的道路，谋求工业革命，以救死求生。
>
> 时至今日邓小平标榜"门户开放政策"乃是大势所趋，必然的方向。[1]

这文字的目的也无非阐述历史上的长期合理性，从这点追溯上去，则不能不确定蒋介石的历史地位，其目的不是"褒贬"陶先生的居停和文字间的挚友，而是让人们公认中国现代史里一段无从忽视、不可或缺的重要一节。

原载《国史释论：陶希圣先生九秩荣庆祝寿论文集》（杨联陞、全汉昇、刘广京主编，台北：食货，1988.4）下册，页665—690。

---

1 陶希圣《中国之分裂与统一》（台北，食货，1985），页152—153。